あ・は行
歴史的仮名遣い概説

か・ま行
現代仮名遣い

さ・や行
字音一覧

た・ら行
県名・旧国名

な・わ行

三省堂 新旧かなづかい辞典

三省堂編修所［編］

三省堂

© Sanseido Co., Ltd. 2017
Printed in Japan

[装画] … Minoru
[装丁] … 三省堂デザイン室

まえがき

「現代かなづかい」(新かな)は、昭和二十一年に公布されました。その後、昭和六十一年に「現代仮名遣い」が公布され、現代を生きる人の多くが「新かな」での教育を受けています。

歴史的仮名遣い(旧かな)は、中学校・高等学校の古典の授業でふれるくらいで、すでに日常生活とはかけはなれたものになっていると言えましょう。

一方、短歌や俳句などの世界では、歴史的仮名遣いは生きた表現として使われています。しかし、必要にせまられて調べたいと思っても、一部の国語辞典に小さく示されているのみで、和語についてだけのものも多いようです。

本書では、現代の言語生活において用いられる言葉の新旧かなづかいを対照して示しました。新かなの五十音順で検索でき、使いたい言葉の旧かなが一目でわかります。季語や地名も収録しました。付録にも、歴史的仮名遣いの要点をまとめた「歴史的仮名遣い概説」、内閣告示「現代仮名遣い」などを掲載し、表現・創作の助けとなるよう、編集いたしました。

本書が、さまざまな機会に皆さまのお役に立てば幸いです。

二〇一七年六月

三省堂編修所

凡例

一 本書は、現代仮名遣い（新かな）で日常普通に使われている言葉について、その言葉の歴史的仮名遣い（旧かな）を検索することを目的としている。
したがって、新旧の仮名遣いが同じ言葉は、原則としてとりあげていない。

二 配列は、現代仮名遣いの五十音順とする。

三 現代仮名遣いと歴史的仮名遣い、および該当する言葉を三段に分けて示した。

上段 検索しようとする言葉の現代仮名遣いでの表記を示す。
同音異義語は、一つの見出しのもとにまとめて示す。

中段 上段の現代仮名遣いに対応する、歴史的仮名遣いを示す。
一字の漢語については、特に漢字音をカタカナで示し、和語と区別した。
なお、誤解をさけるため、新旧の仮名遣いが同じものも併せて示した。

下段 中段に示した歴史的仮名遣いで表記される言葉の、漢字表記を示した。
同音異義語は、ここにまとめて示される。
送り仮名は「送り仮名の付け方」により、省略可能な仮名はグレーで示した。
季語としても使われる言葉には、それぞれの表記に季節のラベル 春 夏 秋 冬 新年 をつけた。
地名にも使われる言葉には◆を付した。

あ

ああいう	ああいふ	ああいふ
あい	アイ	哀・娃・埃・挨・愛・隘・藹・曖
	あひ	合ひ・相・間
	ある	藍
あいあいがさ	あひあひがさ	相合ひ傘
あいいれない	あひいれない	相容れない
あいいん	あいいん	愛飲
	あひいん	合ひ印
あいうう	あみうう	藍植う 春
あいうち	あひうち	相打ち・相討ち・相撃ち
		撃つ
あいうつ	あひうつ	相打つ・相撃つ・相搏つ
あいえん	あいえん	愛煙
	あひえん	合ひ縁・相縁

あいえんきえん	あひえんきえん	合ひ縁奇縁・相縁機縁
あいおい	あひおひ	相生ひ・相生 ◆
あいかぎ	あひかぎ	合ひ鍵
あいかた	あひかた	合方・相方・相肩
あいがも	あひがも	間鴨・合鴨
	あゐがも	藍刈り 夏
あいかわらず	あひかはらず	相変はらず
あいかん	あひかん	哀感
あいがん	あいくわん	哀歓
	あいぐわん	哀願・愛玩・愛翫
あいぎ	あひぎ	間着・合ひ着
あいきどう	あひきだう	合気道
あいきゃく	あひきゃく	相客
あいきょう	あいきやう	愛郷・愛敬・鰄鰯
	あいけう	愛嬌
あいきょうげん	あひきやうげん	間狂言
あいくち	あひくち	合ひ口・匕首

あ

あいこ	あいこ	愛顧
	あひこ	相子
あいご	あいご	愛語・愛護
	あひご	相碁
あいこう	あいかう	愛好・愛校
あいことなる	あひことなる	相異なる
あいことば	あひことば	合ひ言葉
あいじゃく	あいぢゃく	愛着・愛著
あいしゅう	あいしう	哀愁
	あいしふ	愛執
あいしょう	あいしょう	愛称・愛誦
	あいしやう	哀傷・愛唱・愛賞
	あひしやう	相性・合ひ性
あいじょう	あいじやう	愛情・哀情
	あいぢやう	愛嬢
あいじるし	あひじるし	合印
あいず	あひづ	合図・相図
あいせき	あひせき	相席・合ひ席
あいせつする	あひせつする	相接する
あいせん	あひせん	相先・間銭
あいそう	あいさう	愛想
あいぞう	あいぞう	愛憎
	あいざう	愛蔵
あいぞめ	あゐぞめ	藍染め
あいそわらい	あいそわらひ	愛想笑ひ
あいだ	あひだ	間
あいたい	あひたい	相対
あいたいする	あひたいする	相対する
あいだぐい	あひだぐひ	間食ひ
あいたずさえる	あひたづさへる	相携へる
あいだま	あゐだま	藍玉 夏
あいちょう	あいちょう	愛重
	あいてう	哀調・愛鳥
あいちょうしゅうかん	あいてうしうかん	愛鳥週間 夏
あいづ	あひづ	会津 ◆

あ

あいつぐ	あひつぐ	相次ぐ・相継ぐ
あいづち	あひづち	相槌・相鎚
あいづわかまつ	あひづわかまつ	会津若松 ◆
あいて	あひて	相手
あいでし	あひでし	相弟子
あいとう	あいたう	哀悼
あいととのう	あひととのふ	相調ふ
あいともなう	あひともなふ	相伴なふ
あいなかばする	あひなかばする	相半ばする
あいなる	あひなる	相成る
あいのこ	あひのこ	間の子・合ひの子
あいのて	あひのて	間の手・相の手・合ひの手
あいのり	あひのり	合ひ乗り・相乗り
あいはん	あひはん	合ひ判・相判
あいばん	あひばん	相判・合い判・間判・相番
あいはんする	あひはんする	相反する
あいびき	あひびき	逢ひ引き・相曳き・媾引き・合ひ挽き・合ひ引き
あいひとしい	あひひとしい	相等しい
あいびょう	あいべう	愛猫
あいふ	あひふ	合ひ符
あいふく	あひふく	間服・合ひ服
あいふだ	あひふだ	合ひ札
あいべや	あひべや	相部屋
あいぼう	あひぼう	相棒
あいま	あひま	合間・相間
あいまって	あひまつて	相俟つて
あいまつ	あひまつ	相俟つ
あいみつもり	あひみつもり	相見積もり・合ひ見積もり
あいみる	あひみる	相見る・逢ひ見る
あいもかわらぬ	あひもかはらぬ	相も変はらぬ
あいやど	あひやど	相宿・合ひ宿

あいつぐ――あいやど

3

あう	あふ	合ふ・会ふ・遭ふ・遇ふ・逢ふ・和ふ・饗ふ・敢ふ
あえ	あえ	蔤ふ・饗ふ・和ふ 肖・熟
	あへ	敢へ・和へ・饗・蔤
あえぐ	あへぐ	喘ぐ
あえす	あえす	零す
あえて	あへて	敢へて
あえない	あへない	敢へ無い
あえもの	あへもの	和へ物・蔤へ物
あえる	あへる	和へる・蔤へる
あお	あを	青・襖
あおあお	あをあを	青々・蒼々
あおあざ	あをあざ	青痣
あおあし	あをあし	青葦 夏・青蘆 夏
あおあらし	あをあらし	青嵐 夏
あおい	あふひ	葵 夏

あおい	あをい	青い・蒼い
あおいきといき	あをいきといき	青息吐息
あおいまつり	あふひまつり	葵祭 夏
あおうきくさ	あをうきくさ	青浮草 夏・青萍 夏
あおうなばら	あをうなばら	青海原
あおうま	あをうま	青馬・白馬
あおうめ	あをうめ	青梅 夏
あおえんどう	あをゑんどう	青豌豆
あおがい	あをがひ	青貝
あおがえる	あをがへる	青蛙 夏
あおがき	あをがき	青柿 夏・青垣 ◆
あおかび	あをかび	青黴 夏
あおがや	あをがや	青萱 夏
あおき	あをき	青木
あおぎた	あをぎた	青北 秋・青北風 秋
あおきなこ	あをきなこ	青黄粉
あおきふむ	あをきふむ	青き踏む 春
あおぎみる	あふぎみる	仰ぎ見る

あおぎり	あをぎり	青桐・梧桐 夏
あおぐ	あふぐ	仰ぐ・扇ぐ・煽ぐ
あおくさ	あをくさ	青草
あおくさい	あをくさい	青臭い
あおくるみ	あをくるみ	青胡桃 夏
あおげ	あをげ	青毛
あおこ	あをこ	青粉
あおさ	あをさ	石蓴 春
あおざかな	あをざかな	青魚
あおさぎ	あをさぎ	青鷺 夏
あおざめる	あをざめる	青ざめる
あおざんしょう	あをざんせう	青山椒 夏
あおじ	あをじ	青磁・蒿雀 秋・青鵐 秋
あおじそ	あをじそ	青紫蘇 夏
あおしお	あをしほ	青潮
あおじろい	あをじろい	青地
あおじゃしん	あをじゃしん	青写真 冬
		青白い・蒼白い
あおしんごう	あをしんがう	青信号
あおすじ	あをすぢ	青筋
あおすすき	あをすすき	青芒 夏・青薄 夏
あおすだれ	あをすだれ	青簾 夏
あおぞら	あをぞら	青空
あおた	あをた	青田
あおだいしょう	あをだいしやう	青大将 夏
あおだけ	あをだけ	青竹
あおだたみ	あをだたみ	青畳
あおたん	あをたん	青丹・青短・青痰・青緂
あおつた	あをつた	青蔦 夏
あおっぱな	あをっぱな	青っ洟
あおてんじょう	あをてんじやう	青天井
あおとうがらし	あをたうがらし	青唐辛子 夏・青蕃椒 夏

あおな	あをな	青菜
あおに	あをに	青丹・青煮
あおにさい	あをにさい	青二才
あおぬた	あをぬた	青饅 春
あおね	あをね	青嶺 夏
あおのく	あふのく	仰のく
あおのける	あふのける	仰のける
あおのり	あをのり	青海苔 春
あおば	あをば	青羽・青翅・青葉 夏
あおばえ	あをばへ	青蠅・蒼蠅
あおはか	あをはか	青墓 ◆
あおばじお	あをばじほ	青葉潮 夏
あおばずく	あをばづく	青葉木菟 夏
あおひかり	あをびかり	青光り
あおびょうたん	あをべうたん	青瓢箪 秋
あおふくべ	あをふくべ	青瓢 秋・青匏 秋
あおぶくれ	あをぶくれ	青膨れ
あおぶどう	あをぶだう	青葡萄 夏

あおほおずき	あをほほづき	青鬼灯 夏・青酸漿 夏
あおまつかさ	あをまつかさ	青松笠 秋・青松毬 夏
あおまめ	あをまめ	青豆
あおみ	あをみ	青み・青身
あおみかん	あをみかん	青蜜柑 秋
あおみどり	あをみどり	青緑
あおみどろ	あをみどろ	水綿 夏・青味泥 夏
あおむ	あをむ	青む
あおむき	あふむき	仰向き
あおむぎ	あをむぎ	青麦 春
あおむく	あふむく	仰向く
あおむけ	あふむけ	仰向け
あおむし	あをむし	青虫 秋
あおもの	あをもの	青物
あおもみじ	あをもみぢ	青紅葉
あおもり	あをもり	青森 ◆

あおやか	あをやか	青やか
あおやき	あをやき	青焼き
あおやぎ	あをやぎ	青柳[春]
あおゆ	あをゆ	青柚[夏]
あおり	あふり	煽り・障泥・泥障
あおる	あふる	煽る・呷る
あおりんご	あをりんご	青林檎[夏]
あかがい	あかがひ	赤貝[春]
あかがえる	あかがへる	赤蛙
あかざとう	あかざたう	赤砂糖
あかじ	あかぢ	赤字
あかじ	あかぢ	赤地
あかしお	あかしほ	赤潮
あかしんごう	あかしんがう	赤信号
あかずきん	あかづきん	赤頭巾
あかだい	あかだひ	赤鯛
あかちょうちん	あかちやうちん	赤提灯
あかえい	あかえひ	赤鱏[夏]・赤鱝[夏]

あがなう	あがなふ	購ふ・贖ふ
あかはじ	あかはぢ	赤恥
あかぶどうしゅ	あかぶだうしゆ	赤葡萄酒
あかめがしわ	あかめがしは	赤芽柏[秋]
あからがお	あからがほ	赤ら顔・赭ら顔
あかんぼう	あかんばう	赤ん坊
あきあじ	あきあぢ	秋味[秋]
あきあわせ	あきあはせ	秋袷[秋]
あきうえ	あきうゑ	秋植ゑ
あきうちわ	あきうちは	秋団扇[秋]
あきおうぎ	あきあふぎ	秋扇[秋]
あきおさめ	あきをさめ	秋収め[秋]・秋納め
あきおしむ	あきをしむ	秋惜しむ[秋]
あきしょう	あきしやう	飽き性・厭き性
あきず	あきづ	蜻蛉[秋]・秋津[秋]
あきたけなわ	あきたけなは	秋闌[秋]・秋酣[秋]
あきでみず	あきでみづ	秋出水[秋]

あおやか ── あきでみ

あきない	あきなひ	商ひ
あきなう	あきなふ	商ふ
あきゅうど	あきうど	商人
あきゆうやけ	あきゆふやけ	秋夕焼け 秋
あきれかえる	あきれかへる	呆れ返る
あくえいきょう	あくえいきやう	悪影響
あくか	あくくわ	悪貨
あくかんじょう	あくかんじやう	悪感情
あくぎょう	あくぎやう	悪行
あくごう	あくごふ	悪業
あくしゅう	あくしう	悪臭・握収
あくしゅう	あくしふ	悪習
あくじゅんかん	あくじゅんくわん	悪循環
あくじょ	あくぢよ	悪女
あくしょう	あくしやう	悪性
あくじょうけん	あくでうけん	悪条件
あくそう	あくそう	悪僧
あくそう	あくさう	悪相
あくたろう	あくたらう	悪太郎
あくとう	あくとう	悪投
あくとう	あくたう	悪党
あくどう	あくどう	悪童
あくどう	あくだう	悪道
あくひょう	あくひやう	悪評
あくびょう	あくびやう	悪病
あくびょうどう	あくびやうどう	悪平等
あくほう	あくほう	悪報
あくほう	あくはふ	悪法
あくみょう	あくみやう	悪名
あくゆう	あくいう	悪友
あくりょう	あくりやう	悪霊
あげお	あげを	上尾
あげしお	あげしほ	上げ潮
あげつらう	あげつらふ	論ふ
あけのみょうじ	あけのみやうじ	明けの明星

あ		
よう	やう	
あげはちょう	あげはてふ	揚羽蝶 春 夏・鳳蝶
あけはらう	あけはらふ	開け払ふ・明け払ふ
あこう	あかほ	榕・雀榕・赤穂 ◆
	あかう	亜綱・阿衡
あこうだい	あかをだひ	赤魚鯛
あこやがい	あこやがひ	阿古屋貝
あさお	あさを	麻苧
あさがえり	あさがへり	朝帰り
あさがお	あさがほ	朝顔 秋・蕣 秋
あさがおいち	あさがほいち	朝顔市 夏
あさがおなえ	あさがほなへ	朝顔苗 夏
あさかわ	あさかは	浅川 ◆・朝河
あさじ	あさぢ	浅茅
あさしお	あさしほ	朝潮
あさぢえ	あさぢゑ	浅知恵

あざなう	あざなふ	糾ふ
あさなゆうな	あさなゆふな	朝な夕な
あさなわ	あさなは	麻縄
あさねぼう	あさねばう	朝寝坊
あさまいり	あさまゐり	朝参り
あさゆう	あさゆふ	朝夕
あざわらう	あざわらふ	嘲ふ・嘲笑ふ
あじ	あぢ	味・鯵 夏
あじけない	あぢけない	味気無い
あじごしらえ	あじごしらへ	味拵へ
あじさい	あぢさゐ	紫陽花 夏
あじさし	あぢさし	鯵刺 夏
あじぞえ	あぢぞへ	味添へ
あじつけ	あぢつけ	味付け
あしてまとい	あしてまとひ	足手纏ひ
あしびょうし	あしびやうし	足拍子
あしまわり	あしまはり	足回り
あじみ	あぢみ	味見

見出し	読み	表記
あしらう	あしらふ	遇ふ
あじわい	あぢはひ	味はひ
あじわう	あぢはふ	味はふ
あずかり	あづかり	預かり
あずかる	あづかる	預かる・与かる
あずき	あづき	小豆 秋
あずきあらい	あづきあらひ	小豆洗ひ 秋
あずきがゆ	あづきがゆ	小豆粥 新年
あずけいれる	あづけいれる	預け入れる
あずける	あづける	預ける
あずさ	あづさ	梓
あずま	あづま	東・吾妻・吾嬬
あずまおどり	あづまをどり	東をどり 春
あずまぎく	あづまぎく	東菊 春・吾妻菊 春
あずまじ	あづまぢ	東路
あずまや	あづまや	東屋・四阿
あせぬぐい	あせぬぐひ	汗拭ひ 夏
あせみず	あせみづ	汗水
あせみずく	あせみづく	汗水漬く 夏
あたい	あたひ	値・価・直・費
あたいする	あたひする	価する・値する
あたう	あたふ	能ふ・与ふ
あたえる	あたへる	与へる
あたりさわり	あたりさはり	当たり障り
あたりまえ	あたりまへ	当たり前
あっか	あくくわ	悪化・悪貨・悪果
あつかい	あつかひ	扱ひ
あつかう	あつかふ	扱ふ
あっかん	あくかん	悪感・悪漢
あっかん	あつくわん	圧巻
あっき	あくき	悪鬼・悪気
あっけい	あくけい	悪計
あつげしょう	あつげしやう	厚化粧
あっこう	あくこう	悪口
あっこう	あくかう	悪行
あっこうぞうごん	あくこうざふごん	悪口雑言

あつごおり	あつごほり	厚氷 冬	
あつじ	あつぢ	厚地	
あっとう	あつたう	圧倒	
あつよう	あつやう	厚様	
あつらえ	あつらへ	誂へ	
あつらえる	あつらへる	誂へる	
あてがう	あてがふ	宛てがふ・充行ふ	
あてずいりょう	あてずいりやう	当て推量	
あてはずれ	あてはづれ	当て外れ	
あとあじ	あとあぢ	後味	
あとおい	あとおひ	後追ひ・跡追ひ	
あとおさえ	あとおさへ	後押さへ	
あとがえり	あとがへり	後返り	
あとじまい	あとじまひ	後仕舞ひ	
あとぞなえ	あとぞなへ	後備へ	
あとばらい	あとばらひ	後払ひ	
あとぼう	あとばう	後棒	
あとまわし	あとまはし	後回し	
あとようじょう	あとやうじやう	後養生	
あなせぎょう	あなせぎやう	穴施行 冬	
あなまどい	あなまどひ	穴惑ひ 秋	
あねにょうぼう	あねにようぼう	姉女房	
あのう	あなふ	賀名生	
あばれんぼう	あばれんばう	暴れん坊	
あびきょうかん	あびけうくわん	阿鼻叫喚	
あびじごく	あびぢごく	阿鼻地獄 ◆	
あべかわ	あべかは	安倍川	
あべかわもち	あべかはもち	安倍川餅	
あのう	あはう	阿呆	
あほう	あはう	阿房	
あほうどり	あはうどり	信天翁	
あまあい	あまあひ	雨間	
あまえんぼう	あまえんばう	甘えん坊	
あまおおい	あまおほひ	雨覆ひ	
あまがえる	あまがへる	雨蛙 夏	

あまかわ	あまかは	甘皮・雨皮・天川
あまごい	あまごひ	雨乞ひ夏・雨請ひ◆
あまじお	あまじほ	甘塩
あまだい	あまだひ	甘鯛冬
あまつさえ	あまつさへ	剰へ
あまどい	あまどひ	雨樋
あまとう	あまたう	甘党
あまのがわ	あまのがは	天の川秋・天漢秋・天の河秋・天之川◆
あまほうし	あまほふし	尼法師
あまみず	あまみづ	雨水
あまもよい	あまもよひ	雨催ひ
あまもよう	あまもやう	雨模様
あまりなえ	あまりなへ	余り苗夏
あみぼう	あみばう	編棒
あめおとこ	あめをとこ	雨男
あめおんな	あめをんな	雨女
あめのうお	あめのうを	鯇秋・鯇魚秋・江鮭秋
あめもよう	あめもやう	雨模様
あやうい	あやふい	危ふい
あやうく	あやふく	危ふく
あやじ	あやぢ	綾地
あらい	あらひ	荒い・粗い
あらい	あらひ	洗ひ・洗膾夏・洗魚夏
あらいがみ	あらひがみ	洗ひ髪夏
あらいごい	あらひごひ	洗ひ鯉夏
あらいすずき	あらひすずき	洗ひ鱸夏
あらいだい	あらひだひ	洗ひ鯛夏
あらいめし	あらひめし	洗ひ飯夏
あらい	あらゐ	新居◆・荒井・新井
あらう	あらふ	洗ふ
あらがう	あらがふ	抗ふ・争ふ・諍ふ

あらかわ	あらかは	粗皮・荒川 ◆
あらぎょう	あらぎやう	荒行
あらけずり	あらけづり	粗削・荒削
あらじお	あらじほ	粗塩
あらすじ	あらすぢ	粗筋・荒筋
あらそい	あらそひ	争ひ
あらそう	あらそふ	争ふ
あらそえない	あらそへない	争へない
あらなわ	あらなは	荒縄
あらほうし	あらほふし	荒法師
あらりょうじ	あられうぢ	荒療治
あられうお	あられうを	霰魚 秋冬
あらわ	あらは	露・顕
あらわす	あらはす	表はす・現はす・顕はす・著はす
あらわれ	あらはれ	表はれ・現はれ
あらわれる	あらはれる	表はれる・現はれる・顕はれる
ありあわせ	ありあはせ	有り合はせ
ありがとう	ありがたう	有り難う
ありくい	ありくひ	蟻食
ありじごく	ありぢごく	蟻地獄 夏
ありゅう	ありう	亜流
ありよう	ありやう	有り様
あるきまわる	あるきまはる	歩き回る
あれくるう	あれくるふ	荒れ狂ふ
あれしょう	あれしやう	荒れ性
あれもよう	あれもやう	荒れ模様
あわ	あわ	泡・沫
あわ	あは	粟 秋・阿波 ◆・安房
あわあわしい	あはあはしい	淡々しい
あわい	あはい	淡い
あわい	あはひ	間
あわかる	あはかる	粟刈る 秋
あわさる	あはさる	合はさる

あわじ	あはぢ	淡路
あわじしま	あはぢしま	淡路島◆
あわす	あはす	合はす・酬す・遭はす・会はす
あわせ	あはせ	合はせ・袷夏
あわせもつ	あはせもつ	合はせ持つ・併せ持つ
あわせる	あはせる	合はせる・併せる・逢はせる・遭はせる
あわだつ	あわだつ	泡立つ
あわたち	あはだつ	粟立つ
あわてんぼう	あわてんばう	慌てん坊
あわばたけ	あはばたけ	粟畑秋
あわび	あはび	鮑春・鰒春
あわまき	あはまき	粟蒔き夏
あわめし	あはめし	粟飯秋
あわゆき	あわゆき	泡雪・沫雪

あわゆき	あはゆき	淡雪春
あわよくば	あはよくば	
あわれ	あはれ	哀れ・憐れ
あわれみ	あはれみ	哀れみ・憐れみ・愍れみ・愍
あわれむ	あはれむ	哀れむ・憐れむ
あんい	あんい	安易・安意
あんか	あんか	安位・安慰
あんか	あんか	安価・案下
あんか	あんゐ	安臥
あんぐい	あんぐわい	案外
あんぐわい	あんぐわい	案外
あんこう	あんかう	鮟鱇冬・安康・暗香
あんごう	あんがう	暗号・庵号・暗向
あんこうなべ	あんがふ	暗合
あんこうなべ	あんかうなべ	鮟鱇鍋冬
あんじがお	あんじがほ	案じ顔
あんじゅう	あんぢゅう	安住

あんしょう	あんしよう	暗証・暗誦
あんしょう	あんしやう	暗唱
あんしょう	あんせう	暗礁
あんじょう	あんじやう	
あんしょうばん	あんしようばん	暗証番号
あんじょう ごう	が う	鞍上・安城 ◆
あんぜんしゅう かん	あんぜんしうか ん	安全週間
あんのじょう	あんのぢやう	案の定
あんのん	あんをん	安穏
あんぽう	あんぱふ	罨法
あんりゅう	あんりう	暗流

い

い	イ ヰ	已・以・伊・夷・衣・ 矢・医・依・怡・易・ 移・異・意・縊
		位・囲・委・威・為・ 畏・胃・韋・唯・尉・ 惟・偉・葦・違・緯・ 萎・彙・維・慰・遺
	ゐ	井・亥・居・率・猪・ 五・胆・斎・寝
		藺[夏]
いあい	ゐあい	遺愛
	ゐあひ	居合ひ
いあつ	ゐあつ	威圧
いあわす	ゐあはす	居合はす
いあわせる	ゐあはせる	居合はせる
いあん	ゐあん	慰安
	ゐい	井・亥・居・率・猪・
いい	いひ	良い・易々・好い・ 善い・宜い
	ゐる	飯・謂
		唯々
いい…	いひ…	言ひ…

い

いいあう	いひあふ	言ひ合ふ
いいあてる	いひあてる	言ひ当てる
いいあやまり	いひあやまり	言ひ誤り
いいあらそい	いひあらそひ	言ひ争ひ
いいあらそう	いひあらそふ	言ひ争ふ
いいあらわす	いひあらはす	言ひ表はす
いいあわせる	いひあはせる	言ひ合はせる
いいおく	いひおく	言ひ置く
いいおくる	いひおくる	言ひ送る
いいおくれる	いひおくれる	言ひ遅れる
いいおとす	いひおとす	言ひ落とす
いいがい	いひがひ	言ひ甲斐
いいかえす	いひかへす	言ひ返す
いいかえる	いひかへる	言ひ替へる・言ひ換へる
いいがかり	いひがかり	言ひ掛かり
いいかお	いひかほ	良い顔・好い顔
いいかねる	いひかねる	言ひ兼ねる
いいかわす	いひかはす	言ひ交はす
いいき	いひき	好い気
	いゐき	異域
いいきかせる	いひきかせる	言ひ聞かせる
いいきる	いひきる	言ひ切る
いいぐさ	いひぐさ	言ひ種・言ひ草
いいくるめる	いひくるめる	言ひ包める
いいこしらえる	いひこしらへる	言ひ拵へる
いいこめる	いひこめる	言ひ籠める
いいさす	いひさす	言ひ止す
いいさとす	いひさとす	言ひ諭す
いいしぶる	いひしぶる	言ひ渋る
いいじょう	いひでう	言ひ条
いいしれぬ	いひしれぬ	言ひ知れぬ
いいすぎる	いひすぎる	言ひ過ぎる
いいすてる	いひすてる	言ひ捨てる
いいそえる	いひそへる	言ひ添へる
いいそこなう	いひそこなふ	言ひ損なふ

いいそびれる	いひそびれる	言ひ逸れる
いいだ	いひだ	言ひ伝へる
いいたいほうだ	いひたいはうだ	言ひたい放題
い	い	飯田 ◆
いいだくだく	ゐゐだくだく	唯々諾々
いいだこ	いひだこ	飯蛸 春
いいだしっぺ	いひだしっぺ	言ひ出しっ屁
いいだす	いひだす	言ひ出す
いいたてる	いひたてる	言ひ立てる
いいちがい	いひちがひ	言ひ違ひ
いいちがえる	いひちがへる	言ひ違へる
いいちぎる	いひちぎる	言ひ契る
いいちらす	いひちらす	言ひ散らす
いいづか	いひづか	飯塚 ◆
いいつぐ	いひつぐ	言ひ継ぐ
いいつくす	いひつくす	言ひ尽くす
いいつくろう	いひつくろふ	言ひ繕ふ
いいつける	いひつける	言ひ付ける

いいつたえ	いひつたへ	言ひ伝へ
いいつたえる	いひつたへる	言ひ伝へる
いいつのる	いひつのる	言ひ募る
いいとおす	いひとほす	言ひ通す
いいなおす	いひなほす	言ひ直す
いいなす	いひなす	言ひ做す
いいなずけ	いひなづけ	許婚・許嫁
いいならわす	いひならはす	言ひ慣はす・言ひ習はす
いいなり	いひなり	言ひ成り
いいぬけ	いひぬけ	言ひ抜け
いいね	いひね	言ひ値
いいのがれる	いひのがれる	言ひ逃れる
いいのこす	いひのこす	言ひ残す
いいはなつ	いひはなつ	言ひ放つ
いいはやす	いひはやす	言ひ囃す
いいはる	いひはる	言ひ張る
いいひらき	いひひらき	言ひ開き

いいそび——いいひら

見出し	歴史的仮名遣い	漢字・意味
い		
いいふくめる	いひふくめる	言ひ含める
いいふせる	いひふせる	言ひ伏せる
いいふらす	いひふらす	言ひ触らす
いいふるす	いひふるす	言ひ古す
いいぶん	いひぶん	言ひ分
いいまかす	いひまかす	言ひ負かす
いいまぎらす	いひまぎらす	言ひ紛らす
いいまぎらわす	いひまぎらはす	言ひ紛らはす
いいまくる	いひまくる	言ひ捲る
いいまちがい	いひまちがひ	言ひ間違ひ
いいまわし	いひまはし	言ひ回し
いいもらす	いひもらす	言ひ漏らす・言ひ洩らす
いいやぶる	いひやぶる	言ひ破る
いいやま	いひやま	飯山 ◆
いいやる	いひやる	言ひ遣る
いいよう	いひやう	言ひ様
いいよどむ	いひよどむ	言ひ淀む
いいふく――いえがら		
いいよる	いひよる	言ひ寄る
いいわけ	いひわけ	言ひ訳・言ひ分け
いいわたし	いひわたし	言ひ渡し
いいわたす	いひわたす	言ひ渡す
いいん	いゐん	医院・医員
いいん	ゐゐん	委員
いいんかい	ゐゐんくわい	委員会
いう	いふ	言ふ・云ふ・謂ふ
いうう	ゐうう	藺植う 図
いうかたなし	いふかたなし	言ふ方無し
いうなれば	いふなれば	言ふなれば
いうまでもない	いふまでもない	言ふまでもない
いえ	いえ	(感動詞)
いえ	いへ	家・言へ
いえい	いへゐ	家居
いえい	ゐえい	遺詠・遺影
いえがまえ	いへがまへ	家構へ
いえがら	いへがら	家柄

いえき	ゐえき	胃液
いえじ	いへぢ	家路
いえすじ	いへすぢ	家筋
いえで	いへで	家出
いえども	いへども	雖も
いえなみ	いへなみ	家並
いえねずみ	いへねずみ	家鼠
いえばえ	いへばへ	家蠅
いえもち	いへもち	家持ち
いえもと	いへもと	家元
いえやしき	いへやしき	家屋敷
いえる	いえる	癒える
いえる	いへる	言へる
いえん	いゑん	以遠
いえん	ゐえん	胃炎
いお	いほ	庵・廬・五百
いお	いを	魚
いおう	いわう	以往・硫黄
いおり	いほり	庵
いか	いか	以下・烏賊夏・凧・
いかい	いくわい	医家
いかい	ゐかい	医科・異化
いがい	いぐわい	以外・意外
いがい	ゐがい	位階・遺戒・遺誡
いがい	ゐがい	貽貝
いがい	ゐがい	遺骸
いかいちょう	ゐかいちやう	居開帳
いかいよう	ゐくわいやう	胃潰瘍
いかがわしい	いかがはしい	如何はしい
いかく	ゐかく	威嚇
いがさ	ゐがさ	藺笠夏
いかすい	ゐかすい	胃下垂夏
いかずち	いかづち	雷夏
いかぞく	ゐかぞく	遺家族
いかつ	ゐかつ	威喝
いがみあう	いがみあふ	啀み合ふ

い

いかよう	いかやう	如何様
いかり	ゐかり	蘭刈り [夏]
いかりくるう	いかりくるふ	怒り狂ふ
いかん	いかん	移監・如何・(連語)
いがん	ゐくわん	衣冠・異観・移管
	ゐかん	遺憾
	ゐくわん	尉官・偉観
	いぐわん	依願
	ゐがん	胃癌
いかんそく	ゐくわんそく	維管束
いき	いき	域・閾
	ヰキ	生き・行き・往き・息・粋・意気・壱岐
いぎ	ゐぎ	威儀
	いぎ	異義・異議・遺義
	ゐき	位記・委棄・遺棄
いきあう	いきあふ	行き合ふ・行き逢

いかよう——いきとう

	ふ	
いきえ	いきゑ	生き餌
いきおい	いきほひ	勢ひ
いきがい	いきがひ	生き甲斐
	ゐきぐわい	域外
いきかう	いきかふ	行き交ふ
いきかえり	いきかへり	行き帰り
いきかえる	いきかへる	生き返る
いきけんこう	いきけんかう	意気軒昂
いきじ	いきぢ	意気地
いきじごく	いきぢごく	生き地獄
いきしょうちん	いきせうちん	意気消沈
いきだおれ	いきだふれ	行き倒れ
いきち	いきち	生き血
	ゐきち	閾値
いきちがい	いきちがひ	行き違ひ
いきづかい	いきづかひ	息遣ひ
いきとうごう	いきとうがふ	意気投合

いきどおり	いきどほり	憤り
いきどおる	いきどほる	憤る
いきない	ゐきない	域内
いきながらえる	いきながらへる	生き長らへる・生き永らへる・生き存へる
いきょう	いきゃう	異郷・異境
いきょう	いけう	異教
いぎもうしたて	いぎまうしたて	異議申し立て
いきはじ	いきはぢ	生き恥
いきにんぎょう	いきにんぎゃう	生き人形
いぎょう	いぎゃう	異形
いげふ	ゐげふ	偉業・遺業
いぎょうどう	いぎゃうだう	易行道
いきようよう	いきやうやう	意気揚々
いきょく	いきよく	医局
いきょく	ゐきよく	委曲
いきりょう	いきりゃう	生き霊

いぐい	ゐぐひ	居食ひ
いくえ	いくへ	幾重
いくきゅう	いくきう	育休
いぐさ	ゐぐさ	藺草[夏]
いくじ	いくじ	育児
いくじ	いくぢ	意気地
いくび	ゐくび	猪首
いくびょう	いくべう	育苗
いくん	いくん	偉勲・遺勲・遺訓
いけい	いけい	異形
いけい	ゐけい	畏敬
いけいれん	ゐけいれん	胃痙攣
いけうお	いけうを	活け魚・生け魚
いげた	ゐげた	井桁
いけにえ	いけにへ	生け贄
いけん	いけん	意見・異見
いけん	ゐけん	違憲・遺賢
いげん	ゐげん	威厳

い

いこ	ゐこ	遺孤
いご	いご	以後
	ゐご	囲碁
いこい	ゐこひ	憩ひ
いこう	いこひ	憩ふ
	いかう	以降・衣桁・移行・移項・意向
	ゐこう	遺構・偉功
	ゐくわう	威光
	ゐかう	偉効・遺稿
いこち	いこふ	憩ふ
いこじ	いこぢ	居心地
	ゐごぢ	依怙地・意固地
いこつ	ゐこつ	遺骨
いこぼれる	ゐこぼれる	居溢れる
いこん	ゐこん	遺恨
いごん	ゐごん	遺言
いさい	いさい	異彩・異才
	ゐさい	委細・偉才

	ゐざい	偉材
いざい	ゐざいそく	居催促
いざいそく	いさを	勲・功
いさお	いさかひ	諍ひ
いさかい	ゐざかや	居酒屋
いざかや	ゐさく	遺作
いさく	いざよひ	十六夜秋・猶予
いざよい	ゐざぶとん	蘭座布団夏
いざぶとん	いざなふ	誘ふ
いざなう	いざなひ	誘ひ
いざない	ゐざり	躄
いざり	ゐさん	遺産
いさん	ゐさんさうぞく	遺産相続
いさんそうぞく		胃散・胃酸・違算・遺産・蔚山◆
いし	いし	石・医師・異志・意志・意思・縊死・頤使
		遺子・遺址・遺志

い

いじ	いじ	医事・異字
	いぢ	意地
	ゐじ	遺児
	ゐぢ	維持
いじいじ	いぢいぢ	
いしおか	いしをか	石岡 ◆
いしかわ	いしかは	石川
いしがんとう	いしがんたう	石敢当
いしき	いしき	意識
いしき	ゐしき	違式
いじきたない	いぢきたない	意地汚い
いじくりまわす	いぢくりまはす	弄くり回す
いじくる	いぢくる	弄くる
いじける	いぢける	
いしずえ	いしずゑ	礎
いしだい	いしだひ	石鯛 [夏]
いしつ	いしつ	異質
いしつ	ゐしつ	遺失
いじっぱり	いぢつぱり	意地っ張り
いしにわ	いしには	石庭
いしばい	いしばひ	石灰
いじましい	いぢましい	
いじめ	いぢめ	苛め
いじめる	いぢめる	苛める
いしゃ	いしゃ	医者
いしゃ	ゐしゃ	慰謝・慰藉
いじゃく	ゐじゃく	胃弱
いしゅ	いしゅ	異種・意趣
いしゅ	ゐしゅ	遺珠
いしゅう	いしう	異臭・伊州 ◆・壱州
いじゅう	ゐぢゅう	移住
いしゅく	いぢゅく	蝟集
いしゅく	ゐしゅく	畏縮・萎縮
いしょ	いしょ	医書
いしょ	ゐしょ	遺書

いしょう	いしやう	異称
いしょう	いしやう	衣装・衣裳・意匠
いじょう	いじやう	以上・異状・異常
いじょう	いじやう	移乗
いじょうふ	ゐぢやうふ	偉丈夫
いしょく	いしよく	衣食・異色・移植
いしょく	ゐしよく	委嘱
いじょく	ゐじよく	居職
いじらしい	ゐぢらしい	
いじる	いぢる	弄る
いじわる	いぢわる	意地悪
いしん	いしん	異心
いしん	ゐしん	威信・維新・遺臣
いじん	いじん	異人・夷人
いじん	ゐじん	偉人
いず	いづ	伊豆 ◆

いしょう――いする		
いずかた	いづかた	何方
いずく	いづく	何処
いずくまる	ゐづくまる	居竦まる
いずくむ	ゐすくむ	居竦む
いずくんぞ	いづくんぞ	焉んぞ
いずこ	いづこ	何処
いずし	いづし	出石 ◆
いずち	いづち	何方
いずまい	ゐずまひ	居住まひ
いずみ	いづみ	泉 夏 ・和泉 ◆・出水
いずみおおつ	いづみおほつ	泉大津
いずみがわ	いづみがは	泉川 ◆
いずみさの	いづみさの	泉佐野 ◆
いずみどの	いづみどの	泉殿 夏
いずも	いづも	出雲
いずも	いづも	出雲
いずもざき	いづもざき	出雲崎 ◆
いする	ゐする	委する・慰する

いずれ	いづれ	何れ・孰れ
いすわる	ゐすわる	居座る
いせい	いせい	以西・医聖・異姓・異性
いせいしゃ	ゐせいしゃ	為政者
いせき	ゐせき	移籍
	ゐせき	遺跡・遺蹟・堰・井堰
いせまいり	いせまゐり	伊勢参り 春
いせん	ゐせん	緯線
いそう	いそう	移送
	ゐさう	異相・意想
	ゐさう	位相
いぞう	ゐぞう	遺贈
いそうお	いそうを	磯魚
いそうがい	いさうぐわい	意想外
いそうろう	ゐさうらふ	居候
いそがい		磯貝
いそがわしい	いそがはしい	忙しい
いぞく	ゐぞく	遺族
いそじ	いそぢ	五十路
いたい	いたい	痛い・異体
	ゐたい	遺体
いだい	ゐだい	偉大
いたがこい	いたがこひ	板囲ひ
いたく	いたく	痛く・甚く・依託
	ゐたく	委託・遺沢
いたけ	ゐたけ	居丈
いたけだか	ゐたけだか	居丈高
いたずら	いたづら	悪戯
	いたづらに	徒らに
いたぞうり	いたざうり	板草履
いたたまれない	ゐたたまれない	居た堪れない
いだてん	ゐだてん	韋駄天
いたまえ	いたまへ	板前

いずれ──いたまえ

い

いためがわ	いためがは	撓め革
いたわしい	いたはしい	労しい
いたわる	いたはる	労る
いち	いち	一・市・壱
	ゐち	位地・位置
いちい	いちひ	一意
	いちゐ	櫟夏・石櫧夏
いちいん	いちゐん	一因
		一位夏
いちえん	いちゑん	一円
いちえ	いちゑ	一会
いちおう	いちおう	一応
		一員・一院
いちがつ	いちぐわつ	一月
いちがつばしょ	いちぐわつばしよ	一月場所 新年
いちがん	いちがん	一眼
いちぎょう	いちぎやう	一行
いちごいちえ	いちごいちゑ	一期一会
いちごう	いちがう	一毫
	いちがふ	一合
いちじせんしゅう	いちじつせんしう	一日千秋
いちじゅう	いちじふ	一汁
いちじゅうさんさい	いちじふさんさい	一汁三菜
いちじょ	いちじよ	一助
	いちぢよ	一女
いちじょう	いちじよう	一乗
	いちじやう	一城
	いちぢやう	一丈・一定・一場
	いちでう	一条・一條
	いちてふ	一帖
いちじん	いちぢん	一陣

いちず	いちづ	一途・一図
いちどう	いちどう	一同
	いちだう	一堂・一道
いちばつひゃっかい	いちばつひゃくかい	一罰百戒
いちびょう	いちびやう	一病
いちべつ	いちべう	一瞥
いちぼう	いちばう	一望
いちぼうせんり	いちばうせんり	一望千里
いちぼくいっそう	いちぼくいつさう	一木一草
いちまつもよう	いちまつもやう	市松模様
いちもうだじん	いちまうだじん	一網打尽
いちもくりょうぜん	いちもくれうぜん	一目瞭然
いちもんいっとう	いちもんいつたう	一問一答
いちゆう	いちいふ	一揖
いちょ	ゐちょ	遺著
いちょう	いちやう	医長・公孫樹・銀杏 イ調・異朝・移調
	いてふ	銀杏
	ゐてう	移牒
	いちやう	胃腸
	いちえふ	一葉
	いちやう	一様
いちょうもみじ	いちやうもみぢ	銀杏黄葉 秋
いちようらいふく	いちやうらいふく	一陽来復
いちょく	ゐちよく	違勅・遺勅
いちりゅう	いちりう	一流
	いちりふ	一粒
いちりょう	いちりやう	一両
いちりんそう	いちりんさう	一輪草 春
いちれんたくしょう	いちれんたくしやう	一蓮托生

い

見出し	読み	表記
いちろう	いちらう	一浪
いつう	るつう	胃痛
いつか	いつか	一家・一下・一箇・一過
	いつくわ	一個・一価・一荷
いっかい	いつかい	一介・一階
	いつくわい	一回・一塊
いっかいてん	いつくわいてん	一回転
いっかく	いつかく	一角
	いつくわく	一画・一劃・一郭・一廓
いっかくじゅう	いつかくじう	一角獣
いっかくせんきん	いつくわくせんきん	一攫千金
いっかつ	いつかつ	一喝
	いつくわつ	一括
いっかん	いつくわん	一巻・一貫・一管・一環
いっきいちゆう	いっきいちいう	一喜一憂
いっきとうせん	いっきたうせん	一騎当千
いっきゅう	いっきう	一級
	いっきふ	逸球
いっきょう	いつきよう	一興・逸興
	いつきやう	一驚
いっきょりょうとく	いつきよりやう とく	一挙両得
いつく	いつかう	居着く
いっこう	いつかう	一向・一考・一行・一更・二校・一高・
いっさいしゅじょう	いつさいしゆじやう	一切衆生
いっしゅう	いつしう	一周・一週・一蹴・壱州◆
いっしょう	いつしよう	一升・一称・一生・一将・
	いつしやう	一笑
	いつせう	

見出し	歴史的仮名遣い	漢字
いっしょうがい	いっしゃうがい	一生涯
いっしょうけんめい	いっしゃうけんめい	一生懸命
いっしょうさんたん	いっしゃうさんたん	一唱三嘆
いっそう	いっそう	一層・逸走
いっそう	いっさう	一双・一掃・一艘
いっちゅう	いっちう	一籌
いっちゅうや	いっちうや	一昼夜
いっちょう	いっちゃう	一丁・一梃・一町・一挺
いっちょう	いってう	一聴
いっちょう	いってう	一朝
いっちょういっし	いっちゃういっし	一張一弛
いっちょういっせき	いってういっせき	一朝一夕
いっちょういったん	いっちゃういったん	一長一短
いっちょうら	いっちゃうら	一張羅
いづつ	ゐづつ	井筒
いつづけ	ゐつづけ	居続け
いっとう	いっとう	一投・一等・一統・一頭
いっとう	いったう	一刀・一党
いっとうりょうだん	いったうりゃうだん	一刀両断
いっぴょう	いっぺう	一票・一俵・一瓢
いっぴんいっしょう	いっぴんいっせう	一顰一笑
いっぺんとう	いっぺんたう	一辺倒
いっぽう	いっぱう	一報
いっぽう	いっぱう	一方
いっぷう	いっぷう	一法
いつゆう	いついう	逸遊
いつわり	いつはり	偽り・詐り
いつわる	いつはる	偽る・詐る

い					いで――いなの

いで	ゐで	井出・井手◆	
いてかえる	いてかへる	凍て返る 春・冱て	
いてちょう	いててふ	凍て蝶 冬	
いでん	ゐでん	遺伝	
いど	ゐど	異土	
いど	ゐど	井戸・緯度	
いといがわ	いといがは	糸魚川◆	
いとおす	いとほす	射通す	
いとう	いとふ	厭ふ	
いどがえ	ゐどがへ	井戸替へ 夏	
いどがわ	ゐどがは	井戸側	
いとく	ゐとく	威徳・遺徳	
いとくず	いとくづ	糸屑	
いとくりそう	いとくりさう	糸繰り草 春	
いどぐるま	ゐどぐるま	井戸車	
いとおしい	いとほしい	愛ほしい	
いとおしむ	いとほしむ	愛ほしむ	

いどころ	ゐどころ	居所	
いどざらえ	ゐどざらへ	井戸浚へ 夏	
いとすじ	いとすぢ	糸筋	
いととじ	いととぢ	糸綴ぢ	
いどばた	ゐどばた	井戸端	
いどべい	ゐどべい	井戸塀	
いどみず	ゐどみづ	井戸水	
いとゆう	いとゆふ	遊糸 春・糸遊 春	
いとわしい	いとはしい	厭はしい	
いないいないば	ゐないゐないば		
あ	あ		
いなおる	ゐなほる	居直る	
いなか	ゐなか	田舎	
いながらに	ゐながらに	居ながらに	
いながれる	ゐながれる	居流れる	
いなじむ	ゐなじむ	居馴染む	
いなずま	いなづま	稲妻 秋	
いなの	ゐなの	猪名野◆	

いならぶ	ゐならぶ	居並ぶ	
いにしえ	いにしへ	古	
いにゅう	いにふ	移入	
いによう	ゐねう	囲繞・遺尿	
いにん	ゐにん	委任	
いぬい	ゐぬゐ	乾	
いぬおうもの	いぬおふもの	犬追物	
いぬき	ゐぬき	居抜き	
いねむり	ゐねむり	居眠り	
いのこ	ゐのこ	猪の子冬・豕冬・亥の子冬	
いのしし	ゐのしし	猪秋	
いのぶた	ゐのぶた	猪豚	
いはい	ゐはい	位牌・違背	
いばい	ゐばひ	遺灰	
いばく	ゐばく	帷幕	
いばしょ	ゐばしょ	居場所	
いばしんえん	いばしんゐん	意馬心猿	
いはつ	いはつ	衣鉢・遺髪	
いばる	ゐばる	威張る	
いはん	ゐはん	異版・違反・違犯	
いび	ゐび	萎靡	
いひつ	ゐひつ	遺筆	
いひょう	いへう	意表	
いひん	ゐひん	遺品	
いふ	いふ	異父	
いぶ	ゐぶ	畏怖	
いふ	いふ	威武・慰撫	
いふう	いふう	異風	
いふう	ゐふう	威風・遺風	
いふうどうどう	ゐふうだうだう	威風堂々

いならぶ ── いふうど

いふく	ゐふく	衣服・異腹
いぶくろ	ゐぶくろ	威服・畏服
いぶつ	ゐぶつ	胃袋
いぶん	ゐぶん	異物
		遺物
		異文・異聞
いぶんか	ゐぶんくわ	遺文
いへき	ゐへき	異文化
いへん	ゐへん	胃壁
		異変・易変
いほう	ゐはう	韋編
		医方・異邦
		違法・遺法
いほう	ゐほう	彙報
いぼう	ゐばう	威望・遺忘
いほうじん	いはうじん	異邦人
いぼく	ゐぼく	遺墨
いぼじ	いぼぢ	疣痔

いま	いま	今
		居間
いまがわやき	いまがはやき	今川焼き
いまち	ゐまち	居待ち
いまちづき	ゐまちづき	居待ち月 秋
いまよう	いまやう	今様
いまりゅう	いまりう	今流
いまわ	いまは	今際・今は
いまわしい	いまはしい	忌まはしい
いまわり	ゐまはり	居回り
いみあい	いみあひ	意味合ひ
いみきらう	いみきらふ	忌み嫌ふ
いみしんちょう	いみしんちやう	意味深長
いみょう	いみやう	異名
いめい	いめい	依命・異名
		威名・遺命
いもり	ゐもり	井守 夏・蠑螈 夏
いもん	ゐもん	慰問

い

いやがうえにも	いやがうへにも	弥が上にも
いやく	いやく	医薬・意訳
	ゐやく	違約
いゆう	ゐいう	畏友
いよう	いよう	医用・移用
	いやう	異様
	ゐよう	偉容・威容
いらう	いらふ	弄ふ・綺ふ
いらえ	いらへ	答へ・応へ
いりあい	いりあひ	入会・入相
いりかわ	ゐりかは	入側
いりかわり	いりかはり	入り代はり
いりしお	いりしほ	入り潮・入汐
いりちがう	いりちがふ	入り違ふ
いりゅう	ゐりう	慰留・遺留
いりょう	いりやう	衣糧
	ゐれう	衣料・医療
いりょく	いりよく	意力
	ゐりよく	威力・偉力

いる

いる	いる	入る・要る・射る・煎る・炒る・熬る・鋳る
	ゐる	居る
いれい	いれい	異例
	ゐれい	威令・違令・慰霊・遺例
いるす	ゐるす	居留守
いれかえ	いれかへ	入れ替へ・入れ換へ
いれかえる	いれかへる	入れ替へる・入れ換へる
いれかわり	いれかはり	入れ替はり・入れ代はり
いれかわる	いれかはる	入れ替はる・入れ代はる・入れ換はる

いれぐい	いれぐひ	入れ食ひ
いれぢえ	いれぢゑ	入れ知恵
いれちがう	いれちがふ	入れ違ふ
いろあい	いろあひ	色合ひ・色相
いろあわせ	いろあはせ	色合はせ
いろう	ゐらう	慰労
	ゐろう	遺漏
いろえ	いろゑ	色絵・彩絵
いろおとこ	いろをとこ	色男
いろおんど	いろをんど	色温度
いろおんな	いろをんな	色女
いろがわり	いろがはり	色変はり
いろこい	いろこい	色濃い
	いろこひ	色恋
いろしゅうさ	いろしうさ	色収差
いろちがい	いろちがひ	色違ひ
いろづかい	いろづかひ	色使ひ・色遣ひ
いろなおし	いろなほし	色直し
いろもよう	いろもやう	色模様
いろり	ゐろり	囲炉裏 冬
いわ	いは	岩
	ゐわ	違和
いわい	いはひ	祝ひ
	いははひ	
いわいうた	いはひうた	祝ひ歌・祝ひ唄
いわいがえし	いはひがへし	祝ひ返し
いわう	いはふ	祝ふ
いわえ	いはゑ	岩絵
いわえのぐ	いはゑのぐ	岩絵の具
いわえる	いはへる	結へる
いわお	いはほ	巌
いわかがみ	いはかがみ	岩鏡
いわかん	ゐわかん	違和感
いわき	いはき	岩木・磐城 ◆
いわく	いはく	曰く
いわくに	いはくに	岩国 ◆
いわぐみ	いはぐみ	岩組

見出し	読み	表記
いわけない	いはけない	稚い
いわしみず	いはしみづ	岩清水 [夏]
いわしみずまつり	いはしみづまつり	石清水祭り [秋]
いわしめる	いはしめる	言はしめる
いわしろ	いはしろ	岩代 ◆
いわず	いはず	言はず
いわせる	いはせる	言はせる
いわた	いはた	磐田 ◆
いわたおび	いはたおび	岩田帯
いわだな	いはだな	岩棚
いわタバコ	いはタバコ	岩タバコ [夏]
いわつき	いはつき	岩槻 ◆
いわつつじ	いはつつじ	岩躑躅
いわつばめ	いはつばめ	岩燕 [春夏]
いわて	いはて	岩手 ◆
いわでも	いはでも	言はでも
いわと	いはと	岩戸
いわな	いはな	岩魚・嘉魚 [夏]
いわぬま	いはぬま	岩沼 ◆
いわね	いはね	岩根
いわのぼり	いはのぼり	岩登り
いわば	いはば	言はば・岩場
いわはだ	いははだ	岩肌・岩膚
いわはな	いははな	岩鼻・岩端
いわひば	いはひば	岩檜葉 [夏]・巻柏 [夏]
いわぶすま	いはぶすま	岩襖
いわぶろ	いはぶろ	岩風呂
いわま	いはま	岩間
いわまつ	いはまつ	岩松 [夏]・巌松 [夏]
いわみ	いはみ	石見 ◆・岩美 ◆
いわみぎんざん	いはみぎんざん	石見銀山 ◆
いわみね	いはみね	岩峰
いわむら	いはむら	岩群
いわむろ	いはむろ	岩室
いわや	いはや	岩屋・窟

見出し	歴史的仮名遣い	漢字
いわやま	いはやま	岩山
いわゆる	いはゆる	所謂
いわれ	いはれ	謂れ・磐余◆
いわん	いはん	言はん
いわんや	いはんや	況んや
いん	イン	陰・湮・隠・飲・蔭・姻・胤・音・殷・淫・允・引・印・因・咽・員・院・隕・韻
いんか	いんか	允可・印可
	いんくわ	引火・陰火
	いんぐわ	印画・因果・陰画
	ゐんぐわい	員外・院外
いんい	いんゐ	陰萎
	ヰン	
	キン	
いんがおうほう	いんぐわおうほう	因果応報
いんがい	ゐんぐわい	
いんが	いんぐわ	
いんきゃく	ゐんきゃく	韻脚
いんぎょう	いんぎやう	印形

見出し	歴史的仮名遣い	漢字
いわやま――いんせい		
	ゐんげ	院家
いんげ	ゐんこう	咽喉
いんこう	いんかう	引航・印行・淫行
	いんがう	院号
	いんごふ	因業
いんごう		
いんじ	ゐんじ	印字・印璽・淫事
	ゐんじ	韻字・韻事
	ゐんじゅ	飲酒
	ゐんしゅ	院主
いんしゅ	ゐんしう	
いんしゅう	いんしふ	因習・因襲
いんしょう	いんしよう	引証
	いんしやう	印象・印章
いんじゅ	ゐんしやう	院賞
いんずう	ゐんずう	員数
いんせい	ゐんせい	
	ゐんせい	印勢
		殷盛・陰性・陰晴・隠棲・隠栖・院生・院政

いんせき	ゐんせき	引責・姻戚
	ゐんせき	隕石
いんぜん	いんぜん	隠然
	ゐんぜん	院宣
いんそう	いんさう	印相
いんたいぞう	いんたいざう	隠退蔵
いんでん	いんでん	印伝
いんてつ	ゐんてつ	隕鉄
いんちょう	ゐんちゃう	院長
いんち	ゐんち	韻致
	ゐんち	印池
いんとう	ゐんとう	咽頭
	いんたう	淫蕩
いんどう	いんだう	引導
いんない	ゐんない	院内
いんねん	いんえん	因縁
いんのう	いんなう	陰嚢
いんぶん	いんぶん	陰文
	ゐんぶん	韻文
いんぽん	いんぽん	淫奔・姪奔
	ゐんぽん	院本
いんみょう	いんみゃう	因明
いんよう	いんやう	引用・飲用
	いんやう	陰陽
いんりつ	ゐんりつ	韻律
	いんれう	飲料

う

うい	うい	憂い
	うひ	初
	うゐ	有為
ういういしい	うひうひしい	初々しい
うき	うぬき	雨域
ういきょう	ういきゃう	茴香

37

う

ういご	うひご	初子
ういざん	うひざん	初産
ういじん	うひぢん	初陣
ういてんぺん	うゐてんぺん	有為転変
ういまご	うひまご	初孫
ういろう	うひらう	外郎
うえ	うへ	上
	うゑ	飢ゑ・餓ゑ
うえかえる	うゑかへる	植ゑ替へる
うえき	うゑき	植木
うえきいち	うゑきいち	植木市 春
うえこみ	うゑこみ	植ゑ込み
うえこむ	うゑこむ	植ゑ込む
うえさま	うへさま	上様
うえした	うへした	上下
うえじに	うゑじに	飢ゑ死に
うえた	うゑた	植ゑた
うえだ	うへだ	上田 ◆
	うゑだ	植ゑ田 夏
うえつけ	うゑつけ	植ゑ付け
うえつける	うゑつける	植ゑ付ける
うえのはら	うへのはら	上野原 ◆
うえる	うゑる	飢ゑる・餓ゑる・植ゑる
うえん	うゑん	迂遠
うお	うを	魚
うおいちば	うをいちば	魚市場
うおうさおう	うわうさわう	右往左往
うおがし	うをがし	魚河岸
うおかす	うをかす	魚滓
うおごころ	うをごころ	魚心
うおじま	うをじま	魚島 春
うおつり	うをつり	魚釣り
うおのめ	うをのめ	魚の目
うか	うか	雨下
	うか	羽化
うかい	うかひ	鵜飼 ひ 夏

見出し	歴史的仮名遣い	表記
うがい	うがひ	迂回
うがい	うがひ	嗽
うかがい	うかがひ	伺い
うかがいしる	うかがひしる	窺ひ知る
うかがう	うかがふ	伺ふ・窺ふ
うかつ	うくわつ	迂闊
うかとうせん	うくわとうせん	羽化登仙
うかれちょうし	うかれてうし	浮かれ調子
うかわ	うかは	鵜川 夏
うきうお	うきうを	浮き魚
うきくさもみじ	うきくさもみぢ	萍紅葉 秋
うきごおり	うきごほり	浮き氷 春
うきしずみ	うきしづみ	浮き沈み
うきにんぎょう	うきにんぎやう	浮き人形 夏
うきょう	うきやう	右京 ◆
うぐい	うぐひ	鯎 春・石斑魚 春
うぐいす	うぐひす	鶯 春・黄鳥 春
うぐいすな	うぐひすな	鶯菜 春
うぐいすぶえ	うぐひすぶえ	鶯笛 春
うぐいすもち	うぐひすもち	鶯餅 春
うけあい	うけあひ	請け合い
うけあう	うけあふ	請け合ふ・受け合 ひ
うけおい	うけおひ	請負
うけおう	うけおふ	請け負ふ
うけがう	うけがふ	肯ふ
うけこたえ	うけこたへ	受け答へ
うけたまわる	うけたまはる	承る
うけばらい	うけばらひ	受け払ひ
うごう	うがふ	烏合
うじ	うじ	蛆 夏
うじ	うぢ	氏・宇治 ◆
うじうじ	うぢうぢ	(副詞)
うしあらう	うしあらふ	牛洗ふ 夏
うしお	うしほ	潮

うしおい	うしおひ	牛追ひ
うしかい	うしかひ	牛飼ひ
うしがえる	うしがへる	牛蛙 夏
うじがみ	うぢがみ	氏神
うじこ	うぢこ	氏子
うじすじょう	うぢすじやう	氏素姓
うじでら	うぢでら	氏寺
うしなう	うしなふ	失ふ
うしょう	うしやう	鵜匠 夏
うじょう	うじやう	有情・鵜匠
うしろまえ	うしろまへ	後ろ前
うず	うづ	渦
うすあお	うすあを	薄青・淡青
うすあじ	うすあぢ	薄味
うすかわ	うすかは	薄皮
うずく	うづく	疼く
うすげしょう	うすげしやう	薄化粧
うすごおり	うすごほり	薄氷 春

うすじ	うすぢ	薄地
うすじお	うすじほ	薄塩
うずしお	うづしほ	渦潮 春
うずたかい	うづたかい	堆い
うすばかげろう	うすばかげろふ	薄羽蜉蝣 夏秋・薄 羽蜻蛉 夏秋
うずまき	うづまき	渦巻き
うずまく	うづまく	渦巻く
うずまさうしま つり	うづまさうしま つり	太秦牛祭り 秋
うずまる	うづまる	埋まる
うずみひ	うづみひ	埋み樋
うずみび	うづみび	埋み火 冬
うずめる	うづめる	埋める
うすもみじ	うすもみぢ	薄紅葉 秋
うすもよう	うすもやう	薄模様
うずもれる	うづもれる	埋もれる
うすよう	うすやう	薄様

うずら	うづら	鶉 秋
うすらい	うすらひ	薄氷 春
うずわ	うづわ	渦輪
うすわらい	うすわらひ	薄笑ひ
うぞうむぞう	うざうむざう	有象無象
うそかえ	うそかへ	鷽替 新年
うそのかわ	うそのかは	嘘の皮
うたあわせ	うたあはせ	歌合
うたい	うたひ	謡・歌ひ
うたいぞめ	うたひぞめ	謡初め 新年
うたいて	うたひて	歌ひ手
うたいもんく	うたひもんく	謳ひ文句
うたう	うたふ	歌ふ・唄ふ・詠ふ・謡ふ・謳ふ
うたかい	うたくわい	歌会
うたがい	うたがひ	疑ひ
うたかいはじめ	うたくわいはじめ	歌会始め 新年
うたがいぶかい	うたがひぶかい	疑ひ深い
うたがう	うたがふ	疑ふ
うたがわしい	うたがはしい	疑はしい
うたごえ	うたごゑ	歌声
うたざわ	うたざは	歌沢・哥沢
うたわれる	うたはれる	謳はれる
うちあい	うちあひ	打ち合ひ・撃ち合ひ
うちあわせ	うちあはせ	打ち合はせ
うちあわせる	うちあはせる	打ち合はせる
うちいわい	うちいはひ	内祝ひ
うちお	うちを	打ち緒
うちかえし	うちかへし	打ち返し
うちかえす	うちかへす	打ち返す
うちがわ	うちがは	内側
うちくずす	うちくづす	打ち崩す
うちけはい	うちけはひ	内気配
うちげんかん	うちげんくわん	内玄関

うちこわし	うちこはし	打ち壊し
うちしおれる	うちしをれる	打ち萎れる
うちしずむ	うちしづむ	打ち沈む
うちすえる	うちすゑる	打ち据ゑる
うちそろう	うちそろふ	打ち揃ふ
うちたおす	うちたふす	打ち倒す
うちちがい	うちちがひ	打ち違ひ
うちつどう	うちつどふ	打ち集ふ
うちなおす	うちなほす	打ち直す
うちにわ	うちには	内庭
うちばらい	うちばらひ	内払ひ
うちはらう	うちはらふ	打ち払ふ・撃ち払ふ
うちまわり	うちまはり	内回り
うちみず	うちみづ	打ち水 夏
うちゅう	うちゅう	宇宙
うちゅう	うちゅう	雨中
うちょうてん	うちやうてん	有頂天

うちわ	うちは	内輪
うちわ	うちは	団扇 夏
うちわおく	うちはおく	団扇置く 秋
うちわかけ	うちはかけ	団扇掛け 夏
うづえ	うづゑ	卯杖 新年
うっこんこう	うつこんかう	鬱金香 春
うつしえ	うつしゑ	写し絵・映し絵・移し絵
うっそう	うつさう	鬱蒼
うったえ	うつたへ	訴へ
うったえる	うつたへる	訴へる
うってかわる	うつてかはる	打つて変はる
うっとうしい	うつたうしい	鬱陶しい
うつろい	うつろひ	移ろひ
うつろう	うつろふ	移ろふ・映ろふ
うつわ	うつは	器
うでずく	うでづく	腕づく
うでずもう	うでずまふ	腕相撲

うでぞろい	うでぞろひ	腕揃ひ
うでまえ	うでまへ	腕前
うとう	うたう	右党
うなじ	うなぢ	項
うなじゅう	うなぢゆう	鰻重
うなずく	うなづく	頷く
うなずける	うなづける	頷ける
うばいあい	うばひあひ	奪ひ合ひ
うばいあう	うばひあふ	奪ひ合ふ
うばいかえす	うばひかへす	奪ひ返す
うばいさる	うばひさる	奪ひ去る
うばう	うばふ	奪ふ
うぶごえ	うぶごゑ	産声
うべなう	うべなふ	諾ふ
うまあらう	うまあらふ	馬洗ふ 夏
うまおい	うまおひ	馬追ひ 秋
うまがえし	うまがへし	馬返し

うまばえ	うまばへ	馬蝿
うまれかわる	うまれかはる	生まれ変はる
うみじ	うみぢ	海路
うみぼうず	うみばうず	海坊主
うみほおずき	うみほほづき	海酸漿 夏
うめあわせる	うめあはせる	埋め合はせる
うめばちそう	うめばちさう	梅鉢草 夏
うめびしお	うめびしほ	梅醤
うやまう	うやまふ	敬ふ
うゆう	ういう	烏有
うらかいどう	うらかいだう	裏街道
うらがえし	うらがへし	裏返し
うらがえす	うらがへす	裏返す
うらがえる	うらがへる	裏返る・裏反る
うらがわ	うらがは	裏側
うらごえ	うらごゑ	裏声
うらじ	うらぢ	裏地
うらじょうめん	うらじやうめん	裏正面

うでぞろ ── うらじょ

う

うらどおり	うらどほり	裏通り
うらない	うらなひ	占ひ・卜ひ
うらなう	うらなふ	占ふ・卜ふ
うらにわ	うらには	裏庭
うらはずかしい	うらはづかしい	心恥づかしい
うらびょうし	うらべうし	裏表紙
うらぼんえ	うらぼんゑ	盂蘭盆会 秋
うらおしみ	うりをしみ	売り惜しみ
うりいえ	うりいへ	売り家
うりかい	うりかひ	売り買ひ
うりぐい	うりぐひ	売り食ひ
うりごえ	うりごゑ	売り声
うりざねがお	うりざねがほ	瓜実顔
うりなえ	うりなへ	瓜苗 夏
うりはらう	うりはらふ	売り払ふ
うりまわる	うりまはる	売り回る
うりょう	うりやう	雨量
うるう	うるふ	閏

うらどお―		うわがき
うるおい	うるほひ	潤ひ
うるおう	うるほふ	潤ふ
うるおす	うるほす	潤す
うるしもみじ	うるしもみぢ	漆紅葉 秋
うるわしい	うるはしい	麗しい・美しい・愛しい
うれい	うれひ	憂ひ・愁ひ
うれう	うれふ	憂ふ・愁ふ
うれえ	うれへ	憂へ・愁へ
うれえる	うれへる	憂へる・愁へる
うれすじ	うれすぢ	売れ筋
うろくず	うろくづ	
うろたえる	うろたへる	狼狽へる
うわ	うは	上
うわえ	うはゑ	上絵
うわおき	うはおき	上置き
うわおち	うはおち	上落ち
うわがき	うはがき	上書き

44

うわがけ	うはがけ	上掛け
うわがみ	うはがみ	上紙
うわがり	うはがり	上借り
うわかわ	うはかは	上皮・上側
うわき	うはき	浮気
うわぎ	うはぎ	上着・上衣
うわぐすり	うはぐすり	釉・釉薬
うわくちびる	うはくちびる	上唇
うわぐつ	うはぐつ	上靴
うわごと	うはごと	譫言
うわさ	うはさ	噂
うわじき	うはじき	上敷き
うわすべり	うはすべり	上滑り
うわずみ	うはずみ	上澄み
うわずる	うはずる	上擦る
うわぜい	うはぜい	上背
うわつく	うはつく	上付く・浮付く
うわつち	うはつち	上土
うわっちょうし	うはってうし	上っ調子
うわづつみ	うはづつみ	上包み
うわっつら	うはつつら	上っ面
うわっぱり	うはつぱり	上っ張り
うわづみ	うはづみ	上積み
うわて	うはて	上手
うわなり	うはなり	後妻
うわに	うはに	上荷
うわぬり	うはぬり	上塗り
うわね	うはね	上値
うわのせ	うはのせ	上乗せ
うわのそら	うはのそら	上の空
うわのり	うはのり	上乗り
うわば	うはば	上葉・上歯
うわばき	うはばき	上履き
うわばみ	うはばみ	蟒蛇・蟒
うわばみそう	うははばみさう	蟒草 圍
うわばり	うはばり	上張り

うわがけ──うわばり

うわび	うはび	上火
うわべ	うはべ	上辺
うわまえ	うはまへ	上前
うわまわる	うはまはる	上回る
うわみ	うはみ	上身
うわむき	うはむき	上向き
うわめ	うはめ	上目
うわもの	うはもの	上物
うわや	うはや	上屋
うわやく	うはやく	上役
うわい	うゐ	云為
うんきゅう	うんきう	運休
うんきゅう	うんきふ	雲級
うんこう	うんかう	運行・運航・雲高・雲岡◆
うんさんむしょう	うんさんむせう	雲散霧消
うんしゅう	うんしふ	雲集
うんじょう	うんじゃう	運上・雲上
うんちょう	うんちやう	雲頂
うんどうかい	うんどうくわい	運動会 秋
うんぬん	うんぬん	云々
うんのう	うんあう	蘊奥
うんぴょう	うんぺう	雲表
うんりょう	うんりやう	雲量

え

え	エ	衣・依
え	ヱ	回・会・廻・恵・淮・衛・慧・穢・絵
え	え	兄・江・役・枝・柄・得
え	へ	上・戸・方・重・家
え	ゑ	餌
えあわせ	ゑあはせ	絵合はせ

え	えい	エイ	永・曳・英・泳・映・洩・裔・栄・営・瑛・詠・頴・嬰・鋭・影・叡・穎・嬰・鋭・翳・纓
	えい	エイ	
	えいい	えいゐ	鋭意
		ゑひ	酔
			鰾夏・鱏夏
	えいえん	えいゑん	永遠
	えいか	えいくわ	英華
	えいが	えいぐわ	映画・栄華
	えいかいわ	えいくわいわ	英会話
	えいかん	えいくわん	栄冠
	えいきがう	えいきがう	嬰記号
	えいきゅう	えいきう	永久
	えいきょう	えいきやう	影響
	えいぎょう	えいぎふ	営業
	えいこう	えいかう	曳行・曳航
		えいくわう	栄光
		えいごふ	永劫
	えいごう	えいごふ	
	えいし		英姿・英資・英詩・詠史
		ゑいし	衛視
	えいじはっぽう	えいじはつぱふ	永字八法
	えいじゅう	えいぢゅう	永住
	えいしょう	えいしやう	詠誦・栄称
		えいしやう	詠唱
	えいせい	えいせい	永世
		ゑいせい	衛生・衛星
	えいせいほうそう	ゑいせいはうそう	衛星放送
	えいそう	えいさう	営倉・営巣・詠草
	えいぞう	えいざう	映像・営造・影像
	えいぶんぽう	えいぶんぱふ	英文法
	えいへい	ゑいへい	衛兵

え

えいほう	えいはふ	鋭峰・鋭鋒
えいほう	えいはふ	泳法・英法
えいよう	えいやう	栄養
	えいえう	栄耀
えいり	ゑいり	絵入り
えいん	ゑいん	会陰
えうちわ	ゑうちは	絵団扇 夏
えおうぎ	ゑあふぎ	絵扇 夏
えがい	ゑがひ	餌飼ひ
えがお	ゑがほ	笑顔
えかき	ゑかき	絵描き・画描き・絵書き
えがきだす	ゑがきだす	描き出す
えがく	ゑがく	描く・画く
えがら	ゑがら	絵柄
えがらっぽい	ゑがらっぽい	蘞辛つぽい
えきいん	えきゐん	駅員
えきおん	えきをん	液温

えいほう——えぐり

えきか	えきか	腋下
	えきくわ	液化・液果・腋花・腋窩
えきぎゅう	えきぎうう	役牛
えきじゅう	えきじふ	液汁
えきしょう	えきしやう	液晶
えきじょう	えきじやう	液状
えきちょう	えきちやう	駅長
	えきてう	益鳥
えぎぬ	ゑぎぬ	絵絹
えきびょう	えきびやう	疫病
えきまえ	えきまへ	駅前
えきゆう	えきいう	益友
えきりょう	えきりやう	液量
えぐ	ゑぐ	
えぐい	ゑぐい	蘞い・刳い・醶い
えくぼ	ゑくぼ	靨・笑靨
えぐり	ゑぐり	抉り

えぐる	ゑぐる	抉る・刳る・剔る	
えぐれる	ゑぐれる	抉れる	
えげ	ゑげ	会下	
えこう	ゑかう	回向・廻向	
えごころ	ゑごころ	絵心	
えこじ	えこぢ	依怙地	
えことば	ゑことば	絵詞	
えごのり	ゑごのり	恵胡海苔	
えごよみ	ゑごよみ	絵暦	
えさ	ゑさ	餌	
えさがし	ゑさがし	絵捜し	
えさば	ゑさば	餌場	
えし	ゑし	絵師・壊死	
えしき	ゑしき	会式 [秋]	
えじき	ゑじき	餌食	
えしゃく	ゑしゃく	会釈	
えしゃじょうり	ゑしゃぢゃうり	会者定離	
えしん	ゑしん	回心	

えず	ゑづ	絵図	
えすがた	ゑすがた	絵姿	
えすごろく	ゑすごろく	絵双六 [新年]	
えすだれ	ゑすだれ	絵簾 [夏]	
えずめん	ゑづめん	絵図面	
えそ	ゑそ	壊疽	
えぞう	ゑざう	絵像・画像	
えぞうし	ゑざうし	絵双紙・絵草紙	
えぞにゅう	えぞにう	蝦夷にう [夏]	
えそらごと	ゑそらごと	絵空事	
えだかわず	えだかはづ	枝蛙 [夏]	
えちご	ゑちご	越後 ◆	
えちごじし	ゑちごじし	越後獅子	
えちぜん	ゑちぜん	越前 ◆	
えちぜんがに	ゑちぜんがに	越前蟹 [冬]	
えつ	エツ	咽・悦・謁・閲	
	ヱツ	越	
えっきょう	ゑつきやう	越境	

えぐる ─── えっきょ

えづく	ゑづく	餌付く
えづけ	ゑづけ	餌付け
えっけん	えつけん	謁見
えっけん	ゑつけん	越権
えっちゅう	ゑつちゅう	越中 ◆
えっとう	ゑつとう	越冬
えつねん	ゑつねん	越年
えつぼ	ゑつぼ	笑壺
えてがみ	ゑてがみ	絵手紙
えど	えど	江戸
えど	ゑど	穢土
えどうろう	ゑどうろう	絵灯籠 秋
えとき	ゑとき	絵解き
えとく	ゑとく	会得
えどまえ	えどまへ	江戸前
えな	ゑな	恵那 ◆
えなきょう	ゑなけふ	恵那峡 ◆
えにっき	ゑにつき	絵日記

えづく		えほう

えのぐ	ゑのぐ	絵の具
えのころぐさ	ゑのころぐさ	狗尾草 秋
えば	ゑば	餌ば・餌食・餌葉・絵羽
えはがき	ゑはがき	絵葉書
えはだ	ゑはだ	絵肌
えひがさ	ゑひがさ	絵日傘 夏
えびじょう	えびぢやう	蝦錠・海老錠
えびすこう	えびすかう	夷講 秋冬・恵比寿講 冬
えびたい	えびたひ	蝦鯛・海老鯛
えびょうぶ	ゑびやうぶ	絵屏風 冬
えふ	ゑふ	会符・絵符・衛府
えふだ	ゑふだ	絵札
えふで	ゑふで	絵筆
えぶみ	ゑぶみ	絵踏み 冬春
えほう	えはう	吉方 新年・恵方 新年

えほうまいり	ゑはうまゐり	恵方参り [新年]	
えほん	ゑほん	絵本	
えま	ゑま	絵馬	
えまき	ゑまき	絵巻	
えみ	ゑみ	笑み	
えみこぼれる	ゑみこぼれる	笑み零れる	
えみわれる	ゑみわれる	笑み割れる	
えむ	ゑむ	笑む	
えもいわれぬ	えもいはれぬ	えも言はれぬ	
えもじ	ゑもじ	絵文字	
えりしょう	えりしやう	襟章	
えりぎらい	えりぎらひ	選り嫌ひ	
える	える	選る・得る・獲る	
える	ゑる	彫る	
えよう	ええう	栄耀	
		会陽 [新年][春]	
えん	エン	奄・延・炎・沿・咽・衍・宴・捐・烟・掩・ 焉・堰・淵・焔・煙・ 鉛・塩・演・鳶・椽・ 筵・縁・厭・閻・燕・ 臙・艷 円・宛・苑・垣・怨・ 冤・婉・媛・援・園・ 猿・遠・鴛	
えんいん	ゑんいん	延引	
		援引・遠因	
えんえい	ゑんえい	遠泳 [夏]	
えんおう	えんわう	閻王 [夏]	
		鴛鴦 [冬]	
えんえん	ゑんえん	奄々・延々・炎々	
	ゑんあう	冤枉	
	ゑんえん	蜿蜒	
えんお	えんを	厭悪	
えんか	えんか	炎夏 [夏]・煙霞・演 歌・縁家・嚥下

えん	えんくわ	塩化
	ゑんか	円価
	ゑんくわ	円貨
えんかい	えんくわい	沿海・縁海
	えんくわい	延会・宴会
えんがい	ゑんがい	遠海
	ゑんがい	掩蓋・塩害・煙害
えんかく	えんかい	円蓋
	えんかく	沿革
	ゑんかく	遠隔
えんかくそうさ	ゑんかくさうさ	遠隔操作
えんかつ	ゑんくわつ	円滑
えんがわ	えんがは	縁側
えんかわせ	ゑんかはせ	円為替
えんかん	えんかん	塩干
	えんくわん	煙管・鉛管
えんがん	ゑんくわん	円環
	えんがん	沿岸

えんかい――えんこう		
	ゑんがん	遠眼
えんき	えんき	延期・塩基
	ゑんき	遠忌
えんきょく	ゑんきよく	婉曲
えんきょり	ゑんきより	遠距離
えんきん	ゑんきん	遠近
えんぐん	ゑんぐん	援軍
えんけい	ゑんけい	円形・遠景
えんげい	ゑんげい	園芸
	ゑんげい	演芸
えんげん	ゑんげん	淵源
えんこ	えんこ	怨言
	ゑんこ	縁故
えんご	えんご	円弧
	ゑんご	掩護・縁語
	ゑんご	援護
えんこう	ゑんくわう	円光
	ゑんこう	猿猴

見出し	読み	表記
えんこういた	えんかふいた	縁甲板
えんごく	ゑんごく	遠国
えんこん	ゑんこん	怨恨
えんさ	ゑんさ	怨嗟
えんざ	えんざ	縁座・縁坐
えんざ	ゑんざ	円座 夏
えんざい	ゑんざい	冤罪
えんし	ゑんし	遠視
えんじ	ゑんじ	衍字・臙脂
えんじ	ゑんじ	園児・遠寺
えんじゃく	ゑんじゃく	燕雀
えんしゃ	ゑんしゃ	遠写
えんじゅ	えんじゅ	延寿
えんじゅ	ゑんじゅ	槐
えんしゅう	えんしう	演習
えんしゅう	えんしふ	円周・遠州 ◆
えんじゅく	ゑんじゅく	円熟
えんじょ	ゑんじょ	援助
えんしょう	えんしゃう	炎症
えんしょう	えんせう	延焼・煙硝・艶笑
えんしょう	ゑんしょう	遠称
えんじょう	えんじゃう	炎上
えんしょく	えんじょく	炎色・艶色
えんしょく	ゑんしょく	怨色
えんじる	えんじる	演じる
えんじる	ゑんじる	怨じる
えんしん	えんしん	延伸
えんしん	ゑんしん	遠心
えんじん	えんじん	厭人
えんじん	ゑんぢん	猿人
えんじん	ゑんじん	円陣
えんすい	えんすい	塩水
えんすい	ゑんすい	円錐
えんせい	ゑんせい	延性・厭世
えんせい	えんせい	円成
えんせい	ゑんせい	遠征

えんこう——えんせい

え

えんせき	えんせき	宴席・縁石・縁戚
えんせきがいせん	ゑんせきぐわいせん	遠赤外線
えんぜん	ゑんぜん	嫣然・艶然
えんそ	ゑんそ	宛然・婉然
えんそ	ゑんそ	塩素
えんぞう	ゑんざう	塩蔵
えんそく	ゑんそく	遠足 [春]
えんだい	ゑんだい	演台・演題・縁台
えんだい	ゑんだい	遠大
えんだか	ゑんだか	円高
えんたく	ゑんたく	円卓
えんだて	ゑんだて	円建て
えんち	ゑんち	園地・園池・遠地
えんちゅう	ゑんちゆう	円柱
えんちょう	ゑんちやう	延長
	ゑんちやう	円頂・園長
えんてい	ゑんてい	炎帝・園丁・堰堤
えんてい	ゑんてい	園庭・園丁
えんてん	ゑんてん	炎天 [夏]
えんてん	ゑんてん	円転
えんてんかつだつ	ゑんてんくわつだつ	円転滑脱
えんとう	ゑんとう	煙筒
えんとう	ゑんたう	遠島
えんどう	ゑんとう	円筒・遠投
えんどう	ゑんだう	沿道・煙道・羨道・筵道
えんどう	ゑんどう	豌豆 [夏]
えんどおい	ゑんどほい	縁遠い
えんない	ゑんない	園内・苑内
えんのう	ゑんのう	演能
えんのう	ゑんなふ	延納

えんばん	ゑんばん	鉛版
えんばん	ゑんばん	円盤
えんび	ゑんび	艶美・燕尾
えんぴ	ゑんぴ	婉美
えんぴ	ゑんぴ	円匙・猿臂
えんぶ	ゑんぶ	演武・演舞
えんぷ	ゑんぷ	円舞
えんぷん	ゑんぷん	怨府
えんぷん	ゑんぷん	円墳
えんぺい	ゑんぺい	掩蔽
えんぺい	ゑんぺい	援兵
えんぼう	ゑんぼう	遠望
えんぼう	ゑんぼう	遠謀
えんぽん	ゑんぽん	遠方
えんぽん	ゑんぽん	円本
えんまん	ゑんまん	円満
えんやす	ゑんやす	円安
えんゆう	えんいう	宴遊・縁由
えんゆうかい	ゑんいうくわい	園遊会
えんよう	えんよう	艶容
えんよう	ゑんやう	援用
えんよう	ゑんやう	遠洋
えんらい	ゑんらい	遠来・遠雷 [夏]
えんりえど	ゑんりゑど	厭離穢土
えんりょ	ゑんりょ	遠慮
えんろ	ゑんろ	沿路
えんろ	ゑんろ	遠路

お

オ		
ヲ		
お		於
を		乎・汚・和・悪
		御・(感動詞)
		小・尾・牡・男・苧・峰・魚・麻・雄・緒
おあずけ	おあづけ	御預け

お

おあつらえ	おあつらへ	御誂へ
おい	おい	老い・(代名詞)・(感動詞)
おい…	おひ…	生ひ…・追ひ…
おいあげる	おひあげる	追ひ上げる
おいうぐいす	おいうぐひす	老い鶯 夏
おいうち	おひうち	追ひ討ち
おいえ	をひへ	甥
おいえ	をひ	御家
おいえそうどう	おいへさうどう	御家騒動
おいおい	おいおい	(副詞)・(感動詞)
おいおとす	おひおとす	追ひ落とす
おいかえす	おひかへす	追ひ返す
おいかける	おひかける	追ひ掛ける
おいかぜ	おひかぜ	追ひ風
おいかわ	おひかは	追川・追河
おいご	をひご	甥御
おいごえ	おひごえ	追ひ肥
おいこし	おひこし	追ひ越し
おいこす	おひこす	追ひ越す
おいこみ	おひこみ	追ひ込み
おいこむ	おひこむ	追ひ込む
おいさらばえる	おいさらばへる	老いさらばへる
おいしげる	おひしげる	生ひ茂る
おいすがる	おひすがる	追ひ縋る
おいずる	おひずる	笈摺
おいせん	おひせん	追ひ銭
おいそだつ	おひそだつ	生ひ育つ
おいだき	おひだき	追ひ炊き
おいだす	おひだす	追ひ出す
おいたち	おひたち	生ひ立ち
おいたてる	おひたてる	追ひ立てる
おいちらす	おひちらす	追ひ散らす
おいつかう	おひつかふ	追ひ使ふ

お

おいつく	おひつく	追ひ付く・追ひ着く
おいっこ	をひつこ	甥っ子
おいつめる	おひつめる	追ひ詰める
おいて	おひて / おいて	於いて
おいぬく	おひぬく	追ひ抜く
おいはぎ	おひはぎ	追ひ剝ぎ
おいばね	おひばね	追ひ羽根[新年]・追ひ羽子[新年]
おいばらい	おひばらひ	追ひ払ひ
おいはらう	おひはらふ	追ひ払ふ
おいまくる	おひまくる	追ひ捲る
おいまわす	おひまはす	追ひ回す
おいまわた	おひまわた	負ひ真綿[冬]
おいめ	おひめ	負ひ目
おいもとめる	おひもとめる	追ひ求める
おいやる	おひやる	追ひ遣る
おいらんそう	おひらんさう	花魁草[夏]
おいわけ	おひわけ	追ひ分け・追分◆

おう

おう	オウ	応・欧・殴・鷗・央・桜・奥・襖・鶯・鸚
	アウ	凹・庄・押・鴨
	ワウ	王・往・旺・枉・皇・凰・黄・横
	アフ	押韻
	あふゐん	
おう	ヲウ	翁
	おふ	生ふ・負ふ・追ふ
おうい	わうゐ	王位
おういつ	わういつ	横溢
おういん	あふいん	押印
	あふゐん	押韻
おう	あう	奥羽◆
おうえん	おうゑん	応援
おうおう	あうあう	快々
	わうわう	往々

お

おうか	おうか	謳歌
	あうくわ	桜花 春
おうか	おうくわ	欧化・応化
おうが	わうくわ	王化
	わうが	枉駕
おうぐ	わうぐわ	横臥
おうかくまく	わうかくまく	横隔膜
おうかっしょく	わうかっしょく	黄褐色
おうかん	わうくわん	王冠・往還
おうぎ	あうぎ	奥義
	あふぎ	扇 夏
おうぎおく	あふぎおく	扇置く 秋
おうきゅう	おうきふ	応急
おうぎょく	わうぎよく	王宮
おうけ	わうけ	王家
おうけん	わうけん	王権
おうこ	わうこ	往古

おうか──おうじ

おうご	おうご	応護・擁護
	あふご	朸
おうこう	わうかう	往航・横行
	わうこう	王侯・王公
おうこく	わうこく	王国
おうごん	わうごん	黄金
おうごんしゅう かん	わうごんしうかん	黄金週間
おうざ	わうざ	王座
おうさか	あふさか	逢坂 ◆
おうさつ	おうさつ	殴殺
	あうさつ	鏖殺
おうさま	わうさま	王様
おうし	あふし	押紙
	わうし	王師・皇師・横死・枉死
おうじ	わうじ	王子 ◆・王寺 ◆・皇子・往時・往事

| お |

見出し	読み	漢字
おうしつ	わうしつ	王室
おうじつ	わうじつ	往日
おうじゃ	わうじゃ	王者
おうじゃく	わうじゃく	尫弱
おうしゅう	あうしう	奥州 ◆
おうしゅう	あふしう	押収
おうしゅう	わうしう	応酬・欧州 ◆
おうじゅく	わうじゅく	黄熟
おうじゅほうしょう	わうじゅほうしょう	黄綬褒章
おうじょ	わうぢょ	王女・皇女
おうしょう	あうしゃう	鞅掌
おうしょう	おうせう	応召
おうしょう	わうしゃう	王将
おうじょう	わうじゃう	王城・往生
おうしょく	わうしょく	黄色
おうしょっき	わうしょくき	黄蜀葵 [夏]
おうしん	おうしん	応診

おうしん	わうしん	往信・往診
おうすい	わうすい	王水・黄水
おうせ	あふせ	逢瀬
おうせい	わうせい	王政・王制・旺盛
おうせき	わうせき	往昔
おうせん	おうせん	応戦
おうせん	わうせん	横線
おうそう	あふそう	押送
おうぞく	わうぞく	王族
おうたい	おうたい	応対
おうたい	わうたい	黄体・横隊
おうだく	おうだく	応諾
おうだく	わうだく	黄濁
おうだん	わうだん	黄疸・横断
おうだんほどう	わうだんほだう	横断歩道
おうちゃく	わうちゃく	横着
おうちょう	わうてう	王朝
おうて	わうて	王手

おうてっこう	わうてつくわう	黄鉄鉱
おうてん	わうてん	横転
おうと	おうと	嘔吐
おうと	わうと	王都
おうど	わうど	王土・黄土
おうとう	あうたう	桜桃 夏
	おうたふ	応答
おうどう	わうだう	王道・黄道・横道
	わうどう	黄銅
おうとうき	あうたうき	桜桃忌 夏
おうとつ	あふとつ	凹凸
おうねん	わうねん	往年
おうのう	あうなう	懊悩
おうばい	わうばい	黄梅 春
おうばく	わうばく	黄檗
おうはん	あふはん	凹版
おうひ	あうひ	奥秘

おうひ	わうひ	王妃
おうふう	わうふう	欧風
	わうふう	横風
おうふく	わうふく	往復
おうへい	わうへい	横柄
おうへん	おうへん	応変
	わうへん	往反・往返・黄変
おうほう	おうはう	応報
	わうほう	往訪
	わうぼう	横暴
おうぼう	わうぼふ	王法
おうま	をうま	牡馬・雄馬
	わうま	黄麻
おうまがとき	あふまがとき	逢ふ魔が時
おうみ	あふみ	近江 ◆
おうみしま	あをみしま	青海島 ◆
おうみはちまん	あふみはちまん	近江八幡 ◆
おうむ	あうむ	鸚鵡

おうめ	あをめ	青梅
おうめわた	あをめわた	青梅綿 ◆
おうめん	あふめん	凹面
おうめんきょう	あふめんきやう	凹面鏡
おうもんきん	わうもんきん	横紋筋
おうよう	おうやう	応用
おうよう	わうやう	鷹揚
おうらい	わうらい	往来
おうりつ	わうりつ	王立
おうりょう	わうりやう	横領
おうれつ	わうれつ	横列
おうレンズ	あふレンズ	凹レンズ
おうろ	わうろ	往路
おえしき	おゑしき	御会式 秋冬
おえつ	をえつ	嗚咽
おえる	おへる	負へる
おえる	をへる	終へる
おお	おほ	大・(感動詞)
おおあきない	おほあきなひ	大商ひ
おおあざ	おほあざ	大字
おおあし	おほあし	大足
おおあじ	おほあぢ	大味
おおあした	おほあした	大旦 新年
おおあたり	おほあたり	大当たり
おおあな	おほあな	大穴
おおあばれ	おほあばれ	大暴れ
おおあめ	おほあめ	大雨
おおあり	おほあり	大有り
おおあれ	おほあれ	大荒れ
おおあわて	おほあわて	大慌て
おおい	おほい	(感動詞)
おおい	おほい	多い
おおい	おほひ	覆ひ
おおいがわ	おほゐがは	大井川 ◆・大堰川
おおいき	おほいき	大息

おおいさ	おほいさ	大いさ
おおいしき	おほいしき	大石忌 春
おおいそ	おほいそ	大磯 ◆
おおいそぎ	おほいそぎ	大急ぎ
おおいた	おほいた	大分 ◆
おおいちばん	おほいちばん	大一番
おおいちょう	おほいちやう	大銀杏
おおいなる	おほいなる	大いなる
おおいに	おほいに	大いに
おおいばり	おほゐばり	大威張り
おおいり	おほいり	大入り
おおう	おほふ	覆ふ・被ふ・掩ふ・蓋ふ
おおうちがり	おほうちがり	大内刈
おおうちやま	おほうちやま	大内山
おおうつし	おほうつし	大写し
おおえど	おほえど	大江戸
おおえやま	おほえやま	大江山 ◆
おおおかさばき	おほをかさばき	大岡裁き
おおおく	おほおく	大奥
おおおじ	おほをぢ	大伯父・大叔父
おおおとこ	おほをとこ	大男
おおおば	おほをば	大伯母・大叔母
おおおんな	おほをんな	大女
おおがい	おほがひ	大貝
おおがかり	おほがかり	大掛かり
おおがき	おほがき	大垣 ◆
おおかぜ	おほかぜ	大風
おおかた	おほかた	大方
おおがた	おほがた	大形・大型・大潟 ◆
おおかみ	おほかみ	狼 図
おおがら	おほがら	大柄
おおかれ	おほかれ	多かれ
おおかわ	おほかは	大川・大鼓
おおがわら	おほがはら	大河原 ◆
おおき	おほき	多き

おおきい	おほきい	大きい
おおぎく	おほぎく	大菊 秋
おおきど	おほきど	大木戸
おおきな	おほきな	大きな
おおきに	おほきに	大きに
おおきやか	おほきやか	大きやか
おおぎょう	おほぎやう	大形・大仰
おおぎり	おほぎり	大切り・大喜利
おおく	おほく	多く
おおぐい	おほぐひ	大食ひ
おおぐち	おほぐち	大口
おおげさ	おほげさ	大袈裟
おおけない	おほけない	おほけない
おおごえ	おほごゑ	大声
おおごしょ	おほごしよ	大御所
おおごと	おほごと	大事
おおさか	おほさか	大阪◆・大坂
おおさかずし	おほさかずし	大阪鮨
おおさき	おほさき	大崎◆
おおざけ	おほざけ	大酒
おおざっぱ	おほざつぱ	大雑把
おおさつま	おほさつま	大薩摩
おおさわぎ	おほさわぎ	大騒ぎ
おおさんしょううお	おほさんせううを	大山椒魚
おおじ	おほぢ	大路
おおしい	ををしい	雄々しい
おおしお	おほしほ	大潮
おおじかけ	おほじかけ	大仕掛け
おおじごと	おほしごと	大仕事
おおじしん	おほぢしん	大地震
おおじだい	おほじだい	大時代
おおしま	おほしま	大島◆
おおしも	おほしも	大霜 冬
おおす	おほず	大洲◆
おおすじ	おほすぢ	大筋

おおきい——おおすじ

おおすみ	おほすみ	大隅 ◆
おおずもう	おほずまふ	大相撲
おおせ	おほせ	仰せ
おおぜい	おほぜい	大勢
おおぜき	おほぜき	大関
おおせる	おほせる	果せる・遂せる
おおそうじ	おほさうぢ	大掃除 春
おおぞら	おほぞら	大空
おおた	おほた	大田 ◆・太田 ◆
おおだ	おほだ	大田 ◆
おおだい	おほだい	大台
おおだいこ	おほだいこ	大太鼓
おおたけ	おほたけ	大竹 ◆
おおたちまわり	おほたちまはり	大立ち回り
おおだてもの	おほだてもの	大立者
おおだな	おほだな	大店
おおたわら	おほたはら	大田原 ◆
おおつ	おほつ	大津 ◆

おおつえ	おほつゑ	大津絵
おおつかみ	おほつかみ	大摑み
おおつき	おほつき	大月 ◆
おおつごもり	おほつごもり	大晦日 冬
おおづつ	おほづつ	大筒
おおつづみ	おほつづみ	大鼓
おおっぴら	おほっぴら	大っぴら
おおつぶ	おほつぶ	大粒
おおづめ	おほづめ	大詰め
おおて	おほて	大手
おおで	おほで	大手
おおてあい	おほてあひ	大手合ひ
おおでき	おほでき	大出来
おおてぼう	おほてばう	大手亡
おおど	おほど	大戸
おおどうぐ	おほだうぐ	大道具
おおどおり	おほどほり	大通り
おおどか	おほどか	大どか

おおどころ	おほどころ	大所
おおとし	おほとし	大年[冬]・大歳[冬]
おおとり	おほとり	大鳥・鳳
おおなた	おほなた	大鉈
おおなみ	おほなみ	大波
おおにぎわい	おほにぎはひ	大賑はひ
おおにゅうどう	おほにふだう	大入道
おおにんずう	おほにんずう	大人数
おおね	おほね	大根
おおの	おほの	大野◆
おおば	おほば	大場・大葉
おおばこ	おほばこ	車前草
おおばけ	おほばけ	大化け
おおはば	おほはば	大幅・大巾
おおはら	おほはら	大原◆
おおはらえ	おほはらへ	大祓
おおはらの	おほはらの	大原野◆
おおばん	おほばん	大判・大番・大鷭

おおばんぶるま	おほばんぶるま	大盤振る舞ひ

い ひ

おおびき	おほびき	大引き
おおびけ	おほびけ	大引け
おおびる	おほびる	大蒜[春]
おおひろま	おほひろま	大広間
おおふう	おほふう	大風
おおぶく	おほぶく	大服[新年]・大福[新年]
おおぶたい	おほぶたい	大舞台
おおぶね	おほぶね	大船
おおぶり	おほぶり	大振り・大降り
おおべや	おほべや	大部屋
おおぶろしき	おほぶろしき	大風呂敷
おおばけこぼけ	おほばけこぼけ	大歩危小歩危◆・大崩壊小崩壊◆
おおぼね	おほぼね	大骨
おおまか	おほまか	大まか
おおまじめ	おほまじめ	大真面目

おおまた	おほまた	大股
おおまま	おほまま	大間々 ◆
おおまわり	おほまはり	大回り
おおみえ	おほみえ	大見え・大見得
おおみず	おほみづ	大水
おおみそか	おほみそか	大晦日 冬
おおみだし	おほみだし	大見出し
おおみなと	おほみなと	大湊 ◆
おおみや	おほみや	大宮 ◆
おおむかし	おほむかし	大昔
おおむぎ	おほむぎ	大麦 夏
おおむこう	おほむかふ(う)	大向かふ(う)
おおむね	おほむね	概・大概・大旨
おおむら	おほむら	大村 ◆
おおむらさき	おほむらさき	大紫
おおめ	おほめ	大目・多目・多め
おおめだま	おほめだま	大目玉
おおめつけ	おほめつけ	大目付

おおもじ	おほもじ	大文字
おおもと	おほもと	大本
おおもの	おほもの	大物
おおもり	おほもり	大盛り・大森 ◆
おおもん	おほもん	大門
おおや	おほや	大家・大谷 ◆
おおやいし	おほやいし	大谷石
おおやけ	おほやけ	公
おおやしま	おほやしま	大八洲 ◆
おおやまと	おほやまと	大大和・大倭・大日本
おおやまれんげ	おほやまれんげ	大山蓮華 夏・天女花
おおゆき	おほゆき	大雪 冬
おおよう	おほやう	大様・鷹揚
おおよそ	おほよそ	大凡
おおよろこび	おほよろこび	大喜び
おおよわり	おほよわり	大弱り

おおらか	おほらか	大らか
おおるり	おほるり	大瑠璃 夏
おおわく	おほわく	大枠
おおわざ	おほわざ	大技
おおわずらい	おほわづらひ	大患ひ
おおわた	おほわた	大綿 冬
おおわらい	おほわらひ	大笑ひ
おおわらわ	おほわらは	大童
おか	をか	丘・岡・陸
おが	をが	男鹿 ◆
おかいこ	おかひこ	御蚕
おかえし	おかへし	御返し
おかえり	おかへり	お帰り
おかかえ	おかかへ	御抱へ
おがくず	おがくづ	大鋸屑
おかげまいり	おかげまゐり	御蔭参り 春
おかざき	をかざき	岡崎 ◆
おかしい	をかしい	可笑しい
おかしらつき	をかしらつき	尾頭付き
おかす	をかす	犯す・侵す・冒す
おがたまのき	をがたまのき	小賀玉の木・黄心樹
おかっぴき	をかっぴき	岡っ引き
おかづり	をかづり	陸釣り
おかどちがい	おかどちがひ	御門違ひ
おがの	をがの	小鹿野 ◆
おかばしょ	をかばしょ	岡場所
おかぶ	をかぶ	御株
おかべ	をかべ	雄株
おかぼ	をかぼ	陸稲 秋
おかぼれ	をかぼれ	岡惚れ
おかまい	おかまひ	御構ひ
おがみうち	をがみうち	拝み撃ち
おがみたおす	をがみたふす	拝み倒す
おがむ	をがむ	拝む

おかめ	おかめ	お亀
おかもち	をかもち	岡目
おかやき	をかやき	岡持ち
おかやま	をかやま	岡焼き・傍焼き
おかゆ	をかゆ	岡山◆
おかわり	をかゆ	御粥
おかん	をかはり	御代はり
おがら	をかん	御燗
おがわ	をがら	麻幹秋・苧殻秋
おかわ	をがは	小川◆
おかは	をかは	御厠
おかん	をかん	陸湯
おぎ	をかん	悪寒
おきあい	をぎ	荻秋・小城◆
おきうお	おきあひ	沖合
おきかえる	おきうを	沖魚
おぎなう	おきかへる	置き換へる
	おぎなふ	補ふ

おかめ――おけら

おきなおる	おきなほる	起き直る
おきなわ	おきなは	沖縄
おぎわかば	をぎわかば	荻若葉 春
おく	オク	億・憶・臆
	ヲク	屋
	おく	置く・措く・奥
おくがい	をくぐわい	屋外
おくしゃ	をくしゃ	屋舎
おくじょう	をくじやう	屋上
おくちょう	おくてう	億兆
おくびょう	おくびやう	臆病・憶病
おぐら	をぐら	小倉◆
おぐらい	をぐらい	小暗い
おぐらやま	をぐらやま	小倉山◆
おけ	をけ	桶
おけがわ	をけがは	桶川◆
おけら	をけら	朮夏・蒼朮夏・白朮夏

おけらび	をけらび	白朮火 [新年]
おこ	をこ	烏滸・尾籠・痴・癡
おこう	おかう	御講 [冬]
おこうなぎ	をかうなぎ	汚行
おこない	おかなひ	御講凪 [冬]
おこえがかり	おこゑがかり	御声掛かり
おこがましい	をこがましい	烏滸がましい・痴がましい
おこしえ	おこしゑ	起こし絵
おこぜ	をこぜ	虎魚 [夏]・鱛 [夏]
おこそずきん	おこそづきん	御高祖頭巾 [冬]
おこない	おこなひ	行ない
おこなう	おこなふ	行なう
おこなわれる	おこなはれる	行なはれる
おこりんぼう	おこりんばう	怒りん坊
おこわ	おこは	御強
おさ	をさ	長・筬
おさえる	おさへる	押さへる・抑へる
おさおさ	をさをさ	（副詞）
おさな	をさな	幼
おさない	をさない	幼い
おさながお	をさながほ	幼顔
おさなご	をさなご	幼子・幼児
おさなごころ	をさなごころ	幼心
おさななじみ	をさななじみ	幼馴染み
おさまり	をさまり	収まり・納まり・治まり
おさまる	をさまる	収まる・納まる・治まる・修まる
おさめる	をさめる	収める・納める・治める・修める
おさらい	おさらひ	御復習ひ・御浚ひ
おし	おし	押し・圧し・御師・（感動詞）
おじ	をぢ	鴛鴦 [冬]・小父・伯父・叔父

お

見出し	歴史的仮名遣い	漢字表記
おしあいへしあい	おしあひへしあひ	押し合い圧し合い
おしあう	おしあふ	押し合う
おしい	をしい	惜しい
おじいさん	おぢいさん	御祖父さん・御爺さん
おじか	をじか	牡鹿秋・雄鹿秋・男鹿秋
おじおじ	おぢおぢ	(副詞)
おしえる	をしへる	教へる
おしえ	をしゑ	押し絵
おしがる	をしがる	惜しがる
おしかえす	おしかへす	押し返す
おしき	をしき	折敷
おじぎそう	おじぎさう	御辞儀草夏・含羞草夏
おしげ	をしげ	惜し気
おじけ	おぢけ	怖ぢ気
おじけづく	おぢけづく	怖ぢ気付く
おじける	おぢける	怖ぢける
おじさん	をぢさん	小父さん・叔父さん・伯父さん
おしずもう	おしずまふ	押し相撲
おじぞうさま	おぢぞうさま	御地蔵様
おしたおし	おしたふし	押し倒し
おしたおす	おしたふす	押し倒す
おしとおす	おしとほす	押し通す
おしどり	をしどり	鴛鴦图
おしべ	をしべ	雄蕊
おしまい	おしまひ	御仕舞ひ・御終ひ
おしみない	をしみない	惜しみ無い
おしむ	をしむ	惜しむ
おしむらくは	をしむらくは	惜しむらくは
おじめ	をじめ	緒締め
おしもんどう	おしもんだふ	押し問答

お		
おじゃる	おぢゃる	おぢゃる
おじゃん	おぢゃん	
おしゅう	をしう	汚臭
おじゅう	おぢゅう	御重
おしょう	おしやう	和尚
おじょうさま	おぢやうさま	御嬢様
おしょく	をしよく	汚職
おじょく	をじよく	汚辱
おしん	をしん	汚辱
おじる	おぢる	怖ぢる
おす	おす	押す・圧す・捺す・推す・御酢
		食す・雄・和子
おすい	をすい	汚水
おずおず	おづおづ	（副詞）
おせん	をせん	汚染
おそ	をそ	悪阻

おそいかかる	おそひかかる	襲ひ掛かる
おそう	おそふ	襲ふ
おそぢえ	おそぢゑ	遅知恵
おそなえ	おそなへ	御供へ
おそれおののく	おそれをののく	恐れ戦く
おそろい	おそろひ	御揃ひ
おそわる	をそはる	教はる
おそわれる	おそはれる	魘はれる
おそん	をそん	汚損
おたいら	おたひら	御平ら
おたうえ	おたうゑ	御田植ゑ 夏
おたがい	おたがひ	御互ひ
おたがいさま	おたがひさま	御互ひ様
おだき	をだき	雄滝
おだく	をだく	汚濁
おだけ	をだけ	雄竹
おたけび	をたけび	雄叫び
おたずねもの	おたづねもの	御尋ね者

おじゃる──おたずね

お

おだまき	をだまき	苧環 春
おだわら	をだはら	小田原 ◆
おだわらひょうじょう	をだはらひやうぢやう	小田原評定
おたんじょう	おたんじやう	御誕生
おち	をち	遠・彼方
おちあう	おちあふ	落ち合ふ
おちうお	おちうを	落ち魚
おちこち	をちこち	遠近・彼方此方
おちしい	おちしひ	落椎 秋
おちしお	おちしほ	落ち潮
おちぼひろい	おちぼひろひ	落ち穂拾ひ 秋
おちゅうど	おちうど	落人
おちょうしもの	おてうしもの	御調子者
おつかい	おつかひ	御使ひ
おっくう	おくくふ	億劫
おっけん	おくけん	臆見
おっと	をつと	夫
おっぱらう	おつぱらふ	追っ払ふ
おっぽ	をつぽ	尾っぽ
おでい	をでい	汚泥
おてつだい	おてつだひ	御手伝ひ
おてまえ	おてまへ	御手前・御点前
おてやわらかに	おてやはらかに	御手柔らかに
おてん	をてん	汚点
おてんとうさま	おてんたうさま	御天道様
おとあわせ	おとあはせ	音合はせ
おとおし	おとほし	御通し
おとがい	おとがひ	頤
おどく	をどく	汚毒
おとこ	をとこ	男
おとこえし	をとこへし	男郎花 秋
おとこまえ	をとこまへ	男前
おとこやま	をとこやま	男山 ◆
おどし	をどし	縅・威
おとしみず	おとしみづ	落とし水 秋

おどす	をどす	縅す・威す
おとずれる	おとづれる	訪れる
おとつい	をとつひ	一昨日
おととい	をととひ	一昨日
おととし	をととし	一昨年
おとなう	おとなふ	訪ふ
おとめ	をとめ	少女・乙女
おとめつばき	をとめつばき	乙女椿 春
おとり	おとり	劣り
おどり	をどり	踊り 秋・躍り
おどりあがる	をどりあがる	躍り上がる
おとりあゆ	をとりあゆ	囮鮎 夏
おどりうた	をどりうた	踊り歌 秋・踊り唄 秋
おどりこそう	をどりこさう	踊り子草 夏
おどりそう	をどりさう	踊り草 夏
おどりだいこ	をどりだいこ	踊り太鼓 秋
おどりでる	をどりでる	躍り出る
おどりば	をどりば	踊り場 秋
おどりばな	をどりばな	踊り花 夏
おどる	をどる	踊る・躍る
おとろえ	おとろへ	衰へ
おとろえる	おとろへる	衰へる
おとわやま	おとはやま	音羽山 ◆
おなおり	おなほり	御直り
おなが	をなが	尾長
おなご	をなご	女子
おなみ	をなみ	男波・男浪
おなもみ	をなもみ	葈耳
おにがわら	おにがはら	鬼瓦
おにやらい	おにやらひ	鬼遣 冬・追儺 冬
おね	をね	尾根
おねがい	おねがひ	御願ひ
おねじ	をねぢ	雄螺子・雄螺旋
おの	をの	斧・小野 ◆

おのずから	おのづから	自づから
おのずと	おのづと	自づと
おののく	をののく	戦く
おは	をは	尾羽
おば	をば	小母・伯母・叔母
おばな	をばな	尾花・雄花
おばなざわ	をばなざは	尾花沢 ◆
おばね	をばね	尾羽
おばま	をばま	小浜
おはよう	をはやう	御早う
おはらい	おはらひ	御払ひ・御祓
おびいわい	おびいはひ	帯祝ひ
おびかわ	おびかは	帯革・帯皮
おびがわ	おびがは	帯側
おびじ	おびぢ	帯地
おびじょう	おびじやう	帯状
おびな	をびな	男雛
おひれ	をひれ	尾鰭
おびれ	をびれ	尾鰭
おぶいひも	おぶひひも	負ぶひ紐
おぶう	おぶふ	負ぶふ
おぶつ	をぶつ	汚物
おぶね	をぶね	小舟・小船
おぼうさん	おばうさん	御坊さん
おまいり	おまゐり	御参り
おまえ	おまへ	御前
おまじない	おまじなひ	御呪ひ
おまちどおさま	おまちどほさま	御待ち遠様
おまつ	をまつ	雄松・男松
おまわり	おまはり	御巡り
おまわりさん	おまはりさん	お巡りさん
おみずおくり	おみづおくり	御水送り春
おみずとり	おみづとり	御水取り春
おみな	をみな	女
おみなえし	をみなへし	女郎花秋
おみなめし	をみなめし	女郎花秋

おみぬぐい	おみぬぐひ	御身拭ひ 春
おめい	をめい	汚名
おめいこう	をめいかう	御命講 秋冬
おめく	をめく	叫く・喚く
おめでとう	おめでたう	御目出度う
おもい	おもひ	重い
おもい	おもひ	思ひ・想ひ・念ひ
おもい…想ひ…	おもひ…想ひ…	
おもいあわせる	おもひあはせる	思ひ合はせる
おもいえがく	おもひゑがく	思ひ描く
おもいおもい	おもひおもひ	思ひ思ひ
おもいかえす	おもひかへす	思ひ返す
おもいしずむ	おもひしづむ	思ひ沈む
おもいだしわらい	おもひだしわらひ	思ひ出し笑ひ
おもいちがい	おもひちがひ	思ひ違ひ
おもいで	おもひで	思ひ出
おもいどおり	おもひどほり	思ひ通り
おもいなおす	おもひなほす	思ひ直す
おもいまわす	おもひまはす	思ひ回す
おもいわずらう	おもひわづらふ	思ひ煩ふ
おもう	おもふ	思ふ・想ふ・惟ふ・懐ふ
おもえば	おもへば	思へば
おもえらく	おもへらく	思へらく
おもかじ	おもかぢ	面舵
おもがわり	おもがはり	面変はり
おもわく	おもわく	思惑
おもはず	おもはず	思はず
おもわせぶり	おもはせぶり	思はせ振り
おもわぬ	おもはぬ	思はぬ
おもわれる	おもはれる	思はれる
おやおもい	おやおもひ	親思ひ
おやがいしゃ	おやぐわいしゃ	親会社
おやがわり	おやがはり	親代はり
おやこうこう	おやかうかう	親孝行

おやじ	おやぢ	親字
おやしお	おやしほ	親潮
おやふこう	おやふかう	親不孝
おやべ	をやべ	小矢部 ◆
おやま	をやま	御山
	をやま	女形・小山 ◆
おやゆずり	おやゆづり	親譲り
およぎまわる	およぎまはる	泳ぎ回る
おり	おり	澱・織り
	をり	折り・檻・汚吏
おりあい	をりあひ	折り合い
おりあう	をりあふ	折り合う
おりあしく	をりあしく	折悪しく
おりいって	をりいつて	折り入って
おりえぼし	をりえぼし	折り烏帽子
おりおり	をりをり	折々
おりかえし	をりかへし	折り返し

おりかえす	をりかへす	折り返す
おりかさなる	をりかさなる	折り重なる
おりかた	をりかた	折り形
おりがみ	をりがみ	折り紙
おりから	をりから	折から・折柄
おりこみ	をりこみ	折り込み
おりこむ	をりこむ	折り込む
	おりこむ	織り込む
おりしも	をりしも	折しも
おりしく	をりしく	折り敷く
おりじゃく	をりじやく	折り尺
おりたたむ	をりたたむ	折り畳む
おりちょう	をりちやう	折り丁
おりづめ	をりづめ	折り詰め
おりづる	をりづる	折り鶴
おりふし	をりふし	折節
おりほん	をりほん	折り本
おりまげる	をりまげる	折り曲げる

おりめ	おりめ	織り目・織り女
おりめただしい	をりめただしい	折り目正しい
おりよく	をりよく	折好く
おる	をる	織る
	おる	
おれあう	をれあふ	折れ合ふ
おれまがる	をれまがる	折れ曲がる
おれめ	をれめ	折れ目
おれる	をれる	折れる
おろ	をろ	悪露
おろしあえ	おろしあへ	下ろし和へ
おろち	をろち	大蛇
おわい	をわい	汚穢
おわす	おはす	御座す
おわらい	おわらひ	御笑ひ
おわり	をはり	終はり・尾張
おわる	をはる	終はる◆

おん	オン	
	ヲン	
	おん	御
	おんゐ	厭
	おんゐん	苑・怨・温・遠・穏
おんい	おんゐ	恩威
おんいき	おんゐき	音域
おんいん	おんゐん	音韻
おんが	をんが	温雅・遠賀◆
おんがえし	おんがへし	恩返し
おんかく	をんかく	温覚
おんがん	をんがん	温顔
おんき	をんき	遠忌
おんきゅう	おんきふ	恩給
おんきょう	をんきやう	音響
おんきゅう	をんきう	温灸
おんけん	をんけん	穏健
おんこう	をんこう	温厚
おんこちしん	をんこちしん	温故知新

おりめ ── おんこち

おんしつ	おんしつ	音質
	をんしつ	温室 冬
おんしゅう	おんしう	恩讐
	をんしう	温州 ◆
おんじゅう	をんじふ	温習
おんじゅん	をんじゅん	温順
おんしょう	をんしゃう	温柔
おんじょう	をんしゃう	恩賞
	をんじゃう	温床 冬 春
	をんじゃう	恩情・音声
おんしょく	おんしょく	温情
	をんしょく	音色
おんず	おんづ	音図
おんすい	をんすい	温水
おんせん	をんせん	温泉
おんぞう	おんぞう	音像
おんぞうし	おんざうし	御曹司

おんしつ——おんなし

おんぞん	をんぞん	温存
おんたい	おんたい	御大
	をんたい	温帯
おんだん	をんだん	温暖
おんちょう	おんちょう	恩寵
	をんてう	音調
おんてい	をんてい	音程
	をんてい	温低
おんてき	をんてき	怨敵
おんてん	をんてん	音転・恩典
	をんてん	温点
おんど	おんど	音頭
	をんど	温度
おんとう	をんたう	温湯・穏当
おんどり	をんどり	雄鳥・雄鶏
おんな	をんな	女
おんなしょうがつ	をんなしゃうぐわつ	女正月 新年

おんなれいじゃ	をんなれいじゃ	女礼者 [新年]
おんねん	をんねん	怨念
おんびん	おんびん	音便
	をんびん	穏便
おんぷう	をんぷう	温風
おんぷく	をんぷく	温服
おんぼう	おんばう	隠坊
おんみょう	おんやう	陰陽
おんみょうどう	おんやうだう	陰陽道
おんやさい	をんやさい	温野菜
おんよう	おんやう	音容
	おんやう	陰陽
おんよく	をんよく	温浴
おんりょう	をんりやう	音量
	をんりやう	怨霊・温良
おんる	をんる	遠流
おんわ	をんわ	温和・穏和

か

か カ クワ

佳・可・加・仮・伽・
茄・迦・珂・
嫁・暇・嘉・夏・榎・
蝦・駕・歌・価・河・
架・苛・家・荷・箇・
稼・霞
火・化・禾・瓜・花・
卦・果・科・華・訛・
菓・貨・靴・過・渦・
嘩・窩・蝸・禍・夥・
寡・樺・課・鍋・顆
香・蚊 [夏]

が ガ グワ

牙・伽・我・芽・俄・
峨・賀・雅・蛾・餓・
駕
瓦・画・臥・訛

か

かい

カイ 介・芥・改・戒・界・
クワイ 蟹
解・澥・誡・諧・鎧・
街・開・楷・偕・階・堺・
皆・拐・海・械・
クワイ 蟹
絵・塊・傀・隗・懐・
槐・魁・潰・壊・懐・
回・灰・会・快・乖・
怪・廻・悔・恢・晦・

がい

ガイ 獪
クワイ 櫂・下意・歌意
貝・卵・峡・匙・殻
買ひ・飼・甲斐◆
亥・効・咳・害・崖・
涯・凱・街・慨・碍・
該・概・溉・蓋・駭・
骸・鎧・礙・
グワイ 外

かい――かいいん

がい	我意・賀意
ぐわい	画意
かひあたへる	買ひ与へる
ぐわいあつ	外圧
かいい	介意
かいゐ	階位
くわいい	会意・怪異
くわいゐ	魁偉・怪偉
がいい	害意
ぐわいい	外衣
かいいき	海域
かいいそぐ	買ひ急ぐ
かひいぬ	飼ひ犬
かひいれる	買ひ入れる
かいいん	改印
かひゐん	海員・開院
くわいゐん	誨淫
くわいゐん	会員

がいいん	ぐわいいん	外因
がいいんぶ	ぐわいいんぶ	外陰部
かいえん	かいえん	開演・開宴・海淵
	かいゑん	開園
がいえん	ぐわいえん	外延・外縁
	ぐわいゑん	外苑
かいおうせい	かいわうせい	海王星
かいおき	かひおき	買ひ置き
かいおけ	かひをけ	飼ひ桶
かいおん	くわいおん	快音
かいか	かいか	開架・階下
	かいくわ	開化・開花
	くわいか	会歌
	くわいくわ	怪火
	くわいが	怪訝
がいか	くわいぐわ	絵画
	がいか	凱歌
	ぐわいくわ	外貨

かいかい	かいくわい	開会
かいがい	かいぐわい	海外
がいかい	ぐわいかい	外海・外界
かいがいしい	かひがひしい	甲斐甲斐しい
かいかえ	かひかへ	買ひ換へ・買ひ替へ
かいかえる	かひかへる	買ひ換へる・買ひ替へる
かいかく	かいかく	外角
	ぐわいかく	外郭・外廓
かいかた	かひかた	買ひ方
かいかつ	くわいくわつ	快活・快闊
がいかつ	がいくわつ	概括
かいかぶる	かひかぶる	買ひ被る
かいがら	かひがら	貝殻
かいかん	かいくわん	開巻・開館
	くわいかん	快感・快漢・怪漢
	くわいくわん	会館

がいかん	がいくわん	概観
がいき	ぐわいくわん	外患・外観
かいき	かいき	開基・皆既・海気
	かひき	買ひ気・甲斐絹
	くわいき	回忌・回帰・会規・会期・快気・怪奇
かいぎ	くわいぎ	会議・回議・懐疑
がいき	ぐわいき	外気
がいきゃく	ぐわいきゃく	外客
かいきゅう	かいきふ	階級
	くわいきう	懐旧
かいきょ	くわいきょ	快挙
かいきょう	かいけふ	海峡
かいぎょう	くわいぎゃう	回教
かいぎょう	くわいげふ	懐郷
かいぎょう	かいぎゃう	回教
	くわいぎゃう	回教
かいぎょう	かいぎゃう	開業・改行
がいきょう	がいきゃう	概況

がいぎょうそう	かいぎゃうさう	楷行草
がいきょく	ぐわいきょく	外局
かいきり	かひきり	買ひ切り
かいきる	かひきる	買ひ切る
がいきん	ぐわいきん	外勤
かいく	かいく	海区
	くわいく	化育
かいぐい	かひぐひ	買ひ食ひ
かいぐさ	かひぐさ	飼ひ草
かいぐすり	かひぐすり	買ひ薬
かいくん	くわいくん	回訓
かいけい	くわいけい	会計・会稽◆・塊茎
がいけい	ぐわいけい	外形・外径
かいけつ	かいけつ	解決
	くわいけつ	解決
かいけつ	くわいけつ	魁傑・怪傑
かいけん	かいけん	改憲
	くわいけん	会見・懐剣
がいけん	ぐわいけん	外見

見出し	歴史的仮名遣い	漢字表記
かいこ	かいこ	解雇
	かひこ	蚕(春)
かいこ	くわいこ	回顧・懐古
かいご	くわいご	介護・改悟・解語
かいご	ぐわいご	悔悟
がいご	ぐわいご	外語
かいこう	くわいこう	海溝・開口・邂逅・改稿・海港・開校・開港・開講
かいごう	かいかう	回航
	かいがふ	会合
がいこう	くわいがう	改号
	くわいかう	外交・外向・外港
	ぐわいくわう	外光
がいこういん	ぐわいかう	外寇
	ぐわいかうゐん	外交員
がいこうかん	ぐわいかうくわん	外交官
かいこうず	ぐわいかうづ	海紅豆(夏)
がいこうせん	ぐわいかうせん	外航船
かいこく	くわいこく	開国
		戒告・誡告・海国・回国
がいこく	ぐわいこく	外国
かいことば	かひことば	買ひ言葉
かいこむ	かいこむ	掻い込む
	かひこむ	買ひ込む
かいごろし	かひごろし	飼ひ殺し
かいこん	かいこん	開墾
	くわいこん	悔恨・塊根
かいさい	かいさい	皆済・開催
	くわいさい	快哉
がいさい	ぐわいさい	外債
がいざい	ぐわいざい	外在・外材
かいさく	かいさく	改作・開削・開鑿
	くわいさく	快作・晦朔

かいささえる	かひささへる	買ひ支へる
かいし	かいし	海市圏・開示
	くわいし	怪死・懐紙
かいじ	かいじ	海事・開示
	くわいじ	快事
がいし	がいし	碍子
	ぐわいし	外史・外紙・外資
がいじ	がいじ	孩児
	ぐわいじ	外字・外耳・外事
かいしめる	かひしめる	買ひ占める
かいしゃ	くわいしゃ	会社・膾炙
がいしゃ	がいしゃ	害者
がいじゃ	ぐわいしゃ	外車
がいじゅ	ぐわいじゅ	外需
かいしゅう	かいしう	改修
	くわいしう	回収
	くわいしゅう	会衆

かいじゅう	かいじう	海獣
	くわいじゅう	怪獣・懐柔
がいしゅう	がいじふ	晦渋
	ぐわいしう	外周
がいじゅう	がいじう	害獣
がいしゅういっしょく	がいしういつしよく	鎧袖一触
がいじゅうないごう	ぐわいじうない がう	外柔内剛
かいしゅつ	ぐわいしゅつ	外出
かいしゅん	かいしゅん	改悛
	くわいしゅん	回春
かいしょ	かいしよ	開所・楷書
	くわいしよ	会所
かいじょ	かいぢよ	介助
	かいぢよ	解除
かいしょう	かいしよう	改称
	かいしやう	海相・海将

かいじょう	かいせう	解消・海嘯
	かひしやう	甲斐性
	くわいしやう	会商・回章・快翔
	くわいしょう	快勝
	かいじょう	階乗
	かいぢやう	海上・開城◆階上
	かいぢやう	回状・塊状
がいじょう	くわいぢやう	会場
	くわいぢやう	街商・街娼
かいしょく	ぐわいしやう	外商・外相・外傷
	かいしよく	海食・海蝕・解職
がいしょく	くわいしよく	会食
	ぐわいしよく	外食
かいしん	かいしん	戒心・戒慎・改心
	かいしん	改進・改新
	くわいしん	会心・快心・回心・回診
かいじん	かいじん	海神
	くわいじん	灰燼・怪人
がいしん	がいしん	害心
	ぐわいしん	外心・外信
がいじん	がいぢん	凱陣
	ぐわいじん	外人
	ぐわいぢん	外陣
かいず	かいづ	海図
かいすう	くわいすう	回数
かいする	くわいする	会する
	くわいする	介する・解する
かいせい	かいせい	改正・改姓
	くわいせい	回生・快晴
	がいせい	慨世・蓋世
	ぐわいせい	外征・外政
かいせき	かいせき	解析
	くわいせき	会席・懐石・怪石
がいせき	ぐわいせき	外戚

かいせきりょう	くわいせきれう	懐石料理
かいせつ	かいせつ	開設・解説
かいせつ	くわいせつ	回折
がいせつ	がいせつ	概説・剴切
がいせつ	ぐわいせつ	外接・外切
かいせん	かいせん	改選・海戦・界線・疥癬・開戦・開栓・
かいせん	くわいせん	会戦・回船・回線
がいせん	がいせん	凱旋・街宣
がいせん	ぐわいせん	外線
かいそう	かいそう	階層
かいそう	かいそう	改装・改葬・海藻・開創・海草・
かいそう	くわいさう	会葬・回想・回漕
かいそう	くわいそう	快走・潰走・怪僧・
		回送
かいぞう	かいざう	改造・解像

かいそう	がいそう	咳嗽
	ぐわいさう	外装
	ぐわいそう	外層
がいそえ	かいぞへ	介添へ
かいぞく	くわいぞく	会則・快足・快速
がいそふ	ぐわいそふ	外祖父
がいそぼ	ぐわいそぼ	外祖母
かいぞめ	かひぞめ	買ひ初め 新年
かいそろえる	かひそろへる	買ひ揃へる
がいそん	ぐわいそん	外孫
かいだ	くわいだ	快打
かいたい	かいたい	拐帯・楷体・解体
	くわいたい	懐胎
かいだく	くわいだく	快諾
かいだし	かひだし	買ひ出し
かいたたく	かひたたく	買ひ叩く
かいだめ	かひだめ	買ひ溜め
がいため	ぐわいため	外為

見出し	読み	表記
かいたん	くわいたん	塊炭
かいだん	かいだん	戒壇・階段・解団
	くわいだん	会談・快談・怪談
かいだんいん	かいだんゐん	戒壇院
かいだんし	くわいだんし	快男子
がいち	ぐわいち	外地
かいちゅう	かいちゅう	海中
	かいちう	改鋳
	くわいちゅう	回虫・懐中
がいちゅう	がいちゅう	害虫
	ぐわいちゅう	外注
かいちゅうでんとう	くわいちゅうでんとう	懐中電灯
かいちょう	かいちゃう	開帳[春]
	かいてう	海鳥・諧調
	くわいちゃう	会長・回腸
がいちょう	くわいてう	快調・怪鳥
	がいてう	害鳥

見出し	読み	表記
かいつけ	かひつけ	買ひ付け
かいつなぎ	かひつなぎ	買ひ繋ぎ
かいて	かひて	買ひ手
かいてき	くわいてき	快適
がいてき	ぐわいてき	外的・外敵
かいてん	かいてん	開店
	くわいてん	回天・回転
かいとう	かいたふ	解党
	かいたう	解答
	くわいたう	解凍・開頭
	くわいとう	回答
	くわいたふ	怪盗・快刀
がいでん	ぐわいでん	外伝・外電
かいとう	かいたう	会頭・快投
かいどう	かいだう	海棠[春]・海道◆街道
	くわいだう	会堂
	くわいどう	会同・怪童

がいとう	がいたう	街灯・街頭
かいどき	かひどき	買ひ時
かいどく	かひどく	買ひ得
かいどく	かいどく	解読
かいどく	くわいどく	会読・回読
かいどり	かひどり	飼ひ鳥
かいとる	かひとる	買ひ取る
かいな	かひな	腕
かいない	かひない	甲斐無い
かいならす	かひならす	飼ひ馴らす
かいにゅう	かいにふ	介入
かいにん	かいにん	解任
かいにん	くわいにん	懐妊
かいにんそう	かいにんさう	海人草
かいぬし	かひぬし	買ひ主・飼ひ主
かいね	かひね	買値
かいねこ	かひねこ	飼ひ猫
かいのう	かいなふ	皆納
かいのくち	かひのくち	貝の口
かいは	くわいは	会派
かいば	かひば	海馬
かいば	かひば	飼ひ葉
かいばい	かひばひ	貝灰
がいはいよう	ぐわいはいえふ	外胚葉
がいはく	がいはく	該博
がいはく	ぐわいはく	外泊
かいばしら	かひばしら	貝柱
がいはつてき	ぐわいはつてき	外発的
がいはんぼし	ぐわいはんぼし	外反拇趾
かいひ	かいひ	海彼・開披・開扉
かいひ	くわいひ	会費・回避
がいび	くわいび	快美
がいひ	ぐわいひ	外皮

かいびかえ	かひびかへ	買ひ控へ
かいびかえる	かひびかへる	買ひ控へる
かいひょう	かいひよう	解氷 春
かいひょう	かいへう	海豹・開票
がいひょう	がいひやう	概評
がいひん	ぐわいひん	外賓
かいふ	かいふ	開府
かいふ	くわいふ	回付
がいぶ	ぐわいぶ	外侮・外部
かいふく	くわいふく	回復
かいふく	かいふく	開腹
かいぶつ	くわいぶつ	怪物
がいぶつ	ぐわいぶつ	外物
かいぶん	くわいぶん	回文・灰分・怪聞
がいぶん	ぐわいぶん	外分・外聞
かいぶんしょ	くわいぶんしょ	怪文書
がいへき	ぐわいへき	外壁
かいべん	くわいべん	快弁・快便
がいへん	ぐわいへん	外編・外篇
かいほう	かいほう	海堡
かいほう	かいはう	介抱・開放・解放
かいほう	かいはふ	開法
かいほう	くわいはう	快方・懐抱
かいほう	くわいほう	会報・回報・快報
がいぼう	ぐわいばう	解剖
がいほう	かいばう	海防
がいほう	ぐわいはう	外邦
がいほう	ぐわいほう	外報
がいぼう	ぐわいばう	外貌
かいほうせき	かいはうせき	海泡石
かいまい	くわいまい	回米
がいまい	ぐわいまい	外米
かいみょう	かいみやう	戒名
かいみん	くわいみん	快眠
かいむ	かいむ	海霧・皆無
かいむ	くわいむ	会務

かいびか―――かいむ

がいむ	ぐわいむ	外務
がいむいん	ぐわいむゐん	外務員
がいむしょう	ぐわいむしやう	外務省
かいめい	かいめい	改名・開明・階名・解明
がいめい	ぐわいめい	晦冥
かいめつ	くわいめつ	壊滅・潰滅
がいめん	ぐわいめん	外面
かいめんかっせいざい	かいめんくわつせいざい	界面活性剤
かいもどす	かひもどす	買ひ戻す
かいもの	かひもの	支ひ物・買ひ物
かいや	かひや	飼ひ屋 春
がいや	ぐわいや	外野
かいやき	かひやき	貝焼き
かいゆ	くわいゆ	快癒
かいゆう	くわいいう	会友・回遊・回游
がいゆう	ぐわいいう	外遊

がいよう	かいよう	海容
	かいやう	海洋
	くわいやう	潰瘍
	がいよう	概容
	がいえう	概要
がいよう	がいやう	外洋
	ぐわいやう	
かいよせ	かひよせ	貝寄せ 春
かいらい	かいらい	界雷
かいらい	くわいらい	傀儡
がいらい	ぐわいらい	外来
がいらいし	くわいらいし	傀儡師 新年
かいらく	くわいらく	快楽
かいらくえん	かいらくゑん	偕楽園 ◆
かいらん	かいらん	解纜
かいらん	くわいらん	回覧・潰乱・壊乱
かいり	かいり	海里・浬・海狸・解離

かいり	くわいり	乖離
かいりき	くわいりき	戒力
	くわいりき	怪力
かいりゅう	くわいりう	海流
かいりふ	くわいりう	開立
かいりょう	かいりやう	改良
がいりょう	かひれう	飼ひ料
かいりょく	ぐわいりよく	怪力
がいりょく	ぐわいりよく	外力
がいりん	ぐわいりん	外輪
がいりんざん	ぐわいりんざん	外輪山
かいれい	かいれい	海嶺
	くわいれい	回礼 新年
かいろ	かいろ	海路
	くわいろ	回路・懐炉 冬
かいろう	くわいらう	回廊
かいろうどうけつ	かいらうどうけつ	偕老同穴

かいろく	くわいろく	回禄
かいわ	くわいわ	諧和
	くわいわ	会話
かいわん	くわいわん	怪腕
かいん	かゐん	下院
がいん	ぐわいいん	画因
かう	かふ	支ふ・買ふ・飼ふ
	かへ	代へ・替へ・換へ・
かえうた	かへうた	替へ歌
かえぎ	かへぎ	替へ着
かえし	かへし	返し
かえす	かへす	反す・返す・帰す・孵す
かえだま	かへだま	替へ玉
かえち	かへち	替へ地
かえって	かへつて	却つて
かえで	かへで	楓 秋・替へ手
かえな	かへな	替へ名

かえば	かへば	替へ刃
かえもん	かへもん	替へ紋
かえり	かへり	返り・帰り・回り
かえりざき	かへりざき	返り咲き図・帰り咲き図
かえりなん	かへりなん	帰りなん
かえりばな	かへりばな	返り花図・帰り花
かえりみる	かへりみる	顧みる・省みる
かえる	かへる	反る・変へる・代へる・替へる・還る・返る・換へる・孵る・蛙春・蝦
かえるかり	かへるかり	帰る雁春
かえるのこ	かへるのこ	蛙の子春
かえん	くわえん	火炎・火焔
がえんじる	がへんじる	肯んじる
かお	かほ	顔
かおあわせ	かほあはせ	顔合はせ
かおいろ	かほいろ	顔色
かおう	くわあふ	花押
かおかたち	かほかたち	顔形
かおく	かをく	家屋
かおじゃしん	かほじゃしん	顔写真
かおそり	かほそり	顔剃り
かおぞろい	かほぞろひ	顔揃ひ
かおだし	かほだし	顔出し
かおだち	かほだち	顔立ち
かおつき	かほつき	顔付き
かおつなぎ	かほつなぎ	顔繋ぎ
かおなじみ	かほなじみ	顔馴染み
かおぶれ	かほぶれ	顔触れ
かおまけ	かほまけ	顔負け
かおみしり	かほみしり	顔見知り
かおみせ	かほみせ	顔見せ・顔見世図

かおむけ	かほむけ	顔向け
かおもじ	かほもじ	顔文字
かおやく	かほやく	顔役
かおよごし	かほよごし	顔汚し
かおり	かをり	香り・薫り
かおる	かをる	香る・薫る・馨る
かおん	くわおん	訛音
かが	かが	加賀
かがい	くわが	火蛾夏・花芽
かがい	ぐわか	画架・画家
かかい	かくわい	下階・加階
かかい	かくわい	歌会
かがい	かがい	加害
かがい	くわがい	花街・禍害
がかい	くわぐわい	課外
がかい	がくわい	雅懐
がかい	ぐわかい	瓦解
がかい	ぐわくわい	画会

かかえ	かかへ	抱へ
かかえる	かかへる	抱へる
かかく	かかく	価格・家格
かかく	くわかく	過客
かがく	かがく	下顎・価額・家学・歌学
がかく	くわがく	画学・科学
ががく	ぐわがく	雅楽
ががく	ががく	画学
かがくきごう	くわがくきがう	化学記号
かがくせんい	くわがくせんゐ	化学繊維
かがくちょうみりょう	くわがくてうみれう	化学調味料
かがくひりょう	くわがくひれう	化学肥料
かがくりょうほう	くわがくれうはふ	化学療法
かかずらう	かかづらふ	係う・拘う
かがよう	かがよふ	耀ふ

かかりあい	かかりあひ	掛かり合ひ
かかりいん	かかりゐん	係員
かかりかん	かかりくわん	係官
かかりちょう	かかりちやう	係長
かがわ	かがは	香川◆
かかわらず	かかはらず	拘はらず
かかわり	かかはり	係はり・関はり・拘はり
かかわりあう	かかはりあふ	係はり合ふ・関はり合ふ
かかわる	かかはる	係はる・関はる・拘はる
かかん	くわかん	果敢
かかん	くわくわん	花冠
かき	かき	垣・柿秋・下記・夏季・夏期秋・牡蠣冬
かき	くわき	火気・火器・花卉・花期・花器

かかりあい―かきそこ		
かきあじ	かきあぢ	書き味
かきあらわす	かきあらはす	書き表はす
かきあわせる	かきあはせる	掻き合はせる
かきかえ	かきかへ	書き替へ・書き換へ
かきかえる	かきかへる	書き替へる・書き換へる・書き変へる
かぎかっこ	かぎくわつこ	鍵括弧
かきかわす	かきかはす	書き交はす
かきくわえる	かきくはへる	書き加へる
かきこうざ	かきかうざ	夏期講座夏
かきごおり	かきごほり	欠き氷夏
かきこわす	かきこはす	掻き壊す
かきさらう	かきさらふ	掻き攫ふ
かぎじゅうじ	かぎじふじ	鉤十字
かきそえる	かきそへる	書き添へる
かきそこなう	かきそこなふ	書き損なふ

かきつくろう	かきつくろふ	垣繕ふ 春
かきなおす	かきなほす	書き直す
かぎなわ	かぎなは	鉤縄
かきまわす	かきまはす	掻き回す
かぎまわる	かぎまはる	嗅ぎ回る
かきもみじ	かきもみぢ	柿紅葉 秋
かきゃくせん	くわきゃくせん	貨客船
かきゅう	くわきふ	下級
かきゅう	くわきう	火急
かぎゅう	くわぎう	蝸牛
かきゅうてき	かきふてき	可及的
かきょ	かきょ	家居
かきょう	くわきよ	科挙
かきょう	かきやう	佳境・家郷・歌境
かきょう	かけう	架橋
かきょう	くわけう	華僑
かぎょう	かげふ	家業・稼業
かぎょう	くわげふ	課業

がきょう	ぐわきやう	画境
がぎょう	ぐわげふ	画業
かぎろい	かぎろひ	陽炎
かきん	くわきん	課金
かく	カク	各・角・客・恪・革・核・格・殻・劃・覚・塙・較・隔・膈・赫・閣・確・嚇・喀・摑・獲・馘・穫・拡・画・郭・劃・廓・欠く・昇く・搔く・書く・描く・斯く・佳句
がきょう		
がくあじさい	がくあぢさゐ	額紫陽花 夏
かくい	かくい	隔意
かくい	かくゐ	各位
がくい	がくゐ	学位

か

かくいつ	くわくいつ	画一・劃一
かくいどり	くわくひどり	蚊食ひ鳥 夏
かくいん	かくいん	角印
かくいん	かくゐん	各員・客員・閣員
がくいん	がくゐん	学院・楽員
がくえん	がくゑん	学園
かくがい	かくぐわい	格外・閣外
かくがい	くわくぐわい	郭外
がくがい	がくぐわい	学外
かくぎょう	かくぎやう	角行
がくぎょう	がくげふ	学業
かくさく	くわくさく	画策
かくざとう	かくざたう	角砂糖
かくさん	かくさん	核酸
かくさん	くわくさん	拡散
かくしゃく	かくしゃく	矍鑠
かくしゅ	かくしゅ	各種・鶴首・確守
かくしゅ	くわくしゆ	馘首

かくしゅう	かくしう	隔週
かくじゅう	くわくじゆう	拡充
がくしゅう	がくしう	学修
がくしゅう	がくしふ	学習
がくしゅうしどうようりょう	がくしふしだうえうりやう	学習指導要領
かくしょう	かくしよう	確証
がくしょう	がくしやう	学匠・楽匠・楽章
かくしょう	かくしやう	客将
かくす	かくす	隠す
かくす	かくす	画す・劃す
かくすう	くわくすう	画数
かくする	くわくする	画する・劃する
かくせい	かくせい	覚醒・隔世・鶴声
かくせい	くわくせい	廓清・郭清
かくせいき	くわくせいき	拡声器
かくぜん	かくぜん	確然
かくぜん	くわくぜん	画然

がくそう	がくそう	学僧	
	がくさう	学窓・楽想・額装	
かくだい	くわくだい	拡大・廓大・郭大	
かくち	かくち	各地	
	くわくち	画地	
かくちょう	かくてう	格調	
	くわくちやう	拡張	
がくちょう	がくちやう	学長・楽長	
かくてい	かくてい	確定	
	くわくてい	画定	
かくとう	かくとう	角灯・格闘	
	くわくたふ	確答	
かくとく	くわくとく	獲得	
かくねんりょう	かくねんれう	核燃料	
かくのう	かくなふ	格納	
かくはん	くわくはん	拡販	
かくはんのう	かくはんおう	核反応	
かくふく	くわくふく	拡幅	

かくべえじし	かくべゑじし	角兵衛獅子 新年	
かくまう	かくまふ	匿まふ	
がくゆう	がくいう	学友	
かくゆうごう	かくゆうがふ	核融合	
かくよう	かくやう	各様	
かくらん	かくらん	攪乱	
	くわくらん	霍乱 夏	
かくりょう	かくれう	閣僚	
	くわくれう	廓寥	
がくりょう	がくれう	学寮	
かくれんぼう	かくれんばう	隠れん坊	
かくろう	かくらう	閣老	
かぐわしい	かぐはしい	香しい・芳しい・馨しい	
かくわずしい			
かけあい	かけあひ	掛け合い	
かけあう	かけあふ	掛け合う	
かけあわせる	かけあはせる	掛け合わせる	

がくそう——かけあわ

見出し	歴史的仮名遣い	漢字表記
かけい	かけい	佳景・家兄・家系・家計・河系
	かけひ	筧
かけえ	くわえい	火刑・花茎・訛形
かけえ	かけゑ	影絵
かけがい	かけがひ	掛け買ひ
かけがえ	かけがへ	掛け替へ
かけかえる	かけかへる	掛け替へる
かけがわ	かけがは	掛川◆
かげき	かげき	歌劇
	くわげき	過激
かけごい	かけごひ	掛け乞ひ 冬
かけごう	かけがう	掛け香ひ 夏
かけごえ	かけごゑ	掛け声
かけじく	かけぢく	掛け軸
かけず	かけづ	掛け図
かけずりまわる	かけづりまはる	駆けづり回る

見出し	歴史的仮名遣い	漢字表記
かけだおれ	かけだふれ	掛け倒れ
かけちがう	かけちがふ	掛け違ふ
かげぼうし	かげぼふし	影法師
かけまわる	かけまはる	駆け回る
かげろう	かげろふ	蜉蝣 秋・蜻蛉 秋・陽炎 春
かげん	かげん	下弦・下限・加減・嘉言
	くわげん	過言・寡言
かげんみ	くわげんみ	過現未
かこ	かこ	水手・水主・水夫
	くわこ	過去
かご	かご	籠・駕籠・加護・歌語
	くわご	華語・訛語・過誤
かこい	かこひ	囲ひ
かこう	かこう	加工・仮構・河口・下向・下降・河港・

かごう	かこふ	歌稿・佳肴・嘉肴
がごう	ががう	雅号
かこうがん	くわかうがん	花崗岩
がごうそう	がこうさう	鵞口瘡
かこがわ	かこがは	加古川◆
かこく	かこく	河谷・苛酷
かこく	くわこく	過酷
かこん	くわこん	禍根
かごん	くわごん	過言
かさい	かさい	家裁・歌才
かさい	くわさい	火災・花菜・果菜

かざい	かざい	家財
かざい	くわざい	貨財
がさい	ぐわさい	画才
がざい	ぐわざい	画材
かさいりゅう	くわさいりう	火砕流
かさいるい	くわさいるい	花菜類・果菜類
かさおれ	かざをれ	風折れ
かさく	かさく	仮作・佳作・家作
かさく	くわさく	寡作
かざごえ	かざごゑ	風邪声
かざとおし	かざとほし	風通し
かさなりあう	かさなりあふ	重なり合ふ
かざりおさめ	かざりをさめ	飾納 [新年]
かざん	くわざん	火山
がさん	ぐわさん	画賛・画讃
かさんかすいそすい	くわさんくわすいそすい	過酸化水素水
かざんばい	くわざんばひ	火山灰

かし	かし		河岸・貸し・樫・下
			賜・下肢・可視・仮
			誌
かし			死・瑕疵・歌詞・歌
かじ		くわし	華氏・菓子・花枝・花姿
	かぢ		家事
かじ			持
	くわじ		火事冬・華字
かしあたえる	かしあたへる		貸し与へる
かしいしょう	かしいしやう		貸し衣装
かしおり	くわしをり		菓子折り
かしかん			下士官
かじき	かぢき		舵木・旗魚・加治木
かしずく	かしづく		傅く
かじく			花軸
かしく			◆

かしだおれ	かしだふれ	貸し倒れ
かしつ		加湿
かしつ	くわしつ	過失
かじつ	かじつ	夏日・佳日・嘉日
かじつ	くわじつ	花実・果実・過日
かしつ	くわしつ	画室・画質
		舵取り
かじとり	かぢとり	梶鞠り
かじまり	かぢまり	梶鞠秋
かじみまい	くわじみまひ	火事見舞ひ冬
かじめ	かぢめ	搗布春
かしゃ		仮借
かしゃ		貨車
かじゃ	くわじゃ	冠者
かじや	かぢや	鍛冶屋
かしゃがた	くわしやがた	花車方
かしゅ		歌手
かしゅ	くわしゅ	火手・火酒
かじゅ	くわじゅ	果樹

がしゅ	がしゆ	雅趣
	ぐわしゆ	画趣
かしゅう	かしゅう	何首烏
	かしふ	家集・歌集
かじゅう	かじふ	佳什
	かぢゆう	加重・荷重
	くわぢゆう	過重
	くわじふ	果汁
がしゅう	がしふ	我執
	ぐわしふ	画集
かじゅえん	くわじゆゑん	果樹園
かしょ	かしよ	佳所・歌書・箇所・個所
かじょ	かぢよ	加除
	くわじよ	花序
かしょう	かしよう	仮称
	かしよう	仮象・河床・嘉賞・歌唱

	くわしやう	火床・火傷・花床・華商・過賞・菓匠
	くわせう	過小・過少・寡少
	かじやう	下情
	かでう	箇条・個条
	くわじやう	渦状
	くわじよう	過剰
	くわぢやう	火定
がしょう	がしよう	賀頌・雅称
	がしやう	賀正 新年
	ぐわしやう	牙城・賀状 新年
	がじやう	画帖
	ぐわでふ	画商・臥床
かじょうさはん	かじやうさはん	家常茶飯
かしょく	かしよく	仮植・河食・河蝕・家職
		火食・華燭・貨殖・過食

かしりょう	かしりう	貸料
かしわ	かしは	柏◆・槲・黄鶏
かしわで	かしはで	柏手
かしわばら	かしはばら	柏原◆
かしわもち	かしはもち	柏餅 夏
かしん	かしん	下唇・佳辰・家臣・家信
	くわしん	花心・花芯・花信・過信
かじん	かじん	佳人・家人・歌人
	くわじん	華人
	ぐわじん	画人
がしんしょうたん	ぐわしんしやうたん	臥薪嘗胆
かす	かす	滓・粕・糟・貸す・仮す・架す・嫁す・呵す
	くわす	化す・科す・課す
かしりょー ―― かぜい		
かしりょ		下図
かす	かすい	下垂・仮睡・河水
かすい	くわすい	花穂
かすがい	かすがひ	鎹
かずき	かづき	潜き・被き・被衣
かずける	かづける	潜ける・被ける
かずさ	かづさ	上総◆
かずら	かづら	葛・鬘
かする	かする	呵する・架する・嫁する・掠る・擦る
	くわする	化する・科する・課する
かせい	かせい	加勢・仮性・河清・苛政・家政・歌聖・化生・化成・化政・火星・火勢・和声
	くわせい	苛税
かぜい	かぜい	課税
	くわぜい	

がせい	ぐわせい	画聖
かせいがん	くわせいがん	火成岩
かぜかおる	かぜかをる	風薫る 夏
かせき	くわせき	化石
かぜとおし	かぜとほし	風通し
かせん	かせん	下線・河川・河船・架線・歌仙
かせん	くわせん	化繊・火線・寡占
かぜん	くわぜん	果然
がせん	ぐわせん	画仙
がせん	がぜん	俄然
がぜん	ぐわぜん	瓦全
がせんし	ぐわせんし	画仙紙
かそ	かそ	可塑
かそ	くわそ	過疎
がそ	ぐわそ	画素
かそう	かそう	下層
かそう	かさう	仮相・仮葬・仮装・仮想・家相
		火葬
かぞう	くわさう	加増
	かざう	架蔵・家蔵
	かぞふ	数ふ
	ぐわざう	画像
がぞう		
かそうぎょうれつ	かさうぎやうれつ	仮装行列
かぞえ	かぞへ	数へ
かぞえび	かぞへび	数へ日 冬
かぞえる	かぞへる	数へる
かぞく	かぞく	家族
	くわぞく	華族
かた	かた	方・片・形・肩・型・潟
かた	くわた	過多・夥多
かたい	かたい	堅い・固い・硬い・難い・下腿・歌体

かだい	くわたい	過怠
かだい	かだい	仮題・架台・歌題
がだい	くわだい	花台・過大・課題
がだい	ぐわだい	画題
かたいじ	かたいぢ	片意地
かたいっぽう	かたいつぱう	片一方
かたいなか	かたゐなか	片田舎
かたえ	かたへ	片方・傍
かたおもい	かたおもひ	片思ひ
かたがわ	かたがは	片側
かたがわり	かたがはり	肩代はり
かたく	かたく	仮託・家宅
かたく	くわたく	火宅
かたくずれ	かたくづれ	型崩れ・形崩れ
かたこう	かたかう	型鋼
かたず	かたづ	固唾
かたぞう	かたざう	堅蔵・堅造
かたっぽう	かたつぱう	片つ方

かたどおり	かたどほり	型通り
かたひじ	かたひぢ	肩肘
かたほう	かたはう	片方
かたぼう	かたばう	片棒
かたまえ	かたまへ	片前
かたみがわり	かたみがはり	互替はり
かたらう	かたらふ	語らふ
かたりあう	かたりあふ	語り合ふ
かたりつたえる	かたりつたへる	語り伝へる
かたわら	かたはら	傍ら
かだん	かだん	下段・歌壇
かだん	くわだん	花壇秋・果断
がだん	ぐわだん	画壇
かちあう	かちあふ	搗ち合ふ
かちかん	かちくわん	価値観
かちゅう	かちゆう	家中
かちゅう	くわちう	華冑
かちゅう	くわちゆう	火中・花柱・渦中

かちょう	かちやう	家長・蚊帳
	くわちやう	課長
	くわてう	花鳥
がちょう	がてう	鵞鳥
	ぐわちやう	画帳
	ぐわてふ	画帖
かちょうきん	くわちようきん	課徴金
かちょうふうげつ	くわてうふうげつ	花鳥風月
かつ	カツ	
っ	っ	
	クワツ	褐・轄・蠍
		恰・喝・渇・割・葛・刮・括・活・滑・猾・闊
	かつ	且つ・勝つ
がつ	グワツ	月
かつえる	かつゑる	餓ゑる・飢ゑる
かつお	かつを	鰹夏・堅魚夏・松魚夏

かっか	かくか	閣下
	かくくわ	核果
	がくくわ	学科・学課
がっか	がくくわ	各界・角界
かっかい	かくかい	学界・楽界
がっかい	がくかい	学会
かっかく	かくかく	赫々
かっかざん	くわくかざん	活火山
かっかそうよう	かくくわさうや う	隔靴掻痒
かっかん	かくくわん	客観
かつがん	くわつがん	活眼
かっかん	がくかん	学監
がっかん	がくくわん	学館
かっき	かくき	客気
	くわくき	画期
	くわつき	火つ気・活気
がっき	がくき	学期・楽器

かっきてき	くわくきてき	画期的
がっきゅう	がくきう	学究
	がくきふ	学級
がっきゅういい	がくきふゐゐん	学級委員
かっきょ	くわくぎよ	活魚
かっきょう	くわつきやう	活況
がっきょく	がくきよく	楽曲
かっきん	かくきん	恪勤
がっく	がくく	学区
かっくう	くわつくう	滑空
かっけ	かくけ	脚気 夏
がっけい	がくけい	学兄
かつげき	くわつげき	活劇
かっけつ	かくけつ	喀血
かっこ	かつこ	羯鼓
	かくこ	各戸・各個・確固
	くわつこ	括弧
かっこう	かくかう	角行・格好
	かつかう	恰好
	くわくこう	郭公 夏
	くわつかう	滑降
かごう	かつがう	渇仰
がっこう	がくかう	学校
かっこく	かくこく	各国
かっさい	くわつざい	滑剤
	くわつさい	活殺
かっさつ	くわつさつ	活殺
かっさらう	かつさらふ	掻っ攫ふ
かつじ	くわつじ	活字
かっしゃ	くわつしゃ	活写・活車
かっしゃかい	くわつしゃくわい	活社会
かっしょう	くわつしやう	滑翔
がっしょう	がつしょう	合従
	がつしやう	合唱・合掌
かっせい	くわつせい	活性

かっせき	くわっせき	滑石
かつぜつ	くわつぜつ	滑舌
かっせん	かつせん	合戦・割線
かっせん	くわつせん	活栓
かつぜん	くわつぜん	豁然
かっそう	かつさう	褐藻
かっそう	くわっさう	滑走
がっそう	がつさう	合奏
がっそう	がつさう	合葬
かったつ	くわつたつ	闊達
かつだつ	くわつだつ	滑脱
かつだんそう	くわつだんそう	活断層
かっちゃく	くわつちゃく	活着
かっちゅう	かふちう	甲冑
かつどう	くわつどう	活動
かっぱつ	くわつぱつ	活発
かっぱらう	かつぱらふ	掻っ払ふ
かっぱん	くわつぱん	活版

かっぴ	ぐわっぴ	月日
がっぴょう	がつぴやう	合評
かっぷく	かつぷく	恰幅・割腹
かくふく	格幅
かつぶつ	くわつぶつ	活仏
かつべん	くわつべん	活弁
かっぽ	くわつぽ	闊歩
かつぼう	かつばう	渇望
かっぽう	くわつぱう	割烹
かつもく	くわつもく	刮目
かつやく	くわつやく	活躍
かつやくきん	くわつやくきん	括約筋
かつゆ	くわつゆ	活喩
かつよう	くわつよう	活用
かつようじゅ	くわつえふじゆ	闊葉樹
かつらく	くわつらく	滑落
かつりょく	くわつりよく	活力
かつろ	くわつろ	活路

かっせき――かつろ

見出し	読み	表記
かてい	かてい	下底・仮定・家庭
	くわてい	過程・課程
かててくわえて	かててくはへて	糅てて加へて
かてん	かてん	加点
かてん	くわてん	火点
かでん	かでん	家伝・家電・荷電
かでん	くわでん	火田・瓜田・訛伝
がてん	ぐわてん	画展
かと	くわと	過渡・蝌蚪 春
かど	かど	角・門・廉・稜
かど	くわど	過度
かとう	かとう	下等
かとう	くわたう	果糖・過当
かどう	かどう	可動・稼働・稼動
かどう	くわだう	花道・華道
かどう	くわどう	渦動
かどがまえ	かどがまへ	門構へ
かとき	くわとき	過渡期

見出し	読み	表記
かとりせんこう	かとりせんかう	蚊取線香 夏
かどわかす	かどはかす	勾引かす・拐かす
かとん	くわとん	火遁
かなう	かなふ	叶ふ・適ふ・敵ふ
かなえ	かなへ	鼎
かなえる	かなへる	叶へる・適へる
かながわ	かながは	神奈川 ◆
かなきりごえ	かなきりごゑ	金切声
かなくず	かなくづ	金屑
かなざわ	かなざは	金沢 ◆
かなだらい	かなだらひ	金盥
かなづかい	かなづかひ	仮名遣ひ
かなぼう	かなばう	金棒・鉄棒
かなん	くわなん	火難
かにく	くわにく	果肉
かにゅう	かにふ	加入
かねあい	かねあひ	兼ね合ひ
かねくいむし	かねくひむし	金食ひ虫

かねくよう	かねくやう	鐘供養 春
かねずく	かねづく	金尽く
かねそなえる	かねそなへる	兼ね備へる
かねつ	かねつ	加熱
	くわねつ	火熱・過熱
かねづかい	かねづかひ	金遣ひ
かねまわり	かねまはり	金回り
かねもうけ	かねまうけ	金儲け
かねんど	くわねんど	過年度
かのう	かのう	可能
	かなふ	叶ふ
	くわのう	化膿
がのう	ぐわなう	嘉納・加納 ◆
かのじょ	かのぢよ	画嚢
かばいだて	かばひだて	彼女
かばう	かばふ	庇ひ立て
かはく	かはく	庇ふ
	くわはく	下膊・仮泊
		科白
がはく	ぐわはく	画伯
かばらい	くわばらひ	過払ひ
かはん	かはん	河畔
	くわはん	過半・過般
がばん	ぐわばん	画板
かひ	かひ	下婢・可否・歌碑
	くわひ	花被・果皮
かび	かび	黴
	くわび	華美
がひつ	ぐわひつ	画筆
がひょう	がへう	賀表
かびょう	ぐわびやう	画鋲
かびん	くわびん	花瓶・過敏
かふ	かふ	下付・家父・家扶・家譜
	くわふ	火夫・花譜・寡婦・寡夫
がふ	ぐわふ	画布・画譜

がふう	ぐわふう	画風	
かふきゅう	くわふきふ	過不及	
かふく	くわふく	禍福	
がふく	ぐわふく	画幅	
かぶしきがいしゃ	かぶしきぐわいしや	株式会社	
かふそく	くわふそく	過不足	
かふちょうせい	かふちやうせい	家父長制	
かふん	くわふん	花粉	
かぶん	くわぶん	過分・寡聞	
かふんしょう	くわふんしやう	花粉症 秋	
かへい	くわへい	花柄・貨幣・寡兵	
がへい	ぐわへい	画餅	
かへん	かへん	可変・佳編	
かべん	くわべん	花弁	
かほ	くわほ	花圃 秋	
かほう	かほう	加俸・家宝	

がふう	かはう	下方
	かはふ	加法・苛法・家法
	くわはう	火砲
	くわほう	果報・過褒
がほう	ぐわはう	画報
がぼう	ぐわばう	画舫
かほうわ	くわはうわ	過飽和
かぼく	かぼく	家僕
	くわぼく	花木
かほご	くわほご	過保護
かまいつける	かまひつける	構ひ付ける
かまいて	かまひて	構ひ手
かまう	かまふ	構ふ
かまえ	かまへ	構へ
かまえる	かまへる	構へる
がまがえる	がまがへる	蝦蟇
かまわない	かまはない	構はない
かみあう	かみあふ	噛み合ふ

かみあわせ	かみあはせ	嚙み合はせ
かみあわせる	かみあはせる	嚙み合はせる
かみかえり	かみかへり	神帰り [冬]・神還り [冬]
かみぎわ	かみぎは	髪際
かみくず	かみくづ	紙屑
かみこうち	かみかうち	上高地
かみごおり	かみごほり	上郡 ◆
かみしずまる	かみしづまる	神鎮まる
かみしばい	かみしばゐ	紙芝居
かみじょちゅう	かみぢょちゅう	上女中
かみずもう	かみずまふ	紙相撲
かみつ	くわみつ	過密
かみでっぽう	かみでつぽう	紙鉄砲
かみひこうき	かみひかうき	紙飛行機
かみひとえ	かみひとへ	紙一重
かみむかえ	かみむかへ	神迎へ [冬]
かみもうで	かみまうで	神詣で

かみゆい	かみゆひ	髪結ひ
がめい	がめい	雅名
かめおか	かめをか	亀岡 ◆
かめのこう	かめのかふ	亀の甲
がめん	ぐわめん	画面
かもい	かもゐ	鴨居
かもがわ	かもがは	鴨川 ◆・賀茂川
かもがわおどり	かもがはをどり	鴨川をどり [春夏]
かもく	くわもく	科目・寡黙・課目
かもつ	くわもつ	貨物
かもん	かもん	家紋・家門・下問
かやく	くわやく	火薬
がやく	かやく	加薬
かよい	かよひ	通ひ
かよいつめる	かよひつめる	通ひ詰める

かみあわ——かよいつ

か

かよう	かよう	可溶
	かえう	歌謡
	かえふ	荷葉
	かやう	斯様
	かよふ	通ふ
	くわえう	火曜
がようし	ぐわようし	画用紙
かよく	くわよく	寡欲
からえずき	からゑづき	空嘔
からかう	からかふ	揶揄ふ
からくれない	からくれなゐ	唐紅
からざお	からざを	殻竿・連枷
からすがい	からすがひ	烏貝 春
からとう	からたう	辛党
からまわり	からまはり	空回り
からみあう	からみあふ	絡み合ふ
からよう	からやう	唐様
かりいえ	かりいへ	借家

かよう	かりいほ	仮庵
かりいお		
かりかえる	かりかへる	借り換へる・雁帰る 春
かりずまい	かりずまひ	仮住まひ
かりたおす	かりたふす	借り倒す
かりとじ	かりとぢ	仮綴ぢ
かりぬい	かりぬひ	仮縫ひ
かりばらい	かりばらひ	仮払ひ
かりゅう	かりう	下流・河流
	くわりう	花柳
	くわりふ	顆粒
がりゅう	がりう	我流
	くわりう	画竜
かりゅうど	ぐわりゆう	狩人 冬・猟人 冬
	かりうど	
かりょう	かりやう	佳良
	かれう	下僚・加療
	くわりやう	過量
	くわれう	科料・過料

見出し	読み	表記
がりょう	がりやう	雅量
がりょう	ぐわりよう	画竜・臥竜
がりょう	ぐわれう	画料
がりょうてんせい	ぐわりようてん せい	画竜点睛
がりょうばい	ぐわりようばい	臥竜梅 春
かりょく	くわりよく	火力
かりん	くわりん	花梨・花櫚・果梨・榠櫨
かりんとう	くわりんたう	花林糖 秋
かるいざわ	かるゐざは	軽井沢 ◆
かるがゆえに	かるがゆゑに	かるが故に
かるはずみ	かるはづみ	軽はづみ
かれい	かれい	加齢・佳例・家令・家例・佳例・嘉例
かれい	かれい	鰈
かるいざわ	かれひ	華麗・過冷
かれおばな	かれをばな	枯れ尾花 冬

見出し	読み	表記
がれき	ぐわれき	瓦礫・画歴
かれくわ	かれくは	枯れ桑 冬
かれごえ	かれごゑ	嗄れ声
かれとうろう	かれたうらう	枯れ蟷螂 冬
かればしょう	かればせう	枯れ芭蕉 冬
かろ	くわろ	火炉
かろう	からう	家老
かろう	くわらう	過労
がろう	ぐわらう	画廊
かろうじて	からうじて	辛うじて
かろうど	からうど	唐櫃
がろん	ぐわろん	画論
かわ	かわ	佳話・歌話
かわ	かは	川・河・皮・革・側
がわ	がは	側
かわあかり	かはあかり	川明かり
かわあそび	かはあそび	川遊び
かわいい	かはいい	可愛い

がりょう——かわいい

見出し	歴史的仮名遣	漢字
かわいがる	かはいがる	可愛がる
かわいそう	かはいさう	可哀相・可哀想
かわいらしい	かはいらしい	可愛らしい
かわう	かはう	
かわうお	かはうを	川魚
かわうそ	かはうそ	川獺・獺
かわおと	かはおと	川音
かわおび	かはおび	革帯
かわかぜ	かはかぜ	川風
かわがに	かはがに	川蟹 夏
かわかみ	かはかみ	川上
かわがり	かはがり	川狩り 夏
かわかる	かはかる	川涸る 冬
かわぎし	かはぎし	川岸
かわきり	かはきり	皮切り
かわぎり	かはぎり	川霧 秋
かわぐ	かはぐ	革具
かわくだり	かはくだり	川下り
かわぐつ	かはぐつ	革靴
かわごえ	かはごえ	川越し ◆
かわごし	かはごし	川越し
かわごろも	かはごろも	皮衣 冬・裘 冬
かわざかな	かはざかな	川魚
かわさきびょう	かはさきびやう	川崎病
かわざぶとん	かはざぶとん	革座布団 夏
かわざんよう	かはざんよう	皮算用
かわしも	かはしも	川下
かわじり	かはじり	川尻
かわす	かはす	交はす・躱す
かわず	かはづ	蛙 春
かわすじ	かはすぢ	川筋
かわせ	かはせ	為替・川瀬
かわせがき	かはせがき	川施餓鬼 秋
かわせみ	かはせみ	川蟬 夏・翡翠 夏
かわぞい	かはぞひ	川沿ひ
かわそう	かはさう	革装

かわぞこ	かはぞこ	川底
かわだち	かはだち	川立ち
かわたれどき	かはたれどき	彼は誰時
かわたろう	かはたらう	河太郎
かわち	かはち	河内
かわちどり	かはちどり	川千鳥 冬
かわづくり	かはづくり	皮作り
かわづら	かはづら	川面
かわてぶくろ	かはてぶくろ	革手袋 冬
かわと	かはと	革砥
かわどこ	かはどこ	川床・河床
かわとじ	かはとぢ	革綴ぢ
かわとんぼ	かはとんぼ	川蜻蛉 夏・河蜻蛉
かわはぎ	かははぎ	皮剥ぎ
かわばらえ	かはばらへ	川祓 夏
かわびらき	かはびらき	川開き 夏
かわぶしん	かはぶしん	川普請 冬
かわぶとん	かはぶとん	革布団 夏
かわぼし	かはぼし	川干し 夏
かわほり	かはほり	蝙蝠 夏
かわむこう	かはむかふ(う)	川向かふ(う)
かわや	かはや	厠
かわやなぎ	かはやなぎ	川柳 春
かわゆか	かはゆか	川床 夏
かわら	かはら	川原・河原◆・磧・
かわらけ	かはらけ	土器
かわらなでしこ	かはらなでしこ	河原撫子 夏 秋
かわり	かはり	代はり・変はり・替はり
かわりょう	かはれふ	川猟・川漁
かわる	かはる	代はる・変はる・替はる・換はる
かわりはてる	かはりはてる	変はり果てる
かわるがわる	かはるがはる	代はる代はる

かわぞこ――かわるが

か

かん　カン

干・刊・甘・甲・奸・
汗・坎・旱・肝・侃・
函・姦・柑・看・竿・
悍・疳・陥・桿・乾・
勘・堪・寒図・敢・
閑・間・幹・感・漢・
監・憾・翰・癇・
瞰・艱・韓・簡・繊・
羹・艦・鹹・鑑
缶・完・官・冠・巻・
莞・浣・桓・菅・患・
貫・喚・萱・換・棺・
款・勧・寛・慣・管・
関・歓・緩・還・館・
環・観・灌・罐・鐶・
爛

がん　ガン

含・岩・岸・眼・嵌・
雁秋・癌・顔・贋・

かん―かんおけ

かん	グワン	願
がん		丸・元・玩・頑・翫・巌・龕
かんい	かんい	簡易
	くわんゐ	官位
がんい	がんい	含意
	ぐわんい	願意
かんいん	かんいん	姦淫
	くわんいん	官印
	くわんゐん	官員・館員
かんえい	かんえい	艦影
	くわんえい	完泳・官営・寛永
かんえつ	かんえつ	簡閲
	くわんえつ	観閲
かんおう	かんおう	感応
	くわんおう	観桜春
かんおけ	くわんあう	
	くわんをけ	棺桶

かんか	かんか	閑暇
	かんくわ	干戈・看過・乾果・
かんか	かんか	感化
かんか	くわんか	患家・換価・管下
がんが	がんが	閑雅
かんが	くわんが	官衙
がんか	がんくわ	眼下
かんか	くわんくわ	眼科・眼窩
かんかい	かんくわい	感懐
	くわんかい	官界・官海・勧戒・
		寛解・緩解・環海・
		感慨・干害・旱害・
かんがい	かんがい	寒害
	くわんがい	灌漑
	くわんぐわい	管外・館外
かんがえ	かんがへ	考へ
かんがえなおす	かんがへなほす	考へ直す
かんがえる	かんがへる	考へる

かんがく	かんがく	漢学・侃諤
	くわんがく	官学・勧学・管楽
がんかけ	ぐわんかけ	願掛け
かんかつ	くわんかつ	管轄
	くわんくわつ	寛闊
かんがっき	くわんがくき	管楽器
かんかん	かんかん	閑々・侃々・漢奸
	くわんくわん	
かんがん	かんがん	看貫・感官
	くわんぐわん	汗顔
		宦官
かんき	かんき	刊記・乾季・勘気・
		寒気
	くわんき	官紀・官記・喚起・
		換気・歓喜
がんかけ	ぐわんきく	寒菊 図
かんぎく	かんぎく	観菊
	くわんぎく	
かんきゃく	かんきやく	閑却
	くわんきやく	観客

かんきゅう	かんきう	寒灸 冬
かんきゅう	かんきふ	感泣
がんきゅう	くわんきう	緩球
がんきゅう	くわんきふ	緩急・官給
がんきゅう	がんきう	眼球
かんきょ	かんきよ	閑居・函渠
かんきょ	くわんきょ	官許
かんぎょ	くわんぎょ	干魚・乾魚
かんぎょ	かんぎょ	還御
かんきょう	くわんきょう	感興
かんきょう	かんけう	艦橋
かんきょう	くわんきやう	環境
かんぎょう	かんぎやう	寒行 冬
かんぎょう	かんげう	寒暁 冬
がんきょう	くわんげふ	官業・勧業
がんきょう	がんきやう	眼鏡
がんぎょう	ぐわんきやう	頑強
がんぎょう	ぐわんぎやう	元慶・願行

かんきょうおせん　くわんきやうをせん　環境汚染

かんきり	くわんきり	缶切り・罐切り
かんきん	かんきん	看経・桿菌・監禁
かんきん	くわんきん	官金・換金
がんきん	ぐわんきん	元金
かんく	かんく	甘苦・寒九・艱苦
かんく	くわんく	管区
がんぐ	ぐわんぐ	玩具・頑愚
がんくよう	がんくやう	雁供養 春
かんげ	くわんげ	勧化
かんけい	かんけい	奸計・姦計・簡勁
かんけい	くわんけい	寛刑・関係
かんげい	くわんげい	歓迎
かんげき	かんげき	感激・間隙
かんげき	くわんげき	観劇
かんけつ	かんけつ	間欠・間歇・簡潔
かんけつ	くわんけつ	完結

かんげつ	かんげつ	寒月冬
	くわんげつ	観月秋
かんけん	くわんけん	乾繭
	かんけん	官権・官憲・官見
かんげん	くわんけん	甘言・諫言
	くわんげん	換言・寛厳・管弦・還元
がんけん	がんけん	眼瞼
	ぐわんけん	頑健
かんこ	かんこ	鹹湖
	くわんこ	喚呼・歓呼
がんこ	ぐわんこ	頑固
かんごい	かんごひ	寒鯉冬
かんこう	かんこう	箝口・緘口
	かんかう	刊行・勘考・勘校・敢行
	かんくわう	感光
	くわんかう	慣行・緩行・勧降・還幸
	くわんくわう	観光
		完工・官公・菅公・寛厚・寛弘
	がんかう	眼孔
		雁行秋
	がんくわう	眼光
かんごえ	かんごゑ	寒肥冬
		甲声・寒声冬・癇声
がんこう		
かんこく	かんこく	勧告
	くわんこく	換骨奪胎
かんこつだったい	くわんこつだつたい	冠婚葬祭
かんこんそうさい	くわんこんそうさい	
かんさい	かんさい	漢才・艦載
	くわんさい	完済・完載・関西 ◆
かんざいにん	くわんざいにん	管財人
かんさつ	かんさつ	監察・鑑札

かんざらい	くわんさつ	観察
かんざらひ	かんざらひ	寒復習 冬
かんさん	くわんさん	甘酸・閑散
かんさん	くわんさん	換算
かんし	かんし	干支・漢詩・鉗子・監視・諫止・諫死
	くわんし	冠詞・環視
かんじ	かんじ	感じ・漢字・幹事・監事
かんじく	くわんぢく	莞爾
がんじつ	ぐわんじつ	巻軸
かんじゃ	くわんじゃ	元日 新年
かんじゃ	くわんじゃ	官舎
かんじゃ	くわんじゃ	間者
	くわんじゃ	冠者・患者
かんしゃく	くわんしゃく	癇癪
	くわんしゃく	官爵

かんざら――がんしょ

		看守・看取・感取・監守・艦首
かんしゅ	くわんしゅ	巻首・館主・観取
かんじゅ	くわんじゅ	甘受・感受
	くわんじゅ	官需・貫首・貫主
かんしゅう	かんしう	監修
	くわんしう	慣習
	くわんしゅう	観衆
がんしゅう	がんしう	含羞
かんじゅく	くわんじゅく	完熟・慣熟
かんしょ	かんしょ	甘蔗 秋・甘藷 秋・甘薯 秋・寒暑
	くわんしょ	官署
かんじょ	かんじょ	漢書
	くわんじょ	官女
	くわんじょ	寛恕・緩徐
がんしょ	くわんぢょ	官書
	がんしょ	雁書
	ぐわんしょ	願書

かんしょう	かんしゃう	奸商・感傷・感賞・
		癇性・鑑賞
	かんせふ	干渉・簡捷
	くわんしゃう	官省・冠省・勧奨・
		勧賞・管掌・観賞
	くわんしょう	完勝・緩衝
	くわんせう	環礁・観照
かんじょう	かんじゃう	干城・感状・感情・
	くわんじゃう	艦上
	かんぢゃう	函丈・勘定
	くわんじゃう	冠状・勧請・管状・
		環状
がんしょう	くわんぢゃう	灌頂
	がんしゃう	岩床・岩漿
がんせう		岩礁
がんじょう	がんじょう	岩乗
	がんでふ	岩畳
	ぐわんぢゃう	頑丈

かんしょく		寒色・閑職・間色・
		間食・感触
	くわんしょく	官職
かんじる	かんじる	感じる
	くわんじる	観じる
かんしん	かんしん	甘心・奸臣・姦臣・
		寒心・感心
	くわんしん	関心・歓心
かんじん	かんじん	肝心・肝腎・閑人・
		漢人
	くわんじん	勧進・寛仁
かんすい	かんすい	涔水・鹹水
	くわんすい	完遂・冠水・灌水
かんすう	くわんすう	函数
		巻数・関数
かんすぼん	くわんすぼん	巻子本
かんする	かんする	緘する
	くわんする	冠する・関する

かんしょく——かんする

かんせい	かんせい	閑静・間性・感性・陥穽・乾性・喊声・完成・官制・官製・歓声・喚声・慣性
かんぜい	くわんぜい	関税
かんせぎょう	かんせぎやう	寒施行⊠
かんせつ	かんせつ	間接
かんせつ	くわんせつ	官設・冠雪・関節・環節
かんぜつ	くわんぜつ	冠絶
かんせん	かんせん	汗腺・乾癬・幹線・感染・艦船
かんせん	くわんせん	官選・官撰・観戦
かんぜん	かんぜん	間然・敢然
かんぜん	くわんぜん	完全・勧善
がんそ	ぐわんそ	元祖
かんそう	かんそう	間奏
かんそう	かんさう	感想・乾草・乾燥
かんそう	くわんさう	観相・観想
かんそう	くわんそう	完走・歓送・還送
かんぞう	かんざう	甘草・肝臓
かんぞう	くわんざう	萱草
がんぞう	がんざう	贋造
かんそく	くわんそく	観測
かんたい	かんたい	寒帯・艦隊
かんたい	くわんたい	歓待・款待・緩怠・寛怠
かんだい	かんだい	寛大
かんだん	かんだん	寒暖・間断・閑談・歓談
かんたん	くわんたん	感嘆
がんたん	ぐわんたん	元旦 新年
かんち	かんち	奸智・寒地・閑地・感知
かんち	くわんち	完治・換地・関知

かんちがい	かんちがひ	勘違ひ	
かんちゅうみまい	かんちゆうみまひ	寒中見舞ひ 冬	
かんちょう			
	かんちやう	艦長	
	かんてう	干潮・寒潮	
	かんちやう	間諜	
	くわんちやう	官庁・官長・貫長・貫頂・管長・館長・灌腸・浣腸	
	くわんちよう	勧懲	
	くわんてう	完調・観潮 春	
がんちょう	ぐわんてう	元朝 新年	
かんつう	かんつう	姦通	
	くわんつう	貫通	
かんづめ	くわんづめ	缶詰・罐詰	
かんてい	くわんてい	艦艇・鑑定・裁定	
	かんてい	官邸	
かんてつ	くわんてつ	貫徹	
かんてん		かんてん	旱天 夏・干天 夏・寒天 冬
		くわんてん	官展・観点
かんと		くわんと	官途
かんとう		かんとう	竿灯 秋・竿頭・寒冬・寒灯 冬・敢闘・完投・官等・巻頭・関東◆・関頭
		くわんとう	
かんどう		かんどう	感動
		かんだう	勘当・間道
かんにゅう		かんにふ	陥入・嵌入
かんない		くわんない	管内・館内 冬・関内◆
かんにん		かんにん	堪忍
		くわんにん	官人
かんぬき		くわんぬき	門
かんねん		くわんねん	観念
がんねん		ぐわんねん	元年

かんちがーーがんねん

かんのう	かんのう	堪能
	かんおう	感応
	かんなう	肝脳・間脳
	くわんなふ	完納
	くわんのう	官能・勧農
かんのん	くわんおん	観音
かんばい	かんばい	寒梅 冬
	くわんばい	観梅 春
かんぱい	かんぱい	乾杯・感佩
	くわんぱい	完敗
かんぱく	くわんぱく	関白
かんぱつ	くわんぱつ	渙発・煥発
がんばる	ぐわんばる	頑張る
かんぱん	かんぱん	干犯・甲板・肝斑・乾板・乾パン
	くわんぱん	官版・官板
かんび	かんび	甘美・艦尾
	くわんび	完備

かんぴ	くわんぴ	官費
かんびょう	かんびやう	看病
かんぴょう	かんぺう	干瓢
かんぶ	かんぶ	幹部
	くわんぶ	官武・患部
かんぷ	かんぷ	姦夫・姦婦・悍婦・乾布
かんぷう	かんぷう	完膚・還付
	くわんぷう	寒風 冬
かんぷく	かんぷく	完封・観楓 秋
	くわんぷく	感服
かんぶつ	かんぶつ	官服
	くわんぶつ	姦物・奸物・乾物
かんぶつえ	くわんぶつゑ	官物・換物・観仏・灌仏
かんぺき	かんぺき	灌仏会 春
		癇癖
	くわんぺき	完璧

かんぼう	かんぼう	感冒
	かんぼう	監房
	くわんばう	官房・観望
かんぽう	かんぽう	漢方・艦砲
	くわんぱふ	観法
	くわんぽふ	観法（仏教で）
がんぽう	くわんぽう	官報
がんぼく	ぐわんばう	願望
かんぽん	ぐわんぼく	灌木
がんぽん	くわんぽん	刊本
かんまいり	ぐわんぽん	完本・官本
かんまつ	かんまゐり	元本
かんまん	くわんまつ	寒参り 冬
がんみ	かんまん	巻末
	くわんまん	干満
	がんみ	緩慢
		含味

かんみまい	かんみまひ	玩味・翫味
かんみん	くわんみん	寒見舞ひ 冬
かんむりょう	かんむりやう	官民
かんめ	くわんめ	感無量
かんめい	かんめい	貫目
	くわんめい	漢名・感銘・簡明
がんめい	ぐわんめい	官名・官命
がんもう	ぐわんまう	頑迷
かんもうで	かんまうで	願望
かんもく	かんもく	寒詣で 冬
	くわんもく	緘黙
かんもん	くわんもん	完黙
がんもん	ぐわんもん	喚問・関門 ◆
かんやく	かんやく	願文
	くわんやく	漢訳・漢薬・監訳・
がんやく	ぐわんやく	簡約
		完訳
		丸薬

かんゆ	かんゆ くわんゆ	肝油
かんゆう	くわんゆ かんゆう	換喩
かんゆう	かんいう くわんいう	姦雄・奸雄
		官有・勧誘・寛宥
がんゆう	がんいう	含有
かんよ	くわんよ	関与
かんよう	かんえう	肝要
		涵養
	くわんえふ	観葉
	くわんよう	寛容・慣用
がんらい	ぐわんらい	元来
かんらく	かんらく	陥落・乾酪
	くわんらく	歓楽
かんらん	かんらん	甘藍・橄欖
	くわんらん	観覧
かんり	かんり	監理
	くわんり	官吏・管理
がんり	ぐわんり	元利

がんりき	ぐわんりき	眼力
		願力
かんりつ	くわんりつ	官立
かんりゅう	くわんりう	乾留・乾溜・寒流
		貫流・緩流・還流・環流
かんりょう	かんりやう	感量
	くわんれう	完了・官僚
がんりょう	がんりやう	含量
		顔料
かんれい	かんれい	寒冷
	くわんれい	慣例・管領
かんれき	くわんれき	還暦
かんれん	くわんれん	関連
がんろう	ぐわんろう	玩弄
かんろく	くわんろく	貫禄
かんわ	かんわ	閑話・漢和
	くわんわ	官話・緩和

き

きあい	きあひ	気合
きい	きい	奇異・貴意
	きゐ	忌諱
きいん	きいん	起因
	きゐん	気韻・棋院
きおい	きほひ	気負ひ・競ひ・勢ひ
きおいたつ	きほひたつ	気負ひ立つ
きおう	きおう	気負ふ・競ふ
	きほふ	
きおん	きおん	基音
	きをん	気温
ぎおんえ	ぎをんゑ	祇園会 夏
ぎおんまつり	ぎをんまつり	祇園祭 夏
きか	きか	机下・幾何・貴下・貴家・麾下・旗下・気化・奇貨・奇禍・
	きくわ	
ぎが	ぎぐわ	帰化
		戯画
きかい	きくわい	棋界・機械・器械
		奇怪・機会
ぎかい	ぎくわい	議会
きかえ	きがへ	着替へ
きかえる	きかへる	着替へる
きかく	きかく	規格
	きくわく	企画
きがまえ	きがまへ	気構へ
きかん	きかん	季刊・軌間・既刊・帰艦・飢寒・亀鑑・基幹・期間・貴簡・貴翰・旗艦・気管・汽罐・奇観・帰還・帰館・貴官・器官・機関
きがん	きがん	奇岩・帰雁 春

きかんぼう	きかんばう	利かん坊
ききあわせる	きこあはせる	聞き合はせる
ききおさめ	ききをさめ	聞き納め
ききかいかい	ききくわいくわい	奇々怪々
ききかえす	ききかへす	聞き返す
ききごたえ	ききごたへ	聞き応へ
ききじょうず	ききじやうず	聞き上手
ききそこなう	ききそこなふ	聞き損なふ
ききちがい	ききちがひ	聞き違ひ
ききちがえる	ききちがへる	聞き違へる
ききつたえ	ききつたへ	聞き伝へ
ききなおす	ききなほす	聞き直す
ききはずす	ききはづす	聞き外す
ききまちがい	ききまちがひ	聞き間違ひ
ききゅう	ききう	気球・希求・帰休
	ききふ	企及・危急

きかんぼう		ききょう
	ききょう	気胸
	ききやう	桔梗 [秋]・帰京・帰郷
	きけう	奇矯・棄教
	きげふ	企業・起業・機業
ぎきょう	ぎけふ	義俠
ぎきょうだい	ぎきやうだい	義兄弟
きくよう	きくやう	菊供養 [秋]
きくず	きくづ	木屑
きくずれ	きくづれ	気崩れ・着崩れ
きくにんぎょう	きくにんぎやう	菊人形 [秋]
きぐらい	きぐらゐ	気位
きぐろう	きぐらう	気苦労
きけんじょう	きけんじやう	喜見城 [春]
きこう	きこう	貴公・気孔・気功
		気候・奇功・稀覯
		希覯・季候・起工・
		機構
	きかう	奇行・奇効・紀行・

きごう	きがう	帰校・寄航・寄港・帰航・帰港・起稿・寄稿・記号・揮毫
ぎこう	ぎこう	記号・揮毫 寄稿・機巧・機甲
		記号・揮毫
ぎごう	ぎごう	技工
		技巧
きこうでん	きかうでん	乞巧奠 秋
きざわり	きざはり	気障り
きじ	きじ	雉 春・雉子 春・記事
	きぢ	木地・生地
きじく	きぢく	基軸・機軸
きしゅう	きしう	季秋・貴酬・紀州 ◆
	きしふ	奇習・奇襲・既習
きじょ	きぢよ	鬼女・貴女
ぎじょ	ぎぢよ	妓女
きしょう	きしよう	奇勝
	きしやう	気性・気象・記章・徽章・起床・起請・

		きせう 希少・稀少
		きじよう 騎乗
きじょう		きじやう 机上・機上
		きぢやう 気丈
		きでう 軌条
ぎじょう		ぎぢやう 儀仗・戯場・議定・議場
きじょうぶ		きぢやうぶ 気丈夫
きじょうゆ		きじやうゆ 生醬油
きじん		きじん 奇人・畸人・鬼神・貴人
		きぢん 帰陣
きずく		きづく 築く
きずな		きづな 絆・紲
きせかえ		きせかへ 着せ替へ
きぜわしい		きぜはしい 気忙しい
きそいあう		きそひあふ 競ひ合ふ

きそう	きそう	基層・貴僧
きそう	きささう	帰巣・奇想・起草
きそう	きそふ	競ふ
ぎそう	ぎさう	偽装・擬装・艤装
ぎぞう	ぎざう	偽造
きそうきょく	きさうきよく	綺想曲・奇想曲
きたえる	きたへる	鍛へる
きだおれ	きだふれ	着倒れ
ぎだゆう	ぎだいふ	義太夫
ききょう	きちかう	桔梗 秋
きちじょう	きちじやう	吉祥
きちょう	きちゃう	貴重
きちょう	きちゃう	几帳・帰庁・記帳・機長
		帰朝・基調
ぎちょう	きてふ	黄蝶 春
	ぎちやう	議長
きづかい	きづかひ	気遣ひ

きづかう	きづかふ	気遣ふ
きづかわしい	きづかはしい	気遣はしい
きっきょう	きっきょう	吉凶
きつきょう	きつきやう	喫驚・吃驚
きっこう	きつかう	拮抗・頡頏
	きつかふ	亀甲
きっしょう	きつしやう	吉祥
きっそう	きつさう	吉左右・吉相
きっちょう	きつてう	吉兆 新年
きとう	きとう	気筒・汽笛・季冬・亀頭
きたう		祈禱・帰島・既倒
きどう	きどう	起動・機動
きどう	きだう	気道・奇道・軌道
きどうらく	きだうらく	着道楽
きにゅう	きにふ	記入
きぬあわせ	きぬあはせ	絹袷 夏
きぬいとそう	きぬいとさう	絹糸草 夏

きぬうちわ	きぬうちは	絹団扇 夏
きぬじ	きぬぢ	絹地
きぬぶるい	きぬぶるひ	絹篩
きのう	きのう	帰農・機能
	きなう	気嚢
	きなふ	
	きのふ	帰納
きばい	きばひ	昨日
きはずかしい	きはづかしい	木灰
きはちじょう	きはちぢやう	気恥づかしい
きびょう	きびやう	黄八丈
ぎひょう	ぎひやう	奇病
ぎふぢょうちん	ぎふぢやうちん	戯評
きほう	きほう	岐阜提灯 秋
	きはう	奇峰・既報・機鋒
きぼう	きぼう	気泡・気胞・貴方
	きばう	鬼謀・奇謀
ぎほう	ぎはう	希望・冀望・既望 秋
	ぎはふ	技法・儀法

きまえ	きまへ	気前
きまずい	きまづい	気不味い
きまよい	きまよひ	気迷ひ
きみょう	きみやう	帰名・帰命
	きめう	奇妙
きむずかしい	きむづかしい	気難しい
きもすい	きもすひ	肝吸ひ
きゃくあしらい	きやくあしらひ	客あしらひ
		客扱ひ
きゃくい	きやくゐ	客位
きゃくいん	きやくゐん	客員・脚韻
ぎゃくこうか	ぎやくかうくわ	逆効果
ぎゃくしゅう	ぎやくしふ	逆襲
ぎゃくじょう	ぎやくじやう	逆上
きゃくすじ	きやくすぢ	客筋
ぎゃくちょう	ぎやくてう	逆潮・逆調
ぎゃくゆにゅう	ぎやくゆにふ	逆輸入
ぎゃくりゅう	ぎやくりう	逆流

ぎゃくろう	ぎゃくらう	逆浪	
ぎゃっか	ぎゃくか	却下・脚下	
きゃっかん	きゃくくわん	客観	
きゃっきょう	きゃくきゃう	逆境	
ぎゃっこう	ぎゃくくわう	逆光	
ぎゃっこう	ぎゃくかう	逆行	
きゅう	キュウ キウ	弓・穹・宮・窮・九・久・仇・丘・旧・舊・休・朽・臼・求・灸・玖・究・柩・糾・赳・救・毬・球・嗅・厩・鳩・及・吸・扱・汲・泣・急・級・笈・給・希有・稀有・杞憂・喜憂	
きゅう	キフ		
きゅう	きいう		
ぎゅう	ギウ	牛	

ぎゃくろ─きうか		
きゅうあい	きうあい	求愛
きゅうあく	きうあく	旧悪
きゅういん	きふいん	吸引・吸飲
ぎゅういんばしょく	ぎうゐんばしょく	牛飲馬食
きゅうえん	きうえん	旧縁・休演・求縁・球宴
きゅうおん	きうおん	旧怨・休園・救援
きゅうおん	きうおん	旧恩
きゅうか	きふおん	吸音
きゅうか	きうか	旧家・休暇・九夏[夏]
きゅうか	きうくわ	毬果・球果
きゅうか	きふくわ	急火
きゅうかい	きうかい	球界
きゅうかい	きうくわい	休会・旧懐
きゅうかく	きうかく	嗅覚
きゅうがく	きうがく	休学
きゅうかつ	きうくわつ	久闊

語	仮名	旧仮名遣ひ
きゅうかなづか い	きうかなづかひ	旧仮名遣ひ
きゅうかぶ	きうかぶ	旧株
ぎゅうかわ	ぎうかは	牛革
きゅうかん	きうかん	旧刊・休刊・休閑
	きうくわん	旧慣・旧館・旧観・休館
きゅうかんちょ う	きうくわんてう	九官鳥
きゅうかん	きうくわん	急患
きゅうき	きうき	吸気
きゅうき	きうき	旧記
きゅうかんび	きうかんび	休肝日
きゅうぎ	きうぎ	球技・球戯
きゅうきゅう	きうきふ	救急
きゅうきゅう	きうきふ	汲々
きゅうきょ	きうきょ	旧居
きゅうきょ	きふきよ	急遽
きゅうきょう	きうけう	旧教
	きゆうきやう	窮境
きゅうぎょう	きうげふ	休業
きゅうきょく	きうきよく	究極
		窮極
きゅうきん	きうきん	球菌
	きうきん	給金
きゅうくん	きうくん	旧訓
きゅうけい	きうけい	弓形・宮刑・球形・休憩・求刑・球形・
きゅうげき	きうげき	球茎
	きうげき	旧劇
	きふげき	急激
きゅうけつ	きうけつ	灸穴
	きふけつ	吸血・給血
きゅうげん	きふげん	急減・給源
きゅうご	きうご	救護
ぎゅうご	ぎうご	牛後

見出し	読み	語例
きゅうこう	きうかう	旧交・旧稿・休校・休耕・休航・休講
きゅうこう	きうくわう	救荒
きゅうこう	きふかう	急行
きゅうこう	きゅうかう	躬行
きゅうごう	きうがふ	糾合
きゅうこうか	きふかうか	急降下
きゅうこく	きうこく	救国
きゅうこく	きふこく	急告
きゅうごしらえ	きふごしらへ	急拵へ
きゅうこん	きうこん	求婚・球根
きゅうさい	きうさい	旧債・休載・救済
きゅうさく	きうさく	窮策
きゅうさく	きうさく	旧作
きゅうさん	きふさん	急霰
きゅうし	きゅうし	窮死
きゅうし	きうし	九死・九紫・旧址・旧師・休止・白歯
きゅうし	きふし	急死・急使
きゅうじ	きうじ	旧事・旧時・球児
きゅうじ	きふじ	給仕・給餌
きゅうじ	きうぢ	灸治
ぎゅうし	ぎうし	牛脂
ぎゅうじ	ぎうじ	牛耳
きゅうしき	きうしき	旧式・旧識
きゅうじたい	きうじたい	旧字体
きゅうしつ	きゅうしつ	宮室
きゅうしつ	きふしつ	吸湿・給湿
きゅうじつ	きうじつ	休日
きゅうしゃ	きうしゃ	柩車・厩舎・鳩舎
ぎゅうしゃ	ぎうしゃ	牛車・牛舎
きゅうしゅ	きうしゅ	旧主・球趣・鳩首
きゅうしゅう	きうしう	九州◆・九秋秋
きゅうしゅう	きふしう	旧習
きゅうしゅう	きふしふ	吸収
きゅうしゅう		急襲

きゅうしゅつ	きゅしゅつ	救出
きゅうじゅつ	きゅうじゅつ	弓術
	きゅじゅつ	救恤
きゅうしゅん	きゅしゅん	九峻 春
きゅうしょ	きゅしょ	急所
きゅうじょ	きゅふじょ	救助
きゅうしょう	きゅしゃう	求償
	きゅしょう	旧称
きゅうじょう	きゅふじゃう	急症
	きふしょう	急昇
	きゅしょう	球状
	きゅうぢゃう	休場・球場
きゅうじょう	きゅうじゃう	弓状・宮城・窮状
きゅうしょうがつ	きゅしゃうぐわつ	旧正月 春
きゅうしょく	きゅしょく	休職・求職
	きふしょく	給食

ぎゅうじる	ぎゅじる	牛耳る
きゅうしん	きゅしん	旧臣・休心・休神・休診・求心・球心・球審
		急伸・急信・急進・急診
きゅうじん	きゅじん	九仞・旧人・求人
	きふしん	
きゅうす	きゅうす	窮す
	きゅす	急須
	きふす	休す
きゅうすい	きふすい	吸水・給水
きゅうすう	きゅふすう	級数
きゅうする	きゅうする	窮する
	きゅする	休する
	きふする	給する
きゅうせい	きふせい	九星・旧制・旧人・旧姓・救世
		急性・急逝

きゅうせかい	きうせかい	旧世界
きゅうせき	きうせき	旧跡・旧蹟・休戚・
きゅうせつ	きうせつ	求積
きゅうせつ	きうせつ	旧説
きゅうせつ	きうせつ	急設
きゅうせん	きゅうせん	弓箭
きゅうせん	きうせん	休戦・九泉
きゅうぜん	きふぜん	翕然
きゅうせんぽう	きふせんぽう	急先鋒
きゅうそ	きゅうそ	窮鼠
きゅうそ	きふそ	泣訴
きゅうそう	きふそう	急送
きゅうぞう	きふざう	急造
きゅうぞう	きふぞう	急増
きゅうそく	きうそく	休息・球速
きゅうそく	きふそく	急速
きゅうぞく	きうぞく	旧俗・九族
きゅうたい	きうたい	旧態・球体
きゅうだい	きふだい	及第
きゅうたく	きうたく	旧宅
きゅうたん	きふたん	急湍
きゅうだん	きうだん	糾弾・紏弾・球団
きゅうち	きうち	窮地
きゅうち	きうち	旧知
きゅうちしん	きうちしん	旧知心
きゅうちゃく	きふちゃく	吸着
きゅうちょう	きふちやう	級長
	きふてう	急潮・急調
	きふてう	窮鳥
きゅうつい	きゅうつい	窮追
	きふつい	急追
きゅうてい	きゅうてい	宮廷
	きうてい	休廷
きゅうてき	きうてき	仇敵
きゅうてん	きうてん	九天・灸点
きゅうてん	きふてん	急転

見出し	歴史的仮名遣い	漢字表記
きゅうでん	きうでん	宮殿
	きふでん	休電
きゅうと	きうと	急電・給電
きゅうとう	きうとう	旧都
	きうたう	旧套
		九冬[冬]・旧冬[新年]
きゅうどう	きうだう	給湯
	きうとう	急騰
	きふたう	旧道・求道・球道
ぎゅうとう	ぎうたう	弓刀
ぎゅうどん	ぎうどん	牛丼
ぎゅうなべ	ぎうなべ	牛鍋
きゅうなん	きうなん	救難
	きふなん	急難
ぎゅうにく	ぎうにく	牛肉
きゅうにゅう	きふにふ	吸入

見出し	歴史的仮名遣い	漢字表記
ぎゅうにゅう	ぎうにゆう	牛乳
きゅうにゅうき	きふにふき	吸入器[冬]
きゅうにん	きうにん	旧任
きゅうねん	きうねん	旧年[新年]
きゅうは	きうは	旧派
	きふは	旧派
きゅうば	きうば	弓場
	きふば	急場
ぎゅうば	ぎうば	牛馬
きゅうはい	きうはい	九拝・朽廃
きゅうはく	きうはく	窮迫
	きふはく	急迫
きゅうばく	きふばく	旧幕
きゅうはん	きうはん	旧版・旧藩
	きふはん	急坂
きゅうばん	きふばん	吸盤
きゅうひ	きうひ	厩肥
	きふひ	給費

きゅうび	きふび	急火
ぎゅうひ	ぎうひ	求肥・牛皮
きゅうびょう	きふびやう	急病
きゅうひん	きうひん	救貧
きゅうびん	きふびん	急便
きゅうふ	きうふ	休符
きゅうふ	きふふ	給付
きゅうふう	きうふう	旧風
きゅうぶつ	きうぶつ	旧物
きゅうぶん	きうぶん	旧聞
きゅうへい	きうへい	旧弊
きゅうへん	きふへん	急変
きゅうぼ	きふぼ	急募
ぎゅうほ	ぎうほ	牛歩
きゅうほう	きうはう	臼砲
きゅうほう	きふはふ	旧法
きゅうほう	きふほう	急報
きゅうぼう	きゅうばふ	窮乏
きゅうぼん	きうぼん	旧盆
きゅうみん	きゅうみん	窮民
きゅうみん	きうみん	休眠・救民
きゅうむ	きふむ	急務
きゅうめい	きうめい	旧名・究明・糾明・救命
きゅうめん	きうめん	球面
きゅうもん	きうもん	糾問
きゅうやく	きうやく	旧約・旧訳
きゅうゆ	きふゆ	給油
きゅうゆう	きういう	旧友・旧遊
きゅうゆう	きふいう	級友
きゅうよ	きゅうよ	窮余
きゅうよ	きふよ	給与
きゅうよう	きうやう	休養
きゅうよう	きふやう	給養
きゅうよう	きふよう	急用
きゅうらい	きうらい	旧来

きゅうらく	きふらく	及落・急落
ぎゅうらく	ぎうらく	牛酪
きゅうり	きうゆり	窮理
	きうり	究理・胡瓜夏
きゅうりゅう	きゅうりゅう	穹窿
	きうりう	急流
きゅうりょう	きうりやう	旧領
	きうりよう	丘陵
	きうれい	給料
きゅうれい	きうれう	旧例
	きふれい	救冷
	きふれい	救療
きゅれき	きうれき	旧暦・球歴
きよい	きよゐ	虚位
きょう	キヨウ	京◆・況・香・狂・強・ 兄・匡・杏・狂・享・ 恭・胸・興 凶・共・供・拱・恐・
	キヤウ	

ぎょう		
	ケフ	凝 業
	ギヤウ	仰・行・形
	ゲウ	堯・暁・驍
	ゲフ	業
きょうあい	けふあい	狭隘
きょうあつ	きやうあつ	強圧
きょうあん	けうあん	教案
ぎょうあん	げうあん	暁闇

（…縦の見出し中に含まれる項目）
叫・教・喬・嬌・蕎・
橋・矯・驕・梟・
叶・劫・夾・協・怯・
侠・峡・挟・狭・脅・
脇・頬
今日
紀要
凝
仰・行・形
堯・暁・驍
業
狭隘
強圧
教案
暁闇
竟・経・郷・敬・卿・
境・疆・鏡・競・響・
饗・驚

きょうい	きやうい	強意・驚異
	きょうゐ	胸囲
	けふる	脅威
きょういき	きやうゐき	境域
きょういく	けういく	教育
きょういん	けうゐん	教員
きょううん	きやううん	教運
きょうえい	きやうえい	強化
	きょうえい	共栄・共営
	きやうえい	鏡映・競泳 [夏]
きょうえん	きやうえん	共演
	きやうえん	競演・饗宴
きょうおう	きやうおう	供応
	きやうおう	饗応
	きょうあう	胸奥
きょうか	きやうか	狂歌
	きやうか	強化
	きょうくわ	供花
	けうくわ	教化・教科

きょうい ――きょうか		
	ぎやうぐわ	仰臥
ぎょうが	きやうかい	境界
きょうかい	きょうくわい	胸懐
	けうかい	教会・教誨
	けうくわい	教戒・教誡
	けうくわい	教会・教誨
	けふくわい	協会
	きやうがい	境界・境涯
ぎょうがい	ぎょうくわい	業界
ぎょうかい	げふかい	凝塊
きょうかく	きやうくわく	胸郭・胸廓
	けふかく	侠客
きょうがく	きやうがく	共学
	けうがく	教学
ぎょうかく	ぎやうかく	驚愕
ぎょうかく	げうかく	仰角
きょうかん	げうかく	撓角
	きょうかん	凶漢・共感・胸間
	きやうくわん	経巻・郷関

ぎょうかん	ぎゃうかん	行間
きょうき	きょうき	凶器
	きやうき	狂気・狂喜・強記・驚喜
きょうぎ	けうぎ	経木・競技
	きやうぎ	俠気・狭軌
	げうぎ	僥季
ぎょうぎ	ぎやうぎ	行儀
ぎょうぎ		凝議
きょうぎゃく	けきゃく	橋脚
きょうきゅう	きやうきふ	供給
きょうぎょう	けふげふ	協業
	けふぎ	協議・狭義
ぎょうぎょう	ぎやうぎやうし	行々子 夏
ぎょうぎょうし		仰々しい
い		

きょうく	きゃうく	恐懼
	きゃうく	狂句
きょうく	けうく	教区
きょうぐ	けうぐ	教具
きょうぐう	きやうぐう	境遇
きょうくん	けうくん	教訓
きょうげ	けうげ	教化
ぎょうげ	ぎゃうけい	行刑・行啓
きょうげき	きやうげき	京劇
	けうげき	矯激
	けふげき	挾撃
きょうけん	きやうけん	恭倹・恭謙
	きやうけん	狂犬・強肩・強健・強堅・強権
きょうこ	けうけん	教権
きょうげん	きやうげん	狂言
きょうこ	きやうこ	鞏固
	きやうこ	強固

きょうご	けうご	教護
きょうこう	きやうかう	強行・強硬
	きやうこう	強攻・向後・嚮後
	きようかう	凶行・胸腔
	けうくわう	凶荒・恐惶・恐慌
	けうくわう	教皇
	けふかう	峡江
きょうごう	きやうがう	強豪・強剛
	きやうがふ	競合
	けうがう	驕傲
ぎょうごう	けうがふ	校合
	ぎやうかう	行幸
	げうかう	僥倖
	げうくわう	暁光
きょうこうぐん	きやうかうぐん	強行軍
きょうこく	きやうこく	強国・郷国
	けふこく	峡谷
きょうさ	けうさ	教唆

きょうざい	けうざい	教材
きょうさく	きようさく	凶作
	きやうさく	警策・競作
	けふさく	狭窄
	きようさつ	恐察
	けふさつ	挟殺
きょうざつ	けふざつ	夾雑
きょうさん	きやうさん	共産
	きやうさん	強酸
	けふさん	協賛
ぎょうさん	ぎやうさん	仰山
きょうし	きやうし	供試
	けうし	狂死・狂詩
		教旨・教師・嬌姿・ 驕恣
きょうじ	きようじ	凶事
	きやうじ	経師
	きょうぢ	矜持

ぎょうし	けうじ	教示・驕児	
	けふじ	脇侍・夾侍	
ぎょうし	ぎょうし	凝脂・凝視	
ぎょうし	けうしふ	仰視	
ぎょうじ	ぎゃうじ	行司・行事	
ぎょうじつ	けうしつ	教室	
きょうしゃ	きゃうしや	狂者・香車・強者	
きょうしゃ	けうしゃ	驕奢	
ぎょうしゃ	げふしゃ	業者	
ぎょうしゃ	けふしゃ	狭斜	
きょうじゃく	きゃうじゃく	行者	
ぎょうじゃく	きょうじゃく	強弱	
きょうしゅ	きょうしゅ	凶手・興趣・拱手	
きょうしゅ	けうしゅ	教主・梟首	
きょうじゅ	きゃうじゅ	享受	
ぎょうじゅ	けうじゅ	教授	
ぎょうしゅ	げふしゆ	業主・業種	
きょうしゅう	きやうしう	郷愁	

ぎょうしゅう	ぎゃうしふ	凝集	
	けうしう	教習	
	けうしう	嬌羞	
	きゃうしふ	強襲	
ぎょうじゅうざ	ぎゃうぢゅうざ	行住坐臥	
ぎょうしょ	ぎゃうしょ	行書	
きょうしょ	けうしょ	教書	
が	ぐわ		
ぎょうしょ	ぎゃうしょ	行書	
きょうしょう	きゃうしゃう	胸章・胸墻・胸牆	
	けふしゃう	協商	
	けうせう	嬌笑	
	けふせう	狭小	
きょうじょう	きょうじゃう	凶状	
	けうぢゃう	教場	
	けうでう	教条	
ぎょうしょう	ぎゃうしゃう	行商	
ぎょうしょう	げうしょう	暁鐘	
ぎょうじょう	ぎゃうじやう	行状	

きょうしょく	けうしよく	教職・矯飾
きょうしょくいん	けうしよくゐん	教職員
きょん		
きょうしん	きやうしん	共振
きょうしん	きやうしん	狂信・強震
きょうじん	きやうじん	凶刃
きょうじん	きやうじん	狂人・強靭
きょうす	きやうす	供す
きょうす	きやうす	饗す
ぎょうずい	ぎやうずい	行水 夏
きょうする	きやうする	供する
きょうする	きやうする	狂する・饗する
ぎょうずる	ぎやうずる	梟する
	けうする	行ずる
きょうせい	きやうせい	匡正・強制・強勢・
	きやうせい	共生・共棲・胸声
	きやうせい	強精・強請
	けうせい	教生・嬌声・矯正

きょうし──きょうそ		
ぎょうせい	ぎやうせい	行政
	げうせい	暁星
ぎょうせい	ぎやうせい	疑陽性
ぎょうせき	ぎやうせき	行跡
	げふせき	業績
きょうせん	きようせん	胸腺
	けうせん	教宣
きょうそ	けうそ	教祖
きょうそう	きやうさう	凶相
	きやうさう	強壮・狂騒・狂躁・
	きやうさう	競争・競漕 春
	きやうさう	競走
きょうぞう	きやうざう	経蔵・鏡像
	きようざう	胸像
ぎょうそう	ぎやうさう	行草・形相
きょうそうきょく	きやうさうきよく	狂想曲
く	く	
	けふそうきよく	協奏曲

きょうそく	けうそく	教則
きょうだ	けふそく	脇息
きょうだ	きやうだ	強打
きょうたい	けふだ	怯懦
きょうたい	きやうたい	狂体・狂態・筐体
きょうだい	きやうたい	嬌態
ぎょうたい	けうだい	兄弟・強大・鏡台
きょうたく	ぎやうたい	凝滞
きょうたく	ぎやうたい	行体
きょうたん	きやうたく	業態
きょうだん	きやうたく	供託
きょうち	きやうたん	教卓
きょうちくとう	きょうだん	驚嘆
	けうだん	凶弾
	きやうち	教団・教壇
	けふちくたう	境地
		夾竹桃 夏

ぎょうちゅう	げうちゅう	蟯虫
きょうちょう	きやうてう	強調
	きょうてう	凶兆
	けふちやう	狭長
	けふてう	協調
きょうづくえ	きやうづくえ	経机
きょうてい	きやうてい	競艇
	きょうてい	胸底
	けうてい	教程
	けふてい	協定・篋底
きょうてき	きやうてき	狂的・強敵
きょうてん	きやうてん	経典
	けうてん	教典
きょうでん	きやうでん	強電
ぎょうてん	ぎやうてん	仰天
	げうてん	暁天
きょうてんどう	きやうてんどう	驚天動地
ち	ち	

きょうそ──きょうて

きょうと	きやうと	凶徒
きょうと	きやうと	京都 ◆
	けうと	教徒
きょうど	きやうど	郷土
きょうとう	きやうとう	郷土・強弩・強度・
きょうとう	きやうとう	共闘
	けうとう	境土
きょうどう	きやうどう	狂濤・郷党・驚倒
	きやうとう	狂騰
	けうとう	教頭
	けふたう	侠盗
	きやうどう	共同
	きやうだう	経堂・嚮導
	きやうどう	鏡銅
	けうだう	教導
	けふどう	協同・協働
きょうとうほ	けうとうほ	橋頭堡
きょうな	きやうな	京菜 春
きょうにん	きやうにん	杏仁

きょうねつ	きやうねつ	狂熱・強熱
きょうねん	きやうねん	凶年
	きやうねん	享年
ぎょうねん	ぎやうねん	行年
きょうばい	きやうばい	競売
きょうはく	きやうはく	強迫
	けふはく	脅迫
	きやうはん	共犯
きょうはん	けふはん	教範・橋畔
きょうび	けふび	今日日
きょうふ	きやうふ	恐怖
	けうふ	驚怖
	けうふ	教父
きょうふう	きやうふう	狂風・京風・強風・
	けうふう	驚風
	きようふう	矯風
きょうぶん	きょうふん	凶聞
	きやうぶん	狂聞

きょうへい	きゃうへい	強兵
きょうべん	きゃうべん	強弁
	けうべん	教鞭
きょうほ	きゃうほ	競歩
きょうほう	きゃうほう	凶報
	けうほふ	教法
きょうぼう	きゃうぼう	凶暴・共謀
	ぎゃうばう	狂暴・強暴
ぎょうぼう	ぎゃうばう	仰望
	げうばう	翹望
きょうぼく	けうぼく	梟木・喬木
きょうほん	きゃうほん	教本
	けうほん	狂奔
きょうま	きゃうま	京間
きょうまい	きゃうまい	供米
きょうまひ	きゃうまひ	京舞
きょうまん	けうまん	驕慢
きょうむ	けうむ	教務

ぎょうむ	げふむ	業務
きょうめい	きょうめい	共鳴
	けうめい	嬌名
ぎょうめい	げうめい	驍名
きょうめん	きゃうめん	鏡面
きょうもう	きゃうまう	凶猛
きょうもん	きゃうもん	経文
きょうやく	きょうやく	共訳
	けふやく	協約
	けうゆ	教諭
きょうゆ	きゃういう	享有
きょうゆう	きょういう	共有
	けうゆう	梟雄
	けふよ	侠勇
ぎょうよ	げふよ	業余
きょうよう	きょうよう	共用
	きゃうえう	強要
	けうやう	教養・孝養

きょうらく	きゃうらく	享楽・京洛・競落
きょうらん	きょうらん	供覧
	きやうらん	狂乱・狂瀾
きょうり	きょうり	胸裏
	きやうり	郷里
	けうり	教理
ぎょうり	ぎやうり	行力
きょうりょう	けふりやう	橋梁
きょうりき	けふりき	狭量
ぎょうりき		
きょうりょく	きやうりよく	強力
	けふりよく	協力
きょうりん	きやうりん	杏林
きょうれつ	きやうれつ	強烈
ぎょうれつ	ぎやうれつ	行列
きょうれん	きやうれん	狂恋
	けうれん	教練
きょうわ	きようわ	共和
	けふわ	協和

きょうわん	けふわん	峡湾
ぎょえん	ぎよえん	御宴
	ぎよゑん	御苑
きょか	きよか	許可
	きよか	炬火
	きよくわ	漁家
ぎょか	ぎよか	漁火
きょかい	ぎよくわい	漁獲
ぎょかく	ぎよくわく	巨魁
きょかん	きよかん	巨漢・巨艦
	きよくわん	居館
きょきもうで	ぎよきまうで	御忌詣で 春
きよぎょう	きよげふ	虚業
ぎょきょう	ぎよきやう	漁況
	ぎよけふ	漁協
ぎょぎょう	ぎよげふ	漁業
きょくいん	きよくゐん	局員
きょくがい	きよくぐわい	局外

読み	歴史的仮名遣	漢字
ぎょくじゅう	ぎょくじふ	玉什
きょくしょう	きょくせう	極小・極少
ぎょくしょう	ぎょくしやう	玉将・玉章
きょくそう	きょくさう	曲想
きょくちょう	きょくちやう	局長
きょくちょう	きょくてう	曲調
きょくほう	きょくはう	局方
きょくよう	きょくやう	極洋
きょくりゅう	きょくりう	曲流・極流
きょくりょう	きょくりやう	極量
きょこう	きょこう	虚構
ぎょこう	きょかう	挙行
ぎょこう	ぎょかう	漁港
きょしゅう	きょしう	去就
きょじゅう	きょじう	巨獣
きょじゅう	きょぢゆう	居住
ぎょしゅう	ぎょしう	漁舟
きょしょう	きょしょう	挙証
きょしょう	きよしやう	巨匠・去声
きょじょう	きょじやう	居城
ぎょしょう	ぎょしやう	魚醬
ぎょしょう	ぎょせう	魚礁・漁礁
ぎょじょう	ぎょぢやう	漁場
きょぞう	きょざう	巨像・虚像
きょっかい	きょくかい	曲解
きょっかん	きょくかん	極寒
きょっけい	きょくけい	極刑
きょっけい	きょくくわん	極官・極冠
きょっこう	きょくくわう	旭光・極光
ぎょっこう	ぎょくかう	玉稿
きょとう	きょとう	巨頭
きょとう	きよたう	挙党
ぎょどう	ぎよだう	魚道
きょほう	きょほう	虚報・巨峰
きょほう	きよはう	巨砲

き

ぎょほう	ぎょはふ	漁法
きょもう	きよまう	虚妄
ぎょもう	ぎよまう	漁網
ぎょゆう	ぎよいう	御遊
きょりゅう	きよりう	居留
ぎょりゅう	ぎよりう	御柳
ぎょりょう	ぎよれふ	漁猟
ぎょろう	ぎよらう	漁労・漁撈
きらい	ぎよらふ	魚蠟
	きらい	帰来・機雷
きらう	きらひ	嫌ひ
	きらふ	嫌ふ
きらわれもの	きらはれもの	嫌はれ者
きりあう	きりあふ	切り合ふ
きりえ	きりゑ	切り絵
きりかえ	きりかへ	切り替へ・切り換
きりかえし	きりかへし	切り返し
ぎょほう――きりゅう		
きりかえす	きりかへす	切り返す
きりかえる	きりかへる	切り替へる・切り換へる
きりきょうげん	きりきやうげん	切狂言
きりきりまい	きりきりまひ	きりきり舞ひ
きりくず	きりくづ	切り屑
きりくずす	きりくづす	切り崩す
きりこうじょう	きりこうじやう	切り口上
きりざんしょう	きりざんせう	切り山椒 [新年]
きりたおす	きりたふす	切り倒す・斬り倒す・伐り倒す
きりどおし	きりどほし	切り通し
ぎりにんじょう	ぎりにんじやう	義理人情
きりはらう	きりはらふ	切り払ふ・斬り払ふ
きりまわす	きりまはす	切り回す
きりみず	きりみづ	切り水
きりゅう	きりう	気流・寄留・旗旒

150

きりょう	きりやう	器量
ぎりょう	ぎりやう	技倆・技量
ぎりょう	ぎれう	議了
きりんそう	きりんさう	麒麟草 夏
きれあじ	きれあぢ	切れ味
きれじ	きれぢ	切れ字
きれじ	きれぢ	切れ地・切れ痔
きわ	きは	際
きわだつ	きはだつ	際立つ
きわどい	きはどい	際疾い
きわまる	きはまる	極まる
きわみ	きはみ	極み
きわめる	きはめる	極める・窮める・究める
きわめる	きはめる	極める
きわもの	きはもの	際物
きわやか	きはやか	際やか
きんい	きんゐ	金位
ぎんい	ぎんゐ	銀位

きんいん	きんゐん	近因・金印
	きんゐん	金員
きんえい	きんえい	近詠・近影・禁泳
	きんゑい	禁衛
きんえん	きんえん	近縁・筋炎・禁煙・禁厭
	きんゑん	金円・禁園
きんか	きんくわ	近火 図・金貨・槿花
ぎんか	ぎんくわ	銀貨
きんかい	きんかい	近海・禁戒
	きんくわい	欣快・金塊・襟懐
きんかぎょくじょう	きんくわぎょくでう	金科玉条
きんかん	きんかん	きんかん
		近刊・金柑 秋・金橘 秋
	きんくわん	金冠・金環
きんかんがっき	きんくわんがく	金管楽器

きんきゅう	きんきふ	緊急
きんきょう	きんきやう	近況
きんきょう	きんけう	禁教
きんぎょう	きんげふ	近業
きんぎょそう	きんぎよさう	金魚草 夏
きんこう	きんこう	金工・謹厚
	きんかう	近郊・均衡・欣幸・
		金坑
きんこう	きんくわう	金鉱
ぎんこう	ぎんかう	近郷
きんごう	ぎんかう	吟行・銀行・銀坑
	ぎんくわう	銀鉱
きんじ	きんじ	近似・近事・近侍・
	きんぢ	近時・金字
	きんぢ	金地・矜持
ぎんじ	ぎんぢ	銀地
きんぎょくよう	きんしぎよくえ	金枝玉葉
う	ふ	

きんじゅ	きんじゅ	禁治産
きんじさん	きんぢさん	金糸草 秋
きんしそう	きんしさう	金字塔
きんじとう	きんじたふ	錦秋・錦繍
きんしゅう	きんしう	禽獣
きんじゅう	きんじう	近称
きんしょう	きんしよう	金将
きんしょう	きんしやう	僅少
	きんせう	今上・金城・近状・
ぎんじょう	ぎんじやう	近情・錦上・謹上・
	ぎんしよう	吟唱・銀将
きんじょう	ぎんじやう	吟醸
ぎんじょう	ぎんぢやう	金筋
きんすじ	きんすぢ	銀筋
ぎんすじ	ぎんすぢ	筋繊維
きんせんい	きんせんゐ	金盞花 春
きんせんか	きんせんくわ	金太郎
きんたろう	きんたらう	

きんちょう	きんちやう	緊張・謹聴
ぎんなん	ぎんあん	銀杏 秋
きんのう	きんなふ	金納
	きんわう	勤皇・勤王
きんばえ	きんばへ	金蠅 夏
きんびょうぶ	きんびやうぶ	金屏風 冬
ぎんびょうぶ	ぎんびやうぶ	銀屏風 冬
きんぼう	きんばう	近傍
きんほんい	きんほんゐ	金本位
ぎんほんい	ぎんほんゐ	銀本位
ぎんゆうしじん	ぎんいうしじん	吟遊詩人
きんよう	きんえう	金曜・緊要
きんりょう	きんりやう	斤量
	きんれふ	禁猟・禁漁
きんろう	きんらう	勤労
きんろうかんしゃのひ	きんらうかんしゃのひ	勤労感謝の日 冬

く

ぐあい	ぐあひ	具合
くあわせ	くあはせ	句合
くい	くひ	悔い・句意
くい…	くひ…	食ひ…
くいあう	くひあふ	食ひ合ふ
くいあげ	くひあげ	食ひ上げ
くいあわせ	くひあはせ	食ひ合はせ
くいいじ	くひいぢ	食ひ意地
くいいる	くひいる	食ひ入る
くいうち	くひうち	杭打ち
くいかかる	くひかかる	食ひ掛かる
くいかけ	くひかけ	食ひ掛け
くいき	くゐき	区域
くいきる	くひきる	食ひ切る
くいけ	くひけ	食ひ気

く

くいこむ	くひこむ	食ひ込む
くいさがる	くひさがる	食ひ下がる
くいしばる	くひしばる	食ひ縛る
くいしろ	くひしろ	食ひ代
くいしんぼう	くひしんばう	食ひしん坊
くいぜ	くひぜ	株
くいぞめ	くひぞめ	食ひ初め
くいたおす	くひたふす	食ひ倒す
くいだおれ	くひだふれ	食ひ倒れ
くいだめ	くひだめ	食ひ溜め
くいちがい	くひちがひ	食ひ違ひ
くいちがう	くひちがふ	食ひ違ふ
くいちらす	くひちらす	食ひ散らす
くいつき	くひつき	食ひ付き
くいつく	くひつく	食ひ付く
くいつなぐ	くひつなぐ	食ひ繋ぐ
くいっぱぐれる	くひっぱぐれる	食ひっ逸れる
くいつぶす	くひつぶす	食ひ潰す
くいつみ	くひつみ	食ひ積み・食ひ摘み [新年]・食[新年]
くいつめる	くひつめる	食ひ詰める
くいで	くひで	食ひで
くいどうらく	くひだうらく	食ひ道楽
くいとめる	くひとめる	食ひ止める
くいな	くひな	水鶏・秧鶏 [夏]
くいなぶえ	くひなぶえ	水鶏笛 [夏]
くいにげ	くひにげ	食ひ逃げ
くいのばし	くひのばし	食ひ延ばし
くいのばす	くひのばす	食ひ延ばす
くいはぐれる	くひはぐれる	食ひ逸れる
くいぶち	くひぶち	食ひ扶持
くいほうだい	くひはうだい	食ひ放題
くいもの	くひもの	食ひ物
くいりょう	くひれう	食ひ料
くう	クウ	空・腔
	くふ	食ふ・悔ふ・構ふ

154

くい	くうゐ	空位
くういき	くうぬき	空域
くうこう	くうかう	空港
くうしゅう	くうしふ	空襲
くうそう	くうさう	空想
ぐうぞう	ぐうざう	偶像
くうちょう	くうちゃう	空腸
くうてう	空調
くうほう	くうはう	空包・空砲
ぐうゆう	ぐういう	偶有
くえ	くゑ	九絵
くえない	くへない	食へない
くえる	くへる	食べる
くおん	くをん	久遠
くかい	くくわい	区会・句会
くかく	くくわく	区画・区劃
くがつ	くぐわつ	九月 秋
くがつかや	くぐわつかや	九月蚊帳 秋

くがつじん	くぐわつじん	九月尽 秋
くぎかい	くぎくわい	区議会
くぎごたえ	くぎごたへ	釘応へ
くきょう	くきやう	句境・苦境
くぎょう	くぎやう	公卿・苦行
くぐつまわし	くぐつまはし	傀儡回し 新年・傀儡廻し 新年・傀
くけぬい	くけぬひ	絎縫ひ
くこう	くかう	句稿
ぐこう	ぐかう	愚考・愚行
くさあおむ	くさあをむ	草青む 春
くさかぐわし	くさかぐはし	草芳し 春
くさかげろう	くさかげろふ	草蜻蛉 夏秋・草蛉
		蜉蝣 夏
くさしみず	くさしみづ	草清水 夏
くさずもう	くさずまふ	草相撲 秋
くさぞうし	くさざうし	草双紙
くさぼうき	くさばうき	草帚・草箒

くうい——くさぼう

くさもみじ	くさもみぢ	草紅葉 秋
くさやきゅう	くさやきう	草野球
くしけずる	くしけづる	梳る
ぐしぬい	ぐしぬひ	串縫ひ
くじゃくそう	くじゃくさう	孔雀草 夏
くしゅう	くしふ	句集
くじゅう	くじふ	苦汁・苦渋
くじょ	くぢよ	駆除
くしょう	くせう	苦笑
くじょう	くじやう	苦情
ぐしょう	ぐしやう	具象
ぐじょうはちまん	ぐじやうはちまん	郡上八幡 ◆
くじら	くぢら	鯨 図
くず	くず	葛
ぐず	ぐづ	愚図
くずいと	くづいと	屑糸

くずいれ	くづいれ	屑入れ
ぐすう	ぐうう	弘通
くずおれる	くづほれる	頽れる
くずかご	くづかご	屑籠
くずかずら	くずかづら	葛鬘 秋
ぐずぐず	ぐづぐづ	愚図愚図
くずしがき	くづしがき	崩し書き
くずしじ	くづしじ	崩し字
くずす	くづす	崩す
ぐずつく	ぐづつく	愚図つく
くずてつ	くづてつ	屑鉄
くずひろい	くづひろひ	屑拾ひ
くずまい	くづまい	屑米
くずまゆ	くづまゆ	屑繭 夏
くずまんじゅう	くずまんぢゅう	葛饅頭 夏
くずみず	くずみづ	葛水 夏
くずもの	くづもの	屑物
くずや	くづや	屑屋

くすりぐい	くすりぐひ	薬食ひ 冬
ぐずる	ぐづる	愚図る
くずれ	くづれ	崩れ
くずれおちる	くづれおちる	崩れ落ちる
くずれやな	くづれやな	崩れ簗 秋
くずれる	くづれる	崩れる
くせなおし	くせなほし	癖直し
くそばえ	くそばへ	糞蠅
くたびれもうけ	くたびれまうけ	草臥儲け
くちあい	くちあひ	口合ひ
くちえ	くちゑ	口絵
くちおしい	くちをしい	口惜しい
くちがわり	くちがはり	口代はり・口替はり
くちげんか	くちげんくわ	口喧嘩
くちごうしゃ	くちがうしや	口巧者
くちごたえ	くちごたへ	口答へ
くちざわり	くちざはり	口触り
くちじょうず	くちじやうず	口上手
くちずから	くちづから	口づから
くちぞえ	くちぞへ	口添へ
くちづたえ	くちづたへ	口伝へ
くちなおし	くちなほし	口直し
くちなめずり	くちなめづり	口嘗り・口舐り
くちなわ	くちなは	蛇 夏
くちびょうし	くちびやうし	口拍子
くちまえ	くちまへ	口前
くちょう	くちやう	口調
くちょう	くちやう	区長・句帳
くつがえす	くつがへす	覆す
くってう	くつやう	
くっきょう	くつきやう	究竟・屈強
ぐとう	ぐたふ	愚答
ぐどう	ぐだう	求道
くないちょう	くないちやう	宮内庁
くにざかい	くにざかひ	国境
くぬぎもみじ	くぬぎもみぢ	櫟黄葉 秋

くすりぐ——くぬぎも

くのう	くなう	苦悩
ぐびじんそう	ぐびじんさう	虞美人草 夏
くびすじ	くびすぢ	首筋
くほう	くはふ	句法
ぐほう	ぐほふ	弘法・求法
くまがいそう	くまがひさう	熊谷草 春
くみあい	くみあひ	組み合ひ
くみあう	くみあふ	組み合ふ
くみあわせ	くみあはせ	組み合はせ
くみあわせる	くみあはせる	組み合はせる
くみいん	くみゐん	組員
くみお	くみを	組緒
くみおどり	くみをどり	組踊り
くみかえる	くみかへる	組み替へる
くみかわす	くみかはす	酌み交はす
くみさかずき	くみさかづき	組み杯・組み盃
くみじゅう	くみぢゆう	組み重
くみたいそう	くみたいさう	組み体操

くみちがえる	くみちがへる	組み違へる
くみちょう	くみちやう	組長
くみてんじょう	くみてんじやう	組み天井
くもあい	くもあひ	雲合ひ
くもい	くもゐ	雲居・雲井
くもじ	くもぢ	雲路
ぐゆう	ぐいう	具有
くよう	くやう	供養
くらい	くらゐ	暗い
くらい	くらゐ	位
ぐらい	ぐらゐ	位
くらう	くらふ	食らふ・喰らふ・喰
くらがえ	くらがへ	鞍替へ
くらざらえ	くらざらへ	蔵浚へ
くらしきりょう	くらしきれう	倉敷料
くらばらい	くらばらひ	蔵払ひ

くらわす	くらはす	食らはす
くりあわせる	くりあはせる	繰り合はせる
くりかえ	くりかへ	繰り替へ
くりかえし	くりかへし	繰り返し
くりかえす	くりかへす	繰り返す
くりかえる	くりかへる	繰り替へる
くりひろい	くりひろひ	栗拾ひ 秋
くりまわす	くりまはす	繰り回す
くりまんじゅう	くりまんぢゅう	栗饅頭
くるい	くるひ	狂ひ
くるいざき	くるひざき	狂ひ咲き 冬
くるう	くるふ	狂ふ
くるおしい	くるほしい	狂ほしい
くるわしい	くるはしい	狂はしい
くるわせる	くるはせる	狂はせる
くれない	くれなゐ	紅
くれなずむ	くれなづむ	暮れ泥む
くろう	くらう	苦労
ぐろう	ぐらう	愚弄
		愚老
くろうしょう	くらうしやう	苦労性
くろかわ	くろかは	黒革
くろこしょう	くろこせう	黒胡椒
くろざとう	くろざたう	黒砂糖
くろじ	くろぢ	黒字
	くろぢ	黒地
くろしお	くろしほ	黒潮
くろしょうぞく	くろしやうぞく	黒装束
くろだい	くろだひ	黒鯛 夏
くろはちじょう	くろはちぢやう	黒八丈
くろみずひき	くろみづひき	黒水引
くわ	くは	桑
くわい	くわゐ	慈姑
くわいちご	くはいちご	桑苺
くわいれ	くはいれ	鍬入れ
くわえこむ	くはへこむ	銜へ込む

くわえざん	くはへざん	加へ算
くわえる	くはへる	加へる・銜へる・咥へる・啣へる
くわがた	くはがた	鍬形
くわしい	くはしい	詳しい・委しい・精しい
くわした	くはした	鍬下
くわす	くはす	食はす
くわずぎらい	くはずぎらひ	食はず嫌ひ
くわせもの	くはせもの	食はせ物・食はせ者
くわせる	くはせる	食はせる
くわだてる	くはだてる	企てる
くわつみ	くはつみ	桑摘み 春
くわな	くはな	桑名
くわのみ	くはのみ	桑の実 ◆
くわはじめ	くははじめ	鍬始め 新年
くわばたけ	くはばたけ	桑畑 春
くわばら	くはばら	桑原
くわれる	くはれる	食はれる
くわわる	くははる	加はる
ぐんか	ぐんか	軍歌
ぐんかく	ぐんくわく	軍拡
くんこう	くんこう	君公・勲功
ぐんこう	ぐんこう	軍功
		薫香
くんしょう	くんしやう	勲章
ぐんしょう	ぐんせう	群小
ぐんじょう	ぐんじやう	群青
ぐんじん	ぐんじん	軍人
ぐんじん	ぐんぢん	軍陣
ぐんそう	ぐんさう	軍曹・軍装

ぐんぞう	ぐんざう	群像
くんとう	くんとう	勲等
くんとう	くんたう	薫陶
くんどう	くんだう	訓導
ぐんとう	ぐんたう	軍刀・群島・群盗
ぐんびょう	ぐんびやう	軍兵
ぐんぴょう	ぐんぺう	軍票
ぐんぽう	ぐんぱふ	軍法
ぐんぽう	ぐんぽう	軍峰
ぐんもう	ぐんまう	群盲

け

けいい	けいゐ	経緯
げいいき	げいゐき	芸域
けいえい	けいえい	形影・経営・継泳
けいえい	けいゑい	警衛
けいえん	けいゑん	敬遠・閨怨
けいえん	げいゑん	芸苑
けいか	けいくわ	経過・蛍火
けいかい	けいかい	啓開・警戒・境界・
げいえん		
けいかく	けいかく	計画
けいかく	けいくわく	軽快
		圭角
けいかん	けいかん	渓間
けいかん	けいくわん	挂冠・桂冠・荊冠・
		景観・警官・鶏冠
けいきゅう	けいきう	軽気球
けいきょう	けいきやう	景況
けいぎょう	けいぎやう	敬仰
けいこう	けいこう	経口・鶏口
	けいかう	径行・景仰・傾向・
	けいくわう	蛍光
けいごう	けいがふ	契合

ぐんぞう──けいごう

け

げいごう	げいがふ	迎合
けいこうぎょう	けいこうげふ	軽工業
けいごうきん	けいがふきん	軽合金
けいじじょう	けいじじやう	形而上
けいしゅう	けいしう	軽舟・閨秀
けいじゅう	けいぢゆう	軽重
げいしゅんか	げいしゆんくわ	迎春花 [新年][春]
けいしょう	けいしよう	形勝・景勝・敬称・形象・警鐘
	けいしやう	
	けいせう	形象・軽症・軽傷
けいじょう	けいせふ	軽捷
	けいじょう	警乗
	けいじやう	形状・計上・啓上・経常・敬譲
けいず	けいづ	系図
けいせつえ	けいせつゑ	刑場
		迎接会 [夏]

げいごう	けいそう	継走
	けいさう	形相・珪藻・硅藻・係争・繋争・軽装・軽躁
けいちょう	けいちよう	軽重・敬重
	けいちやう	傾聴
	けいてう	敬弔・軽佻・慶弔
けいとう	けいとう	系統・恵投・継投・鶏頭 [秋]
	けいたう	傾倒
げいとう	げいたう	芸当
げいどう	げいだう	芸道
けいとうか	けいとうくわ	鶏頭花 [秋]
けいほう	けいはふ	警報
	けいはう	刑法
けいぼう	けいばう	形貌・閨房・警防・警棒
けいみょう	けいめう	軽妙

け

けいよう	けいやう	形容
けいりゅう	けいりう	掲揚
けいりゅう	けいりう	係留・繋留・渓流
けいりょう	けいりやう	計量・軽量
けいろう	けいらう	敬老
げいろう	げいらう	鯨蠟
けいろうのひ	けいらうのひ	敬老の日 秋
げか	げくわ	外科
けかえし	けかへし	蹴返し
けかえす	けかへす	蹴返す
げがきおさめ	げがきをさめ	夏書き納め 秋
けがらわしい	けがらはしい	汚らはしい・穢らはしい
けがわ	けがは	毛皮 冬
げかん	げかん	下疳
げかん	げくわん	下巻・下浣・下澣
げきえいが	げきえいぐわ	劇映画
げきえつ	げきゑつ	激越
げきか	げきくわ	劇化・激化
げきが	げきぐわ	劇画
げきこう	げきかう	激昂・激高
げきしゅう	げきしう	激臭
げきしょう	げきしやう	激賞
げきじょう	げきじやう	激情・撃壌
げきじょう	げきぢやう	劇場
げきりゅう	げきりう	激流
けぎらい	けぎらひ	毛嫌ひ
げぎょう	げぎやう	夏行 夏・夏経 夏
げきひょう	げきひやう	劇評
げこう	げかう	下向・下校
げこくじょう	げこくじやう	下剋上・下克上
げじ	げぢ	下知
げじげじ	げぢげぢ	蚰蜒 夏
けしぼうず	けしばうず	芥子坊主 夏・罌粟坊主 夏

けじめ	けぢめ	
げじょ	げぢよ	
けしょう	けしやう	化生・化粧
げじょう	げじやう	下乗
げじん	げぢん	下城
けすじ	けすぢ	外陣
けずりかけ	けづりかけ	毛筋
けずりぶし	けづりぶし	削り掛け [新年]
けずる	けづる	削り節
けそう	けさう	削る・梳る
けそうぶみ	けさうぶみ	懸想
けたおす	けたふす	懸想文 [新年]
けたちがい	けたちがひ	蹴倒す
けたはずれ	けたはづれ	桁違ひ
けちがん	けちぐわん	桁外れ
けちんぼう	けちんばう	結願
けついん	けつゐん	けちん坊
		欠員

けじめ ── けつごう

けっか	けつか	決河
	けつくわ	欠課・結果
げっか	げつか	月下
	げきくわ	激化
けっかい	けつかい	結界
けっかく	けつかく	
	けつくわい	血塊・決壊
	けつくわく	欠格・結核
	けつくわく	欠画
けっかん	けつかん	欠陥
	けつくわん	欠巻・血管
けっきゅう	けつきう	血球・結球
	けつきふ	欠巻
げっきゅう	げつきふ	月給
けづくろい	けづくろひ	毛繕ひ
けっこう	けつこう	結構
	けつかう	欠航・欠講・血行・決行
	けつかう	決行
けつごう	けつがう	欠号
	けつがふ	結合

げっこう	げきかう	激昂・激高	
けっしゅう	げつくわう	月光 秋	
げっしゅう	げつしふ	結集	
げっしょう	げつしう	月収	
けっしょう	げつしょう	決勝	
けつじょう	けっしゃう	血漿・結晶	
けつじょう	けつじゃう	楔状	
けっしょうばん	けつぢゃう	欠場	
けっそう	けつせうばん	血小板	
けつぞう	けつさう	血相	
けっちょう	けつざう	傑僧	
けっとう	けつちゃう	結像	
けったう	けつとう	結腸	
けつにょう	けつたう	血統・決闘	
げっぴょう	けつねう	血糖・結党	
	げつぴゃう	血尿	
	げつぺう	月評	
		月表	

けつぼう	けつぼふ	欠乏
けつまずく	けつまづく	蹴躓く
げつよう	げつえう	月曜
げどう	げだう	外道
けびょう	けびやう	仮病
けまんそう	けまんさう	華鬘草 春
けむくじゃら	けむくぢゃら	毛むくぢゃら
げろう	げらう	下郎
けはい		下﨟
	けはひ	気配
けわしい	けはしい	険しい
けんい	けんゐ	権威・健胃
げんいん	げんゐん	原因
けんえん	げんゐん	現員・減員
	けんえん	嫌煙・嫌厭・慊焉
けんお	けんゑん	犬猿
げんおう	けんを	嫌悪
	げんあう	玄奥

け

見出し	読み	漢字
けんおん	けんをん	検温
けんか	けんか	県下
	けんくわ	県花・堅果・喧嘩・献花・鹹化
げんが	げんぐわ	原画
けんかい	けんかい	見解・狷介
けんかい	けんくわい	県会
げんがい		懸崖
けんがい	けんぐわい	圏外・遺外
げんかい	げんがい	限界・厳戒
げんかい	げんぐわい	言外・限外
げんかい	げんぐわい	幻怪
けんがっき	げんがくき	弦楽器
けんかん	けんかん	建艦
けんかん	けんくわん	兼官・顕官・権官
げんかん	げんかん	玄関
げんかん	げんくわん	厳寒 [冬]
けんきゅう	けんきう	研究

けんおん ── けんこう		
	けんおん	牽牛 [秋]
けんぎゅう	けんぎう	牽牛 [秋]
げんきゅう	げんきふ	言及・原級・減給
けんぎゅう	けんぎうくわ	牽牛花 [秋]
けんぎゅうか	けんぎうくわ	牽牛花 [秋]
けんぎゅうせい	けんぎうせい	牽牛星 [秋]
けんきょう	けんきよう	謙恭
	けんきやう	県境・牽強・堅強・検鏡
げんきょう	げんけう	顕教
	けんけう	狷狭
げんぎょう	げんげふ	現業
けんぎょう	けんげふ	検校・顕教
	けんきよう	兼業
	げんきよう	元凶
	げんきやう	現況
けんけんごうごう	けんけんがうがう	喧々囂々
けんこう	けんかう	兼行・軒昂・健康・権衡

けんかふ	けんかが	堅甲
けんがう		剣豪
げんかう	げんかう	言行・原稿・現行
げんこう	げんくわう	原鉱・玄黄
げんごう	げんがう	元号・減号
けんこうこつ	けんかふこつ	肩甲骨・肩胛骨
げんごろう	げんごらう	源五郎[夏]
けんざかい	けんざかひ	間竿
けんじ	けんじ	県境
けんざお	けんざを	健児・検字・検事
けんじ		献辞・謙辞・顕示
けんじ	けんぢ	堅持
けんしゅう	けんしう	研修・兼修・献酬
げんしゅう	げんしう	現収・減収
げんじゅう	げんぢゆう	現住・厳重
けんしょう	けんしよう	健勝・検証・謙称
		見性・肩章・憲章・顕正・顕彰・懸賞

けんじょう	けんじやう	健常・堅城・献上・謙譲
けんしょう	けんしやう	現象
げんしょう	げんしやう	減少
げんじょう	げんじやう	原状・現状
		現場
げんず	げんづ	原図
けんそう		献奏
けんそう	けんさう	険相・喧噪・喧騒
げんぞう	げんざう	建造
げんそう	げんさう	現送
げんそう	げんさう	幻想・舷窓
げんぞう	げんざう	幻像・原像・現像
けんちゅう	けんちう	繭紬・絹紬
けんちょう	けんちやう	県庁
げんちょう	げんてう	堅調
けんちょう	げんちやう	幻聴
けんちょうぎ	けんてうぎ	検潮儀

けんとう	けんとう	拳闘・軒灯・献灯・
げんとう	げんとう	幻灯・原頭・舷灯・
げんどう	げんだう	県道・剣道・権道
けんとう	けんたふ	賢答
けんとう	けんたう	見当・検討
けんとうし	げんたうし	遣唐使
	げんたう	現当
		舷頭・源頭・厳冬 図
けんどじゅうらい	けんどぢゆうらい	捲土重来
けんとうちがい	けんたうちがひ	見当違ひ
けんにょう	けんねう	検尿
けんのう	けんのう	権能
けんのう	けんなふ	献納
げんのう	げんをう	玄翁
けんなわ	けんなは	間縄
い	い	
けんびきょう	けんびきやう	顕微鏡

けんとう	げんぺう	原票
げんぴょう	げんぺふ	
けんぼう	けんぼう	権謀
けんぼう	けんばう	健忘・健棒
けんぽう	けんぱふ	剣法・拳法・憲法
げんぽう	げんぽう	減俸
げんぽう	げんぱふ	減法
けんぽうきねんび	けんぱふきねん び	憲法記念日 春
げんみょう	げんめう	玄妙
けんよう	けんよう	兼用
	けんえう	険要・顕要
げんよう	けんやう	顕揚
けんりゅう	げんりう	源流
けんりょう	けんれう	見料
げんりょう	げんりやう	減量
	げんれう	原料
けんろう	けんらう	堅牢
げんろう	げんらう	元老

こ

こあきない	こあきなひ	小商ひ
こあじ	こあぢ	小味
こい	こひ	濃い・故意
こい	こひ	請ひ・乞ひ・恋・鯉
ごい	ごゐ	五位
ごい	ごゐ	語意
こういた	こうた	語彙
こうける	こうける	請ひ受ける
こうた	こうた	恋歌
こいえ	こいへ	小家
こいかぜ	こひかぜ	恋風
こいがたき	こひがたき	恋敵
こいぐち	こひぐち	鯉口
こいこがれる	こひこがれる	恋ひ焦がれる
こいこく	こひこく	鯉濃
こいごころ	こひごころ	恋心
ごいさぎ	ごゐさぎ	五位鷺
こいじ	こひぢ	小意地
	こひぢ	恋路
こいしい	こひしい	恋しい
こいしたう	こひしたふ	恋ひ慕ふ
こいする	こひする	恋する
こいなか	こひなか	恋仲
こいにょうぼう	こひにようばう	恋女房
こいねがう	こひねがふ	冀ふ・希ふ・庶幾ふ
こいねがわくは	こひねがはくは	冀はくは・希はくは・庶幾はくは
こいねこ	こひねこ	恋猫 春
こいのぼり	こひのぼり	鯉幟 夏
こいびと	こひびと	恋人
こいぶみ	こひぶみ	恋文
こいむすび	こひむすび	恋結び
こいやまい	こひやまひ	恋病
こいわずらい	こひわづらひ	恋煩ひ・恋患ひ
こいん	こゐん	雇員

こう　コウ　カウ

口・工・公・勾・孔・
功・叩・弘・亘・后・
攻・拘・狗・肯・侯・
厚・後・恒・恆・洪・
紅・虹・候・貢・寇・
控・喉・溝・構・興・
薨・購・鴻
巧・交・仰・向・好・
江・考・行・亨・坑・
孝・抗・更・効・岡・
肛・幸・庚・昊・昂・
肴・巷・狡・郊・香・
倖・校・格・桁・浩・
耕・耗・航・降・高・
崗・康・梗・港・皓・
硬・絞・腔・項・較・
綱・膏・酵・稿・膠・
衡・鋼・藁・講・鮫

こう　　　カフ　クワウ

甲・恰・閤
広・廣・光・宏・恍・
洸・晃・皇・荒・凰・
黄・惶・慌・幌・滉・
煌・鉱・砿・曠

ごう　　　コフ
劫
　　　　　かう
斯う
　　　　　こふ
恋ふ・請ふ・乞ふ
　　　　　ガウ
号・號・拷・剛・強・
毫・郷・傲・豪・壕・
濠
　　　　　ガフ
合・盒
　　　　　グワウ
轟

こうあつ　ゴフ
劫・業
　　　　　かうあつ
降圧・高圧
　　　　　くわうあつ
光圧

こうあん　こうあん
公安・公案
　　　　　かうあん
考案

こうい	こうい	厚意
	かうい	好意・更衣・校医・校異
こういしょう	こうゐしやう	後遺症
こういき	くわうゐき	広域
ごういつ	がふいつ	合一
こういっつい	かういつつい	好一対
こういど	かうゐど	高緯度
こういん	こうゐん	公印・後胤・拘引・勾引
	かういん	行印・校印
	かうゐん	行員
	くわうゐん	光陰・荒淫
	くわうゐん	鉱員
	こうゐん	工員
ごういん	がうゐん	強引
こうう	かうう	降雨
ごうう	がうう	豪雨
こううん	かううん	幸運・好運・行雲・耕耘
こううんりゅう　すい	かううんりうすい	行雲流水
こうえい	こうえい	公営・後裔
	かうえい	高詠
	くわうえい	光栄
	こうゑい	後衛
こうえき	こうえき	公益
	こうえき	交易
こうえつ	かうえつ	校閲・高閲
こうえん	こうえん	口演・公演
	かうえん	好演・香煙・講演・講筵
	かうゑん	高遠

こうが	かうが	高雅
	こうくわ	功過・功課
	こうくわ	工科・公課・功科・
	くわうくわ	黄禍
	こうくわ	硬貨・膠化・
	かうくわ	高価・高架・高歌
こうか	かうか	考課・効果・硬化・
	こうか	後架
	こうをん	恒温
こうおん	くわうおん	皇恩
	かうをん	高温
	かうおん	高音・高恩
こうおつ	こうおん	厚恩
こうお	かふおつ	甲乙
	かうを	好悪
こお	こうゑん	公園・公苑・後援
	くわうゑん	広遠・宏遠

こうか	がうか	豪家
	がうくわ	豪華
	ごふくわ	劫火・業火
	こうかい	公海・公開
こうかい	かうかい	更改・航海
	かうくわい	狡獪・降灰
	こうくわい	公会・後会・後悔
	こうがい	口蓋・公害
こうがい	かうがい	笄・梗概・慷慨
	かうぐわい	郊外・校外
	くわうがい	光害・鉱害・蝗害
	こうぐわい	口外・構外
ごうかい	がうくわい	豪快
こうがいどう	ごうぐわい	号外
	こうくわいだう	公会堂
こうかがく	こうくわがく	光化学
こうかく	くわうくわく	口角
	こうくわ	口角
	かうかく	交角・降格・高角・

こうがく	かふかく	高閣・行客
	くわうかく	甲殻
	くわうかく	広角・光角
こうがく	こうがく	工学・後学
	かうがく	向学・好学・高額
	くわうがく	光学
ごうかく	がふかく	合格
こうがくねん	かうがくねん	高学年
こうかつ	かうくわつ	狡猾
	くわうくわつ	広闊
こうかん	こうかん	公刊
	かうかん	交感・向寒・好感・交換・交歓・交款・浩瀚
		好漢・巷間・校勘・
	かうくわん	交換・交歓・交款・
		浩瀚
	かうくわん	交驩・高官・鋼管
	くわうかん	皇漢
	こうくわん	公館・後患

こうがん	こうがん	厚顔・紅顔
	かうぐわん	睾丸
ごうかん	がうかん	強姦
	がふくわん	合歓
こうがん	がうがん	傲岸
こうがんざい	かうがんざい	抗癌剤
こうき	こうき	口気・公器・後記・後期・興起
		好奇・好期・好機・
		香気・校紀・校規・
		校旗・高貴・綱紀
		広軌・光輝・皇紀
こうぎ	かうぎ	公儀・厚誼
		巧技・交誼・好誼・
		高誼・好技・抗議・
	こうぎ	講義
ごうぎ	がうぎ	広義
ごうき		剛毅・豪気

見出し	読み	語
ごうぎ	がうぎ	強気・豪気・豪儀
	がふぎ	合議
こうきあつ	かうきあつ	高気圧
こうきぎょう	こうきげふ	公企業
こうきゅう	こうきゅう	後宮
	かうきう	好球・考究・硬球・講究
	かうきふ	降給・高級・高給・降級
	こうきう	公休・攻究・恒久・購求
ごうきゅう	がうきう	剛球・豪球・強球
こうぎゅう	かうぎう	号泣
		耕牛[春]
こうきょ	がうきう	強弓
	こうきよ	公許・溝渠・薨去
	くわうきよ	皇居

見出し	読み	語
ごうぎょ	かうぎよ	香魚[夏]
こうきょう	こうきよう	口供・公共
	かうきやう	交響・好況
	かうけう	高教
	くわうけふ	広狭
	くわうげふ	鉱業・砿業
こうぎょう	こうぎやう	興行
	こうげふ	工業・功業・興業・鴻業
こうきょういく	こうけういく	公教育
こうきょうかい	かうけうくわい	公教会
こうきょく	かうきよく	好局
こうぎょく	こうぎよく	攻玉・紅玉
	かうぎよく	硬玉・鋼玉
こうきん	こうきん	公金・拘禁
	かうきん	行金・抗菌
	かうぎん	高吟
ごうきん	がふきん	合金

こうく	かうく	校区
こうく	くわうく	鉱区
こうぐ	こうぐ	工具
	かうぐ	香具・校具・耕具
ごうく	ごふく	業苦
こうくう	こうくう	口腔
こうくう	こうくう	高空・航空
こうぐう	こうぐう	厚遇
	くわうぐう	皇宮
こうくん	かうくん	校訓
こうぐん	くわうぐん	皇軍
	かうぐん	行軍
こうげ	かうげ	香華・高下
こうけい	こうけい	口径・肯綮・後景・
		後継
ごうけい	がふけい	合計
	くわうけい	光景
こうけいき	かうけいき	好景気

こうけち	かうけち	纐纈・交纈
こうけつ	かうけつ	高潔・膏血
ごうけつ	がうけつ	豪傑
こうけつあつ	かうけつあつ	高血圧
こうけん	かうけん	公権・後件・後見・
		貢献
	かうけん	効験・高見・高検
こうげん	こうげん	公言
	かうげん	巧言・抗言・抗原
	かうげん	高言・高原
	くわうげん	広言・広原・光源・
		荒原
ごうけん	がうけん	剛健
	がふけん	合憲
こうこ	こうこ	公庫・後顧
	かうこ	香々・好古・好個・
		曠古
	くわうこ	江湖・考古

こうご	こうご	口語
	かうご	交互・向後
こうご	がうご	豪語
こうこう	こうこう	後攻
	かうかう	斯う斯う・孝行・
		浩々・耿々・航行・
		高校・皓々・皎々・
	かうかう	硬膏
	かうかう	膏肓
	かうこう	坑口・港口
	くわうかう	鉱坑・皇考
	くわうくわう	煌々・晃々
	こうかう	工高・口腔・後考
		後項
こうごう	かうがふ	交合・校合・香合・
		香盒
	くわうごう	皇后
	がうくわう	毫光

ごうごう	がうがう	囂々
	ぐわうぐわう	轟々
こうごうしい	かうがうしい	神々しい
こうごうせい	くわうがふせい	光合成
こうごうや	かうかうや	好々爺
こうこく	こうこく	公告・公国・興国
	かうこく	抗告
	くわうこく	広告・皇国
こうこつ	かうこつ	硬骨
	くわうこつ	恍惚
こうこつぶん	かふこつぶん	甲骨文
こうこん	かうこん	交婚
	くわうこん	黄昏
こうさ	こうさ	公差
	かうさ	交差・交叉・考査・
		較差
	くわうさ	黄砂[春]・黄沙[春]

こうざ	こうざ	口座
こうざ	かうざ	高座・講座
こうさい	こうさい	公債・虹彩
こうさい	かうさい	交際・高裁
こうさい	くわうさい	光彩・鉱滓
こうざい	こうざい	功罪
ごうざい	がふざい	合剤
こうざい	かうざい	鋼材
こうさく	かうさく	工作
こうさく	かうさく	交錯・耕作・高作・鋼索
こうさつ	かうさつ	絞殺
こうさつ	かうさつ	考察・高札・高察・交雑
ごうさらし	ごふさらし	業曝し・業晒し
こうさん	こうさん	公算・恒産
こうさん	かうさん	降参
こうざん	かうざん	高山・坑山

こうざん	くわうざん	鉱山
こうざんじ	かうざんじ	高山寺◆
こうし	こうし	子牛・仔牛・犢・公子・公司・公私・公使・孔子・厚志・後肢・後嗣・紅紫
	かうし	行使・孝子・格子・高士・皓歯・嚆矢・講師
こうじ	こうじ	光子・皇嗣
	かうじ	工事・公示・公事・後事
	くわうじ	講師
こうじ	こうじ	麹・糀・好字・好事・好餌・高次・柑子
	秋	講師
		小路
ごうし	がうし	郷士
	がふし	合祀・合資

こうしき	こうしき	公式
こうしき	かうしき	硬式
こうじき	かうぢき	高直
こうしせい	かうしせい	高姿勢
こうした	かうした	斯うした
こうしつ	こうしつ	後室
	かうしつ	好日
こうじつ	こうじつ	口実
	かうじつ	好日
こうじつせい	かうじつせい	向日性
こうじつびきゅう	くわうじつびきう	曠日弥久
こうして	かうして	斯うして
こうしゃ	こうしゃ	公社・公舎・後車・
	かうしゃ	後者
	かうしゃ	巧者・校舎・降車・
	かうしゃ	高射・講社
ごうしゃ	がうしゃ	郷社・豪奢
こうしゃく	こうしゃく	公爵・侯爵
	かうしゃく	講釈
こうしゅ	こうしゅ	工手・攻守・拱手
	かうしゅ	巧手・好手・好守・
		絞首
	かふしゅ	甲種
ごうしゅ	がうしゅ	強酒・豪酒
こうしゅう	こうしゅう	公衆
	かうしふ	講習
	こうしう	口臭
こうしゅう	かうしゅう	講中
こうしゅうは	かうしうは	高周波
こうじゅく	こうじゅく	紅熟
	くわうじゅく	黄熟
こうじゅさん	かうじゅさん	香薷散 夏
こうじゅほうしょう	こうじゅほうしょう やう	紅綬褒章

こうじゅん	かうじゅん	孝順
こうしょ	こうしょ	公署・購書
こうしょ	かうしょ	向暑・高所・高書・講書
こうじょ	こうじよ	公序
	かうぢよ	孝女
	くわうぢよ	皇女
	こうぢよ	公女・控除
ごうじょ	ごふしよ	劫初
こうしょう	こうしよう	口承・口誦・口証・
	かうしやう	公証・公称
		好尚・行賞・咬傷・
		校章・降将・高尚・
		高唱
	かうしよう	考証・高承
	かうせふ	交渉
	くわうしやう	鉱床
	こうしやう	工匠・工商・工廠・

ごうしょう	かうせう	哄笑
	かふじやう	交情・向上・江上・
		口上・攻城・厚情・
	くわうじやう	荒城
	かふじやう	甲状
	かうじやう	膠状
	こうぢやう	恒常
	こうぢやう	工場
ごうしょう	がうしやう	号鐘
	がうしやう	豪商
ごうじょう	がうでうけん	強情
こうじょうけん	かうでうけん	好条件
こうしょく	こうしよく	公職・紅色
	かうしよく	交織・好色・降職
	くわうしよく	黄色・曠職
こうしょっき	こうしよくき	紅蜀葵[夏]

こうじゅ── こうしょ

公娼・公傷・厚相・
後章

ごうじょっぱり	がうじやつぱり	強情っ張り
こうしょはじめ	かうしよはじめ	講書始め 新年
こうじる	こうじる	困じる
	かうじる	高じる・講じる
こうしん	こうしん	口唇・功臣・後身・後進・恒心・紅唇・興信
		交信・行進・孝心・更新・庚申・昂進・亢進・高進
こうじん	こうじん	工人・公人・後人
	かうじん	行人・幸甚・耕人 春
	くわうじん	荒神
	くわうぢん	黄塵 春
	こうぢん	後陣・後塵
	かうしんづか	庚申塚
こうしんづか	かうしんづか	庚申塚
こうじんぶつ	かうじんぶつ	好人物
こうしんりょう	かうしんれう	香辛料

ごうじょ	かうず	好事
	こうづ	公図・構図
こうず	かうすい	香水 夏・降水・硬水
こうすい	くわうすい	鉱水
	がうすう	号数
こうすう	かうずか	好事家
こうずか	かうづけ	上野 ◆
こうずけ	こうずる	貢する
こうずる	かうする	抗する・航する
	こうずる	困ずる・薨ずる
	かうずる	高ずる・昂ずる・講ずる
ごうずる	がうする	号する
こうする	こうせい	
ごうする		
こうせい		公正・攻勢・厚生・後世・後生・恒星・構成・向性・好晴・更正・更生・校正・高声・更聖

ごうせい	くわうせい	硬性・鋼製
	がうせい	曠世
	がうせい	剛性・豪勢
ごうせい	がふせい	合成
こうせいせき	かうせいせき	好成績
ごうせいせんい	がふせいせんゐ	合成繊維
ごうせいぶっしつ	がふせいぶつしつ	抗生物質
っ		
こうせき	こうせき	口跡・功績・洪積
	かうせき	航跡
	くわうせき	光跡・鉱石・砿石
こうせきうん	かうせきうん	高積雲
こうせつ	こうせつ	公設・後節
こうせつ	かうせつ	巧拙・交接・巷説・ 降雪・高説・講説・
ごうせつ	がうせつ	豪雪
こうせん	こうせん	口銭・工船・工銭・ 公選
		かうせん	交戦・交線・好戦・ 抗戦・香煎・高専・ 鋼船・鋼線
	くわうせん	光線・黄燦・鉱泉
こうぜん	こうぜん	公然・紅鱒
	かうぜん	昂然・浩然
	ぐわうぜん	傲然
ごうぜん	がうぜん	轟然
こうそ	こうそ	公租・公訴・控訴
	かうそ	高租・酵素
	くわうそ	皇祖・皇祚
こうぞ	かうぞ	楮
ごうそ	がうそ	強訴
こうそう	こうそう	後送・侘偬
	かうそう	抗争・香草・校葬・ 降霜・高燥
	がうそう	好走・航走・航送・ 高僧・高層

ごうせい――こうそう

こうそう	くわうさう	広壮・宏壮
	くわうそう	皇宗
	こうさうひ	公葬・紅藻・訌争・
		構想
こうぞう	かうざう	行蔵
こうそう	こうざう	構造
	がうさう	豪壮
こうそく	かうそく	拘束
		校則・高足・高速・
	くわうそく	梗塞
こうそく		光速
	こうぞく	後続
	かうぞく	航続
	くわうぞく	皇族
ごうぞく	がうぞく	豪族
こうむす	かうぞむす	楮蒸す [冬]
こうそん	こうそん	公孫
	くわうそん	皇孫

こうぞう——こうだん

	こうたい	後退
こうたい	かうたい	交替・交代・抗体
	こうたひ	小謡
こうぞう	こうだい	工大・後代・洪大・
		鴻大
	かうだい	高台・高大
こうだい	くわうだい	光沢
こうだか	かふだか	甲高
こうたいし	くわうたいし	皇太子
こうたいごう	くわうたいごう	皇太后
ごうたい	がうたい	剛体
こうだつ	がうだつ	強奪
こうだく	くわうだく	黄濁
こうたく	くわうたく	光沢
こうだか	かふだか	甲高
こうたい	かうたい	降誕
	くわうたん	荒誕
こうだん		公団・後段
	こうだん	巷談・降段・降壇・
	かうだん	

ごうたん	がうたん	豪胆
ごうだん	がうだん	講壇
こうたんえ	かうたんゑ	降誕会 春
こうたんさい	かうたんさい	降誕祭 冬
こうち	こうち	公知・拘置
	かうち	巧遅・巧緻・狡知・狡智・耕地・高地・高知 ◆
こうちゃく	かうちゃく	膠着
	くわうち	荒地
こうちゅう	こうちゅう	口中・鉤虫
	かうちゅう	校注・校註・講中
	かふちゅう	甲虫
こうちょ	かうちょ	好著・高著
	くわうちょ	皇儲
こうちょう	かうてう	好調・高潮・高調・硬調
	かうちゃう	校長・腔腸
	くわうちゃう	広聴
	こうてう	黄鳥
	くわうてう	紅潮・候鳥
こうちょうかい	こうちゃうくわ	公聴会
こうちょく	かうちょく	交直・硬直
	がうちょく	剛直
こうつう	かうつう	交通
ごうつくばり	ごうふつくばり	業突く張り
こうつごう	かうつがふ	好都合
こうてい	かうてい	工程・公定・肯定
		行程・孝悌・考訂・校定・校訂・校庭・更訂・航程・高低・高弟
		皇帝

こうてき	こうてき	公的
こうてき	かうてき	好適
ごうてき	がうてき	号笛
こうてきしゅ	かうてきしゅ	好敵手
こうてつ	かうてつ	更迭・鋼鉄
こうてん	かうてん	公転・後天・後転
	かうてん	交点・好天・好転・
		高点
こうでん	くわうてん	光点・荒天
	こうでん	公電
	かうでん	香典
こうでんがえし	かうでんがへし	香典返し
ごうてんじょう	がうてんじやう	格天井
こうと	こうと	後図
	かうと	斯うと・江都・狡兔
こうど	こうど	紅土
	かうど	高度・硬度・荒土・耕土
	くわうど	光度・硬土・荒土・黄土

こうとう	こうとう	口頭・叩頭・後頭・
		喉頭・紅灯
	かうたふ	高踏
	かうとう	好投・江東◆・高
		等・高騰・昂騰
	くわうとう	荒唐
	くわうとう	光頭・皇統
	こうたう	公党・勾当
	かうたふ	口答
こうどう	かうだう	坑道・孝道・香道・
		高堂・講堂
	かうどう	行動
	くわうだう	黄道
	くわうどう	黄銅
	こうだう	公道
ごうとう	がうたう	強盗・豪宕
ごうどう	がうどう	合同
こうとく	こうとく	公徳

こうどく	かうどく	高徳	
こうどく	こうどく	購読	
	かうどく	講読	
	くわうどく	鉱毒	
ごうな	がうな	寄居虫[審]	
こうない	こうない	口内・構内	
	かうない	坑内・校内・港内	
こうなん	かうなん	後難	
	こうなん	硬軟・江南◆・香南	
こうにゅう	こうにふ	◆購入	
こうにん	こうにん	公認・後任	
	かうにん	降任	
こうねつ	かうねつ	高熱	
こうねつひ	くわうねつひ	光熱費	
こうねん	こうねん	後年	
	かうねん	行年・高年	
	くわうねん	光年・荒年	

こうねんき	かうねんき	更年期	
こうのう	かうなう	行嚢	
	かうなふ	降納	
	かうのう	効能	
	こうなふ	後納	
ごうのう	がうのう	豪農	
こうのとり	こふのとり	鸛	
こうのもの	かうのもの	香の物	
こうは	かうは	硬派	
	くわうは	光波	
こうば	かうば	耕馬[審]	
こうはい	こうはい	後背・後輩・興廃	
	かうはい	交配・向背・好配・高配	
こうはく	くわうはい	光背・荒廃	
	こうはく	侯伯・厚薄・紅白	
	くわうはく	広博・黄白	
こうばく	くわうばく	広漠・荒漠	

こうばこ	かうばこ	香箱
こうばしい	かうばしい	香しい・芳ばしい・い・馨ばし
こうばな	かうばな	香花
ごうばら	ごふはら	業腹
こうはん	こうはん	公判・孔版・後半
	かうはん	攪拌・江畔
	かうはん	甲板
	くわうはん	広範・広汎
	かうばん	交番・降板・鋼板
こうばん	かうばん	甲板
	がふはん	合板
ごうはんい	くわうはんゐ	広範囲
こうひ	こうひ	口碑・工費・公比・公妃・公費・后妃
	かうひ	考妣・高庇・高批
	くわうひ	光被・皇妣
こうび	こうび	後尾・後備

こうび	かうび	交尾
	がふひ	合否
こうひつ	かうひつ	硬筆
こうひょう	かうひやう	好評・高評・講評
	かうへう	降雹
こうびん	こうへう	公表
	こうびん	後便
	かうびん	幸便・好便
こうふ	かうふ	工夫・坑夫
	くわうふ	鉱夫
	こうふ	交付・公布・弘布
こうぶ	こうぶ	公武・後部
	くわうぶ	荒蕪
ごうふ	がうふ	豪富
こうふう	かうふう	校風・高風
	くわうふう	光風
ごうふう	ごうふう	業風
こうふく	こうふく	口腹

ごうふく	かうふく	幸福・降服・校服・降伏・
こうふく	がうふく	降服
ごうふく	がうふく	剛腹・豪腹・剛愎
ごうふく	がうふく	降伏
こうぶつ	こうぶつ	公物
こうぶつ	かうぶつ	好物
	くわうぶつ	鉱物・砿物
こうぶん	こうぶん	公文・構文
こうぶん	かうぶん	行文・高文
こうぶんぼく	かうぶんぼく	好文木
こうべ	かうべ	首・頭・神戸 ◆
こうへん	こうへん	口辺・公辺・後編・後篇
こうへん	かうへん	好編・硬変
こうべん	こうべん	口弁
こうべん	かうべん	抗弁
ごうべん	がうべん	合弁
こうぼ	こうぼ	公募

	かうぼ	酵母
こうほう	こうほう	公報・弘報・後報
	かうはふ	航法
	かうほう	高峰
	くわうほう	広報
	こうはう	後方
こうほう	こうはふ	工法・公法
	くわうばう	光芒
ごうほう	こうばう	工房・攻防・興亡
	がうはふ	弘法
	がうはう	号砲・豪放
	がうほう	号俸
	ごふはふ	合法
こうぼく	こうぼく	業報
	こうぼく	公僕
	かうぼく	坑木・香木・校僕・高木
こうほね	かうほね	河骨 夏

こうほん	かうほん	校本・稿本
ごうま	がうま	降魔
こうまい	かうまい	高邁
ごうまつ	がうまつ	毫末
こうまん	かうまん	高慢
ごうまん	がうまん	傲慢
こうみ	かうみ	好味・香味
こうみゃく	かうみゃく	鉱脈
こうみょう	かうみゃう	高名
	かうめう	巧妙
	くわうみゃう	光明
こうみんかん	こうみんくわん	公民館
こうむ	こうむ	工務・公務
	かうむ	校務
こうむる	かうむる	被る・蒙る
こうめい	こうめい	公命・公明
	かうめい	抗命・高名
ごうめい	がふめい	合名
ごうも	がうも	毫も
こうもう	こうもう	鴻毛
	こうまう	孔孟
ごうもう	がうもう	剛毛
こうもく	かうもく	項目・綱目
こうもり	かうもり	蝙蝠 夏
こうもん	こうもん	後門
	かうもん	肛門・校門
	かふもん	閘門
	くわうもん	黄門
ごうもん	がうもん	拷問
こうや	こうや	紺屋
	くわうや	広野・曠野・荒野
こうやく	こうやく	膏薬
	かうやく	口約・口訳・公約
こうやどうふ	かうやどうふ	高野豆腐 冬
こうやひじり	かうやひじり	高野聖 夏

こうゆ	かうゆ	香油
	くわうゆ	鉱油
こうゆう	かういう	交友・交遊・校友
	こういう	公有
ごうゆう	がういう	豪遊
	がうゆう	豪勇・剛勇
こうよう	こうよう	公用
	かうよう	綱要
	こうえふ	紅葉 秋
	かうやう	孝養・高揚・昂揚
	かうよう	効用
	くわうえふ	黄葉 秋
こうようじゅ	こうえふ	後葉
	くわえふじゆ	広葉樹
ごうよく	がうよく	強欲
こうら	かふら	甲羅
こうらい	こうらい	後来
	くわうらい	光来

こうらいべり	かうらいべり	高麗縁
こうらく	こうらく	後楽・攻落
	かうらく	行楽
	くわうらく	黄落 秋 冬
こうらん	こうらん	勾欄
	かうらん	高覧・高欄・攪乱
こうり	こうり	小売り・公吏・公理・功利
	かうり	行李・高利
ごうり	がふり	合理
ごうりか	がふりくわ	合理化
ごうりき	がうりき	強力・剛力
	がふりき	合力
こうりつ	こうりつ	公立・工率
	かうりつ	効率・高率
こうりゅう	こうりゆう	興隆
	かうりう	交流
	こうりう	拘留・勾留

こ

ごうりゅう	がふりう	合流
こうりょ	かうりよ	考慮・行旅・高慮
こうりょう	かうりやう	考量・綱領
	かうりよう	亢竜・蛟竜
	かうれう	香料・校了・稿料
	かうれふ	好漁
	くわうりやう	広量・宏量・荒涼・黄粱
	こうれう	荒寥
	こうりやう	口糧・虹梁
こうりょく	かうりよく	工料
こうりん	こうりん	抗力・効力
	かうりん	後輪
こうりんぼう	くわうりん	降臨
こうれい	かうりんばう	光輪・光臨
	こうれい	香林坊 ◆
	かうれい	恒例
		交霊・伉儷・好例・

		ごうりゅう──ごえい
ごうれい	がうれい	号令
	くわうれい	皇霊
	こうれい	高冷・高齢
こうろ	こうろ	公路
	かうろ	行路・香炉・航路・高炉
こうろう	かうろう	高楼
	こうらう	功労
こうろん	こうろん	口論・公論
	かうろん	抗論・高論・硬論
こうろんおつば	かふろんおつば	甲論乙駁
こうわ	こうわ	講和・講話
	かうわ	口話・媾和
こうわん	かうわん	港湾
こえ	こえ	肥
	こゑ	声
ごえい	ごゑい	護衛

こえがわり	こゑがはり	声変はり	
ごえつどうしゅう	ごゑつどうしう	呉越同舟	
ごえもんぶろ	ごゑもんぶろ	五右衛門風呂	
ごおう	ごわう	五黄	
こおうこんらい	こわうこんらい	古往今来	
こおどり	をどり	小躍り	
こおり	こほり	氷 冬・凍り 冬・郡	
こおりあずき	こほりあづき	氷小豆 夏	
こおりがし	こほりぐわし	氷菓子 夏	
こおりこんにゃく	こほりこんにやく	氷蒟蒻 冬・凍り蒟蒻 冬	
こおりどうふ	こほりどうふ	氷豆腐 冬・凍り豆腐 冬	
こおりどけ	こほりどけ	氷解 春	
こおりばしら	こほりばしら	氷柱 冬	
こおりみず	こほりみづ	氷水 夏	
こおりもち	こほりもち	氷餅 夏冬	
こおりやま	こほりやま	郡山 ◆	
こおる	こほる	凍る 冬	
こおろぎ	こほろぎ	蟋蟀 秋	
こか	こか	古歌	
	こか	固化	
こが	こが	古画	
	こが	古雅・個我	
こがい	こがひ	子飼ひ・小買ひ・蚕飼ひ	
ごかい	ごくわい	碁会	
	ごかい	五戒・誤解	
	ごくわい	戸外	
ごかいしゃ	ごくわいしや	碁会社	
ごかいどう	ごかいだう	五街道	
こがお	こがほ	小顔	
ごがつ	ごぐわつ	五月 夏	
ごがつにんぎょう	ごぐわつにんぎやう	五月人形 夏	

見出し	歴史的仮名遣	表記
ごがつばしょ	ごぐわつばしょ	五月場所 夏
ごかん	ごかん	五感・語幹・語感
ごかん	ごくわん	互換・五官
こきつかう	こきつかふ	扱き使ふ
こきゅう	こきゅう	胡弓・鼓弓
こきゅう	こきう	呼吸
こきゅう	こきう	故旧
こきょう	こきやう	故郷・故京・古京
ごきょう	ごきやう	五経
ごぎょう	ごぎやう	五行・御形 新年
こい	こい	黒衣
こおう	こくゐ	国威
こおう	こくわう	国王
こくがい	こくぐわい	国外
こくごう	こくがう	国号
ごくしゅう	ごくしう	獄囚
こくじょう	こくじやう	国情
ごくじょう	ごくじやう	極上
こくそう	こくさう	国葬・国喪・穀倉
こくぞう	こくざう	穀象
こくぞうむし	こくざうむし	穀象虫 夏
こくちょう	こくてう	国鳥・黒鳥
こくどう	こくだう	国道
ごくどう	ごくだう	極道・獄道
こくひょう	こくひやう	酷評
こくほう	こくほう	国宝
こくほう	こくはふ	国法
こくぼう	こくばう	国防
こくゆう	こくいう	国有
こくようせき	こくえうせき	黒曜石
ごくろう	ごくらう	御苦労
こけしみず	こけしみづ	苔清水 夏
ここう	ここう	戸口・股肱・虎口・糊口
ここう	こかう	孤高・枯槁
ここう	こくわう	孤光

ごごう	ごがう	古豪・呼号
ごこう	ごかう	五更・御幸
ごくう	ごくわう	後光
こごえ	こごゑ	小声
こころがまえ	こころがまへ	心構へ
こころがわり	こころがはり	心変はり
こころしずか	こころしづか	心静か
こころじょうぶ	こころぢやうぶ	心丈夫
こころしらい	こころしらひ	心しらひ
こころぞえ	こころぞへ	心添へ
こころづかい	こころづかひ	心遣ひ
こころばえ	こころばへ	心延へ
こさえる	こさへる	拵へる
こじ	こじ	古寺・固辞・孤児・居士・故事・誇示
		固持
ごじ	ごじ	誤字
	ごぢ	護持

こじいん	こじゐん	孤児院
こしお	こしほ	小潮
こしかたゆくす	こしかたゆくす	来し方行く末
	ゑ	
ごしちちょう	ごしちてう	五七調
こしなわ	こしなは	腰縄
こしまわり	こしまはり	腰回り
こしゅう	こしう	孤舟・孤愁
	こしふ	呼集・固執
ごじゅう	ごじふ	五十
	ごぢゆう	五重・後住
こじゅうと	こじうと	小舅
こじゅうとめ	こじうとめ	小姑
こしょう	こしよう	古称・呼称・誇称
	こしやう	小姓・故障
	こせう	胡椒・湖沼
こじょう	こじやう	古城・湖上・弧状・孤城

ごしょう	ごしよう	誤称
ごじょう	ごじやう	五障・後生
ごじょう	ごぢやう	互譲・五常・御状
ごしょう	ごぢやう	御諚
こしょうがつ	こしやうぐわつ	小正月 [新年]冬
こしょうき	こしやうき	御诮忌
こしらえる	こしらへる	拵える
ごじん	ごぢん	吾人・御仁
ごじん	ごぢん	後陣
ごじんか	ごじんくわ	御神火
ごしんぞう	ごしんざう	御新造
ごず	ごづ	牛頭
こずえ	こずゑ	梢・杪
こぜりあい	こぜりあひ	小競り合ひ
こぜわしい	こぜはしい	小忙しい
こせんきょう	こせんけう	跨線橋
こせんじょう	こせんぢやう	古戦場

ごぞう	ござう	五臓
ごそくろう	ごそくらう	御足労
こだいもうそう	こだいまうさう	誇大妄想
こたえ	こたへ	答へ・応へ
こたえる	こたへる	答へる・応へる・堪へる
こだわる	こだはる	拘る
こちず	こちづ	古地図
こちょう	こちやう	戸長・誇張・鼓腸
こちょう	こてう	古調
こちょう	こてふ	胡蝶 [春]
ごちょう	ごちやう	伍長
ごちょう	ごてう	語調
こちょうらん	こてふらん	胡蝶蘭 [夏]
こっか	こくか	国家・国歌・刻下
こっか	こくくわ	国花
こっかい	こくかい	国界
こっかい	こくくわい	国会

こづかい	こづかひ	小使ひ・小遣ひ
こっかん	こっかん	骨幹
こっかん	こっかん	国漢・国憲
ごっかん	ごくかん	極寒图
こっき	こくき	克己・国旗
こっきょう	こくきやう	国境
こっけい	こくけう	国教
こっきん	こくきん	国禁
こく	こくく	刻苦
こっくん	こくくん	国訓
こっけい	こっけい	滑稽
こっけい	こくけい	酷刑
こっけん	こくけん	国権・国憲・黒鍵
こっこ	こくこ	国庫
こっこう	こくかう	国交
ごつごうしゅぎ	ごつがふしゆぎ	御都合主義
こっこく	こくこく	刻々
こっそう	こつさう	骨相

ごったがえす	ごったがへす	ごった返す
こっちょう	こっちやう	骨頂
こつばい	こつばひ	骨灰
こっぱい	こつぱひ	骨灰・粉灰
こっぱみじん	こつぱみぢん	木っ端微塵
こつひろい	こつひろひ	骨拾ひ
こっぽう	こっぱふ	骨法
こてまわし	こてまはし	小手回し
ことう	ことう	孤灯
ことう	こたう	古刀・孤島
こどう	こどう	鼓動
こどう	こだう	古道
ごとう	ごとう	梧桐・語頭
ごとう	ごたう	五島◆
ごたふ	ごたふ	誤答
ごどう	ごだう	悟道
こどうぐ	こだうぐ	小道具
ごとうち	ごたうち	御当地

ことおさめ	ことをさめ	事納め	
ごとおび	ごとをび	五十日	
ことばづかい	ことばづかひ	言葉遣ひ	
こないだ	こなひだ	此間	
こなみじん	こなみぢん	粉微塵	
ごにゅう	ごにふ	悟入	
こねかえす	こねかへす	捏ね返す	
こねくりかえす	こねくりかへす	捏ね繰り返す	
こねまわす	こねまはす	捏ね回す	
このあいだ	このあひだ	此の間	
このえ	このゑ	近衛	
このはずく	このはづく	木の葉木菟 夏	
このほう	このはう	此の方	
このゆえに	このゆゑに	此の故に	
このよう	このやう	此の様	
こばえ	こばへ	小蠅	
ごばらい	ごばらひ	後払ひ	
こぼんそう	こばんさう	小判草 夏	

ことおさ――こまづか

ごびゅう	ごびう	誤謬	
こひょう	こひやう	小兵	
ごふじょう	ごふじやう	御不浄	
ごほう	ごほう	御報・誤報	
ごほう	ごはう	午砲	
	ごはふ	語法	
	ごほふ	護法	
ごぼう	ごばう	牛蒡 秋・御坊 ◆・御房	
こぼうず	こばうず	小坊主	
こぼんのう	こぼんなう	子煩悩	
ごまあえ	ごまあへ	胡麻和へ	
こまい	こまい	氷魚 图・古米・細い	
こまい	こまひ	木舞・小舞	
こまえ	こまへ	小前	
	こまゑ	駒絵・齣絵	
ごましお	ごましほ	胡麻塩	
こまづかい	こまづかひ	小間使ひ	

こままわし	こままはし	独楽回し
こまわり	こまはり	小回り
こみあう	こみあふ	込み合ふ
ごみなまず	ごみなまづ	ごみ鯰 夏
こむずかしい	こむづかしい	小難しい
こむらがえり	こむらがへり	腓返り・脾返り
こめくいむし	こめくひむし	米食ひ虫
こめだわら	こめだはら	米俵
こゆう	こいう	固有
こよい	こよひ	今宵
こよう	こよう	小用・古用・雇用・雇傭
こえう	こえう	古謡
ごようおさめ	ごようをさめ	御用納め 冬
ごようまつ	ごえふまつ	五葉松
ごらいこう	ごらいくわう	御来光 夏
ごらいごう	ごらいがう	御来迎 夏
こらえしょう	こらへしやう	堪へ性
こらえる	こらへる	堪へる・怺へる
こりしょう	こりしやう	凝り性
ごりしょう	ごりしやう	御利生
こりゅう	こりう	古流
ごりょう	ごりよう	御陵
ごりょう	これう	悟了・御料
ごりょうえ	ごりやうゑ	御霊会
こりょうり	これうり	小料理
ころあい	ころあひ	頃合
ごろあわせ	ごろあはせ	語呂合はせ
ころう	ころう	固陋
ころう	こらう	故老・古老・虎狼
ごろうじろ	ごらうじろ	御覧じろ
ころおい	ころほひ	頃ほひ
ころくがつ	ころくぐわつ	小六月 冬
ころげまわる	ころげまはる	転げ回る
ころもがえ	ころもがへ	衣替へ 夏・衣更へ 夏・更衣 夏

こわい	こはい	怖い・恐い・強い
こわがる	こはがる	怖がる・恐がる
こわごわ	こはごは	怖々・恐々
ごわごわ	ごはごは	(副詞)
こわす	こはす	壊す・毀す
こわだんぱん	こはだんぱん	強談判
こわづかい	こわづかひ	声遣ひ
ごわつく	ごはつく	強付く
こわばる	こはばる	強張る・硬張る
こわめし	こはめし	強飯
こわもて	こはもて	恐持て・強面
こわれもの	こはれもの	壊れ物・毀れ物
こわれる	こはれる	壊れる・毀れる
こんかい	こんくわい	今回
こんがん	こんぐわん	懇願
ごんぎょう	ごんぎやう	勤行
こんこう	こんかう	混淆・混交
こんごう	こんがう	金剛・根号
こんごうさん	こんがうざん	金剛山◆
こんしゅう	こんしう	今週
こんじょう	こんじやう	今生・根性・紺青・懇情
こんちゅうさい しゅう	こんちゆうさい しふ	昆虫採集 夏
こんどう	こんどう	金堂
こんどう	こんどう	金銅・混同
こんとう	こんたう	昏倒
こんぽう	こんぱう	梱包
こんぼう	こんばう	混紡・棍棒・懇望
こんにゅう	こんにふ	混入
こんもう	こんまう	懇望
こんもう	こんもう	根毛
こんゆう	こんゆふ	今夕
こんりゅう	こんりう	根瘤
こんりゅう	こんりふ	建立・根粒

さい	サイ	才・切・再・西・災・妻・采・哉・砕・宰・晒・栽・柴・殺・財・偲・彩・菜・採・済・砦・祭・細・斎・最・犀・裁・債・催・塞・歳・載・際	
	さい	差異	
	さゐ	差違	
ざい	ざゐ	在位	
さいえん	さいえん	再演・再縁	
	さいゑん	才媛・菜園	
さいおう	さいおう	再応	
	さいあう	最奥	
	さいをう	塞翁	
	さいわう	再往	

さいか	さいか	再嫁・西下・最下・裁可	
		才華・災禍・採火	
ざいか	ざいか	在荷	
	ざいくわ	財貨・罪科・罪過	
さいかい	さいくわい	再開・斎戒	
		再会・際会	
ざいかい	ざいくわい	在外	
さいかん	さいぐわい	才幹・再刊	
	さいくわん	彩管・菜館	
ざいかん	ざいくわん	在監	
		在官	
さいきょう	さいきやう	西京・最強	
ざいきょう	ざいきやう	在京・在郷	
さいぎょうき	さいぎやうき	西行忌 [春]	
さいこう	さいこう	再構・再興・細孔	
		再考・再校・最高	
	さいかう	砕鉱・採光・採鉱	

見出し	読み	表記
ざいこう	ざいかう	在校
ざいごう	ざいがう	在郷
さいごう	ざいごふ	罪業
さいこうきゅう	さいかうきふ	最高級
さいこうちょう	さいかうてう	最高調
さいこうほう	さいかうほう	最高峰
さいしゅう	さいしゅう	最終
さいしゅう	さいしふ	採集
ざいじゅう	ざいぢゅう	在住
さいじょ	さいぢょ	才女・妻女
さいしょう	さいしゃう	宰相
さいしょう	さいせう	細小・最小・最少
さいじょう	さいせふ	妻妾
さいじょう	さいじゃう	最上
さいじょう	さいぢゃう	斎場・祭場
さいじょう	さいでう	西条 ◆
ざいしょう	ざいしょう	罪証
	ざいしゃう	罪障
ざいじょう	ざいじゃう	罪状
さいそう	さいさう	才藻・採草
さいぞう	さいざう	才蔵 [新年]
さいちょう	さいちゃう	最長
さいちょう	さいてう	再調
ざいちょう	ざいちゃう	在庁
ざいちょう	ざいちゃう	在朝
さいとう	さいたう	彩陶
さいにゅう	さいにふ	歳入
さいのう	さいのう	才能
さいのう	さいなふ	採納
ざいのう	ざいなう	財嚢
さいのかわら	さいのかはら	賽の河原
さいほう	さいほう	裁縫
さいほう	さいはう	再訪・西方・採訪
さいぼう	さいばう	細胞
さいまつおおう	さいまつおほう	歳末大売出し [冬]

さいゆう	さいいう	再遊・西遊
さいゆうせん	さいいうせん	最優先
さいよう	さいよう	採用
さいだけ	さいえう	細腰
さいりゅう	さいりう	細流
ざいりゅう	ざいりう	在留
さいりょう	さいりやう	才量・宰領・最良・裁量
ざいりょう	ざいれう	材料
さいろう	さいらう	菜料
さいりょう	さいれう	豺狼
さいはひ	さいはひ	幸ひ
さいわいぎ	さいはひぎ	幸ひ木 [新年]
さえ	さえ	冴え
	さへ	(助詞)
さえかえる	さえかへる	冴え返る [春]
さえずり	さへづり	囀り [春]
さえずる	さへづる	囀る [春]

さお	さを	竿・棹
さおしか	さをしか	小牡鹿 [秋]
さおだけ	さをだけ	竿竹
さおだち	さをだち	竿立ち・棹立ち
さおとめ	さをとめ	早乙女 [夏]
さおばかり	さをばかり	竿秤・棹秤
さか	さか	坂・逆・酒
	さくわ	茶菓
ざが	ざぐわ	座臥
さかい	さかひ	境・界・堺 ◆
さかしお	さかしほ	酒塩・逆潮
さかずき	さかづき	杯・盃・坏
さかずきながし	さかづきながし	盃流し [春]
さかねじ	さかねぢ	逆捩
さからう	さからふ	逆らふ
さかん	さかん	盛ん
	さくわん	左官・佐官
さきおととい	さきをととひ	一昨昨日

さきをととし	さきをととし	一昨昨年
さきがい	さきがひ	先買ひ
さきぐい	さきぐひ	先食ひ
さぎそう	さぎさう	鷺草 夏
さぎぞなえ	さぎぞなへ	先備へ
さきぞろう	さきぞろふ	咲き揃ふ
さぎちょう	さぎちやう	左義長 新年
さきにおう	さきにほふ	咲き匂ふ
さきばらい	さきばらひ	先払ひ
さきぼう	さきぼう	先棒
さきまわり	さきまはり	先回り
さきゅう	さきう	砂丘
さぎょう	さげふ	作業
ざぎょう	ざげふ	座業・坐業
さくい	さくい	作意
さくい	さくゐ	作為
さくが	さくぐわ	作画
さくぎょう	さくげう	昨暁

さくじょ	さくぢよ	削除
さくじょう	さくでう	作条・索条
さくず	さくづ	作図
さくちがい	さくちがひ	作違ひ
さくどう	さくどう	作動
さくどう	さくどう	索道
さくほう	さくはふ	作法
さくらい	さくらゐ	桜井 ◆
さくらうぐい	さくらうぐひ	桜鶫 春
さくらがい	さくらがひ	桜貝 春
さくらそう	さくらさう	桜草 春
さくらだい	さくらだひ	桜鯛
さくらもみじ	さくらもみぢ	桜紅葉 秋
さくらんぼう	さくらんぼう	桜ん坊・桜桃
さげお	さげを	下げ緒
さけかん	さけくわん	鮭缶
さけくらい	さけくらひ	酒食らひ
さげしお	さげしほ	下げ潮

さげじゅう	さげぢゅう	提げ重
さけびごえ	さけびごゑ	叫び声
ざこう	ざかう	座高・坐高
ささえ	ささへ	支へ
ささえる	ささへる	支へる
さざんか	さざんくわ	山茶花 冬
さしえ	さしゑ	挿絵
さしおさえ	さしおさへ	差し押さへ
さしおさえる	さしおさへる	差し押さへる
さしかえる	さしかへる	差し替へる
さしかわす	さしかはす	差し交はす
さしさわり	さしさはり	差し障り
さししお	さししほ	差し潮
さしず	さしづ	指し図
さしづめ	さしづめ	差し詰め
さしぞえ	さしぞへ	差し添へ
さしちがえる	さしちがへる	刺し違へる・差し違へる
さしつかえる	さしつかへる	差し支へる
さしつかわす	さしつかはす	差し遣はす
さしとおす	さしとほす	刺し通す
さしぬい	さしぬひ	刺し縫ひ
さしひかえる	さしひかへる	差し控へる
さしまわす	さしまはす	差し回す
さしみず	さしみづ	差し水
さしむかい	さしむかひ	差し向かひ
さしゅう	さしう	査収・佐州 ◆
さしょう	さしよう	査証・詐称
させう	させう	些少
さじょう	さじやう	砂上
ざしょう	ざしやう	挫傷
ざしょう	ざしやう	座礁
さしりょう	さしれう	差し料
さじん	さぢん	砂塵・沙塵
さずかる	さづかる	授かる
さずける	さづける	授ける

さすらい	さすらひ	流離
さすらう	さすらふ	流離ふ
ざぜんそう	ざぜんさう	座禅草 春
さそい	さそひ	誘ひ
さそいあわせる	さそひあはせる	誘ひ合はせる
さそいだす	さそひだす	誘ひ出す
さそいみず	さそひみづ	誘ひ水
さそう	さそふ	誘ふ
ざぞう	ざざう	座像・坐像
ざちょう	ざちやう	座長
さっか	さくか	作家・作歌
さっか	さくくわ	擦過
ざっか	ざつくわ	雑貨
さっかく	さくかく	錯覚
さっかん	さくかん	錯簡
さつき	さつき	五月川 夏
さつきがわ	さつきがは	早急
さっきゅう	さつきふ	溯及・遡及

さすらい ── さつよう		
さっきょう	さくきやう	作況
ざつぎょう	ざつげふ	雑業
さっきょく	さくきよく	作曲
さっく	さくく	作句
さっこう	さくこう	作興
さっこん	さくこん	昨今
ざっしゅうにゅう	ざつしうにふ	雑収入
さっしょう	さつしやう	殺傷
さつじん	さつぢん	殺人
さつじん	さつぢん	殺陣
さっそう	さつさう	颯爽
ざっそう	ざつさう	雑草
さっとう	さつたう	殺到
ざっとう	ざつたふ	雑鬧
ざったう	ざつたふ	雑踏・雑沓
ざつのう	ざつなう	雑嚢
さつよう	さつえう	撮要

さとう	さたう	左党・砂糖
さどう	さどう	作動
	さだう	茶道
さとうきび	さたうきび	砂糖黍[秋]・甘蔗[秋]
さとうみず	さたうみづ	砂糖水[夏]
さとがえり	さとがへり	里帰り
さどわら	さどはら	佐土原 ◆
さなえ	さなへ	早苗[夏]
さなえたば	さなへたば	早苗束[夏]
さなえとり	さなへとり	早苗取[夏]
さなえぶね	さなへぶね	早苗舟[夏]
さねかずら	さねかづら	真葛[秋]・実葛[秋]
さのう	さなう	砂嚢
さばえ	さばへ	五月蠅
さばおり	さばをり	鯖折り
さびごえ	さびごゑ	寂声・錆声
ざひょう	ざへう	座標
ざひょうじく	ざへうぢく	座標軸

さほう	さはふ	作法
さぼう	さばう	砂防・茶房
さほがわ	さほがは	佐保川 ◆
さまがわり	さまがはり	様変はり
さまよう	さまよふ	さ迷ふ・彷徨ふ
さむらい	さむらひ	侍・士
さやえんどう	さやゑんどう	莢豌豆[夏]
さやどう	さやだう	鞘堂
さゆう	さいう	左右
ざゆう	ざいう	座右
さよう	さよう	作用
	さやう	然様・左様
さようなら	さやうなら	左様なら
さらあらい	さらあらひ	皿洗ひ
さらう	さらふ	浚ふ・渫ふ・復習
	ふ・攫ふ	
さらしい	さらしゐ	晒し井[夏]
さらまわし	さらまはし	皿回し

さとう——さらまわし

見出し	読み	表記
さりょう	されう	茶寮
さるおがせ	さるをがせ	猿麻桛 [夏]
さるしばい	さるしばゐ	猿芝居
さるぢえ	さるぢゑ	猿知恵
ざるほう	ざるはふ	笊法
さるまわし	さるまはし	猿回し [新年]
されこうべ	されかうべ	髑髏
さわ	さは	沢
さわかい	さはくわい	茶話会
さわがに	さはがに	沢蟹 [夏]
さわさわ	さはさは・さわ	（副詞）
さわしがき	さはしがき	醂し柿
さわす	さはす	醂す
さわべ	さはべ	沢辺
さわやか	さはやか	爽やか [秋]
さわら	さはら	椹・鰆 [春]・佐原 ◆
さわり	さはり	触り・障り
さわる	さはる	触る・障る
さんいん	さんゐん	参院・産院
さんいんどう	さんゐんだう	山陰道 ◆
さんえん	さんゑん	三猿
ざんおう	ざんあう	残鶯 [夏]
さんおんとう	さんをんたう	三温糖
さんか	さんか	三夏・山河・参加・参稼・産家・傘下・讃歌・賛歌・山窩・惨禍・産科・酸化
ざんか	ざんくわ	残火・残花 [春]
さんかい	さんかい	山海・散開
	さんくわい	山塊・参会・散会
さんかいき	さんくわいき	三回忌
さんかく	さんかく	三角
	さんくわく	参画

さんがつ	さんぐわつ	三月春
さんかっけい	さんかくけい	三角形
さんがつだいこん	さんぐわつだいこん	三月大根春
さんがつな	さんぐわつな	三月菜春
さんかん	さんかん	山間・参看
さんかん	さんくわん	三冠・参観
さんかんおう	さんくわんわう	三冠王
さんかんしおん	さんかんしをん	三寒四温冬
さんきゅう	さんきう	産休
さんきょう	さんけふ	山峡・三峡◆
さんぎょう	さんぎやう	鑽仰・賛仰
さんぎょう	さんげふ	三業・蚕業・産業
ざんきょう	ざんきやう	残響
ざんぎょう	ざんげふ	残業
さんこう	さんこう	三后・鑽孔
	さんかう	三更・三綱・山行・参向・参考

さんごう	さんがう	散光
さんごう	さんがう	山号・三郷◆
ざんこう	ざんくわう	残光
ざんごう	ざんがう	塹壕
さんこうちょう	さんくわうてう	三光鳥夏
さんごそう	さんごさう	珊瑚草秋
さんしゅう	さんしう	三秋秋・三州◆・山州◆・讃州◆
		参集
さんじゅう	さんじふ	三十
	さんぢゆう	三重
さんしゅうき	さんしうき	三周忌
さんしょう	さんしやう	三唱
さんしょう	さんせう	山椒春・参照
さんじょう	さんじやう	山上◆・参上・惨状
ざんしょう	ざんせう	残照
さんしょううお	さんせううを	山椒魚夏

見出し	歴史的仮名遣い	漢字
さんずのかわ	さんづのかは	三途の川
さんそう	さんさう	山僧
さんぞう	さんざう	山相・山草・山荘 夏
さんぞう	さんざう	三蔵
ざんぞう	ざんざう	残像
さんだゆう	さんだいふ	三太夫
さんだわら	さんだはら	桟俵
さんちょう	さんちやう	山頂
さんどう	さんてう	参朝・産調
	さんどう	賛同・産銅
	さんだう	山道・参道・参堂・桟道・産道
ざんとう	ざんたう	残党
さんにゅう	さんにふ	参入・算入
ざんにゅう	ざんにふ	竄入
さんのうまつり	さんわうまつり	山王祭 春夏
さんぴょう	さんぺう	散票
さんびょうし	さんびやうし	三拍子
さんぼう	さんぼう	三宝・参謀
	さんばう	三方・山房
さんぽう	さんぱう	山砲
	さんぱふ	算法
ざんぼう	ざんばう	讒謗
さんみ	さんみ	酸味
	さんゐ	三位
ざんぼう		
さんようちゅう	さんえふちちゆう	三葉虫
さんようどう	さんやうだう	山陽道 ◆
さんりゅう	さんりう	三流
ざんりゅう	ざんりう	残留
さんりんぼう	さんりんばう	三隣亡

じ　ジ　し

仕・示・字・寺・次・
而・耳・自・児・兒・
似・事・侍・恃・時・

しあい	ヂ	滋・慈・爾・辞・辭・磁・餌・璽	
	ぢ	路	
しあい	しあひ	仕合・試合	
じあい	じあい	自愛・慈愛	
じあめ	ぢあひ	地合ひ	
	ぢあめ	地雨	
しあわせ	しあはせ	仕合はせ・幸せ	
しい	しひ	私意・恣意・紫衣	
	しひ	椎	
じい	しひ	四囲・思惟	
	じい	侍医・辞意	
	じる	示威・字彙・自慰・辞彙	
	ぢい	爺	
しいおちば	しひおちば	椎落葉 [夏]	
しいそさん	しゐそさん	尸位素餐	

しいたけ	しひたけ	椎茸 [秋]
しいたげる	しひたげる	虐げる
しいて	しひて	強ひて
じいと	ぢいと	地糸
しいな	しひな	粃・秕
じいや	ぢいや	爺や
しいる	しひる	強ひる・誣ひる・岡ひる
じいろ	ぢいろ	地色
しいわかば	しひわかば	椎若葉 [夏]
じいん	じゐん	寺院
じうす	ぢうす	地薄
じうたい	ぢうたひ	地謡
じうたまい	ぢうたまひ	地唄舞
じえい	じえい	自営
	じゑい	自衛
しえん	しゑん	試演・紫煙
	しゐん	支援・私怨

しお	しほ	入・塩・汐
しおあい	しほあひ	潮合ひ
しおあし	しほあし	潮足
しおあじ	しほあぢ	塩味
しおあび	しほあび	潮浴び 夏
しおいり	しほいり	潮入り
しおおし	しほおし	塩圧し
しおかげ	しほかげ	潮影
しおかげん	しほかげん	塩加減
しおがしら	しほがしら	潮頭
しおかぜ	しほかぜ	潮風
しおがま	しほがま	塩釜・塩竈 ◆
しおから	しほから	塩辛
しおからい	しほからい	塩辛い
しおきょう	しほきやう	潮況
しおくみ	しほくみ	潮汲み・汐汲み
しおぐもり	しほぐもり	潮曇り
しおけ	しほけ	塩気・潮気
しおけむり	しほけむり	塩煙・潮煙
しおこしょう	しほこせう	塩胡椒
しおこんぶ	しほこんぶ	塩昆布
しおさい	しほさゐ	潮騒
しおざかい	しほざかひ	潮境
しおざかな	しほざかな	塩魚
しおさき	しほさき	潮先・汐先
しおざけ	しほざけ	塩鮭 冬
しおじ	しほぢ	潮路
しおしお	しをしを	悄々
しおじり	しほじり	塩尻
しおぜ	しほぜ	塩瀬
しおだし	しほだし	塩出し
しおだち	しほだち	塩断ち
しおだまり	しほだまり	潮溜まり
しおたれる	しほたれる	潮垂れる
しおづけ	しほづけ	塩漬け
しおどおし	しほどほし	潮通し

しおどき	しほどき	潮時・汐時
しおなり	しほなり	潮鳴り
しおに	しほに	塩煮
しおぬき	しほぬき	塩抜き
しおばな	しほばな	塩花
しおはま	しほはま	塩浜
しおひ	しほひ	潮干 春
しおひがた	しほひがた	潮干潟 春・汐干潟
しおひがり	しほひがり	潮干狩り 春・汐干狩り 春
しおびき	しほびき	塩引き 冬
しおふき	しほふき	潮吹き 春
しおぼし	しほぼし	塩干し
しおま	しほま	潮間
しおまち	しほまち	潮待ち
しおまねき	しほまねき	潮招 春・望潮 春・汐まねき 春
しおまめ	しほまめ	塩豆
しおまわり	しほままはり	潮回り
しおみ	しほみ	塩味
しおみず	しほみづ	塩水・潮水
しおむし	しほむし	塩蒸し
しおめ	しほめ	潮目
しおもみ	しほもみ	塩揉み
しおや	しほや	塩谷 ◆
しおやき	しほやき	塩焼き
しおやけ	しほやけ	潮焼け 夏・塩焼け
しおらしい	しをらしい・し ほらしい	
しおり	しをり	枝折り・栞
じおり	ぢおり	地織
しおりど	しをりど	枝折り戸
しおれる	しをれる	萎れる
しおん	しおん	子音・師恩
しおん	しをん	紫苑 秋・紫菀 秋

じか	じか	自家・時下・時価	
	じくわ	自火・磁化	
	ぢか	直	
じが	じが	自我	
	じぐわ	自画	
しかい	しかい	四海・視界・斯界・	
じかい	じかい	市外	
	しぐわい	市街・死骸	
しがい	しがい	市街・死骸	
	じぐわい	字解・耳介・自戒・	
		磁界	
じかい	じかい	次回・自壊	
	ぢかい	持戒	
しがいせん	しがいせん	市街戦	
	しぐわいせん	紫外線	
しかえし	しかへし	仕返し	
じがお	ぢがほ	地顔	

じかく	じかく	寺格・耳殻・自覚	
	じくわく	字画	
	ぢかく	痔核	
しかざん	しくわざん	死火山	
じがぞう	じぐわざう	自画像	
じかた	ぢかた	地方	
じかたび	ぢかたび	地下足袋	
じがため	ぢがため	地固め	
じかだんぱん	ぢかだんぱん	直談判	
しかつ	しくわつ	死活	
しがつ	しぐわつ	四月 春	
じかつ	じくわつ	自活	
しがつじん	しぐわつじん	四月尽 春	
しがつばか	しぐわつばか	四月馬鹿 春	
じかに	ぢかに	直に	
じがね	ぢがね	地金	
じかばき	ぢかばき	直履き	
じかび	ぢかび	直火	

じかまき	ぢかまき	直播き
じがみ	ぢがみ	地紙・地髪
しかん	しかん	子癇・支幹・死諫・私感・屍姦・止観・士官・支管・史官・史観・仕官・史官・史観・
	しくわん	
しがん	しがん	此岸・詩眼
	しぐわん	弛緩・祠官・詩巻
		志願
じかん	じかん	字間・時間
	じくわん	次官
じき	ジキ	直
	チキ	食
	じき	次期・自記・自棄・時季・時期・時機・
しきい	しきゐ	敷居
		磁気・磁器
しきいき	しきゐき	識閾

しぎかい	しぎくわい	市議会
しきがわ	しきがは	敷き皮・敷き革
しきじき	ぢきぢき	直々
じきしょ	ぢきしょ	直書
しきじょう	しきぢやう	色情
	しきぢやう	式場
じきそ	ぢきそ	直訴
じきそう	ぢきそう	直奏
じきそん	ぢきそん	直孫
じきだん	ぢきだん	直談
しきちょう	しきてう	色調
じきでし	ぢきでし	直弟子
じきでん	ぢきでん	直伝
じきとう	ぢきたふ	直答
じきとりひき	ぢきとりひき	直取引
じきに	ぢきに	直に
じきのう	ぢきなふ	直納
じきはずれ	じきはづれ	時季外れ

じきひつ	ぢきひつ	直筆
じきもん	ぢきもん	直門
しきゅう	しきゅう	子宮
	しきう	四球・死球
	しきふ	支給・至急
じきゅう	じきふ	自給・時給
	ぢきう	持久
しきゅうしき	しきうしき	始球式
しきょう	しきょう	市況・詩興
	しきやう	試供・詩興
	しけう	司教・示教
しぎょう	しげふ	仕業・始業・斯業
じきょう	じきょう	自供
	じきやう	自彊・滋強
じぎょう	ぢきやう	持経
じげょう	じげふ	事業
じぎょう	ぢぎやう	地形
じきらん	ぢきらん	直覧

じきひつ ── じご		
しきりなおし	しきりなほし	仕切り直し
じきわ	ぢきわ	直話
じく	ヂク	竺・軸
	じく	字句
じくあし	ぢくあし	軸足
じくうけ	ぢくうけ	軸受け・軸承け
じくぎ	ぢくぎ	軸木
じくじ	ぢくぢ	忸怩
じくそう	ぢくさう	軸装
じぐち	ぢぐち	地口
じぐも	ぢぐも	地蜘蛛
じくもの	ぢくもの	軸物
じくろ	ぢくろ	軸艫
じげ	ぢげ	
しげりあう	しげりあふ	茂り合ふ・繁り合
		ふ
じご	じご	地下・地毛
	じご	耳語・事後・爾後
	ぢご	持碁

しこう	しこう	伺候・祗候・施工・
		歯垢
しこう	しかう	四更・至孝・至幸・
		至高・志向・至考・
		私行・思考・指向・
		施行・嗜好・試行・
		試航・詩稿
しごう	しがう	師号・諡号
しこう	じこう	時候
じこう	じかう	事項・侍講・時好・
		時効
じごう	じがう	寺号・次号
しこうして	しかうして	而して・然して
じごうじとく	じごふじとく	自業自得
じごえ	ぢごゑ	地声
じごく	ぢごく	地獄
じこりゅう	じこりう	自己流
じざかい	ぢざかひ	地境

じさき	ぢさき	地先
じざけ	ぢざけ	地酒
じさん	じさん	自讃・自賛
	ぢさん	持参
じじ	じじ	自恃・時事
	ぢぢ	祖父・爺
じじい	ぢぢい	爺
じじこっこく	じじこくこく	時々刻々
じしつ	じしつ	耳疾・痔疾
	ぢしつ	地質・自失・自室
ししとう	ししたう	獅子唐
じしばい	ぢしばゐ	地芝居 秋
じじばば	ぢぢばば	祖父祖母・爺婆
ししまい	ししまひ	獅子舞 新年
しじみちょう	しじみてふ	蜆蝶 春
ししゃごにゅう	ししゃごにふ	四捨五入
ししゅう	ししふ	死臭・刺繍・志州 ◆
	ししう	詩集

しじゅう	しじゅう	始終
	しじふ	四十
じじゅう	じしゅう	自宗・時宗
	じしう	次週・自修
じじゅう	じしふ	自習
	じじゅう	侍従
じじゅう	じぢゅう	自重
しじゅうから	しじふから	四十雀 夏秋
しじゅうしょう	しぢゅうしやう	四重唱
しじゅうそう	しぢゅうそう	四重奏
しじょ	しぢょ	子女・士女
しじょ	じしょ	字書・辞書・自署・自書
じじょ	ぢしょ	地所
じじょ	じしよ	次序・自助・自序・自叙
じじょ	じじよ	次女・児女・侍女
ししょう	ししょう	師承

		支障・四生・市章・死傷・私娼・私傷・刺傷・師匠・視床・詞章
ししょう	しせう	嗤笑・詩抄
	しじやう	史乗・試乗
	しぢやう	史上・糸状・至上・至情・私情・誌上・紙上・詩情・誌上
		市場
じしょう	じしよう	自称・時鐘
	じせう	自照
	じしやう	自性・事象
	じじやう	自乗・二乗
	じじやう	自浄・事情・辞譲
	じぢやう	磁場
	ぢぢやう	治定
ししょうせつ	しせうせつ	私小説

じしん	じしん	自身・自信・侍臣・時針・磁針
しすい	しすゐ	酒々井 ◆
しずおか	しづをか	静岡 ◆
しずか	しづか	静か・閑か
しずく	しづく	滴・雫
しずけさ	しづけさ	静けさ
しずしず	しづしづ	静々
じずべり	ぢすべり	地滑り
しずまりかえる	しづまりかへる	静まり返る
しずまる	しづまる	静まる・鎮まる
しずむ	しづむ	沈む
しずめる	しづめる	沈める・静める・鎮める
じする	ぢする	治する・辞する・持する
しずりゆき	しづりゆき	垂り雪 冬
じする	じする	侍する・辞する

しせいかつ		私生活
じせつ	じせつ	自説・時節
	ぢせつ	持説
しそう	しそう	
	しさう	使嗾・指嗾・師僧・詩宗・詞宗・試走・死相・志操・思想・詩想・詞藻
しぞう	しざう	死蔵・私蔵
じぞう	じざう	自蔵
	ぢざう	地蔵
じぞうえ	ぢざうゑ	地蔵会 秋
じぞうぼん	ぢざうぼん	地蔵盆 秋
じぞうまいり	ぢざうまゐり	地蔵参り 秋
じぞく	ぢぞく	持続
しそこなう	しそこなふ	為損なふ
しそちょう	しそてう	始祖鳥
したあじ	したあぢ	下味

したあらい	したあらひ	下洗ひ	
じだい	じだい	次代・事大・時代	
ぢだい	ぢだい	地代	
したう	したふ	慕ふ	
したえ	したゑ	下絵	
したがう	したがふ	従ふ・随ふ	
したがえる	したがへる	従へる・随へる	
したごしらえ	したごしらへ	下拵へ	
したささえ	したささへ	下支へ	
したざわり	したざはり	舌触り	
したじ	したぢ	下地	
したず	したづ	下図	
したそうだん	したさうだん	下相談	
したてなおし	したてなほし	仕立て直し	
したなめずり	したなめづり	舌舐めづり・舌嘗り	
したぬい	したぬひ	下縫ひ	
したまえ	したまへ	下前	

したあら			
したまわる	したまはる	下回る	
したもみじ	したもみぢ	下紅葉 秋	
したりがお	したりがほ	したり顔	
したわしい	したはしい	慕はしい	
したんかい	したんくわい	試胆会	
じだんだ	ぢだんだ	地団太・地団駄	
しちかいき	しちくわいき	七回忌	
しちがつ	しちぐわつ	七月 夏	
しちごちょう	しちごてう	七五調	
しちてんばっとう	しちてんばつたう	七転八倒・七顚八倒	
しちどう	しちだう	七道	
しちどうがらん	しちだうがらん	七堂伽藍	
しちふくじんもうで	しちふくじんまうで	七福神詣で 新年	
しちみとうがらし	しちみたうがらし	七味唐辛子	
しちめんちょう	しちめんてう	七面鳥	

しちめんどう	しちめんだう	七面倒
しちょう	しちょう	輻重
	しちやう	支庁・仕丁・市庁・市長・弛張・視聴・試聴
しちょう	してう	思潮・詩調
	しちやう	七曜
	しちえう	七洋
じちょう	じちょう	自重
	じちやう	次長
	じてう	自嘲
しちょうそん	しちやうそん	市町村
じちんさい	ぢちんさい	地鎮祭
じつ	ジツ	日・実
	チツ	昵
しついん	しつゐん	室員
じついん	じついん	実印
じついん	じつゐん	実員

しつおん	しつをん	室温
しっか	しっか	膝下
	しつくわ	失火
	じつか	実家
	じつくわ	実科
しっかん	しつくわん	疾患
しつぎょう	しつげふ	失業
じつきょう	じつきやう	実況
じつぎょう	じつげふ	実業
しっこう	しつかう	失行・失効・執行・膝行
じっこう	じつかう	実行・実効
じっこん	じつこん	入魂
	ぢつこん	昵懇
じっしゅう	じつしう	実収
	じつしう	実習
しっしょう	しつせう	失笑
じつじょう	じつじやう	実情・実状

じっせいかつ	じっせいくわつ	実生活		しとう	しとう	死闘・私闘
じっそう	じつさう	実相		しとう	したう	至当・私党
じつぞう	じつざう	実像		しどう	しどう	始動
しっちょう	しつてう	失調			しだう	士道・市道・私道
しっちょう	しつちやう	室長				指導・師道・祠堂・斯道
じつづき	ぢつづき	地続				
じっていほう	じつていはふ	実定法		じとう	ぢとう	地頭
しっとう		失投		しない	しない	市内
しったう		失墜			しなひ	竹刀
しっぱう		失望		しなう	しなふ	撓ふ
しっぽう		十方・実包		しなおす	しなほす	為直す
じっぱう		実名		しなぞろえ	しなぞろへ	品揃へ
じつみやう		執拗		じならし	ぢならし	地均し
しつよう	しつえう	設ひ		じなり	ぢなり	地鳴り
しつらい	しつらへ	設へ		しにがお	しにがほ	死に顔
しつらえる		質量		しにかわる	しにかはる	死に変はる
しつりょう	しつりやう	室料		しにぎわ	しにぎは	死に際
しつれう	しつれう					
じてっこう	じてつくわう	磁鉄鉱				

しにげしょう	しにげしやう	死に化粧
しにしょうぞく	しにしやうぞく	死に装束
しにそこなう	しにそこなふ	死に損なふ
しにはじ	しにはぢ	死に恥
しにみず	しにみづ	死に水
しにものぐるい	しにものぐるひ	死に物狂ひ
しによう	しねう	屎尿
じぬし	ぢぬし	地主
しねずみ	ぢねずみ	地鼠
じねつ	ぢねつ	地熱
しのう	しなう	詩囊
じのし	ぢのし	地伸
しのびわらい	しのびわらひ	忍び笑ひ
じば	ぢば	磁場
じば	ぢば	地場
しばい	しばゐ	芝居
じはだ	ぢはだ	地肌
じばち	ぢばち	地蜂 春
しはらい	しはらひ	支払ひ・仕払ひ
しはらう	しはらふ	支払ふ
じばれ	ぢばれ	地腫れ
じばん	ぢばん	地盤
じびき	ぢびき	地引き・地曳き
じひしんちょう	じひしんてう	慈悲心鳥 夏
じひびき	ぢひびき	地響き
しひょう	しへう	死票・指標・師表
じひょう	じひやう	自評・時評
じひょう	じへう	次表・辞表
じびょう	ぢびやう	持病
しぶうちわ	しぶうちは	渋団扇 夏
しぶかわ	しぶかは	渋皮・渋川 ◆
じぶくろ	ぢぶくろ	地袋
じぶつ	じぶつ	事物
じぶつ	ぢぶつ	持仏
じふぶき	ぢふぶき	地吹雪
じべた	ぢべた	地べた

見出し	歴史的仮名遣い	漢字・用例
しほう	しほう	市報・至宝
	しはう	四方
	しはふ	仕法・司法・私法
しほう	しはう	詩法
しぼう		子房・死亡・志望・脂肪
	しばう	
じほう	じほう	寺宝・時報
	じはふ	時法
しほうじん	しはふじん	私法人
しほうはい	しはうはい	四方拝 [新年]
しほうはっぽう	しはうはつぱう	四方八方
しまあい	しまあひ	縞合
しまい		姉妹
	しまひ	仕舞ひ・終ひ
じまい	ぢまひ	地米
…じまい	…じまひ	…仕舞ひ・…終ひ
しまう	しまふ	仕舞ふ・了ふ・終ふ
じまえ	じまへ	自前
しまだい	しまだい	島台
	しまだひ	縞鯛 [夏]
しまづたい	しまづたひ	島伝ひ
じまわり	じまはり	地回り
じみ	じみ	滋味
	ぢみ	地味
しみず	しみづ	清水 [夏]
じみち	ぢみち	地道
しみとおる	しみとほる	染み透る・染み通る
しみょう	しめう	至妙
じむし	ぢむし	地虫
じむしなく	ぢむしなく	地虫鳴く [秋]
しめお	しめを	締め緒
しめじ	しめぢ	湿地 [秋]・占地 [秋]
しめなわ	しめなは	注連縄 [新年]・七五三縄・標縄 [新年]
じめん	ぢめん	地面

しもうさ	しもふさ	下総 ◆
しもおおい	しもほほひ	霜覆ひ 冬
しもがこい	しもがこひ	霜囲ひ 冬
しもしずく	しもしづく	霜雫 冬
じもと	ぢもと	地元
じもの	ぢもの	地物
じもん	ぢもん	地紋
じもん	ぢもん	寺門・自門・自問
じゃ	ジヤ	邪・蛇
	ぢや	（助動詞）
しゃいん	しやゐん	社印
	しやゐん	社員
しゃおく	しやをく	社屋
しゃかい	しやくわい	社会
しゃがい	しやぐわい	社外
しゃかいか	しやくわいくわ	社会科
しゃかいせいかつ	しやくわいせい くわつ	社会生活
しゃかいなべ	しやくわいなべ	社会鍋 冬
しゃかいほしょう	しやくわいほしやう	社会保障
しゃがれごえ	しやがれごゑ	嗄れ声
じゃかん	じやくわん	蛇管
しゃきょう	しやきやう	写経
しゃぎょう	しやげふ	社業
じゃきょう	じやけう	邪教
じゃく	ジヤク	若・弱・寂・雀・惹
	ぢやく	着
じやく		持薬
しゃくい	しやくゐ	爵位
しゃくう	しやくふ	朽ふ
しゃくじょう	しやくぢやう	錫杖
じゃくしょう	じやくせう	弱小
じゃくじょう	じやくぢやう	寂静
じゃくにくきょう	じやくにくきやう	弱肉強食
うしょく	うしよく	

見出し	読み	表記
しゃくほう	しゃくはう	釈放
しゃくみょう	しゃくみやう	惜命
しゃくりょう	しゃくりやう	酌量
	しゃくれう	借料
しゃこう	しゃかう	藉口
	しゃかう	社交・車高・射幸・射倖・斜光・遮光
しゃこう	しゃくわう	斜光・遮光
じゃこう	じゃかう	麝香
しゃじく	しゃぢく	車軸
しゃしょう	しゃしやう	社章・車掌・捨象
しゃじょう	しゃじやう	車上・謝状
	しゃぢやう	社葬・射場
しゃそう	しゃさう	写場・車窓
しゃちょう	しゃちやう	社長
しゃっか	しゃくか	借家
じゃっか	じゃくか	弱化
しゃっかん	しゃくくわん	借款

見出し	読み	表記
しゃくほう		
じゃっかん	じゃくかん	若干
	じゃくくわん	弱冠
しゃっかんほう	しゃくくわんは ふ	尺貫法
じゃっき	じゃくき	惹起
しゃっきょう	しゃくけう	釈教
しゃっきん	しゃくきん	借金
しゃっく	しゃくく	赤口
しゃっけい	しゃくけい	借景
じゃっこう	じゃくかう	弱行
	じゃくくわう	寂光
じゃっこく	じゃくこく	弱国
しゃっこつ	しゃくこつ	尺骨
しゃとう	しゃとう	社頭
	しゃたふ	斜塔
しゃどう	しゃだう	車道
じゃどう	じゃだう	邪道
じゃほう	じゃはふ	邪法

しゃゆう	しやいう		社友
しゃよう	しやよう		社用
しゃりょう	しややう		斜陽
しゃれこうべ	しやりやう		車両・車輛
じゃん	しやれかうべ		髑髏
しゅい	ぢやん		（連語）
しゅう	しゆゐ		主位・首位
	しゆゐ		主意・趣意
	シユウ		主・宗・柊・終・衆・聚
	シウ		収・囚・州・舟・秀・周・洲・祝・秋・臭・週・修・袖・羞・脩・就・萩・愁・蒐・皺・醜・繡・酬・鍬・蹴・雛・讎・鷲・驟・拾・執・習・集・葺・輯・襲

しゅう	しゆう	しう	雌雄
		しいう	市有・私有・師友
じゅう		ジユウ	充・従・銃・縦
		ジウ	柔・獣・蹂
		ジフ	十・廿・什・汁・拾
			渋
			中・住・重
じゅう	じいう		自由・事由
しゅうあく	しうあく		醜悪
しゅうあけ	しうあけ		週明け
じゅうあつ	ぢゆうあつ		重圧
しゅうい	しうい		秋意 秋
	しうゐ		周囲
	しふゐ		拾遺
じゅうい	じゐい		獣医
	ぢゆうゐ		重囲
じゅういち	じふいち		十一 夏
じゅういちがつ	じふいちぐわつ		十一月 冬

しゅいつ	しゐいつ	秀逸
しゅいん	しふいん	集印
	しゅうゐん	衆院
じゅいん	ぢゅうゐん	重科
しゅう	しう	充員
しゅうう	しうう	秋雨・驟雨 夏
じゅうう	しうん	舟運
しゅうえき	しうえき	収益・囚役・就役
じゅうえき	じうえき	獣疫
	じふえき	汁液
しゅうえん	しゅうえん	終焉・終演
	しうえん	周縁・秋燕 秋
	しうゑん	就園
じゅうおう	じゅうわう	縦横
じゅうおん	ぢゅうおん	重恩
しゅうか	しうくわ	秋果 秋
	しふか	集荷
	しふくわ	集貨
	しゅうくわ	衆寡

しゅうい――じゅうか		
じゅうか	じゆうか	銃架
	じゆうくわ	銃火
	ぢゅうか	住家
	ぢゅうくわ	重科
しゅうかい	しうくわい	周回・醜怪
	しふくわい	集会
しゅうかいどう	しうかいだう	秋海棠 秋
しゅうかく	しうかく	臭覚
	しうくわく	収穫
しゅうがく	しがく	修学・就学
じゅうかしつ	ぢゅうくわしつ	重過失
じゅうがつ	じふぐわつ	十月
しゅうかん	しゅうかん	終刊 秋
	しうかん	収監・週刊・週間
	しふかん	習慣
	しゅうくわん	終巻
	じゅうくわん	縦貫
じゅうかん	ぢゅうくわん	重患

じゅうがん	じゅうがん	銃眼
	じゅうぐわん	銃丸
しゅうき	しゅうき	宗規・終期
	しうき	
	しき	秋 秋季・秋期・秋気
		周忌・周期・秋期・臭気
じゅうき	じゅうき	什器
	じふき	銃器
	ぢゅうき	重機
しゅうぎ	しゅうぎ	祝儀
	しうぎ	宗義・衆議
		気
しゅうぎいん	しゅうぎゐん	衆議院
しゅうきゅう	しうきう	週休・蹴球
しゅうきゅう	しうきふ	週給
しゅうぎょ	しゅぎょ	集魚
じゅうぎょ	ぢゅうぎょ	住居
しゅうきょう	しうきよう	秋興
	しゅうけう	宗教

しゅうぎょう	しうげう	秋暁 秋
	しうげふ	修業・就業
	しうげふ	終業
しゅうきょく	しゅうきよく	終曲・終局・終極
	しふきよく	褶曲
しゅうきん	しふきん	集金
しゅうぎん	しうぎん	秀吟
じゅうきんぞく	ぢゅうきんぞく	重金属
じゅうく	ぢゅうく	重苦
しゅうけい	しふけい	集計
	じゅうけい	従兄・銃刑
	ぢゅうけい	重刑
じゅうけいしょう	ぢゅうけいしやう	重軽傷
しゅうげき	しふげき	襲撃
しゅうけつ	しゅうけつ	終決・終結
	しふけつ	集結
しゅうげつ	しうげつ	秋月

しゅうけん	しうけん	州権
しゅうけん	しふけん	集権
しゅうげん	しうげん	祝言
じゅうげん	ぢゆうげん	重言
じゅうこ	ぢゆうこ	住戸
しゅうこう	しゆうこう	衆口
	しうかう	醜行
		集光
	しゆうかう	終航・終講
	しうがう	秋毫
しゅうごう	しふがふ	習合・集合
じゅうこう	じゆうこう	銃口
じゅうこう	じうかう	獣行
	ぢゆうこう	重厚
じゅうごう	ぢゆうがふ	重合

しゅうけ―	じゅうさ	じゅうごにちがゆ じふごにちがゆ 十五日粥 [新年]
じゅうごにちが		
ゆ		
じゅうごや	じふごや	十五夜 [秋]
じゅうこん	ぢゆうこん	重婚
しゅうさ	しうさ	収差
しゅうさい	しうさい	秀才
じゅうざい	しふざい	集材
じゅうざい	ぢゆうざい	重罪
しゅうさく	しうさく	秀作
	しふさく	習作
しゅうさつ	しふさつ	集札
	じふさつ	銃殺
じゅうさつ	ぢゆうさつ	重殺
しゅうさん	しふさん	秋蚕・莠酸
	しふさん	集散
じゅうさんまい	じふさんまゐり	十三参り [春]
り		
じゅうさんや	じふさんや	十三夜 [秋]

しゅうし	しゅうし	宗旨・終止・終始
	しうし	収支・秋思秋・愁
しゅうじ	しうじ	思・修士・修史秋
	しふじ	習字
じゅうし	じゅうし	従姉
	ぢうし	獣脂
じゅうじ	ぢゆうし	重視
	じゅうじ	従事
	じふじ	十字
しゅうじつ	ぢゆうぢ	住持
	しゅうじつ	終日
	じふじつ	秋日・週日
じゅうしまつ	ぢふしまつ	十姉妹
しゅうしゃ	しうしや	秋社秋
しゅうじゃく	しふぢやく	執着
しゅうじゅ	しうじゆ	収受
しゅうしゅう	しうしう	啾々

	しうしふ	収拾・修習・収集・蒐集
		重集
じゅうじゅう	ぢゆうぢゆう	重々
しゅうしゅく	しうしゆく	収縮
	しふじゆく	習熟
じゅうしゅつ	ぢゆうしゆつ	重出
じゅうじゅつ	じゆうじゆつ	柔術
しゅうしゅぼう かん	しうしゆばうくわん	袖手傍観
じゅうじゅん	じゆうじゆん	従順
	じうじゆん	柔順
しゅうしょ	しうしよ	集書
	ぢゆうしよ	住所
しゅうしょう	しうしやう	周章・就床・愁傷
	しせう	秋宵
	しゆうしやう	終章
じゅうしょう	しうじやう	醜状

じゅうしょう	じゅうしゃう	銃床・銃傷
	ぢゅうしゃう	重症・重傷・重唱
しゅうしょく	しうしょく	秋色・愁色秋・修飾・就
しゅうしょく	しゅうしょく	職・愁色
じゅうしょく	ぢゅうしょく	住職・重職
しゅうしん	しゅうしん	終身・終審
	しうしん	修身・就寝
しゅうじん	しゅうじん	衆人
	しうじん	囚人
じゅうしん	しゅうしん	執心
	しふしん	執心
	しふぢん	集塵
じゅうしん	じゅうしん	銃身
	じうしん	獣心・獣身
	ぢうしん	重心・重臣
しゅうすい	しうすい	秋水秋
しゅうする	しうする	修する
	しふする	執する

じゅうし――しゅうそ

じゅうしする	ぢゅうする	住する
しゅうせい	しゅうせい	終生・終世
	しうせい	秋声秋・修正・修整
		習性・集成
じゅうせい	じゅうせい	銃声
しゅうぜい	しゅうぜい	収税
	しうぜい	
じゅうせい	じせい	獣性
	ぢゅうぜい	重税
しゅうせき	しふせき	集積
じゅうせき	ぢゅうせき	重責
しゅうせん	しゅうせん	終戦
	しうせん	周旋・秋扇秋・鞦
しゅうぜん	しうぜん	衆前
	しゅうぜん	修繕・愁然
じゅうぜん	じゅうぜん	従前
	じふぜん	十全・十善
しゅうそ	しゆうそ	宗祖

しゅうそ	しうそ	臭素・愁訴
しゅうそう	しうさう	秋爽・秋霜
じゅうぞう	しうざう	収蔵
じゅうそう	じゆうそう	縦走
じゅうそう	じゆうさう	銃創
	ぢゆうそう	住僧・重奏・重曹・
しゅうそく	しうそく	重層
しゅうそく	しうそく	終息
しゅうそく	しうそく	収束
しゅうぞく	しふぞく	集束
しゅうたい	しうたい	習俗
じゅうたい	じゆうたい	醜態
じゅうたい	じぶたい	縦隊
じゅうだい	じふだい	渋滞
	ぢふだい	重体・重態・紐帯
しゅうたいせい	しふたいせい	十代
		重代・重大
		集大成

じゅうたく	ぢゆうたく	住宅
しゅうだつ	しうだつ	収奪
しゅうたん	しうたん	終端
しゅうたん	しうたん	愁嘆・愁歎
しゅうだん	しゆうだん	終段
しゅうだん	しふだん	集団
しゅうち	しゅうち	衆知・衆智
しゅうち	しゅうち	周知・羞恥
しゅうちく	しうちく	修築
しゅうちゃく	しゅうちゃく	終着
しゅうちゃく	しうちゃく	祝着
しゅうちゃく	しふちゃく	執着
しゅうちゅう	しふちゅう	集中・集注
しゅうちょう	しうちやう	酋長
しゅうちん	しうちん	袖珍
じゅうちん	ぢゆうちん	重鎮
じゅうづめ	ぢゆうづめ	重詰め 新年
しゅうてい	しうてい	舟艇・修訂

じゅうてい	じゅうてい	従弟
じゅうてい	ぢゅうてい	重訂
じゅうてき	じてき	獣的
しゅうてん	しうてん	秋天 秋
じゅうてん	じゅうてん	充塡
じゅうてん	ぢゅうてん	重点
しゅうと	しゅうと	宗徒・衆徒
しゅうと	しうと	舅・姑・囚徒・州都
じゅうど	ぢゅうど	重度
しゅうとう	しうたう	周到
しゅうとう	しうとう	秋闘・秋灯 秋
じゅうどう	じうだう	柔道
しゅうどういん	しうだうゐん	修道院
じゅうとうほう	じゅうたうはふ	銃刀法
しゅうとく	しうとく	収得・修得
しゅうとく	しふとく	拾得・習得
じゅうとく	ぢゅうとく	重篤
しゅうとつ	しうとつ	臭突

しゅうとめ	しうとめ	姑
しゅうなん	しうなん	周南 ◆
じゅうなん	じうなん	柔軟
じゅうにがつ	じふにぐわつ	十二月 冬
じゅうにく	じうにく	獣肉
じゅうにしちょう	じふにしちやう	十二指腸
じゅうにひとえ	じふにひとへ	十二単 春
しゅうにゅう	しうにふ	収入
しゅうにん	しうにん	就任
じゅうにん	ぢゅうにん	住人・重任
じゅうにんといろ	じふにんといろ	十人十色
じゅうにんなみ	じふにんなみ	十人並
しゅうねい	しふねい	執念い
しゅうねん	しうねん	周年
しゅうねん	しふねん	執念
じゅうねん	じふねん	十年・十念

しゅうねんぶか い	しふねんぶかい	執念深い
しゅうのう	しうなふ	収納
じゅうのう	じふのう	十能
じゅうのう	ぢゅうのう	重農
しゅうは	しうは	宗派
しゅうは	しうは	周波・秋波
しゅうはい	しふはい	集配
しゅうばく	しうばく	就縛
じゅうばく	ぢゅうばく	重爆
じゅうばこ	ぢゅうばこ	重箱
じゅうはちばん	じふはちばん	十八番
しゅうばつ	しうばつ	秀抜・修祓
じゅうばつ	ぢゅうばつ	重罰
しゅうばん	しうばん	終盤
じゅうばん	じゅうばん	週番
じゅうはん	じゅうはん	従犯
じゅうはん	ぢゅうはん	重犯・重版
しゅうび	しうび	愁眉
しゅうひょう	しうひやう	週評
	しふへう	集票
	しゅうひやう	衆評
じゅうびょう	ぢゅうびやう	重病
しゅうふう	しうふう	宗風
	しゅうふう	秋風
	しうふう	秋風 秋
しゅうふく	しふぶん	充分
じゅうふく	じゅうぶん	重複
しゅうふく	しうふく	修復
じゅうふく	ぢゅうふく	重複
しゅうふつ	しうふつ	修祓
しゅうぶん	しうぶん	秋分 秋・醜聞
じゅうぶん	じゅうぶん	充分
しゅうぶんのひ	しうぶんのひ	秋分の日 秋
じゅうぶん	ぢゅうぶん	重文
しゅうへき	しうへき	周壁
	しふへき	習癖・褶襲
しゅうへん	しうへん	周辺

じゅうべん	ぢゅうべん	重弁・重瓣
しゅうほ	しうほ	修補・襲歩
じゅうぼいん	ぢゅうぼいん	重母音
しゅうほう	しうほう	秀峰・週報
	しゅうほふ	宗法
しゅうぼう	しうばう	醜貌
	しゅうばう	衆望
じゅうほう	じふほう	什宝
	じゅうはう	銃砲
	ぢゅうはう	重砲
	ぢゅうほう	重宝
しゅうまつ	しゅうまつ	終末
	しうまつ	週末
じゅうまん	じゅうまん	充満
	じふまん	十万
しゅうみ	しうみ	臭味
しゅうみつ	しうみつ	周密
しゅうみん	しうみん	就眠

じゅうべ ─ じゅうゆ

じゅうみん	ぢゅうみん	住民
しゅうめい	しうめい	醜名
	しふめい	襲名
じゅうめん	じふめん	渋面
じゅうもう	じゅうもう	絨毛
	じうもう	獣毛
じゅうもく	じふもく	十目
	じふもつ	什物
じゅうもんじ	じふもんじ	十文字
しゅうや	しゅうや	終夜
	しうや	秋夜
じゅうや	じふや	十夜
じゅうやがゆ	じふやがゆ	十夜粥 冬
しゅうやく	しふやく	集約
じゅうやく	じふやく	十薬 夏
	ぢゅうやく	重役・重訳
じゅうやばば	じふやばば	十夜婆 冬
じゅうゆ	ぢゅうゆ	重油

しゅうゆう	しういう	舟遊・周遊
しゅうよう	しうやう	修養
	しうよう	収用・収容
	しふよう	襲用
じゅうよう	じゅうよう	充用
	ぢゅうよう	襲用
	ぢうえう	重要
じゅうよく	ぢゅうよう	重用
	じようよく	獣欲
しゅうらく	しふらく	集落
	しゆうらく	聚落
しゅうらい	しふらい	襲来
しゅうらん	しうらん	収攬
しゅうり	しうり	修理
しゅうりょ	しうりよ	囚虜
しゅうりょう	しうりやう	収量・秋涼 秋
	しうれう	修了
	しうれう	終了
	しゆうれふ	終漁

じゅうりょう	じふりやう	十両
	じゆうれふ	銃猟
	ぢゆうりやう	重量
じゅうりょく	ぢゆうりよく	重力
しゅうりん	しうりん	秋霖 秋
じゅうりん	じうりん	蹂躙
しゅうるい	しうるい	醜類
じゅうるい	じうるい	獣類
しゅうれい	しうれい	秀麗・秋冷 秋・秋嶺 秋・秋麗 秋
しゅうれん	しうれん	収斂・修練
	しふれん	習練
	しうらう	就労
しゅうろう	しうろう	醜陋
じゅうろうどう	ぢゆうらうどう	重労働
しゅうろく	しうろく	収録・輯録
	しふろく	集録
じゅうろく	じふろく	十六

見出し	読み	漢字
じゅうろくささげ	じふろくささげ	十六大角豆秋・十六豇豆秋
げ		
じゅうろくむさ	じふろくむさし	十六六指新年
し		
じゅうわい	しうわい	収賄
じゅうわり	じふわり	十割
しゅえい	しゆゑい	守衛
しゅかい	しゆくわい	首魁
しゅかん	しゆかん	手簡・主幹
	しゆくわん	主管・主観・首巻
しゅきゅう	しゆきう	守旧
	しゆきふ	首級
	じゆきふ	受給・需給
しゅぎょう	しゆぎやう	修行
しゅぎょう	しゆげふ	修業
じゅきょう	じゆきやう	誦経
じゅきょう	じゆけう	儒教
じゅぎょう	じゆげふ	受業・授業

見出し	読み	漢字
じゅうろ——しゅこう		
しゅえん	しゆえん	祝宴・祝筵・宿縁
	しゆくゑん	宿怨
しゅがん	しゆくぐわん	宿願
しゅごう	しゆくがふ	縮合
	しゆくごふ	宿業
しゅくじょ	しゆくぢよ	淑女
しゅくしょう	しゆくしやう	祝勝
	しゆくせう	縮小
	しゆくせう	宿将
	しゆくせふ	祝捷
しゅくず	しゆくづ	縮図
しゅくとう	しゆくたう	祝禱・粛党
しゅくほう	しゆくはう	祝砲
しゅくぼう	しゆくばう	宿坊・宿望
しゅくりょう	しゆくれう	宿料
しゅくろう	しゆくらう	宿老
しゅこう	しゆこう	手工・首肯
	しゆかう	手交・酒肴・趣向

じゅこう	じゆかう	受講	
しゅじい	しゆぢい	主治医	
しゅじく	しゆぢく	主軸	
しゅしょう	しゆしよう	殊勝	
	しゆしやう	主将・首将・主唱・首唱・首相	
しゅしょう	しゆせう	手抄	
しゅじょう	しゆじやう	主上・主情・衆生	
じゅしょう	じゆしやう	受章・受賞・授章・受賞・綬章	
じゅじょう	じゆじやう	樹上	
しゅぞう	しゆざう	酒造	
じゅぞう	じゆざう	受贈	
しゅちょう	しゆちやう	主張・首長・腫脹	
		主潮・主調	
しゅっか	しゆつか	出荷	
	しゆつくわ	出火	

じゅこう——しゅどう

じゅっかい	じゆつくわい	述懐	
しゅっかん	しゆつくわん	出棺	
しゅつがん	しゆつぐわん	出願	
しゅっきょう	しゆつきやう	出京・出郷	
しゅっこう	しゆつかう	出向・出校・出航・出港・出講	
じゅっこう	じゆくかう	熟考	
しゅっこんそう	しゆくこんさう	宿根草	
しゅっしょう	しゆつしやう	出生	
しゅつじょう	しゆつぢやう	出場	
しゅつじん	しゆつぢん	出陣	
しゅっちょう	しゆつちやう	出張	
しゅっちょう	しゆつてう	出超	
しゅつりょう	しゆつれふ	出猟・出漁	
しゅとう	しゆとう	種痘	
	しゆたう	手套冬・酒盗	
しゅどう	しゆどう	手動・主動	
	しゆだう	主導・衆道	

しゅにえ	しゅにゑ	修二会 春
しゅのう	しゆなう	首脳
じゅのう	じゆなふ	受納
しゅびょう	しゆべう	種苗
しゅほう	しゆほう	主峰
しゅほう	しゆはう	主砲
しゅほう	しゆはふ	手法
じゅほう	じゆほふ	呪法
じゅぼくどう	じゆぼくだう	入木道
じゅみょう	じゆみやう	寿命
しゅよう	しゆよう	主用
しゅよう	しゆえう	主要・須要
しゅよう	しゆやう	腫瘍
じゅよう	じゆよう	受容・需用
じゅよう	じゆえう	需要
しゅらどう	しゆらだう	修羅道
しゅりゅう	しゆりう	主流
しゅりゅうだん	しゆりうだん	手榴弾

しゅりょう	しゆりやう	首領・酒量
しゅりょう	しゆれふ	狩猟 冬
じゅりょう	じゆりやう	受領
じゅろうじん	じゆらうじん	寿老人
じゅんい	じゆんゐ	准尉・順位
しゅんが	しゆんぐわ	春画
じゅんか	じゆんくわ	純化・醇化・淳化・
しゅんかしゅう とう	しゆんかしうとう	春夏秋冬
じゅんかい	じゆんくわい	巡回
じゅんかつ	じゆんくわつ	潤滑
じゅんかん	じゆんかん	旬刊・旬間
じゅんかん	じゆんくわん	循環
じゅんきゅう	じゆんきふ	準急
しゅんぎょう	しゆんげう	春暁 春
じゅんきょう	じゆんきやう	順境
じゅんきょう	じゆんけう	殉教

じゅんぎょう	しゅんげふ	巡業
しゅんこう	しゅんこう	竣功・竣工
	しゅんかう	春耕[春]・春郊[春]・春
		江[春]
じゅんこう	じゅんかう	春光[春]
		巡行・巡幸・巡航・
		順行
しゅんしゅう	しゅんしう	俊秀・春愁[春]
しゅんじゅう	しゅんじう	春秋
しゅんしょう	しゅんせう	春宵[春]
しゅんじょう	しゅんじやう	春情[春]
じゅんじょう	じゅんじやう	準縄
じゅんじょう	じゅんじやう	殉情・純情
しゅんじん	しゅんぢん	春塵[春]
しゅんそう	しゅんさう	春草[春]・春霜[春]
しゅんちゅう	しゅんちう	春昼[春]
じゅんちょう	しゅんてう	春潮[春]
じゅんちょう	じゅんてう	順潮・順調
じゅんとう	じゅんたう	順当
じゅんのう	じゅんおう	順応
しゅんぷうたいとう	しゅんぷうたいたう	春風駘蕩
じゅんぽう	じゅんぽふ	旬報・遵奉
じゅんぽう	じゅんぱふ	順法・遵法
じゅんゆう	じゅんいう	巡遊
しゅんよう		春陽[春]
じゅんりょう	じゅんりやう	純良・純量・淳良・
		醇良・順良
じょ	ジョ	如・汝・助・序・徐・
		叙・敍・恕・舒
		女・除
しょい	しよね	所為
じょい	じよゐ	叙位
	ぢよい	女医
しょいこ	しよひこ	背負ひ子
しょいこむ	しよひこむ	背負ひ込む

しょいん		書淫	
じょいん	所員・書院		
しょう	ぢょいん	女陰	
	ショウ	升・承・昇・陞・松	
		従・称・秤・訟・勝	
		証・頌・誦・衝・蹤	
		鐘	
		上・井・正・生・匠	
		庄・床・声・姓・尚	
		性・昌・牀・青・政	
		星・相・省・荘・将	
		症・祥・唱・菖・商	
		娼・清・章・笙・掌	
		晶・湘・粧・翔・装	
	シャウ	象・傷・奨・詳・鉦	
		嘗・彰・蔣・精・裳	
		障・廠・請・漿・醬	
		賞・償・觴・醬・檣	

しょいん―じょう	セウ	小・少・召・抄・肖
		招・沼・昭・哨・宵
		悄・消・笑・梢・紹
		焦・焼・硝・詔・鈔
		照・銷・蕉・鞘・礁
		篠・簫
		妾・捷・渉
しょう	セフ	私用・使用・姿容
		試用
	しえふ	子葉・枝葉
	しやう	仕様・止揚・飼養
じょう	ジョウ	冗・丞・乗・茸・剰
		蒸・縄・尉
	ジャウ	上・成・状・城・浄
		常・情・盛・静・壌
		穣・襄・攘・譲
	ゼウ	擾・饒
	ヂヤウ	丈・杖・定・娘・錠

240

じょう	デウ	場・嬢・醸	
	デフ	帖・畳	
じよう	じよう	自用	
	じやう	滋養	
じょうあい	じやうあひ	情愛	
しょうあく	しやうあく	掌握	
しょうい	しやうい	情合ひ	
	せうい	傷痍	
じょうい	せうい	小異・少異	
	せうゐ	少尉	
	じやうい	上位・譲位	
	じやうい	上意・情意・攘夷	
じょういき	じやうゐき	浄域	
しょういだん	せういだん	焼夷弾	
しょういん	しょういん	承引・勝因・証印	
	しょうゐん	松韻	
	せうゐん	小引	

じょういん	じゃうゐん	上院	
	じょうゐん	冗員・乗員	
しょう	せう	小雨・少雨	
じょううち	じやううち	常打ち	
しょううちゅう	せううちう	小宇宙	
しょううん	しょううん	勝運	
	しやううん	商運	
じょうえ	じやうえ	浄衣	
しょうえい	せうえい	照影	
じょうえい	じやうえい	上映	
しょうえき	しゃうゑき	漿液	
しょうえん	しやうゑん	荘園・庄園	
	せうえん	小宴・招宴・消炎・硝煙	
じょうえん	じやうえん	上演・情炎	
しょうおう	せうおう	照応	
しょうおん	せうおん	消音	
じょうおん	じやうをん	常温	

見出し	読み	漢字
しょうか	しょうか	頌歌
	しゃうか	上下・唱歌・商家・商科・漿果
	しゃうくわ	娼家
	しょうくわ	昇華
	せうか	消夏夏・銷夏夏
	せうくわ	小火・小過・消火・消化
しょうが	しゃうが	生姜秋・生薑秋
	せうが	小我
じょうか	じゃうか	城下
	じゃうくわ	浄化・浄火・情火
しょうかい	しゃうかい	詳解
	しゃうくわい	商会
	せうかい	哨戒・紹介
	せうくわい	照会
しょうがい	しゃうがい	生害・生涯・障害・障礙・傷害
しょうかい	せふぐわい	渉外
	じゃうかい	上階・浄界
	じゃうくわい	常会・情懐
	ぢゃうぐわい	場外
しょうがい	しゃうがいち	生姜市秋
しょうがく	しゃうがく	正覚・商学・奨学
	せうがく	小学・小額・少額
	じゃくわく	城郭・城廓
しょうがざけ	しゃうがざけ	生姜酒冬
しょうがつ	しゃうぐわつ	正月新年
しょうがっこう	せうがくかう	小学校
しょうがつしば	しゃうぐわつしばゐ	正月芝居新年
しょうかん	しゃうかん	傷寒
	しゃうくわん	将官・商館・償還
	せうかん	小寒冬・消閑・小閑・少閑
	せうくわん	小官・召喚・召還

しょうがん	しやうぐわん	賞翫・賞玩	
じょうかん	じようかん	乗艦	
	じやうかん	城館	
	じやうくわん	冗官	
	じようくわん	上官・上浣・上澣・上幹	
しょうき	しやうき	勝機・鍾馗	
	しようき	正気・匠気・瘴気	
		商機・詳記・省気・将器	
	せうき	小器・抄記・沼気・	
しょうぎ	しやうぎ	笑気	
	しようぎ	勝義	
	しやうぎ	床几・牀机・省議・	
		将棋・商議・娼妓	
じょうき	じようき	蒸気	
	じやうき	上気・上記・浄机・	
		浄几・常軌・常規	
	でうき	条規	

じょうぎ	じやうぎ	情誼・情宜・情義
	ぢやうぎ	定規・定木
じょうききかん	じようききくわんしや	蒸気機関車
	んしや	
じょうきげん	じやうきげん	上機嫌
しょうぎだおし	しやうぎだふし	将棋倒し
しょうきち	せうきち	小吉
しょうきゃく	しやうきやく	正客・償却
	じやうきやく	上客・常客
	せうきやく	消却・焼却
しょうきゅう	しようきふ	昇級・昇給
	じやうきふ	上級
しょうきゅうし	せうきうし	小休止
しょうきょ	せうきよ	消去
しょうきょう	しやうきやう	商況
しょうぎょう	しやうげふ	商業
じょうきょう	じやうきやう	上京・状況・情況

しょうきょく	せうきょく	小曲・消極
しょうきん	しゃうきん	正金・賞金・奨金・償金
しょうきんるい	せふきんるい	渉禽類
しょく	しょく	承句
しょうく	しゃうく	章句
しょうくう	じゃうくう	上空
しょうぐん	しゃうぐん	将軍
しょうげ	しゃうげ	障碍・障礙
じょうげ	じゃうげ	上下
しょうけい	しようけい	承継・勝景・憧憬
	しやうけい	象形
	せうけい	小径・小計・少憩・小憩・小景
	せうけい	捷径
じょうけい	じやうけい	上掲・情景
	ぢやうけい	場景

しょうげき	しようげき	衝撃
	せうげき	小隙・笑劇
しょうけつ	しやうけつ	猖獗
しょうけん	しようけん	証券・證券
	しやうけん	正絹・商権
	せうけん	小見
しょうげん	しようげん	証言・證言
	しやうげん	象限・詳言
	でうけん	条件
じょうげん	じやうげん	上元 新年・上弦 秋
しょうこ	しようこ	称呼・証拠・鐘鼓
	しやうこ	尚古・商賈・鉦鼓
	せうこ	小鼓・照顧
しょうご	しやうご	正午
	せうご	笑語
じょうご	じょうご	冗語・剰語
	じやうご	上戸・漏斗
	ぢやうご	畳語

しょうこう	しょうこう	昇汞
しょうこう	しょうこう	昇降
しょうこう	しやうかう	将校・商高・商港
しょうこう	しやうこう	症候・商工
しょうこう	せうかう	小康・小稿・少考・
しょうごう	せうがふ	照合
しょうごう	しようがう	称号
しょうごう	しやうがう	商号
しょうこう	せうくわう	消光
しょうこう	せうかう	消耗・焼香
じょうこう	ぢやうごふ	定業
じょうこう	じようがう	乗号
じょうこう	じやうがう	乗降
じょうこう	じやうくわう	上皇
じょうこう	じやうかう	情交
しょうごう	せうがふ	照合
しょうこう	しようがう	称号
しょうこう	しやうがう	商号
しょうこう	せうくわう	消光
しょうこう	せうかう	消耗・焼香
じょうこう	ぢやうごふ	定業
じょうこう	じようがう	乗号
じょうこう	じやうがう	乗降
じょうこう	じやうくわう	上皇
じょうこう	じやうかう	情交
じょうごう	ぢやうごふ	定業
しょうこうい	しやうかうゐ	商行為
しょうこうぐち	しようかうぐち	昇降口
しょうこうぐん	しやうこうぐん	症候群
しょうこうしゅ	せうこうしゆ	紹興酒
しょうこうねつ	しやうこうねつ	猩紅熱
しょうこく	しやうこく	生国
しょうこく	せうこく	小国
じょうこく	じやうこく	上告
しょうことない	せうことない	為う事無い
しょうこり	しやうこり	性懲り
じょうごは	じやうごは	情強
しょうこん	しやうこん	性根・商魂・傷痕
しょうこん	しやうこん	招魂
じょうごん	じやうごん	荘厳
じょうこん	じやうこん	上根
じょうこん	でうこん	条痕
しょうこんさい	せうこんさい	招魂祭春
しょうさ	しようさ	勝差・証左
しょうさ	せうさ	小差・少佐
じょうざ	じやうざ	上座・常座

見出し	歴史的仮名遣い	表記
しょうさい	しゃうさい	商才・詳細
じょうさい	せうさい	小才
じょうさい	じゃうさい	城塞
じょうざい	じゃうざい	浄財・浄罪
じょうざい	ぢゃうざい	錠剤
じょうさいうり	ぢゃうさいうり	定斎売り 夏
じょうさく	せうさく	小策
じょうさく	じゃうさく	上作・上策
じょうさし	じゃうさし	状差し
しょうさつ	しゃうさつ	省察・詳察
しょうさつ	せうさつ	小冊・笑殺・焼殺・蕭殺
しょうさっし	せうさつし	小冊子
しょうさん	しょうさん	称賛・称讃・勝算
しょうさん	しゃうさん	賞賛・賞讃
しょうさん	せうさん	消散・硝酸
しょうし	せうし	証紙・頌詞・頌詩
しょうし	しゃうし	生死・尚歯・将士・賞詞
しょうし	しょうし	小子・小史・小祠・小誌・少子・抄紙・賞辞
しょうし	しゃうじ	笑止・焼死
しょうじ	しょうじ	頌辞
しょうじ	しゃうじ	正時・生死・商事・賞辞・障子 冬
しょうじ	せうじ	小字・小事・少時
しょうし	じゃうし	上巳 春・上司・上使・上肢・上梓・城址・情史・情死
じょうじ	じゃうじ	常事・常時・情事
じょうじ	でふじ	畳字
しょうじいれる	しゃうじいれる	請じ入れる・招じ入れる
しょうじき	せうじいれる	
しょうじき	しゃうぢき	正直
じょうしき	じゃうしき	常識
じょうしきまく	ぢゃうしきまく	定式幕

しょうしつ	せうしつ	消失・焼失
じょうしつ	じゃうしつ	上質
じょうじつ	じゃうじつ	情実
しょうしみん	せうしみん	小市民
しょうしゃ	しょうしゃ	勝者
	しゃうしゃ	商社・傷者・廠舎
	せうしゃ	小社・抄写・哨舎・照射・瀟洒・瀟灑
しょうじゃ	しゃうじゃ	聖者・精舎・盛者
じょうしゃ	じょうしゃ	乗車
じょうしゃ	じゃうしゃ	浄写・盛者
しょうしゃく	せうしゃく	焼灼・照尺
しょうじゃひつめつ	しゃうじゃひつめつ	生者必滅
しょうじゅ	しょうじゅ	頌寿
	しゃうじゅ	聖衆
じょうしゅ	じゃうしゅ	城主・情趣
じょうじゅ	じゃうじゅ	成就

しょうしゅう	せうしう	消臭・召集・招集
しょうじゅう	せうじふ	小銃
じょうしゅう	じゃうしふ	常習
じょうじゅう	じゃうぢゅう	常住
しょうしゅつ	せうしゅつ	抄出・鈔出
しょうじゅつ	しゃうじゅつ	詳述
じょうじゅつ	じゃうじゅつ	上述
じょうしゅび	じゃうしゅび	上首尾
しょうじゅん	せうじゅん	照準
じょうじゅん	じゃうじゅん	上旬
しょうしょ	しょうしょ	証書
	せうしょ	小暑[夏]・詔書
しょうじょ	しょうじょ	昇叙・陞叙
	しゃうじょ	詳叙
	せうぢょ	少女・消除
じょうしょ	じゃうしょ	上書・浄書・情緒
じょうじょ	じょうぢょ	乗除

しょうし──じょうじ

しょうしょう	せうしやう	少将
	せうせう	小照・少々・悄々・
		蕭々
しょうじょう	しょうじやう	鐘状
	しゃうじやう	症状・掌状・猩々・
		霄壌
	せうじやう	小乗
	せうでう	蕭条
	じやうしやう	城将
	じやうしよう	上昇・常勝
	でうしやう	条章
じょうじょう	じやうじやう	上々・常情・情状
	じやうじよう	上乗
	じやうぢやう	上場
	でうでう	条々・嫋々
しょうじょうぜ		
ぜ	しやうじやうぜ	生々世々

しょうし ―― しょうし		
しょうじょうば	しやうじやうば	猩々蝿 夏
え		
しょうじょうぼ		
く	しやうじやうぼ	猩々木 冬
	く	
しょうしょく	せうしよく	小食・少食・小職
じょうしょく	じやうしよく	常食
しょうじる	しやうじる	生じる・請じる
	せうじる	招じる
しょうしん	しようしん	昇進・陞進・衝心
	しやうしん	正真・傷心
	せうしん	小心・小身・焦心・
		焼身
	しやうじん	傷人・精進
じょうしん	せうしん	小人・消尽・焼尽
	じやうしん	上申
じょうじん	じやうじん	常人・情人
しょうしんしょ		
うめい	しやうしんしや	正真正銘
	うめい	

じょうず	じゃうず	上手
しょうすい	しゃうすい	将帥・傷悴
	せうすい	小水・憔悴
しょうずい	しゃうずい	祥瑞
じょうすい	じゃうすい	上水・浄水
しょうすう	せうすう	小数・少数
じょうすう	じゃうすう	乗数
	じょうすう	常数
	ぢゃうすう	定数
しょうする	しょうする	称する・証する・頌する・誦する
	しゃうする	賞する
しょうずる	せうする	抄する
	しゃうずる	生ずる・請ずる
	せうずる	招ずる
しょうせい	しょうせい	勝勢・鐘声
	せうせい	小生・小成・招請・

	じゃうせい	笑声・照星
じょうせい	じゃうせい	上世・上製・情勢・状勢
	ぢゃうせい	醸成
しょうせき	しょうせき	証跡
	せうせき	硝石
じょうせき	じゃうせき	上席
	ぢゃうせき	定石・定跡・定席
	しゃうせき	章節・詳説
しょうせつ	せうせつ	小雪図・小節・小説・消雪
	じゃうせつ	常設
じょうせつ	じょうぜつ	冗舌
じょうぜつ	ぜうぜつ	饒舌
しょうせっかい	せうせきくわい	消石灰
しょうせん	しゃうせん	省線・商船・商戦
しょうぜん	しょうぜん	承前・悚然・竦然
	せうぜん	小善・悄然・蕭然

じょうず——しょうぜ

じょうそ	じゃうそ	上訴
しょうそう	しゃうさう	尚早
しょうそう	せうさう	少壮・焦燥・焦躁
しょうぞう	せうざう	肖像
じょうそう	じゃうさう	情操
じょうそう	じゃうそう	上奏・上層・常総 ◆
じょうぞう	ぢゃうざう	醸造
しょうそく	せうそく	消息
しょうぞく	しゃうぞく	装束
じょうぞく	じゃうぞく	上蔟 夏
しょうそつ	しゃうそつ	将卒
しょうそん	せうそん	焼損
しょうたい	しゃうたい	正体
しょうたい	せうたい	小隊・招待
しょうだい	せうだい	昭代
じょうたい	じゃうたい	上体・上腿・状態・
		情態・常体・常態
じょうだい	じゃうだい	上代

しょうたく	せうたく	沼沢
	せふたく	妾宅
じょうたつ	じゃうたつ	上達
しょうたん	しゃうたん	賞嘆・賞歎
	せうたん	小胆
しょうだん	しょうだん	昇段
	しゃうだん	商談
じょうたん	じゃうたん	上端
じょうだん	じゃうだん	冗談
	じゃうだん	上段・常談
しょうち	しょうち	承知・勝地
	せうち	小知・小智・招致
		情痴・常置
	しゃうち	上知・上智・情致・
		掌中
しょうちゅう	しゃうちゅう	焼酎 夏
じょうちゅう	じゃうちゅう	常駐・城中
	でうちゅう	条虫・條虫

しょうちょ	せうちよ	小著
じょうちょ	ぢやうちよ	情緒
しょうちょう	しやうちやう	省庁
	しやうちよう	象徴
	せうちやう	小腸・消長
じょうちょう	ぢやうちやう	上長
	じやうちやう	情調
しょうちょう	じやうてう	冗長
しょうちょう	ぢやうちやう	場長
しょうちょく	せうちよく	詔勅
じょうちょく	じやうちよく	常直
しょうちん	せうちん	消沈・銷沈
しょうつき	しやうつき	祥月
じょうっぱり	じやうつぱり	情っ張り
じょうづめ	じやうづめ	常詰め
	ぢやうづめ	定詰め
しょうてい	せうてい	小弟・少弟
じょうてい	じようてい	乗艇

	じやうてい	上帝・上程
しょうてき	せうてき	小敵・少敵
じょうでき	じやうでき	上出来
じょうてもの	じやうてもの	上手物
しょうてん	しようてん	昇天・衝天
	しやうてん	声点・商店
	せうてん	小店・小篆・焦点
しょうでん	しようでん	昇殿
	しやうでん	詳伝
	せうでん	小伝・召電・招電
じょうてん	じやうてん	上天
じょうでん	じやうでん	上田
じょうてんき	じやうてんき	上天気
しょうてんち	せうてんち	小天地
しょうと	しやうと	商都
しょうど	せうど	焦土・照度
じょうと	じやうと	城都・譲渡
じょうど	じやうど	浄土・壌土

しょうち――じょうど

しょうとう	しゃうとう・しょうたう	檣灯・檣頭
	しょうたう	松濤
	せうたう	小刀・小党
	せうとう	消灯
しょうどう	しょうどう	衝動・聳動
	しゃうだう	唱道・唱導・商道
じょうとう	じゃうたう	常套
	じゃうとう	上棟・上等・常灯
じょうどう	じゃうだう	情動
	じゃうどう	成道・常道
じょうどうえ	じゃうだうゑ	成道会 ◆
じょうどがはま	じゃうどがはま	浄土ヶ浜 ◆
しょうとく	しょうとく	頌徳
	しゃうとく	生得
しょうどく	せうどく	消毒
じょうどく	じゃうとくい	上得意・常得意
しょうどしま	せうどしま	小豆島 ◆
じょうない	じゃうない	城内

	ぢゃうない	場内
じょうなし	じゃうなし	情無し
	せうなん	小難
しょうに	せうに	小兒
しょうにん	しょうにん	承認・昇任・証人
	しゃうにん	上人・聖人・商人
	せうにん	小人
じょうにん	じゃうにん	常任
しょうね	しゃうね	性根
しょうねつ	せうねつ	焦熱
じょうねつ	じゃうねつ	情熱
しょうねん	しゃうねん	正念・生年
	せうねん	少年
じょうねん	じゃうねん	情念
しょうのう	しゃうなう	樟脳
	せうなう	小脳
	せうなふ	笑納
	せうのう	小農

じょうのう	じゃうなふ	上納
しょうは	しゃうは	翔破
しょうは	せうは	小破
しょうはい	しようはい	勝敗
しょうはい	しやうはい	賞杯・賞盃・賞牌
しょうばい	しやうばい	商売
しょうはく	しやうはく	上白・上膊
しょうばこ	じやうばこ	状箱
しょうばつ	しやうばつ	賞罰
しょうはり	じやうはり	浄玻璃
しょうばん	しやうばん	相伴
じょうばん	じやうばん	上番・常磐◆
しょうひ	せうひ	消費
しょうび	しょうび	称美
しょうび	しやうび	賞美・薔薇
しょうび	せうび	焦眉
じょうひ	じようひ	冗費
じょうひ	じやうひ	上皮

じょうび	じやうび	常備
しょうひつ	しやうひつ	省筆
しょうひょう	しようひょう	証憑
しょうひょう	しやうへう	商標
しょうひょう	しようへう	証票
しょうびょう	しやうびやう	傷病
しょうひん	しやうひん	商品・賞品
しょうひん	せうひん	小品
じょうひん	じやうひん	上品
しょうふ	しやうふ	正麩・生麩・娼婦
しょうぶ	しようぶ	勝負
しょうぶ	しやうぶ	尚武・菖蒲・白菖夏
じょうふ	じやうふ	上布夏・城府・情夫・情婦
じょうふ		丈夫
じょうぶ		上部
じょうぶ	ぢやうぶ	丈夫

見出し	歴史的仮名遣い	漢字表記
しょうふう	しょうふう / しゃうふう	松風
しょうふう	しゃうふう	正風・商風
しょうふう	せうふう	蕉風
しょうぶえん	しゃうぶゑん	菖蒲園 夏
しょうふく	しょうふく	承服・承伏
しょうふく	せふふく	妾腹・慴伏・懾伏
しょうふく	じゃうふく	浄福
じょうふく	でうふく	条幅
じょうぶくろ	じゃうぶくろ	状袋
しょうふだ	しゃうふだ	正札
じょうぶつ	じゃうぶつ	成仏
しょうぶゆ	しゃうぶゆ	菖蒲湯 夏
しょうぶん	しゃうぶん	性分
じょうぶん	じゃうぶん	小文
じょうぶん	じゃうぶん	上分・上聞
しょうへい	でうぶん	条文
しょうへい	しゃうへい	将兵・傷兵
しょうへい	せうへい	招聘・哨兵
じょうへい	じゃうへい	城兵
しょうへいが	しゃうへいぐわ	障屏画
しょうへき	しゃうへき	障壁・墻壁・牆壁
じょうへき	じゃうへき	城壁
しょうへん	しゃうへん	掌編・掌篇
しょうへん	せうへん	小片・小変・小編・小篇
しょうべん	せうべん	小便
じょうほ	じゃうほ	譲歩
しょうほう	しょうほう	勝報
しょうほう	しゃうはふ	唱法・商法
しょうほう	しゃうほう	詳報
しょうほう	せふほう	捷報
しょうぼう	しゃうぼふ	正法
しょうぼう	せうばう	消防・焼亡
じょうほう	じゃうはう	上方
じょうほう	じゃうほう	情報
じょうほう	じょうはふ	乗法

じょうほう	ぢゃうはふ	定法
じょうほうもう	じゃうほうまう	情報網
じょうぼく	じゃうぼく	縄墨
	じゃうぼく	上木
しょうほん	しょうほん	証本・證本
	しゃうほん	正本
	せうほん	抄本
じょうぼん	じゃうぼん	上品・常凡
しょうま	せうま	消磨・銷磨
じょうまい	じゃうまい	上米
じょうまえ	ぢゃうまへ	錠前
しょうまきょう	せうまきゃう	照魔鏡
しょうまっせつ	しえふまつせつ	枝葉末節
しょうまん	せうまん	小満夏
しょうみ	しゃうみ	正味・賞味
じょうみ	せうみ	笑味
	じゃうみ	上巳春・情味
しょうみつ	しゃうみつ	詳密

じょうみゃく	じゃうみゃく	静脈
しょうみょう	しゃうみゃう	声明
	しょうみゃう	称名
	せうみゃう	小名
じょうみょう	じゃうみゃう	定命
	ぢゃうみゃう	常命
じょうみん	じゃうみん	常民
しょうむ	しゃうむ	商務
じょうむ	じゃうむ	乗務
	じゃうむ	常務
しょうめ	しゃうめ	正目
しょうめい	しょうめい	証明
	せうめい	召命・照明
	しゃうめつ	生滅
しょうめつ	せうめつ	消滅
しょうめん	しゃうめん	正面
じょうめん	じゃうめん	上面
しょうもう	せうもう	消耗

じょうもく	でうもく	条目
しょうもつ	せうもつ	抄物・鈔物
しょうもの	せうもの	抄物
じょうもの	じゃうもの	上物
しょうもん	しょうもん	証文・證文
	しゃうもん	声聞・掌紋
	せうもん	照門・蕉門
じょうもん	じょうもん	縄文
	じゃうもん	城門
	ぢゃうもん	定紋
しょうや	しゃうや	庄屋
しょうやく	しゃうやく	生薬
	せうやく	抄訳・硝薬
じょうやく	でうやく	条約
じょうやど	じゃうやど	上宿・常宿
じょうやど	ぢゃうやど	定宿
じょうやとい	じゃうやとひ	常雇
じょうやとう	じゃうやとう	常夜灯

じょうもー		ーじょうよ
じょうゆ	しゃうゆ	醤油
しょうゆう	せうゆう	小勇
しょうよ	しゃうよ	賞与
じょうよ	じょうよ	剰余
	じゃうよ	譲与
	ぢゃうよ	丈余
	しようよう	従容・慫慂
しょうよう	しゃうやう	賞揚
	しゃうよう	商用・賞用
	しょうやう	称揚
	せうえう	逍遥
	せうよう	小葉
	せうよう	小用
じょうよう	じょうよう	乗用
	じゃうよう	常用・常備
しょうよく	せうよく	少欲・小欲・少慾・小慾
じょうよく	じゃうよく	情欲・情慾

見出し	歴史的仮名遣い	漢字
しょうらい	しやうらい	松籟
しょうらい	しやうらい	生来・将来・請来
じょうらい	ぜうらい	招来
しょうらく	じやうらく	上洛
しょうらん	せうらん	笑覧・照覧
じょうらん	じやうらん	上覧
じょうらん	ぜうらん	擾乱
しょうり	しようり	勝利
しょうり	しやうり	掌理
じょうり	せうり	小吏・小利
じょうり	じやうり	常理・情理
じょうり	ぢやうり	場裡・場裏
じょうり	でうり	条里・条理
じょうりく	じやうりく	上陸
しょうりゃく	しやうりやく	省略・商略
じょうりゅう	じやうりう	上流
じょうりゅう	じようりう	蒸留・蒸溜
しょうりょ	せうりよ	焦慮
しょうりょう	しやうりやう	将領・商量・精霊・聖霊
しょうりょう	せうりやう	小量・少量
しょうりょう	せふれふ	渉猟
しょうりょうえ	しやうりやうゑ	聖霊会 春
しょうりょうとんぼ	しやうりやうとんぼ	精霊蜻蛉 秋
しょうりょうながし	しやうりやうながし	精霊流し 秋
しょうりょうぶね	しやうりやうぶね	精霊舟 秋
しょうりょく	しやうりよく	省力
じょうりょく	じやうりよく	常緑
しょうるい	しやうるい	生類
じょうるい	じやうるい	城塁
じょうるり	じやうるり	浄瑠璃
しょうれい	しやうれい	省令・症例・奨励・瘴癘

じょうれい	じやうれい	常例
	でうれい	条令・条例
じょうれん	じやうれん	常連
しょうろ	しようろ	松露
	せうろ	捷路
しょうろく	しやうろく	詳録
	せうろく	抄録
じょうろく	ぢやうろく	丈六
しょうろん	しやうろん	詳論
	せうろん	小論
しょうわ	しやうわ	唱和
	せうわ	小話・笑話
じょうわ	じやうわ	情話
しょうわのひ	せうわのひ	昭和の日 春
しょうわる	しやうわる	性悪
じょうわん	じやうわん	上腕
じょおう	ぢよわう	女王
しょおく	しよをく	書屋

しょが	しょぐわ	書画
しょかい	しょくわい	初会・初回・所懐
じょがい	ぢよぐわい	除外
じょがくせい	ぢよがくせい	女学生
じょがっこう	ぢよがくかう	女学校
しょかん	しょかん	初刊・所感・書簡・書翰
	しょくわん	所管
しょがん	しょぐわん	所願
しょきばらい	しょきばらひ	暑気払ひ 夏
しょきゅう	しょきう	初球
	しょきふ	初級・初給
じょきょ	ぢよきょ	除去
しょぎょう	しょぎやう	諸行・所行
	しょげふ	所業
	じよけう	助教
しょぎょうむじ	しょぎやうむじ	諸行無常

じょく	ジョク　ヂョク	辱・蓐
	ヂョク	濁
しょくいき	しょくゐき	職域
しょくいん	しょくゐん	職印
	しょくゐん	職員
しょくぎょう	しょくげふ	職業
しょくじょ	しょくぢょ	織女 秋
しょくしょう	しょくしゃう	食傷・職掌
しょくじょせい	しょくぢょせい	織女星 秋
しょくせ	ぢょくせ	濁世
しょくそう	ぢょくさう	蓐瘡
しょくどう	しょくだう	食堂・食道
しょくどうらく	しょくだうらく	食道楽
しょくぼう	しょくばう	属望・嘱望・矚望
しょくりょう	しょくりゃう	食糧
	しょくれう	食料
じょけい	じょけい	叙景
	ぢょけい	女系
しょげかえる	しょげかへる	悄気返る
じょけつ	ぢょけつ	女傑
じょけん	ぢょけん	女権
しょこう	しょこう	諸公・諸侯
	しょかう	初更・初校
	しょかう	曙光
しょごう	しょくわう	職業
	しょがう	初号
じょこう	ぢょかう	徐行
	ぢょこう	女工
しょじ	しょじ	諸事・庶事・書字
	しょぢ	所持
じょし	ぢょし	助詞・序詞
	ぢょし	女子・女史
じょじ	じょじ	叙事
	ぢょじ	助字・助辞・序次・
		女児
じょしつ	ぢょしつ	除湿
しょしゅう	しょしう	初秋 秋・所収

じょしゅう	ぢょしう	女囚
しょじょ	しょぢょ	処女
しょじょう	しょじゃう	書状
しょしょう	じょしゃう	序章
じょしょう	ぢょしゃう	女将
じょじょう	じょじゃう	叙情・抒情・如上・叙上
じょじょうふ	ぢょぢゃうふ	女丈夫
じょしょく	ぢょしょく	女色
じょしん	ぢょしん	女神
じょすう	じょすう	序数
じょすう	ぢょすう	除数
じょする	じょする	序する・叙する・恕する
じょする	ぢょする	除する
じょせい	じょせい	助成・助勢
じょせい	ぢょせい	女声・女性・女婿
じょせき	ぢょせき	除籍
じょせつ	じょせつ	序説・叙説
	ぢょせつ	除雪 図
じょせつしゃ	ぢょせつしゃ	除雪車 図
しょそう	しょさう	諸相
しょぞう	しょざう	所蔵
じょそう	じょそう	助走・助奏・序奏
	ぢょさう	女装・除草・除霜
じょそうき	ぢょさうき	除草機 夏
じょたい	ぢょたい	女体・除隊
じょちゅう	ぢょちゅう	女中・除虫
じょちゅうぎく	ぢょちゅうぎく	除虫菊
しょちゅうきゅうか	しょちゅうきうか	暑中休暇 夏
しょちゅうみまい	しょちゅうみまひ	暑中見舞ひ 夏
しょちょう	しょちゃう	所長・署長
しょちょう	しょてう	初潮
じょちょう	じょちゃう	助長

しょっかい	しょくかい	職階
しょっかく	しょくかく	食客・触角・触覚
しょっかん	しょくかん	食間・触感
	しょくくわん	食管
しょっき	しょくき	食器・織機
しょっけん	しょくけん	食券・職権
しょっこう	しょくくわう	燭光
	しょくこう	職工
しょとう	しょとう	初冬・初等・初頭
	しょたう	蔗糖・諸島
しどう	しょどう	初動
	しだう	書道・諸道
じょはきゅう	じょはきふ	序破急
しょひょう	しょひやう	書評
じょふく	ぢよふく	除服
しょほう	しよはう	処方・諸方
	しよはふ	書法・諸法
	しよほふ	諸法（仏教で）
じょほう	じよはふ	叙法
	ぢよはふ	除法
じょまく	じよまく	序幕
	ぢよまく	除幕
じょめい	じよめい	助命
	ぢよめい	除名
しょもう	しよまう	所望
じょや	ぢよや	除夜 冬
じょやのかね	ぢよやのかね	除夜の鐘 冬
じょやもうで	ぢよやまうで	除夜詣で 冬
しょゆう	しよいう	所有
じょゆう	ぢよいう	女優
しょよう	しよよう	所用
	しよえう	所要
しょりゅう	しよりう	庶流・諸流
じょりゅう	ぢよりう	女流
しょりょう	しよりやう	所領
しょろう	しよらう	初老・所労

じょろうぐも	ぢよらうぐも	女郎蜘蛛 夏
しらあえ	しらあへ	白和へ
じらい	ぢらい	爾来
しらうお	しらうを	白魚 春
しらかわ	しらかは	白川 ◆・白河 ◆
しらかわよふね	しらかはよふね	白河夜船
しらじ	しらぢ	白地
しらぬい	しらぬひ	不知火 秋
しらびょうし	しらびやうし	白拍子
しりあい	しりあひ	知り合ひ
しりあう	しりあふ	知り合ふ
しりえ	しりへ	後・後方
じりき	じりき	自力
じりじり	ぢりぢり	(副詞)
じりだか	ぢりだか	ぢり高
しりぬぐい	しりぬぐひ	尻拭ひ
じょろう	ぢろう	地雷
じりひん	ぢりひん	ぢり貧
じりやす	ぢりやす	ぢり安
しりゅう	しりう	支流
じりゅう	じりう	時流
しりょう	しりやう	死霊・思量・資糧
	しれう	史料・試料・資料・飼料
じりょう	じりやう	寺領
しろう	しろう	脂漏
	しらふ	屍蠟
	じらう	耳漏
	じらう	次郎
	ぢろう	痔瘻
しろうお	しろうを	素魚・白魚
じろうしゅ	ぢろうしゅ	治聾酒 春
しろざとう	しろざたう	白砂糖
しろじ	しろぢ	白地
しろしたがれい	しろしたがれひ	城下鰈 夏

見出し	読み	漢字
しろしょうぞく	しろしやうぞく	白装束
しろたえ	しろたへ	白妙
しろみず	しろみづ	白水
じろん	ぢろん	時論
じろん	ぢろん	持論
しわ	しは	紫波◆
しわい	しはい	吝い・嗇い
しわがれごえ	しはがれごゑ	嗄れ声
しわがれる	しはがれる	嗄れる
しわす	しはす	師走 秋
しわぶき	しはぶき	咳き 冬
しわぶく	しはぶく	咳く 冬
じわり	じわり	（副詞）
じわり	ぢわり	地割り
じわれ	ぢわれ	地割れ
じん	ジン	人・刃・仁・壬・尽・迅・臣・甚・神・訊・尋・賢・靱
しんあずき	しんあづき	新小豆 秋
しんい	しんい	真意・深意・神意・瞋恚
じんあい	ぢんあい	塵埃
じんあい	じんあい	仁愛
じん	ヂン	沈・陣・塵
しんいん	しんゐん	神韻・新院
しんいん	じんゐん	人員
じんいん	じんゐん	人員
しんいん	しんいん	心因・真因
しんいき	しんゐき	神域・震域
じんい	じんゐ	人為
じんい	じんゐ	神威
しんえい	しんえい	親衛
じんえい	じんゑい	人影
しんえい	しんえい	新鋭
じんいん	じんゐん	陣営
しんえん	しんえん	深淵
しんえん	しんゑん	心猿・神苑・深遠

見出し	歴史的仮名遣い	語例
しんおう	しんあう	心奥・深奥・震央
じんおく	じんをく	人屋
しんか	しんか	臣下・真価
	しんくわ	心火・神化・神火・真果・深化・進化
しんがい	しんがい	侵害・震駭
	しんぐわい	心外
じんかい	じんかい	人海・人界
	ぢんかい	塵界・塵芥
じんがい	じんぐわい	人外
	ぢんぐわい	塵外
しんがお	しんがほ	新顔
じんがさ	ぢんがさ	陣笠
じんがね	ぢんがね	陣鐘
しんかん	しんかん	心肝・宸翰・森閑・深閑・新刊・震撼・信管・神官・新患・新館
	しんくわん	新館
しんがん	しんがん	心眼・真贋
	しんぐわん	心願
しんかんぴょう	しんかんぺう	新干瓢 [夏]
しんきじく	しんきぢく	新機軸
しんきゅう	しんきう	針灸・鍼灸・新旧
	しんきふ	進級 [春]
しんきょう	しんきやう	心境・神鏡・進境
	しんけう	信教・神橋・新教
しんぎょうそう	しんぎやうさう	真行草
じんけい	じんけい	仁恵
	ぢんけい	陣形
しんこう	しんこう	侵攻・侵寇・振興・深厚・深紅・進攻・新興・信仰・深更・深耕・進行・進航・進講・親交・深交・新香・信号・神号
	しんかう	
しんごう	しんがう	

じんこう	じんこう	人口・人工
	ぢんかう	沈香
しんこきゅう	しんこきふ	深呼吸
しんこっちょう	しんこつちやう	真骨頂
しんごぼう	しんごばう	新牛蒡 夏
しんじ	しんじ	心耳・心事・信士・神事・神璽・新字
しんじつ	しんぢ	心地・芯地
	しんじつ	信実・真実
	しんぢつ	親昵
しんしゃいん	しんしやゐん	新社員 春
しんしゅう	しんしゆう	真宗
	しんしう	信州◆・神州・新収・新修・深秋 秋・新秋 秋
しんじゅう	しんじゆう	臣従
	しんぢゆう	心中
しんじょ	ぢんしよ	陣所
しんしょう	しんしよう	心証・辛勝
	しんしやう	心象・身上・身障・真症・紳商
	しんじやう	心情・身上・真情・進上・新庄◆
しんじょう	しんでう	信条
	じんじやう	尋常
しんしょうが	しんしやうが	新生姜 夏 秋
しんしょうひつばつ	しんしやうひつばつ	信賞必罰
じんじょうい	しんせうばうだい	針小棒大
しんしょうぼうだい		
じんする	ぢんする	陣する
じんずうりき	じんづうりき	神通力
しんそう	しんそう	深層
	しんさう	神葬・真相・真草・真槍・新装・新粧・深窓

じんこう――しんそう

見出し	歴史的仮名遣い	表記
しんぞう	しんざう	心像・心臓・新造
じんぞう	じんざう	人造・腎臓
じんだいこ	ぢんだいこ	陣太鼓
しんだいず	しんだいづ	新大豆 秋
じんだて	ぢんだて	陣立て
じんち	じんち	人知
	ぢんち	陣地
しんちゅう	しんちう	心中・進駐
	しんちう	真鍮
じんちゅう	ぢんちゆう	陣中
じんちゅうみまい	ぢんちゆうみまひ	陣中見舞ひ
しんちょう	しんちやう	慎重
	しんちよう	深長
	しんちやう	伸長・伸張・身長・
	しんてう	新調
じんちょう	ぢんちやう	沈丁 春
じんちょうげ	ぢんちやうげ	沈丁花 春

見出し	歴史的仮名遣い	表記
しんぞう——しんのう		
じんつう	じんつう	神通
	ぢんつう	陣痛
しんとう	しんとう	心頭・神灯・浸透・
	しんたう	神道・新刀・震盪・
しんどう	しんどう	震蕩・振盪・新党・
		震動
	しんだう	新道
じんとう	ぢんたう	陣頭
じんどう	じんどう	人道
	ぢんだう	陣取り
じんどり	ぢんとり	陣取り
じんどる	ぢんどる	陣取る
しんにゅう	しんにふ	侵入・浸入・進入・新入
しんにゅうせい	しんにふせい	新入生 春
しんねんかい	しんねんくわい	新年会 新年
しんのう	しんわう	親王

じんのう	じんわう	人皇
じんべえ	じんべゑ	甚兵衛 夏
しんぼう	しんぼう	深謀
しんぼう	しんばう	心房・心棒・辛抱・信望
しんぽう	しんぽう	信奉・神宝
しんぽう	しんぱふ	新法
じんぼう	じんばう	人望
しんぼうづよい	しんばうづよい	辛抱強い
じんぼつ	ぢんぼつ	陣没
じんまく	ぢんまく	陣幕
しんみょう	しんみやう	身命
しんめう	しんめう	神妙
しんゆう	しんゆう	真勇
しんゆう	しんいう	心友・神佑・深憂・親友
じんよう	ぢんよう	陣容
しんようじゅ	しんえふじゅ	針葉樹
しんらばんしょう	しんらばんしゃう	森羅万象
しんりゅう	しんりう	新柳
しんりょう	しんりやう	神領・新涼 秋
しんれつ	しんれつ	診療
じんれつ	ぢんれつ	陣列
しんろう	しんらう	心労・新郎
じんろう	ぢんらう	塵労

す

ず	ズ	事
ず	ヅ	（助動詞）
ず	ず	図・杜・豆・途・徒・逗・厨・頭
すあえ	すあへ	酢和へ・酢韲へ
すあわせ	すあはせ	素袷 夏
ずあん	づあん	図案

すいあげる	すひあげる	吸ひ上げる		すいこう	すいかう	水耕・推考・推敲・遂行
すいい	すいい	推移				
すいい	すいゐ	水位		すいごう	ずいかう	水郷◆
すいいき	すいゐき	水域		ずいこう	ずいかう	随行
ずいいん	ずいゐん	随員				瑞光
すいおん	すいをん	水温		すいこむ	すひこむ	吸ひ込む
すいか	すいか	垂下・誰何		すいしょう	すいしやう	水晶・水精・推奨・推称・推賞
すいかずら	すいかづら	忍冬 [夏]		すいじょう	すいじやう	水上
すいかん	すいかん	水火・水禍・西瓜 [秋]		すいそう	すいそう	瑞祥
すいがら	すひがら	水干・酔漢 吸ひ殻		ずいそう	ずいさう	吹奏 随想・瑞相
すいきょう	すいきよう	酔興		すいぞくかん	すいぞくくわん	水族館
すいぎゅう	すいぎう	水牛		すいぞう	すいざう	膵臓
すいきゅう	すいきう	水球 [夏]				水草・水葬・水槽
すいきゅう	すいきう	水球		ずいそう	ずいさう	
すいくわん	すいくわん	水管・吹管		すいだし	すひだし	吸ひ出し
すいこう		水郷・酔狂・粋狂		すいだす	すひだす	吸ひ出す
すいけう	垂教		すいちゅうか	すいちゆうくわ	水中花 [夏]
すいくち	すひくち	吸ひ口				

すいちょう	すいてう	水鳥
ずいちょう	ずいてう	瑞兆・瑞鳥
すいつく	すひつく	吸ひ付く
すいつける	すひつける	吸ひ付ける
すいとう	すいとう	水痘・水筒
	すいたう	水稲
	すいたふ	出納
すいどう	すいだう	水道・隧道
すいとりがみ	すひとりがみ	吸ひ取り紙
すいとる	すひとる	吸ひ取る
すいのう	すひなう	水囊
すいのみ	すひのみ	吸ひ飲み・吸ひ吞み
すいばいか	すいばいくわ	水媒花
すいふくべ	すひふくべ	吸ひ瓢
すいほう	すいはう	水泡・水疱
すいぼう	すいばう	水防・衰亡
すいもの	すひもの	吸ひ物

すいよう	すいよう	衰容・悴容
	すいえう	水曜
すいようえき	すいやうえき	水溶液
		水様液
すいよせる	すひよせる	吸ひ寄せる
すいりゅう	すいりう	水流・垂柳・翠柳
すいりょう	すいりやう	水量・推量
すう	スウ	枢・崇・嵩・数・趨・雛
	すふ	吸ふ
すうこう	すうかう	崇高・数行・趨向
すうじく	すうぢく	枢軸
ずうずうしい	づうづうしい	図々しい
すうたい	すうたひ	素謡
ずうたい	づうたい	図体
すうりょう	すうりやう	数量
すえ	すゑ	末・須恵 ◆
ずえ	づゑ	図絵

すえおき	すゑおき	据ゑ置き
すえずえ	すゑずゑ	末々
すえぜん	すゑぜん	据ゑ膳
すえつける	すゑつける	据ゑ付ける
すえつむはな	すゑつむはな	末摘花 夏
すえひろ	すゑひろ	末広
すえひろがり	すゑひろがり	末広がり
すえふろ	すゑふろ	据ゑ風呂
すえる	すゑる	饐える
すえる	すゑる	据ゑる
すおう	すあを	素襖
	すはう	蘇芳・蘇方・素袍・周防 ◆
すおどり	すをどり	素踊り
ずおも	づおも	頭重
ずが	づぐわ	図画
すがい	すがひ	酢貝
ずかい	づかい	図解

ずがい	づがい	頭蓋
すがお	すがほ	素顔
すかがわ	すかがは	須賀川 ◆
ずかずか	づかづか	(副詞)
ずがら	づがら	図柄
ずかん	づかん	図鑑
ずかんそくねつ	づかんそくねつ	頭寒足熱
すぎおり	すぎをり	杉折り
すきかえし	すきかへし	漉き返し
すきかえす	すきかへす	漉き返す・抄き返す・鋤き返す
すききらい	すききらひ	好き嫌ひ
すぎじゅう	すぎぢゆう	杉重
ずきずき	づきづき	(副詞)
すきとおる	すきとほる	透き通る・透き徹る
すきほうだい	すきはうだい	好き放題
ずきょう	ずきやう	誦経

すぎわい	すぎはひ	生業
すぎわら	すぎはら	杉原
ずきん	づきん	頭巾 冬
ずきんずきん	づきんづきん	(副詞)
ずく	づく	木菟 冬・銃
…ずく	…づく	…尽く
すくい	すくひ	救ひ
すくいあげる	すくひあげる	掬ひ上げる
すくいがたい	すくひがたい	救ひ難い
すくう	すくふ	掬ふ・抄ふ・救ふ・済ふ・巣くふ
すくめ		…づくめ
すくわれる	すくはれる	救はれる
ずけい	づけい	図形
すげかえる	すげかへる	挿げ替へる
ずけずけ	づけづけ	(副詞)
すけとうだら	すけたうだら	介党鱈 冬 鯳

ずこう	づこう	杜撰 図工
ずさん	づさん	杜撰
すじ	すぢ	筋
ずし	づし	図示・厨子・逗子 ◆
すじあい	すぢあひ	筋合ひ
すじかい	すぢかひ	筋交ひ・筋違ひ
すじがき	すぢがき	筋書き
すじがね	すぢがね	筋金
ずしき	づしき	図式
すじぐも	すぢぐも	筋雲
すじこ	すぢこ	筋子
すじだて	すぢだて	筋立て
すじちがい	すぢちがひ	筋違ひ
すじばる	すぢばる	筋張る
すじぼね	すぢぼね	筋骨
すじみち	すぢみち	筋道
すじむかい	すぢむかひ	筋向かひ
すじめ	すぢめ	筋目

すじょう	すじやう	素姓・素性
ずじょう	づじやう	図上・頭上
すすはらい	すすはらひ	煤払ひ 冬
すずりあらい	すずりあらひ	硯洗ひ 秋
ずせつ	づせつ	図説
すそまえ	すそまへ	裾前
すそまわし	すそまはし	裾回し
すそもよう	すそもやう	裾模様
ずだ	づだ	頭陀
ずたずた	づたづた	寸々
ずだぶくろ	づだぶくろ	頭陀袋
ずつ	づつ	宛
ずつう	づつう	頭痛
ずつき	づつき	頭突き
すっとんきょう	すつとんきやう	素っ頓狂
すてうちわ	すてうちは	捨て団扇 秋
すておうぎ	すてあふぎ	捨て扇 秋
すておぶね	すてをぶね	捨て小舟
すてずきん	すてづきん	捨て頭巾 春
すてなえ	すてなへ	捨て苗 夏
すどおし	すどほし	素通し
すどおり	すどほり	素通り
ずどり	づどり	図取り
すなえ	すなゑ	砂絵
すなお	すなほ	素直
すなじ	すなぢ	砂地
すなわち	すなはち	即ち・則ち・乃ち
ずぬける	づぬける	図抜ける・頭抜ける
ずのう	づなう	頭脳・図嚢
すはまそう	すはまさう	州浜草 春
ずはん	づはん	図版
ずひょう	づへう	図表
ずふ	づふ	図譜
ずぶとい	づぶとい	図太い
ずぶぬれ	づぶぬれ	づぶ濡れ

ずぶの	づぶの	
ずぼし	づぼし	図星
すまい	すまひ・すまゐ	住まひ・住居
すまう	すまふ	
すみえ	すみゑ	墨絵
すみだわら	すみだはら	炭俵 冬
すみてまえ	すみてまへ	炭手前
すみなわ	すみなは	墨縄
ずめん	づめん	図面
すもう	すまふ	相撲 秋・角力 秋
ずよう	づやう	図様
すりあわせる	すりあはせる	摺り合はせる・擦り合はせる
すりえ	すりゑ	摺り餌
すりかえる	すりかへる	摩り替へる・擦り替へる・掏り替へる
すれちがう	すれちがふ	擦れ違ふ

せ

ずろう	づろう	杜漏
すわ	すは	諏訪 ◆
すんごう	すんがう	寸毫
すんびょう	すんべう	寸秒・寸描
すんぴょう	すんぴやう	寸評
ずんべらぼう	ずんべらぼう	ずんべら坊
すんぽう	すんぱふ	寸法
せい	せい	誠意
	せゐ	勢威
せいいき	せいゐき	西域・声域・聖域
せいいん	せいいん	成因
	せいゐん	正員・成員
せいえん	せいえん	凄艶・清艶・清宴・盛宴・製塩・声援・清婉
	せいゑん	

せいおん	せいおん	正音・声音・清音・
	せいをん	聖恩
		静穏
せいか	せいか	正価・生家・声価・
		盛夏[夏]・聖歌・請
		暇・臍下
	せいくわ	正貨・正課・生花・
		成果・青果・聖火・
		精華・製菓・製靴
せいかい	せいかい	正解・政界・精解
		盛会
	せいくわい	生化学
せいかがく	せいくわがく	生化学
せいかく	せいくわく	正確・性格・政客
せいかつ	せいくわつ	生活
せいかっこう	せいかくかう	背格好
	せいかつかう	背恰好
せいかん	せいかん	性感・清閑・清鑑・
		精悍
	せいくわん	生還・盛観・静観

せいがん	せいがん	正眼・青眼・晴眼
	せいぐわん	誓願・請願・請願
ぜいかん	ぜいくわん	税関
せいきう	せいきう	制球・請求
せいきゅう	せいきう	制球・請求
	せいきふ	性急
せいきょう	せいきよう	清興
	せいきやう	政況・盛況・精強
	せいけう	正教・政教・聖教
	せいけふ	生協
せいぎょう	せいげふ	正業・生業・成業
		盛業
せいきょういく		性教育
せいきょうと	せいけうと	清教徒
せいきんようび	せいきんえうび	聖金曜日[春]
せいこう	せいこう	正鵠・成功
	せいかう	生硬・性交・性向・
		性行・政綱・盛行・
		精巧・精鋼・製鋼

せいごう	せいがう	正号
	せいがふ	整合
せいこうい	せいかうゐ	性行為
せいこううどく	せいかううどく	晴耕雨読
せいこうとうてい	せいかうとうてい	西高東低
せいこうほう	せいこうはふ	正攻法
せいごがつ	せいごぐわつ	聖五月 夏
せいじ	せいじ	正字・青磁・政事・清秋 秋・勢州 ◆
	せいぢ	政治
せいしゅう	せいしう	清秋 秋・勢州 ◆
ぜいしゅう	ぜいしう	税収
せいしゅうかん	せいしうかん	聖週間 春
せいじょ	せいぢよ	聖女・整除
せいしょう	せいしよう	青松・正称・清勝
	せいしやう	正賞・斉唱・政商・星章・清祥
せいじょう	せいじやう	正常・性状・性情・政情・清浄・聖上・正々堂々
せいせいどうどう	せいせいだうだう	正々堂々
せいず	せいづ	星図・製図
せいしょほう	せいしよはふ	正書法
せいしょうねん	せいせうねん	青少年
せいじょうき	せいでうき	星条旗
せいせっかい	せいせきくわい	生石灰
せいそう	せいそう	成層
	せいさう	正装・政争・星霜・悽愴・清掃・清爽・盛装・盛粧・精巣
せいぞう	せいざう	聖像・製造
せいぞろい	せいぞろひ	勢揃ひ
せいちゅう	せいちゆう	正中・成虫・誠忠・精虫
	せいちう	掣肘

275

せいちょう	せいちょう 性徴・清澄	
	せいちゃう 生長・成長・政庁・清朝・清聴・静聴・整腸	
	せいてう 正調・成鳥・声調・整調	
せいどう	せいたふ 正統・盛冬	
	せいたう 正当・征討・政党・精到・精糖・製糖	
せいとう	せいとう 正答	
	せいどう 生動・制動・青銅・精銅	
せいひょう	せいだう 正道・政道・聖堂	
せいびょう	せいひよう 製氷	
せいほう	せいへう 青票	
	せいびやう 性病・精兵	
	せいべう 聖廟	
	せいはう 西方	

せいちょう──せいろう		
	せいはふ 製法	
せいぼう	せいばう 制帽	
	せいばう 声望	
ぜいほう	ぜいはふ 税法	
せいみょう	せいめう 精妙	
せいもんばらい	せいもんばらひ 誓文払ひ 秋	
せいゆう	せいいう 西遊・声優・政友・	
	せいよう 西洋・静養	
	せいやう 整容	
せいよう	せいいう 清遊	
	せいやう 青竜	
せいりゅう	せいりう 清流・整流	
	せいりゆう 青竜	
せいりょう	せいりよう 声量・清涼・精良	
せいりょういん りょう	せいりやういん れう 清涼飲料	
せいろう	せいろう 青楼・蒸籠	
	せうらう 晴朗	

せおいなげ	せおひなげ	背負ひ投げ
せおう	せおふ	背負ふ
せかっこう	せかくかう	背格好
	せかつかう	背恰好
せがわ	せがは	背革・背皮
せきえん	せきゑん	積怨
せきがいせん	せきぐわいせん	赤外線
せきがえ	せきがへ	席替へ
せきじゅうじ	せきじふじ	赤十字
せきしょう	せきしやう	石菖 夏
せきぞう	せきざう	石造・石像
せきとう	せきたふ	石塔
せきどう	せきだう	赤道
せきばらい	せきばらひ	咳払ひ
せきよう	せきやう	夕陽
せぎょう	せぎやう	施行
せきりょう	せきりやう	脊梁
	せきれう	席料・寂寥・責了
せきろう	せきらふ	石蠟
せこう	せこう	施工
	せかう	施行
せしゅう	せしふ	世襲
せじょう	せじやう	世上・世情
	せぢやう	施錠
せじん	せじん	世人
	せぢん	世塵
せすじ	せすぢ	背筋
せせらわらう	せせらわらふ	せせら笑ふ
せちえ	せちゑ	節会
ぜついき	ぜつゐき	絶域
せつえん	せつえん	節煙
	せつゑん	雪冤
ぜつえん	ぜつえん	絶縁
	ぜつゑん	絶遠
せっか	せつくわ	雪花
	せききくわ	石化・赤化・赤禍

見出し	読み	表記
ぜっか	ぜつか	絶佳
	ぜつくわ	舌禍
せっかい	せつかい	切開
	せつかひ	節介
	せきくわい	石灰・石塊
せっかく	せつかく	折角・切角
	せきかく	刺客
せっかん	せきくわく	石槨
	せつかん	折諫・折檻
	せきくわん	石棺
せつがん	せつくわん	摂関
	せつがん	接岸
	せつぐわん	切願
せっき	せつき	節気・節季
	せきき	石器・赤旗
せっきゃく	せつきゃく	接客
	せききゃく	隻脚
せっきょう	せつきょうやう	説経

見出し	読み	表記
	せつけう	説教
	ぜつけう	絶叫
ぜっきょく	せききょく	積極
せきくつ	せきくつ	石窟
せっくつ	せきくつ	石窟
せつげっか	せつげつくわ	雪月花
せっけっきゅう	せきけつきう	赤血球
せっけん	せつけん	接見・節倹
	せきけん	石鹼・席巻・席捲
せっこう	せつこう	拙攻
	せきかう	石膏
	せきこう	斥候・石工
	せつかう	拙稿
	ぜつかう	舌耕・絶交・絶好
ぜっこうちょう	ぜつかうてう	絶好調
せっこく	せきこく	石斛 夏
せっしゅう	せつしう	接収・摂州 ◆
せつじょ	せつぢよ	切除
せっしょう	せつしよう	折衝

せっしょう	せっしやう	殺生・摂政
せつじょう	せつじやう	雪上
ぜっしょう	ぜつしよう	絶勝
ぜっしょう	ぜつしやう	絶唱
せつじょうしゃ	せつじやうしや	雪上車 図
せっそう	せつそう	拙走・拙僧・節奏
せっそう	せつさう	節操
せつぞう	せつざう	雪像 図
ぜっちょう	ぜつちやう	絶頂
せっとう	せつたう	窃盗
ぜっとう	ぜつとう	舌頭
ぜっとう	ぜつたう	絶倒・絶島
せつぼう	せつばう	切望
せっぽう	せつぽふ	説法
ぜつぼう	ぜつばう	絶望
ぜつみょう	ぜつめう	絶妙
せつもう	せつまう	雪盲 冬
せつよう	せつえう	切要

せどう	せだう	世道
せとぎわ	せとぎは	瀬戸際
せなかあわせ	せなかあはせ	背中合はせ
ぜにあおい	ぜにあふひ	銭葵 夏
せぬい	せぬひ	背縫ひ
せばんごう	せばんがう	背番号
せひょう	せひやう	世評
せむい	せむる	施無畏
せめあう	せめあふ	攻め合ふ・責め合ふ
せめぎあう	せめぎあふ	鬩ぎ合ふ
せりあう	せりあふ	競り合ふ
せりがい	せりがひ	競り買ひ
せりょう	せれう	施療
せわしい	せはしい	忙しい
せわしない	せはしない	忙しない
せんい	せんる	繊維
せんい		船医・戦意・遷移

せつじょー ── せんい

せんいき	せんゐき	戦域
ぜんいき	ぜんゐき	全域
せんいん	せんゐん	船員
ぜんいん	ぜんゐん	全員
ぜんえい	ぜんゑい	前衛
せんえつ	せんゑつ	僭越
せんおう	せんわう	専横
せんか	せんか	泉下・船架・選歌
	せんくわ	専科・戦火・戦果・戦渦・戦禍・選果・選科
ぜんか	ぜんくわ	禅家
せんかい	ぜんくわ	全科・全課・前科・善果
		線画
せんがい	せんぐわ	選外
	せんくわい	旋回
		仙界・浅海
ぜんかい	ぜんくわい	全会・全快・全壊・全潰・前回
せんかし	せんくわし	泉貨紙・仙花紙
せんかん	せんかん	戦艦・潜函・潜艦・専管・選管・潺湲
ぜんかん	ぜんかん	善感
		全巻・全館・前官
せんきゅう	せんきゅう	仙宮
	せんきう	選球
	せんきふ	船級
せんきょう	せんきやう	仙境・仙郷・戦況
	せんけう	宣教・船橋
せんぎょう	せんげふ	専業・賤業
せんこう	せんこう	先攻・専攻・浅紅・穿孔・戦功・鮮紅・先考・先行・専行・潜行・潜幸・潜航・

ぜんこう	せんくわう	線香・遷幸・選考・線香・遷幸・選考
	ぜんかう	銓衡・詮衡・繊巧
	ぜんかう	閃光・選鉱
ぜんごう	ぜんがう	全校・前項・善行
	ぜんがう	前号
	ぜんごふ	前業・善業
せんこうはなび	せんかうはなび	線香花火 夏秋
せんごくどおし	せんごくどほし	千石通し・千石筬
せんしばんこう	せんしばんかう	千思万考
せんじゅ	せんぢゆ	千住 ◆
	せんしう	千秋・先週・専修・
		撰修・泉州 ◆
せんじゅう	せんしふ	選集・撰集
		専従
せんじゅう	せんじふ	煎汁
	せんじゆう	先住
	せんぢゆう	先住
ぜんしゅう	せんぢゆう	禅宗
	ぜんしふ	禅宗
	ぜんしゆう	禅宗
	ぜんしう	前週

	ぜんしふ	全集
せんしゅうらく	せんしうらく	千秋楽 秋
せんじゅかんのん	せんじゆくわん	千手観音
	おん	
せんじょ	せんぢよ	仙女
せんしょう	せんしよう	先勝・先蹤・戦勝・
		戦傷
	せんしやう	先唱・船檣・戦傷・
		選奨
	せんせう	鮮少
	せんせふ	賤称・僭称
せんじょう	せんじやう	戦捷
	せんじやう	洗浄・船上・扇情・
		煽情・僣上・線上
	せんでう	洗滌・線条・繊条
	せんぢやう	戦場
ぜんしょう	ぜんしよう	全勝
	ぜんしやう	全章・前生
	ぜんせう	全焼・前哨

ぜんこう──ぜんしょ

せ

ぜんじょう	ぜんじやう	禅譲
	ぜんぢやう	禅定・禅杖
ぜんじょうち	ぜんでう	前条
	せんじやうち	扇状地
ぜんしょうとう	ぜんせうとう	前照灯
せんじん	せんじん	千尋・千仞・先人
	せんぢん	先陣・戦陣・戦塵
ぜんじんみとう	ぜんじんみたう	前人未到
	ぜんじんみたふ	前人未踏
せんすじ	せんすぢ	千筋
せんそう	せんさう	船倉・船窓・船装・
		戦争
せんそうじ	せんさうじ	浅草寺
せんちょう	せんちやう	尖頂・船長
ぜんちょう	ぜんちやう	全長
	ぜんてう	前兆
せんとう	せんとう	仙洞・先登・先頭・
		戦闘

ぜんじょ ── ぜんのう

	せんたう	銭湯・洗湯
	せんたふ	尖塔
せんどう	せんだう	扇動・煽動・船頭・
		顫動
		先導・羨道・山道 ◆
ぜんとう	ぜんたう	蠕動
	ぜんたう	全島
	ぜんだう	前頭・漸騰
ぜんどう	ぜんだう	善導・禅堂
せんとうよう	ぜんとうえふ	前頭葉
せんにちまいり	せんにちまゐり	千日参り
せんにゅう	せんにふ	先入・潜入
ぜんにゅう	ぜんにゅう	全乳
	ぜんにふ	全入
せんにゅうかん	せんにふくわん	先入観
せんのう	せんなう	洗脳
	せんなう	先王・先皇
ぜんのう	せんわう	
	ぜんのう	全能

ぜんなふ	ぜんばらひ	せんべう	せんぴやう	ぜんぺう	せんぺんばんくわ	せんばう	せんばう	せんぱう	せんぱう	せんぱふ	ぜんぱう	ぜんぱう	せんばうきやう	ぜんぱうこうゑんふん	せんまいどほし	せんみやう

ぜんなふ	全納・前納
ぜんばらい	ぜんばらひ	全払ひ・前払ひ
せんびょう	せんべう	線描
せんぴょう	せんぴやう	選評
ぜんぴょう	ぜんぺう	全豹
せんぺんばんか	せんぺんばんくわ	千変万化
せんぼう	せんばう	羨望
せんぽう	せんぱう	先鋒
せんぽう	せんぱう	先方
ぜんぼう	ぜんばう	全貌
せんぽう	せんぱふ	旋法・戦法
ぜんぽう	ぜんぱう	前方
ぜんぽう	ぜんぱう	潜望
せんぼうきょう	せんばうきやう	潜望鏡
ぜんぽうこうえんふん	ぜんぱうこうゑんふん	前方後円墳
せんまいどおし	せんまいどほし	千枚通し
せんみょう	せんみやう	宣命

せんもう	せんもう	染毛・剪毛・旋毛・繊毛
ぜんもう	ぜんまう	譫妄
ぜんもう	ぜんまう	全盲
ぜんもんどう	ぜんもんだふ	禅問答
せんゆう	せんいう	仙遊・占有・専有・戦友
せんゆうこうらく	せんいうこうらく	先憂後楽
く	く	
せんよう	せんよう	占用・専用・僭用
せんよう	せんやう	宣揚
せんりゅう	せんりう	川柳
ぜんりゅうふん	ぜんりふふん	全粒粉
せんりょう	せんりやう	千両図・占領・線量・選良
	せんれう	染料
ぜんりょう	ぜんりやう	全量・善良

そ

…ぞい	…ぞひ	…沿ひ…添ひ
そいとげる	そひとげる	添ひ遂げる
そいね	そひね	添ひ寝
そいねかご	そひねかご	添ひ寝籠[夏]
そう	ソウ サウ	走・宋・宗・奏・送
		曳・捜・曽・僧・嗽
		喉・層・綜・総・聡
		惣・湊・瘦・踪・簇
		叢・贈
		爪・双・雙・壮・早
		争・相・草・荘・倉
		桑・巣・掃・曹・爽
		窓・創・喪・葬・装
		掻・想・愴・蒼・槍
		漕・箏・遭・槽・瘡
		靜・噪・操・艘・燥・
		糟・霜・騒・繰・藻・
		躁・挿
ぞう	ゾウ ザウ	増・憎・贈
	ザフ	匝
		然う
		沿ふ・添ふ・副ふ
	ゾウ	造・象・像・蔵・臓
	ザウ	雑
そうあい	さうあい	相愛
そうあん	そうあん	僧庵
	さうあん	草案・草庵・創案
そうい	そうい	僧衣・総意
	さうい	創痍・創意・相異
	さうゐ	相違
	そうゐ	僧位・層位
	ぞうゐ	贈位
そういう	さいふ	然う言ふ
そういん	そうゐん	僧院・総員

ぞういん	ぞうゐん	増員
ぞうえい	ざうえい	造営
ぞうえいざい	ざうえいざい	造影剤
ぞうえん	さうえん	蒼鉛
ぞうえん	ざうゑん	増援
ぞうおく	ざうゐん	造園
	さうをく	草屋
ぞうおう	さうおう	相応
ぞうお	ぞうを	憎悪
ぞうか	さうか	造家
	さうおん	相恩・騒音
ぞうか	さうおん	宋音
ぞうが	さうが	装画
	さうぐわ	爪牙
	さふくわ	挿花
ぞうか	ざうか	装荷・喪家・草加 ◆
ぞういん	ぞうか	増加・増価

		造化・造花
そうかい	そうかい	僧階
	さうかい	掃海・滄海・蒼海
	さうくわい	壮快・爽快
	さうくわい	総会
そうがい	霜害 [春]
	さうがい	窓外
そうかく	さうぐわい	
	さうくわく	総画
そうかつ	さうかつ	総轄
	そうくわつ	総括・綜括
ぞうがめ	ざうがめ	象亀
そうがわ	そうがは	総革・総皮
そうかん	そうかん	総監
	さうかん	相姦・創刊
	さうくわん	壮観・僧官
	そうくわん	送還・僧官
ぞうがん	ざうがん	象眼・象嵌
そうがんきょう	さうがんきやう	双眼鏡

ぞういん――そうがん

見出し	読み	表記
そうき	そうき	送気・総記
そうぎ	さうき	早期・想起
そうぎ	さうぎ	争議・葬儀
ぞうき	ざうき	造機・臓器
ぞうき	ざふき	雑木・雑器
ぞうきばやし	ざふきばやし	雑木林
ぞうきもみじ	ざふきもみぢ	雑木紅葉 秋
そうきゅう	さうきふ	早急
	さうきゅう	蒼穹
そうぎょ	そうぎょ	送球
そうぎょ	さうぎよ	草魚
そうきょ	さうきょ	壮挙
そうぎょう	さうぎょう	創業・操業
ぞうぎょう	ざうぎゃう	僧形
ぞうきょう	ぞうきゃう	増強
そうきょく	さうきょく	箏曲
そうきょくせん	さうきょくせん	双曲線

見出し	読み	表記
ぞうきん	ざふきん	雑巾
そうぐ	さうぐ	葬具・喪具・装具
そうぐう	さうぐう	遭遇
そうくずれ	そうくづれ	総崩れ
そうくつ	さうくつ	巣窟
ぞうげ	ざうげ	象牙
そうけい	そうけい	総計
そうけい	さうけい	早計
	ざうけい	造形・造型・造詣
ぞうけつ	ぞうけつ	増血・増結
	ざうけつ	造血
そうけん	さうけん	送検・総見
	さうけん	双肩・壮健・創見・創建・想見
そうげん	さうげん	草原
ぞうげん	ぞうげん	増減
	ざうげん	造言
	ざふげん	雑言

そうこ	さうこ	倉庫・蒼古・操舵
そうご	さうご	壮語・相互
ぞうご	ざうご	造語
そうこう	さうこう	奏功
	さうかう	然う斯う・壮行・草
		冠・草稿・操行・糟
		糠・霜降 秋
そうこう	さうかふ	装甲
	さうくわう	倉皇・蒼惶
	そうかう	走行・奏効・送行・
		送稿
そうごう	さうがう	相好・僧綱
	そうがふ	総合・綜合
ぞうごう	ぞうがう	贈号
そうこく	さうこく	相克・相剋
そうこん	さうこん	爪痕・早婚・草根・
		創痕
そうごん	さうごん	荘厳

ぞうごん		雑言
そうさ	そうさ	走査・捜査
	さうさ	操作
	さふさ	匝瑳 ◆
ぞうさ	ざうさ	造作
そうし	さうし	壮士・相思・草紙・
		草子・双紙・冊子・
		創始・繰糸
ぞうさ		雑作
そうさい	さうさい	総裁
	さうさい	相殺・葬祭
そうさく	そうさく	捜索
	さうさく	創作
	ぞうさく	造作
		増作
ぞうさない	ざうさない	造作無い
ぞうざらい	そうざらひ	総浚ひ
そうざん	さうざん	早産

そうこ——そうし

そうじ	そうじ	送辞
そうじ	さうじ	相似
そうじ	さうぢ	掃除
ぞうじ	ざうじ	造次
そうしき	さうしき	相識・葬式
そうした	さうした	(連体詞)
そうしつ	さうしつ	喪失
そうして	さうして	然うして
そうじまい	そうじまひ	総仕舞ひ
そうしゃ	さうしゃ	走者・奏者
		壮者・相者・掃射・操車
そうしゅ	そうしゅ	宗主
		双手・漕手・操守
そうしゅう	さうしう	早秋秋・爽秋・相州
		◆
そうじゅう	さうじゅう	操縦
ぞうしゅう	ぞうしう	増収
そうじゅく	さうじゅく	早熟
そうしゅつ	そうしゅつ	簇出
そうしゅつ	さうしゅつ	早出・創出
そうじゅつ	さうじゅつ	槍術・蒼朮夏
そうしゅん	さうしゅん	早春春
そうしょ	さうしょ	叢書
そうしょ	さうしょ	双書・草書
ぞうしょ	ざうしょ	蔵書
そうしょう	そうしょう	総称
そうしょう	さうしゃう	相生・創唱・創傷
そうしょう	さうしょう	相承・相称
そうじょう	そうじゃう	相生
そうじょう	さうじゃう	相乗
そうじょう	さうぜう	騒擾
そうじょう	さうぢゃう	葬場
そうじょう	そうぢゃう	奏上・僧正・層状・総状

ぞうしょう	ざうしゃう	蔵相
ぞうじょうまん	ぞうじやうまん	増上慢
そうしょく	そうしょく	僧職
	さうしょく	草食・装飾
そうしん	そうしん	送信・痩身・総身
	さうしん	喪心・喪神
そうしんぐ	さうしんぐ	装身具
そうず	さふづ	挿図
	そふづ	僧都
ぞうすい	ぞうすい	添水 秋
	ざふすい	雑炊 冬
そうする	そうする	奏する
	さうする	相する・草する
ぞうする	ざうする	蔵する
そうせい	さうせい	奏請・叢生・簇生
	さうせい	早世・早生・早成・
		早逝・創世・創成・

ぞうせい	ざうせい	創製・蒼生
		造成
そうせいじ	さうせいじ	双生児
そうせつ	そうせつ	総説
	そうせつ	創設・霜雪
そうぜつ	さうぜつ	壮絶
そうぜん	さうぜん	蒼然・騒然
そうせん	さうせん	造船
ぞうせん	ざうせん	造船
そうそう	さうさう	忽々・匆々・淙々・
		然う然う・早々・
		草々・草創・滄桑・
		蒼々・錚々・踉々・
そうぞう	さうぞう	葬送
	さうざう	創造・想像
そうぞうしい	さうざうしい	騒々しい
そうそく	さうそく	総則
	さうそく	相即

そうぞく	さうぞく	宗族・僧俗
		相続
そうそつ	さうそつ	忽卒・匆卒
		倉卒・草卒
そうだ	さうだ	様だ・相だ・操舵
そうたい	さうたい	僧体・総体
		早退・相対・草体
		総代
そうだい	さうだい	壮大
そうだがつお	そうだがつを	宗太鰹秋・惣太鰹
そうだつ	さうだつ	争奪
そうたん	さうたん	早旦・操短
そうだん	さうだん	僧団・叢談
		相談・装弾
そうち	さうち	送致
		装置
そうちゃく	さうちゃく	早着・装着

そうちょう	さうちゃう	曹長
	さうちょう	荘重
	さうてう	早朝
	さうちゃう	総長
	そうてう	宋朝
	ぞうてう	増徴
	ぞうちゃう	増長
そうてい	さうてい	送呈
	さうてい	装丁・想定・漕艇
そうてん	さうてん	総点
	さうてん	争点・早天・装塡・
		蒼天
そうでん	さうでん	送電
		相伝・桑田
そうと	さうと	僧徒
	さうと	壮図・壮途
そうとう	さうとう	総統
	さうたう	相当・掃討・想到

そうどう	さうとう	双頭・争闘
そうどう	さうだう	草堂
	さうどう	相同・騒動
そうどう	さうだう	僧堂
そうとう	ぞうたふ	贈答
そうどういん	そうどうゐん	総動員
そうどく	さうどく	瘡毒
そうなん	さうなん	遭難
ぞうに	ざふに	雑煮 [新年]
そうにゅう	さうにふ	挿入
ぞうにん	ざふにん	雑人
そうねん	さうねん	壮年・早年・想念
そうは	さうは	走破
そうどう	さうどう	争覇・掻爬
そうば	さうば	相場
そうばい	さうばい	早梅 [冬]
そうはく	さうはく	蒼白・糟粕
そうはつ	そうはつ	総髪
そうはつ	さうはつ	双発・早発
そうばん	さうばん	早晩
ぞうはん	ぞうはん	増版
	ざうはん	造反・蔵版
そうび	さうび	壮美・装備・薔薇 [夏]
そうひょう	そうひやう	総評
	さうべう	宗廟
ぞうふ	ざうふ	臓腑
そうふく	さうふく	僧服
	さうふく	双幅
ぞうぶつ	ざうぶつ	造物・贓物
ぞうへい	ぞうへい	増兵
	ざうへい	造兵・造幣
そうへき	さうへき	双璧
そうほう	さうはう	双方
	さうはふ	相法
	そうはふ	走法・奏法

そうぼう	さうばう	相貌・想望・蒼氓・
	さうばう	蒼茫
	さうばう	双眸
そうぼう	さうばう	僧坊・僧房・怱忙・
ぞうぼう	ざうぼふ	像法
そうほうこう	さうはうかう	双方向
そうほん	そうほん	送本
そうほん	さうほん	草本
ぞうほん	ざうほん	造本
そうま	さうま	相馬 ◆
そうまい	さうまい	草昧・爽昧
ぞうむし	ざうむし	象虫
そうめい	そうめい	聡明
そうめい	さうめい	滄溟
そうめつ	さうめつ	掃滅・剿滅
そうめん	さうめん	素麺・索麺
そうもう	さうまう	草莽
そうもく	さうもく	草木
ぞうもつ	ざうもつ	臓物
そうもん	そうもん	奏聞・僧門・総門
そうもん	さうもん	相聞・桑門
そうやく	さうやく	草薬・装薬
そうゆう	そういう	曽遊
そうよう	さうやう	掻痒
そうらい	さうらい	爽籟[秋]
そうらん	さうらん	総覧・綜覧・奏覧
	さうらん	爽籟[秋]
ぞうり	ざうり	草履
そうりつ	さうりつ	創立
そうりょう	さうりやう	総量・総領
	それう	送料
	ぞうりやう	増量
ぞうりょうじ	ぞうりやうじ	総領事
そうりん	そうりん	僧林・叢林
	さうりん	相輪

そうりんしき	さうりんしき	巣林子忌 图
そうるい	そうるい	走塁
そうるい	さうるい	藻類
そうれい	さうれい	壮齢・壮麗・葬礼
そうれつ	さうれつ	壮烈・葬列
そうろう	さうらう	早老・蹌踉
そうろう	さうらふ	候ふ
そうろう	さうろう	早漏
そうろん	さうろん	総論
そうろん	さうろん	争論
そうわ	さうわ	送話・総和
そうわ	さうわ	挿話
そえ…	そへ…	添へ…・副へ…
そえうま	そへうま	副へ馬
そえがき	そへがき	添へ書き
そえがみ	そへがみ	添へ髪
そえぎ	そへぎ	添へ木・副へ木
そえじょう	そへじやう	添へ状

そえぢ	そへぢ	添へ乳
そえもの	そへもの	添へ物
そえる	そへる	添へる・副へる
そえん	そゑん	疎遠
そか	そか	楚歌・溯河・遡河
そか	そか	粗菓
そかい	そかい	租界・疎開
そかい	そかい	疎外
そがい	そがい	阻害・鼠害
そがん	そぐわん	素懐
そきゅう	そきう	訴求
そきゅう	そきう	訴願
そぎょう	そげふ	溯及・遡及
そぎょう	そげふ	祖業
そくい	そくひ	続飯
そくい	そくゐ	即位
そくが	そくぐわ	側臥
ぞくが	ぞくぐわ	俗画

見出し	歴史的仮名遣い	漢字
そくしゅう	そくしう	束脩・速修
ぞくしゅう	ぞくしう	俗臭
そくしゅう	ぞくしふ	俗習
そくじょ	そくぢょよ	息女
ぞくじょう	ぞくじやう	俗情
ぞくじん	ぞくじん	俗人
	ぞくぢん	俗塵
そくしんじょうぶつ	そくしんじやうぶつ	即身成仏
ぞくちょう	ぞくちやう	族長
そくとう	ぞくてう	俗調
	そくたふ	即答・速答
そくとう	ぞくとう	続投・続謄
	ぞくたう	属島
そくのう	そくなふ	即納
そくみょう	そくめう	即妙
ぞくみょう	ぞくみやう	俗名
ぞくよう	ぞくよう	俗用
	ぞくえう	俗謡
	ぞくりう	俗流
ぞくりゅう	ぞくりふ	粟粒
そくりょう	そくりやう	測量
ぞくりょう	ぞくりやう	属領
	ぞくれう	属僚
そこいじ	そこいぢ	底意地
	そかう	
そこう	そがう	素行・粗肴・遡行・遡航
そこうお	そこうを	粗剛・疎剛
そこなう	そこなふ	底魚
そじ	そじ	損なふ・害ふ・傷ふ
	そぢ	措辞
そしゅう	そしう	素地
そじょう	そじやう	楚囚
		俎上・訴状・溯上・遡上

そそう	そさう	祖宗
そそう	そさう	阻喪・沮喪・粗相
そっか	そくか	足下
ぞっか	ぞくか	俗歌
ぞっか	ぞくくわ	俗化
ぞっかい	ぞくかい	俗界・俗解・続開
そっかん	そくかん	速乾
ぞっかん	ぞくかん	俗間・続刊
そっき	そくき	属官
そっき	そくき	速記
ぞっき	ぞくき	俗気
そっきゅう	そくきう	速球
そっきょう	そくきょう	即興
そつぎょう	そつげふ	卒業 [春]
そつぎょうしき	そつげふしき	卒業式 [春]
そつぎょうせい	そつげふせい	卒業生 [春]
ぞっきょく	ぞくきょく	俗曲
そっきん	そくきん	即金・側近
そっくりかえる	そっくりかへる	反つくり返る
ぞっけ	ぞくけ	俗気
そっけつ	そくけつ	即決・速決
そっこう	そくかう	即行・即効・速効
そっこう	そくこう	速攻・測候・側溝
ぞっこう	ぞくかう	続行・続稿
そっこく	そくこく	即刻
ぞっこく	ぞくこく	属国
そっとう	そつたう	卒倒
そでしょう	そでしやう	袖章
そとう	そたう	粗糖
そとい	そとがこひ	外囲ひ
そとがまえ	そとがまへ	外構へ
そとがわ	そとがは	外側
そとまわり	そとまはり	外回り
そなえ	そなへ	備へ・供へ
そなえる	そなへる	備へる・供へる・具へる

そそう──そなえる

そなわる	そなはる	備はる・具はる
そのうえ	そのうへ	其の上
そのかわり	そのかはり	其の代はり
そのすじ	そのすぢ	其の筋
そのほう	そのはう	其の方
そのよう	そのやう	其の様
そばづえ	そばづゑ	側杖・傍杖
そばづかえ	そばづかへ	側仕へ
そびょう	そべう	祖廟・素描・粗描
そほう	そはう	素封
そめいよしの	そめゐよしの	染井吉野
そめかえす	そめかへす	染め返す
そめなおし	そめなほし	染め直し
そよう	そやう	素養
そらあい	そらあひ	空合ひ
そらじ	そらぢ	空路
そらもよう	そらもやう	空模様

そらわらい	そらわらひ	空笑ひ
そりあじ	そりあぢ	剃り味
そりかえる	そりかへる	反り返る
そりゅうし	そりふし	素粒子
それじゃ	それぢや	（それでは）
それゆえ	それゆゑ	其れ故
そろい	そろひ	揃ひ
そろう	そろう	揃ふ
そろえる	そろへる	揃へる
そろわせる	そろはせる	揃はせる
そわそわ	そはそは	（副詞）
そわる	そはる	添はる
そんかい	そんくわい	村会・損壊
ぞんがい	ぞんぐわい	存外
そんこう	そんこう	尊公
そんこう	そんかう	損耗
そんごう	そんがう	尊号

そんしょう	そんしよう	尊称
そんしょう	そんしやう	損傷
そんじょう	そんじやう	尊攘
ぞんじょう	ぞんじやう	存生
そんじょそこら	そんぢよそこら	
そんそう	そんさう	村荘
そんぞう	そんざう	尊像
そんちょう	そんちやう	尊重
そんどう	そんちやう	村長
そんどう	そんどう	村童
そんのう	そんだう	村道・尊堂
そんのう	そんわう	尊王・尊皇
そんぼう	そんばう	存亡
そんもう	そんもう	損耗
そんぼう	そんまう	損亡
そんゆう	そんいう	村有
そんりょう	そんれう	損料

た	**タイ**	
たい	たひ	鯛
	たい	戴
たい	たい	大意
たいいほう	たいゐはふ	大尉・体位・退位
たいいん	たいゐん	対位法
	たいゐん	太陰・退隠
	たいゐん	退院・隊員
だいえん	だいえん	代演
	だいゑん	大円
だいおう	だいわう	大王
だいおうじょう	だいわうじやう	大往生

そんしょ——だいおう

た

たいおん	たいをん	体温
だいおんじょう	だいおんじやう	大音声
たいか	たいか	大家・大廈・対価
	たいくわ	大火図・大過・耐
		火・退化・滞貨
だいが	だいぐわ	題画
たいかい	たいかい	大海
	たいくわい	大会・退会
たいがい	たいぐわい	大害・大概
	たいがい	体外・対外
だいかいてん	だいくわいてん	大回転
だいがえ	だいがへ	代替へ
だいがくいん	だいがくゐん	大学院
だいがわり	だいがはり	代替はり
たいかん	たいかん	大旱・大鑑・体感・
		耐寒
		大官・大患・大観・
	たいくわん	退官・戴冠

たいおん ── たいこう

たいがん	たいがん	対岸
	たいぐわん	大願
だいかん	だいかん	大寒図
	だいくわん	代官
	だいぐわん	代願
たいきゅう	たいきう	待球・耐久
だいきゅう	だいきう	大弓
	だいきゆう	代休
たいきょう	たいきやう	退京・滞京
	たいけう	胎教
たいぎょう	たいげふ	大業・怠業
だいきらい	だいきらひ	大嫌ひ
たいこう	たいこう	大公・大功・退紅・
		褪紅
	たいかう	大行・大綱・体腔・
		対向・対抗・対校・
		退行・退校
	たいかふ	太閤

見出し	読み	表記
だいこう	だいこう	乃公
だいこう	だいかう	代行・代香・代講
だいごう	だいがう	大剛・題号
たいこうき	たいかふき	太閤記㊙
だいこうぶつ	だいかうぶつ	大好物
たいこうぼう	たいこうばう	太公望
たいじ	たいじ	胎児
たいじ	たいぢ	対峙・退治
だいしきょう	だいしけう	大司教
だいしこう	だいしかう	大師講㊝
だいじしん	だいぢしん	大地震
たいしゅう	たいしゅう	大衆
たいじゅう	たいぢゅう	体重
たいしゅう	たいしう	体臭・対州
たいしょう	たいしやう	大将・大賞・対症・対象・隊商・大正
		大勝・対称
		大笑・大詔・対照
たいじょう	たいじやう	帯状・退城
		退場
たいしょう	たいしやう	代将・代償
		大小
だいしょう	だいしやう	代将・代償
だいじょう	だいじょう	大乗
	だいじやう	台状
たいしょうごと	たいしやうごと	大正琴
だいじょうさい	だいじやうさい	大嘗祭㊝
だいしょうじ	だいしやうじ	大聖寺◆
たいしょうすう	たいせうすう	帯小数
だいじょうだん	だいぢやうだん	大上段
だいじょうふ	だいぢやうふ	大丈夫
だいじょうぶ	だいぢやうぶ	大丈夫
だいじょうみゃく	だいぢやうみゃく	大静脈
く	く	
たいじん	たいじん	大人・対人
	だいじん	大臣
だいじん	たいぢん	対陣・退陣
だいず	だいづ	大豆㊙

たいそう	たいそう	大層・大宗
たいぞう	たいさう	大葬・大喪・体操
たいぞう	たいざう	退蔵
だいぞうきょう	だいざうきやう	大蔵経
だいそうじょう	だいそうじやう	大僧正
だいだんえん	だいだんゑん	大団円
たいちょう	たいちやう	体長・退庁・隊長
たいちょう	たいてう	体調・退潮
だいちょう	だいちやう	大腸・台帳
たいとう	たいとう	台頭・擡頭・対等・泰東
	たいたう	対当・帯刀・頷唐・駘蕩 春
だいとう	だいたう	大刀
だいどう	だいだう	大道
だいどうしょう	だいどうせうい	大同小異
い		
だいとうりょう	だいとうりやう	大統領

だいにゅう	だいにふ	代入
たいのう	たいなふ	滞納
だいのう	だいなう	大農
	だいなう	大脳
	だいなふ	代納
たいひょう	たいへう	代表
たいびょう	たいびやう	大病
だいひょう	だいひやう	大兵
	だいへう	代表
たいほう	たいほう	大鵬
	たいはう	大方・大砲
	たいはふ	大法
たいぼう	たいばう	大望・待望
	たいばふ	耐乏
だいみょう	だいみやう	大名
たいもう	たいもう	体毛
	たいまう	大望
だいもんじそう	だいもんじさう	大文字草 秋

たいやき	たひやき	鯛焼き 冬
たいよう	たいよう	体用・耐用
	たいえう	大要
	たいやう	大洋・太陽・体様・態様
たいら	たひら	平ら・平 ◆
たいらがい	たひらがひ	平貝
たいらげる	たひらげる	平らげる
たいりゅう	たいりう	対流・滞留
たいりょう	たいりやう	大量
		大猟・大漁
	たいれふ	
だいろっかん	だいろくかん	第六感
たうえ	たうゑ	田植ゑ 夏
たうえうた	たうゑうた	田植ゑ唄 夏
たうえがさ	たうゑがさ	田植ゑ笠 夏
たえ	たへ	妙・栲
たえがたい	たへがたい	耐へ難い・堪へ難い
たえかねる	たへかねる	堪へ兼ねる
たえしのぶ	たへしのぶ	堪へ忍ぶ・耐へ忍ぶ
たえない	たへない	堪へない
たえなる	たへなる	妙なる
たえる	たへる	絶える
		耐へる・堪へる
だえん	だゑん	楕円
たおす	たふす	倒す
たおやか	たをやか	嫋やか
たおやめ	たをやめ	手弱女
たおる	たをる	手折る
たおれる	たふれる	倒れる
たか	たか	高・鷹
	たくわ	多寡
たがい	たがひ	互ひ
たがう	たがふ	違ふ
たがえる	たがへる	違へる

たかお	たかを	高雄◆・高尾◆
だがし	だぐわし	駄菓子
たかしお	たかしほ	高潮
たかじょう	たかじやう	鷹匠 [冬]
たかちょうし	たかてうし	高調子
だがっき	だがくき	打楽器
たかようじ	たかやうじ	高楊枝
たかわらい	たかわらひ	高笑ひ
たかん	だくわん	兌換
だきあう	だきあふ	抱き合ふ
たきあわせ	たきあはせ	炊き合はせ
だきあわせ	だきあはせ	抱き合はせ
だきかかえる	だきかかへる	抱き抱へる
たきぎょうじゃ	たきぎやうじゃ	滝行者 [夏]
たきぼうよう	たきばうやう	多岐亡羊
だきゅう	だきう	打球・打毬

た

たかお ——— たこうな

たきょう	たきやう	他郷
だきょう	だけふ	妥協
たぐい	たぐひ	類ひ・比ひ
たぐう	たぐふ	類ふ・比ふ
たぐえる	たぐへる	類へる・比へる
たくじょう	たくじやう	卓上
たくぞう	たくざう	宅造
だくりゅう	だくりう	濁流
だくろう	だくらう	濁浪
たくわえ	たくはえ	蓄へ・貯へ
たくわえる	たくはへる	蓄へる・貯へる
たけざお	たけざを	竹竿
たけしょうぎ	たけしやうぎ	竹床几 [夏]
たけなわ	たけなは	酣・闌
たこう	たかう	他行・多幸
だこう	だかう	蛇行
たこうしき	たかうしき	多項式
たこうな	たかうな	筍 [夏]

だしおしむ	だしをしむ	出し惜しむ
たじたじ	たぢたぢ	(副詞)
たじま	たぢま	但馬 ◆
たしまえ	たしまへ	足前
たじゅう	たぢゆう	多重
たしょう	たしよう	他称
たしょう	たしやう	他生・多生・多祥
	たせう	多少・多照
たじょう	たじやう	多情
だじょうかん	だじやうくわん	太政官
たじろぐ	たぢろぐ	打陣
だじん	だぢん	多神教
たしんきょう	たしんけう	鶴・田鶴
たず	たづ	便・方便・活計
たずき	たづき	助け合ふ
たすけあう	たすけあふ	携へる
たずさえる	たづさへる	携はる
たずさわる	たづさはる	

たずねびと	たづねびと	尋ね人
たずねる	たづねる	尋ねる・訪ねる
たたえる	たたへる	称へる・讃へる・湛へる
たたかい	たたかひ	戦ひ・闘ひ
たたかう	たたかふ	戦ふ・闘ふ
たたきこわす	たたきこはす	叩き毀す
たたきなおす	たたきなほす	叩き直す
たださえ	ただされ	唯さへ
たたずまい	たたずまひ	佇まひ
たたみがえ	たたみがへ	畳替へ 冬
ただよう	ただよふ	漂ふ
たちあい	たちあひ	立ち会ひ・立ち合ひ
たちあう	たちあふ	立ち会ふ・立ち合ふ
たちあおい	たちあふひ	立葵 夏
たちあらわれる	たちあらはれる	立ち現はれる

たちいち	たちゐち	立ち位置
たちいふるまい	たちゐふるまひ	立ち居振る舞ひ・起ち居振る舞ひ
たちうお	たちうを	太刀魚 秋
たちおうじょう	たちわうじやう	立ち往生
たちかえる	たちかへる	立ち返る
たちかわる	たちかはる	立ち代はる・立ち替はる
たちぐい	たちぐひ	立ち食ひ・立ち喰ひ
たちくず	たちくづ	裁ち屑
たちしょうべん	たちせうべん	立ち小便
たちすじ	たちすぢ	太刀筋
たちどおし	たちどほし	立ち通し
たちなおる	たちなほる	立ち直る
たちぬい	たちぬひ	裁ち縫ひ
たちふるまい	たちふるまひ	立ち振る舞ひ
たちまよう	たちまよふ	立ち迷ふ
たちまわり	たちまはり	立ち回り
たちまわる	たちまはる	立ち回る
たちむかう	たちむかふ	立ち向かふ
だちょう	だてう	鴕鳥
たちんぼう	たちんばう	立ちん坊
たつたがわ	たつたがは	竜田川 ◆
だっか	だつくわ	脱化
だっかい	だつくわい	脱会・奪回
だっかん	だつくわん	達観
たっきゅう	たくきう	卓球
だっきゅう	だつきう	脱臼
だっこう	だつかう	脱肛・脱稿
だっしゅう	だつしう	脱臭
だっちょう	だつちやう	脱腸
だっとう	だつたう	脱党
だっぽう	だつぱふ	脱法
だつろう	だつろう	脱漏

たたかえる	たたかへる	脱牢	
たてかえる	たてかへる	立て替へる・建て替へる
たてこう	たてかう	縦坑・竪坑
たてじ	たてぢ	縦地
たてじく	たてぢく	縦軸
たてしゃかい	たてしゃくわい	縦社会
たてとおす	たてとほす	立て通す
たてなおす	たてなほす	立て直す・建て直す
たてまえ	たてまへ	点前・建前・立前
たとい	たとひ	仮令・縦令
たとう	たとう	多頭
たとう	たたう	畳紙
だとう	だたう	打倒・妥当
たとえ	たとへ	仮令・縦令・縦設・譬へ・喩へ・例へ
たとえば	たとへば	例へば

たとえる	たとへる	譬へる・喩へる
たなぎょう	たなぎやう	棚経 秋
たなざらえ	たなざらへ	棚浚へ・店浚へ
たにあい	たにあひ	谷間
たにがわ	たにがは	谷川
たねい	たねゐ	種井 春
たねがわり	たねがはり	種変はり
たねだわら	たねだはら	種俵 春
たねちがい	たねちがひ	種違ひ
たびじ	たびぢ	旅路
たびずまい	たびずまひ	旅住まひ
たびまわり	たびまはり	旅回り
たびょう	たびやう	多病
たべあわせ	たべあはせ	食べ合はせ
たべずぎらい	たべずぎらひ	食べず嫌ひ
たほう	たはう	他方
たぼう	たばう	多忙・多望
だぼう	だばう	打棒

たほうとう	たほうたふ	多宝塔
たほうめん	たはうめん	多方面
たまう	たまふ	給ふ・賜ふ
たまえ	たまへ	給へ
たまがわ	たまがは	玉川◆・多摩川◆
たましい	たましひ	魂・霊
たまなえ	たまなへ	玉苗 夏
たまひろい	たまひろひ	球拾ひ
たまむかえ	たまむかへ	霊迎へ 秋・魂迎へ 秋
たまわる	たまはる	賜はる・給はる
だみごえ	だみごゑ	濁声・訛声
たみずわく	たみづわく	田水沸く 夏
ためおけ	ためをけ	溜め桶
ためらう	ためらふ	躊躇ふ
たもう	たまふ	給ふ・賜ふ
たゆう	たいふ	太夫・大夫・大輔
たゆたう	たゆたふ	揺蕩ふ

たよう	たよう／たやう	他用・多用／多様
たらい	たらひ	盥
たらいまわし	たらひまはし	盥回し
たりゅう	たりう	他流
たりょう	たりやう	多量
たるい	たるゐ	垂井◆
たろう	たらう	太郎
だろう	だらう	（助動詞）
たろうかじゃ	たらうくわじゃ	太郎冠者
たわけ	たはけ	戯け・白痴
たわける	たはける	戯ける
たわごと	たはごと	戯言
たわし	たはし	束子
たわむれ	たはむれ	戯れ
たわむれる	たはむれる	戯れる
たわら	たはら	俵
たわらあみ	たはらあみ	俵編み 秋

たわらぐみ	たはらぐみ	俵茱萸 春夏
たわらむぎ	たはらむぎ	俵麦 夏
たんい	たんゐ	単位
だんい	だんゐ	暖衣
だんい	だんゐ	段位
たんいせいしょく	たんゐせいしょく	単為生殖
だんいん	だんゐん	団員
たんか	たんか	担架・単価・炭価・単科・啖呵・短歌・譚歌
だんかい	だんくわい	段階
だんかい	だんくわい	炭化・淡化・丹花
たんがん	たんがん	団塊
たんがん	たんがん	単眼
だんがん	だんぐわん	嘆願・歎願
だんがん	だんぐわん	弾丸
たんきゅう	たんきう	探求・探究
たんきゅう	だんきう	単級
だんきゅう	だんきう	段丘
たんこう	たんこう	淡紅・鍛工
たんこう	たんかう	単行・炭坑・鍛鋼
	たんくわう	炭鉱・炭砿・探鉱・淡黄
だんこう	だんこう	男工・断口
	だんかう	団交・断交・断行・断郊
たんごう	たんがふ	談合
だんしゅう	たんしう	反収・段収・丹州
だんじゅう	たんじふ	短銃
たんじゅう	たんじゅう	胆汁
だんじょ	だんぢょ	男女
だんじょ	だんぢよ	男囚
たんしょう	たんしょう	単勝・探勝

たわらぐみ――たんしょ

たんしょう	たんしやう	短章・嘆賞
	たんせう	短小
たんじょう	たんじやう	誕生
だんしょう	だんしやう	男娼・男娼
	だんせう	談笑
	だんせふ	男妾
だんじょう	だんじやう	壇上
たんしょうとう	たんせうとう	探照灯
たんじん	たんぢん	炭塵
たんぞう	たんざう	鍛造
だんそう	だんそう	断層・弾奏
	だんさう	男装・断想・弾倉
だんそんじょひ	だんそんぢよひ	男尊女卑
だんちがい	だんちがひ	段違ひ
たんちょう	たんてう	単調・探鳥・短調
だんちょう	だんちやう	団長・断腸
たんちょうづる	たんちやうづる	丹頂鶴図
たんとう	たんたう	反当・段当・担当・

たんじょ——ちい

		短刀
だんどう	だんだう	弾道
たんとうちょく にゅう	たんたうちよく にふ	単刀直入
たんのう	たんなう	堪能
		胆囊
たんぴょう	たんぴやう	短評
たんぺいきゅう	たんぺいきふ	短兵急
たんぼう	たんばう	探訪
だんぼう	だんばう	暖房図・煖房図
だんゆう	だんいう	男優
たんよう	たんえふ	単葉
だんりゅう	だんりう	暖流

ち

ちあい	ちあひ	血合ひ
ちい	ちい	地衣・地異

ちい	ちゐ		地位
ちいき	ちゐき		地域
ちいさい	ちひさい		小さい
ちいさな	ちひさな		小さな
ちえ	ちへ		千重
ちえ	ちゑ		知恵
ちえもうで	ちゑまうで		知恵詣で
ちえもらい	ちゑもらひ		知恵貰ひ 春
ちおん	ちをん		地温
ちかい	ちかい		近い・地階
ちかい	ちかひ		誓ひ
ちがい	ちがひ		違ひ
ちがいほうけん	ちぐわいはふけん		治外法権
ちかう	ちかふ		誓ふ
ちがう	ちがふ		違ふ
ちがえる	ちがへる		違へる
ちかまわり	ちかまはり		近回り

ちかん	ちかん		痴漢
	ちくわん		弛緩・置換
ちきゅう	ちきう		地球
ちきょう	ちけふ		地峡
ちぎょう	ちぎやう		知行
ちきょうだい	ちきやうだい		乳兄弟
ちくしょう	ちくしやう		畜生
ちくじょう	ちくじやう		築城
ちくじょう			逐条
	ちくでう		
ちくぞう	ちくざう		蓄蔵・築造
ちこう	ちこう		地溝
	ちかう		知行・治効・遅効
ちしお	ちしほ		血潮・血汐
ちじく	ちぢく		地軸
ちしょう	ちしやう		地象・知将
ちじょう	ちじやう		地上・痴情
ちじょうい	ちじやうい		知情意
ちず	ちづ		地図

ちすいかふう	ちすいくわふう	地水火風	ちめいしょう	ちめいしやう	致命傷
ちすじ	ちすぢ	血筋	ちゃえん	ちやゑん	茶園
ちそう	ちそう	地層	ちゃかい	ちやくわい	茶会
	ちさう	地相	ちゃがし	ちやぐわし	茶菓子
ちだい	ちさう	地代	ちゃくしょう	ちやくしやう	着床
	ちだい	地代	ちゃくじん	ちやくぢん	着陣
	ちだひ	血鯛	ちゃくそう	ちやくさう	着装・着想
ちちうえ	ちちうへ	父上	ちゃくばらい	ちやくばらひ	着払ひ
ちっこう	ちくかう	築港	ちゃくりゅう	ちやくりう	嫡流
	ちくこう	竹工	ちゃっか	ちやくくわ	着火
ちどりごうし	ちどりがうし	千鳥格子	ちゃっきん	ちやくきん	着金
ちのう	ちのう	知能・智能	ちゃっけん	ちやくけん	着剣
	ちなう	知囊・智囊	ちゃっこう	ちやくこう	着工
ちはらい	ちはらひ	遅払ひ	ちゃどう	ちやだう	茶道
ちひょう	ちへう	地表	ちゃどうぐ	ちやだうぐ	茶道具
ちほう	ちはう	地方・痴呆	ちゃほうじ	ちやはうじ	茶焙じ
ちぼう	ちばう	知謀・智謀	ちゃぼうず	ちやばうず	茶坊主
	ちばう	地貌			
ちまよう	ちまよふ	血迷ふ			

ちゃりょう	ちゃれう	茶寮
ちゅう	チユウ	
	チウ	
	ちゅう	中・仲・虫・沖・忠・ 注・註・柱・衷・誅・ 厨・駐 丑・肘・宙・抽・胄・ 昼・紐・酎・紬・稠・ 鋳・疇・籌
	ちう	知勇・智勇
	ちいう	知友
ちゅうい	ちゅうゐ	注意
	ちゅうゐ	中位・中尉
ちゅうえい	ちゅうゑい	中衛
ちゅうおう	ちゅうおう	中欧
ちゅうか	ちゅうか	仲夏
	ちゅうくわ	中華
	ちゅうくわ	鋳貨
	ちゅうくわ	虫害
ちゅうがい	ちゅうぐわい	中外

ちゅうがえり	ちうがへり	宙返り
ちゅうがっこう	ちゅうがくかう	中学校
ちゅうかん	ちゅうかん	中間
	ちゅうかん	昼間
ちゅうきゅう	ちゅうきふ	中級
ちゅうきん	ちゅうきん	忠勤
	ちゅうきん	鋳金
ちゅうこう	ちゅうこう	中興
	ちうかう	鋳鋼
	ちうくわう	昼光
ちゅうこうねん	ちゅうかうねん	中高年
ちゅうじき	ちうじき	昼食
ちゅうじく	ちうぢく	中軸
ちゅうしゅう	ちうしう	中秋㊧・仲秋㊧
ちゅうしゅつ	ちうしゅつ	抽出
ちゅうしょう	ちゆうしょう	中称
	ちうしやう	抽象

ちゅうじょう	ちゅうじやう	中将・柱状・衷情
ちゅうしょく	ちゅうしよく	昼食
ちゅうせん	ちうせん	抽選・抽籤
ちゅうぞう	ちうざう	鋳造
ちゅうたい	ちゆうたい	中退・中隊・柱体
ちゅうとう	ちゆうとう	中東・中等・仲冬・柱頭
ちゅうちょ	ちうちよ	躊躇
ちゅうづり	ちうづり	宙釣り・宙吊り
ちゅうてつ	ちうてつ	鋳鉄
ちゅうとう	ちゆうとう	中東・中等・仲冬・柱頭
ちゅうとう		偸盗
ちゅうどう	ちゆうだう	中道
ちゅうのう	ちゆうのう	中農
ちゅうのう	ちゆうなう	中脳
ちゅうのり	ちうのり	宙乗り

ちゅうばいか	ちゆうばいくわ	虫媒花
ちゅうはん	ちうはん	昼飯
ちゅうぶらりん	ちゆうぶらりん	中ぶらりん
	ちうぶらりん	宙ぶらりん
ちゅうぼう	ちゆうばう	厨房
ちゅうみつ	ちうみつ	稠密
ちゅうや	ちうや	昼夜
ちゅうよう	ちゆうよう	中庸
	ちゆうえふ	中葉
ちゅうりゅう	ちゆうりう	中流・駐留
ちゅうりょう	ちゆうりやう	忠良
ちゅうろう	ちゆうらう	中老・柱廊
ちゅうろうい	ちゆうらうゐ	中労委
ちょう	チョウ	丁・庁・打・町・疔・長・挺・梃・帳・張・重・徴・澄・懲・寵・頂・脹・腸・暢・鄭・聴
	チヤウ	

	テウ	弔・兆・吊・挑・凋・彫・眺・釣・鳥・朝・超・跳・肇・銚・蔦・嘲・潮・調・鯛帖・貼・喋・牒・蝶	
ちょうあい	ちやうあい	寵愛	
	テフ	帳合ひ・丁合ひ	
ちょうい	てうい	弔意	
		弔慰・潮位	
ちょういん	ていん	調印	
ちょうえき	ちようえき	懲役	
		腸液	
ちょうえつ	てうゑつ	超越	
ちょうえん	ちやうゑん	腸炎	
		長円	
ちょうおん	ちやうおん	長音・聴音	
	てうおん	朝恩・潮音・調音	

ちょうおんかい	ちやうおんかい	長音階	
ちょうおんそく	てうおんそく	超音速	
ちょうおんぱ	てうおんぱ	超音波	
ちょうか	ちやうか	町家・長歌	
	ちやうくわ	長靴・頂花	
	てうか	弔歌・朝家	
	てうくわ	弔花・釣果・超過	
ちょうが	ちやうが	頂芽	
ちょうかい	ちょうかい	懲戒	
	ちやうくわい	町会	
	てうかい	潮解	
	てうくわい	朝会	
ちょうかく	ちやうかく	頂角・聴覚	
ちょうかん	ちやうくわん	長官	
	てうかん	弔客	
		朝刊	
ちょうき	ちょうき	寵姫	
	ちやうき	鳥瞰・朝刊	
		長期	

ちょうぎ	てうぎ	弔旗
ちょうぎ	てうぎ	朝議
ちょうぎかい	ちやうぎくわい	町議会
ちょうきゃく	てうきやく	弔客
ちょうきゅう	ちやうきう	長久
ちょうきょ	ちやうきよ	聴許
ちょうぎょ	てうぎよ	釣魚
ちょうきょう	てうけう	調教
ちょうきょり	ちやうきより	長距離
ちょうきん	てうきん	彫金・超勤
ちょうく	ちようく	重九 秋
ちょうく	ちやうく	長句・長駆・長軀
ちょうけい	ちやうけい	長兄・長計・長径
ちょうけし	ちやうけし	帳消し
ちょうけつ	ちやうけつ	長欠
ちょうけん	ちやうけん	長剣
ちょうけん	てうけん	朝見・朝憲
ちょうげん	てうげん	調弦

ちょうこう	ちようかう	徴候
	ちやうかう	長江◆・・長考・長講・聴講
ちょうごう	てうがふ	調号
	てうがう	調合
ちょうこうぜつ	ちやうくわうぜつ	長口舌
ちょうこく	てうこく	彫刻・超克
ちょうこん	ちやうこん	長恨
ちょうさ	てうさ	調査
ちょうざ	ちやうざ	長座
ちょうざい	てうざい	聴罪
	てうざい	調剤
ちょうざめ	てふざめ	蝶鮫
ちょうさんぼし	てうさんぼし	朝三暮四
ちょうし	ちやうし	長子・長姉・長詩・聴視

ちょうじ	てうし	弔詞・弔詩・調子・
	ちょうじ	銚子
	ちやうじ	寵児 ◆
	てうじ	丁子[春]・丁字[春]
ちょうじ	てうじ	弔事・弔辞
ちょうしゃ	ちやうしや	庁舎・聴者
ちょうじゃ	ちやうじや	長者
ちょうしゃく	ちやうしやく	長尺
ちょうしゅ	ちやうしゆ	聴取
ちょうじゅ	ちやうじゆ	長寿
ちょうしゅう	ちやうしう	長袖・長州◆・長周 ◆・張州 ◆
ちょうしゅう	ちやうしゆう	聴衆
	ちようしう	徴収
	ちようしふ	徴集
ちょうじゅう	てうじゆう	鳥獣
	てうじゆう	弔銃・鳥銃
ちょうしょ	ちやうしよ	長所
	てうしよ	調書
ちょうじょ	ちやうぢよ	長女
ちょうしょう	ちようしよう	徴証・徴證
	ちやうせう	長嘯
	てうしよう	弔鐘
	てうせう	嘲笑
ちょうじょう	ちやうじやう	長上・長城・頂上
	ちようでふ	重畳
ちょうじょうげんしょう	てうじやうげんしやう	超常現象
ちょうしょく	てうしよく	朝食
ちょうじり	ちやうじり	帳尻
ちょうじん	ちやうじん	寵臣
ちょうしん	ちようしん	長身・長針・聴診
	てうしん	朝臣・調進
	てうじん	釣人・鳥人・超人
ちょうしんるこつ	てうしんるこつ	彫心鏤骨

ちょうず	てうづ	手水
ちょうする	ちょうする	徴する・寵する
	てうする	弔する・朝する
ちょうずる	ちゃうずる	長ずる
ちょうせい	ちゃうせい	町制・町政・町勢・長生・長征・長逝
	てうせい	鳥声・朝政・調製・調整
ちょうせき	ちゃうせき	長石
	てうせき	朝夕・潮汐
ちょうせつ	てうせつ	調節
ちょうぜつ	てうぜつ	超絶
ちょうせん	ちゃうせん	腸腺
	てうせん	挑戦・朝鮮◆
ちょうぜん	てうぜん	超然
ちょうそ	てうそ	彫塑
ちょうそう	てうさう	鳥葬
ちょうぞう	てうざう	彫像
ちょうそく	ちゃうそく	長足
ちょうぞく	てうぞく	超俗
ちょうそん	ちゃうそん	町村
ちょうだ	ちゃうだ	長打・長蛇
ちょうだい	ちゃうだい	長大・頂戴
ちょうたく	てうたく	彫琢
ちょうたつ	ちゃうたつ	暢達
	てうたつ	調達
ちょうだつ	てうだつ	超脱
ちょうたん	ちゃうたん	長短・長嘆・長歎
ちょうちゃく	ちゃうちゃく	打擲
ちょうちょう	ちゃうちゃう	丁々・打々・町長
	ちゃうてう	長調
ちょうちょ ちょうちょう	てふてふ	喋々・蝶々 春
ちょうちん	ちゃうちん	提灯
	てうちん	挑灯
ちょうつがい	てふつがひ	蝶番
ちょうづけ	ちゃうづけ	丁付け・帳付け

見出し	歴史的仮名遣い	漢字
ちょうづめ	ちゃうづめ	腸詰め
ちょうづら	ちゃうづら	帳面
ちょうてい	ちゃうてい	長汀・長堤
ちょうてい	てうてい	朝廷・調停
ちょうてき	てうてき	朝敵
ちょうてん	ちゃうてん	頂点
ちょうでん	てうでん	弔電
ちょうと	ちゃうと	長途
ちょうど	ちゃうど	丁度
ちょうど	てうど	調度
ちょうとう	ちゃうたう	長刀
ちょうどきゅう	てうどきふ	超弩級
ちょうとじ	ちゃうとじ	帳綴ぢ [新年]
ちょうとっきゅう	てうとくきふ	超特急
ちょうな	てうな	手斧
ちょうない	ちゃうない	町内
ちょうなん	ちゃうなん	長男
ちょうにん	ちゃうにん	町人
ちょうにん	ちゃうにん	重任
ちょうは	ちゃうは	長波
ちょうば	ちゃうば	丁場・町場・帳場
ちょうば	てうば	跳馬・嘲罵
ちょうばいか	てうばいくわ	鳥媒花
ちょうはじめ	ちゃうはじめ	帳始め [新年]
ちょうはつ	ちょうはつ	徴発
ちょうはつ	ちゃうはつ	長髪
ちょうはつ	てうはつ	挑発・調髪
ちょうはん	ちゃうはん	丁半
ちょうび	ちゃうび	長尾
ちょうび	てうび	掉尾
ちょうひょう	ちょうひょう	徴憑
ちょうひょう	ちょうへう	徴表
ちょうふ	ちゃうふ	長府 ◆
ちょうふ	てうふ	調布 ◆
ちょうふ	てふふ	貼付

ちょうぶ	ちやうぶ	町歩
ちょうぶく	てうぶく	調伏
ちょうぶつ	ちやうぶつ	長物
ちょうぶん	ちやうぶん	長文
	てうぶん	弔文
ちょうへき	ちやうへき	腸壁
ちょうへん	ちやうへん	長編・長篇
ちょうべん	てうべん	調弁
ちょうぼ	ちようぼ	徴募
	ちやうぼ	帳簿
	てうぼ	朝暮
ちょうほう	ちようほう	重宝
	てうはう	弔砲
	てうはふ	調法
ちょうほう	てふほう	諜報
ちょうぼう	てうばう	眺望
ちょうほうけい	ちやうほうけい	長方形
ちょうぼん	てうぼん	超凡

ちょうほんにん	ちやうほんにん	張本人
ちょうまん	ちやうまん	腸満・脹満
ちょうみりょう	てうみれう	調味料
ちょうみん	ちやうみん	町民
ちょうむすび	てふむすび	蝶結び
ちょうめい	ちようめい	澄明
	ちやうめい	町名・長命
ちょうめん	ちやうめん	帳面
ちょうもく	てうもく	鳥目
ちょうもん	ちやうもん	聴聞
	てうもん	弔問
ちょうや	ちやうや	長夜
	てうや	朝野
ちょうやく	てうやく	跳躍・調薬
ちょうよう	ちようよう	重用・徴用
	ちやうえう	長幼
	ちようやう	重陽 秋
ちょうらい	てうらい	朝来

ちょうらく	てうらく	凋落
ちょうり	てうり	調理
ちょうりつ	てうりつ	調律
ちょうりゅう	てうりう	潮流
ちょうりょう	てうりやう	跳梁
ちょうりょく	ちやうりよく	張力・聴力
ちょうるい	てうるい	潮力
ちょうれい	てうれい	鳥類
ちょうれいぼか	てうれいぼかい	朝礼
い		朝令暮改
ちょうれん	てうれん	調練
ちょうろう	ちやうらう	長老
ちょうろう	てうろう	嘲弄
ちょうわ	てうわ	調和
ちょくおう	ちよくわう	直往
ちょくがん	ちよくぐわん	勅願
ちょくじょう	ちよくじやう	直上・直情

	ちょくぢやう	勅定・勅諚
ちょくじょうけ	ちよくじやうけ	直情径行
いこう	いかう	
ちょくちょう	ちよくちやう	直腸
ちょくとう	ちよくとう	直登
	ちよくとう	直答・勅答
ちょくりゅう	ちよくりう	直流
ちょすいそう	ちよすいさう	貯水槽
ちょぞう	ちよざう	貯蔵
ちょっか	ちよくか	直下
ちょっかく	ちよくかく	直角・直覚
ちょっかつ	ちよくかつ	直轄
ちょっかっこう	ちよくくわつかう	直滑降
ちょっかん	ちよくかん	直感・直諫
	ちよくくわん	直観
ちょっきゅう	ちよくきう	直球
ちょっけい	ちよくけい	直系・直径

ちょっけつ	ちよくけつ	直結
ちょっこう	ちよくかう	直交・直行・直航
ちよろず	ちよろづ	千万
ちりもみじ	ちりもみぢ	散り紅葉 図
ちりゅう	ちりふ	知立 ◆
ちりょう	ちれう	治療
ちんか	ちんか	沈下
ちんか	ちんくわ	鎮火
ちんこう	ちんかう	沈降
ちんじゅう	ちんじう	珍獣
ちんじょう	ちんじやう	陳情
ちんぞう	ちんざう	珍蔵
ちんちょう	ちんちょう	珍重
ちんちょう	ちんてう	珍鳥
ちんにゅう	ちんにふ	闖入
ちんみょう	ちんめう	珍妙
ちんゆう	ちんいう	珍優

つ

つい	ツイ	対・追・椎・槌・墜・鎚
		終
ついえ	つひえ	費え
ついえる	つひえる	費える・潰える
ついかい	つひくわい	追懐
ついきゅう	つひきう	追究・追窮・追求
ついきゅう	つひきふ	追及・追給
ついこう	つひかう	追考・追行
ついごう	つひがう	追号
ついじ	つひぢ	築地
ついで	つひで	(副詞)
ついぞ	つひぞ	追送
ついそう	つひそう	追送
ついさう	ついさう	追想
ついちょう	ついちょう	追徴
ついてう	ついてう	追弔

ついとう	ついたう	追討・追悼
ついに	つひに	遂に・終に・竟に
ついのう	ついなふ	追納
ついほう	ついはう	追放
ついやす	つひやす	費やす
ついん	つうゐん	痛飲
ついん	つうゐん	通院
つうか	つうくわ	通貨・通過
つうかい	つうくわい	痛快
つうかん	つうかん	痛感
つうかん	つうくわん	通巻・通患・通貫
つうかん	つうくわん	通関・通観
つうぎょう	つうげう	通暁
つうこう	つうかう	通交・通好・通行・通航
つうしょう	つうしよう	通称
つうしょう	つうしやう	通商
つうじょう	つうじやう	通常
つうちょう	つうちやう	通帳
つうちょう	つうてふ	通牒
つうてんきょう	つうてんけう	通天橋◆
つうぼう	つうばう	通謀
つうぼう	つうばう	痛棒
つうゆう	つういう	通有
つうよう	つうよう	通用
つうよう	つうやう	痛痒
つえ	つゑ	杖
つかい	つかひ	使い・遣い
つかい	つかひ	使い・遣い
つかい…	つかひ…	使い…
つがい	つがひ	番
つかいまわす	つかひまはす	使い回す
つかう	つかふ	使ふ・遣ふ
つかえ	つかへ	使へ・閊へ・痞へ
つかえる	つかへる	支へる・閊へる・痞へる・仕へる・使へる

つ

ついとう──つかえる

つがえる	つがへる	番へる
つかまえる	つかまへる	捕まへる・摑まへる・捉へる
つかみあう	つかみあふ	摑み合ふ
つきあい	つきあひ	付き合ひ・交際
つきあう	つきあふ	付き合ふ
つぎあわせる	つぎあはせる	突き合はせる
つぎあわせる	つぎあはせる	継ぎ合はせる・接ぎ合はせる
つきかえす	つきかへす	突き返す
つきがわり	つきがはり	月替はり・月代はり
つきくずす	つきくづす	突き崩す
つきこよい	つきこよひ	月今宵 秋
つぎざお	つぎざを	継ぎ竿・継ぎ棹
つきじ	つきぢ	築地 ◆
つきしたがう	つきしたがふ	付き従ふ
つきずえ	つきずゑ	月末
つきそい	つきそひ	付き添ひ
つきそう	つきそふ	付き添ふ
つきたおす	つきたふす	突き倒す
つきとおす	つきとほす	突き通す・吐き通す
つきとおる	つきとほる	突き通る
つきばらい	つきばらひ	月払ひ
つきひがい	つきひがひ	月日貝 春・海鏡 春
つきまとう	つきまとふ	付き纏ふ
つきまわり	つきまはり	月回り
つきみそう	つきみさう	月見草 夏
つくつくぼうし	つくつくぼふし	つくつく法師 秋・寒蟬 秋・つくつく法師
つぐない	つぐなひ	償ひ
つぐなう	つぐなふ	償ふ
つくばい	つくばひ	蹲
つくばう	つくばふ	蹲ふ
つくろう	つくろふ	繕ふ

つけあい	つけあひ	付け合ひ
つけあわせ	つけあはせ	付け合はせ
つけかえる	つけかへる	付け替へる
つけくわえる	つけくはへる	付け加へる
つけねらう	つけねらふ	付け狙ふ
つけまわす	つけまはす	付け回す
つごう	つがふ	都合
つじごうとう	つじがうたう	辻強盗
つじせっぽう	つじせっぽふ	辻説法
つじどう	つじだう	辻堂
…づたい	…づたひ	…伝ひ
つたいあるき	つたひあるき	伝ひ歩き
つたう	つたふ	伝ふ
つたえる	つたへる	伝へる
つたかずら	つたかづら	蔦葛・蔦蔓秋・蔦 蘿
つたもみじ	つたもみぢ	蔦紅葉秋
つたわる	つたはる	伝はる

つちいじり	つちいぢり	土弄り
つちかう	つちかふ	培ふ
つちろう	つちらう	土牢
つつい	つつゐ	筒井
つつる	つつる	
つっかい	つつかひ	突つ支ひ
つっかいぼう	つつかひばう	突つ支ひ棒
つっかえす	つつかへす	突つ返す
つっかえる	つつかへる	支へる・閊へる
つっきまわす	つつきまはす	突き回す
つづらおり	つづらをり	葛折り・九十九折 り
つどい	つどひ	集ひ
つどう	つどふ	集ふ
つばぎわ	つばぎは	鍔際
つばぜりあい	つばぜりあひ	鍔迫り合ひ
つばめうお	つばめうを	燕魚夏
つぶぞろい	つぶぞろひ	粒揃ひ
つまかわ	つまかは	爪皮・爪革

つまくれない	つまくれなゐ	爪紅 秋
つまごい	つまごひ	妻恋・嬬恋 ◆
つまずく	つまづく	躓く
つまみぐい	つまみぐひ	摘まみ食ひ
つまようじ	つまやうじ	爪楊枝
つみかえ	つみかへ	積み替へ
つめあわせ	つめあはせ	詰め合はせ
つめかえる	つめかへる	詰め替へる
つめしょうぎ	つめしやうぎ	詰め将棋
つゆなまず	つゆなまづ	梅雨鯰 夏
つゆはらい	つゆはらひ	露払ひ
つらがまえ	つらがまへ	面構へ
つらだましい	つらだましひ	面魂
つらぬきとおす	つらぬきとほす	貫き通す
つりあい	つりあひ	釣り合ひ
つりあう	つりあふ	釣り合ふ
つりがねそう	つりがねさう	釣鐘草 夏
つりかわ	つりかは	吊り革・釣り革
つりざお	つりざを	釣り竿
つりふねそう	つりふねさう	釣舟草 秋・釣船草

て

つるおか	つるをか	鶴岡 ◆
つれあい	つれあひ	連れ合ひ
つれあう	つれあふ	連れ合ふ
つれそう	つれそふ	連れ添ふ
つわぶき	つはぶき	橐吾 冬・石蕗 冬
つわもの	つはもの	兵
つわり	つはり	悪阻
てあい	てあひ	手合ひ
であい	であひ	出会ひ・出合ひ
であう	であふ	出会ふ・出合ふ
てあらい	てあらひ	手荒い
てあらい	てあらひ	手洗ひ

てあわせ	てあはせ	手合はせ
てい	ていゐ	低位・定位
ていいん	ていゐん	定員
ていえん	ていゑん	庭園
ていおう	ていわう	帝王
ていおん	ていおん	低音
ていおん	ていをん	低温・定温
ていかい	ていくわい	低回
ていかん	ていくわん	定款・諦観
ていきゅう	ていきう	定休・庭球
ていきゅう	ていきふ	低級・涕泣
ていこう	ていかう	定稿・抵抗
ていじゅう	ていぢゅう	定住
ていしょう	ていしよう	定昇
ていしょう	ていしやう	低唱・提唱
ていじょう	ていじやう	呈上・定常
ていそう	ていそう	逓送
ていそう	ていさう	貞操

ていちょう	ていちょう	丁重・鄭重
ていちょう	ていてう	低調
ていとう	ていとう	低頭
	ていたう	抵当
ていひょう	ていひやう	定評
ていぼう	ていばう	堤防
ていりゅう	ていりう	底流・停留
ていりょう	ていりやう	定量
でいりゅう	でいりう	泥流
ておどり	ておどり	手踊り
ておけ	てをけ	手桶
ておい	ておひ	手負ひ
てうえ	てうゑ	手植ゑ
ておの	てをの	手斧
てがい	てがひ	手飼ひ
でがいちょう	でがいちやう	出開帳 春
でがわり	でがはり	出替はり 春・出代はり 春・出代

できあい	できあひ	溺愛		でくわす	でくはす	出交す・出会す
てきおん	てきあひ	出来合ひ		てごたえ	てごたへ	手答へ・手応へ
てきおん	てきをん	適温		でこぼう	でこぼう	凸坊
てきか	てきか	滴下		てごわい	てごはい	手強い
てきか	てきくわ	摘果		てさぎょう	てさげふ	手作業
てきぎょう	てさぎふ	適業		てざわり	てざはり	手触り
てきげふ	適業			てしお	てしほ	手塩・天塩 ◆
てきごう	てきがふ	適合		でしお	でしほ	出潮
てきしゅう	てきしふ	敵襲		てじまい	てじまひ	手仕舞ひ
てきじょう	てきじやう	敵情・敵状		…てしまう	…てしまふ	
てきじん	てきぢん	敵陣		てしょう	てしやう	手性
できそこない	できそこなひ	出来損なひ		てじょう	てぢやう	手錠
てきとう	てきたう	適当		…でしょう	…でせう	
てきひょう	てきひやう	適評		てしんごう	てしんがう	手信号
てきほう	てきはふ	適法		てずから	てづから	手づから
てきよう	てきよう	適用		てすじ	てすぢ	手筋
てきよう	てきえう	摘要		てそう	てさう	手相
てきりょう	てきりやう	適量		でそろう	でそろふ	出揃ふ
てぎわ	てぎは	手際				

てちがい	てちがひ	手違ひ
てちょう	てちやう	手帳
てっか	てつくわ	鉄火
てきか	てきくわ	摘果
てっかい	てくわい	撤回
てっかく	てきかく	的確・適確・適格
てっかん	てつくわん	鉄管
てっき	てつき	鉄器・鉄騎
てっき	てき	摘記・適帰・適期・
てき		敵機
てっきょう	てつけう	鉄橋
てっけつ	てつけつ	鉄血
てっけつ	てきけつ	剔抉
てっこう	てつこう	鉄工
てっこう	てつかう	鉄鋼
てっこう	てつくわう	鉄鉱
	てつかふ	手っ甲
てつごうし	てつがうし	鉄格子

てっこく	てきこく	敵国
てっしゅう	てつしう	撤収
てっしょう	てつせう	徹宵
てつじょうもう	てつでうまう	鉄条網
てっせんか	てつせんくわ	鉄線花 夏
てっせんかずら	てつせんかづら	鉄線葛
てっそう	てつさう	鉄窓
てつだう	てつだふ	手伝ふ
てっとう	てつとう	鉄塔
てつどう	てつだう	鉄道
てつぼう	てつぱう	鉄棒
てっぽう	てつぱう	鉄砲
てっぽうみず	てつぱうみづ	鉄砲水
てっぽうゆり	てつぱうゆり	鉄砲百合 夏
てつむじ	てつむぢ	鉄無地
てなおし	てなほし	手直し
でなおす	でなほす	出直す

てなずける	てなづける	手懐ける
てならい	てならひ	手習ひ
てぬい	てぬひ	手縫ひ
てぬぐい	てぬぐひ	手拭ひ
ではらう	ではらふ	出払ふ
てびかえ	てびかへ	手控へ
てびかえる	てびかへる	手控へる
てびょうし	てびやうし	手拍子
でぶしょう	でぶしやう	出無精
てべんとう	てべんたう	手弁当
てぼうき	てばうき	手箒・手箒
でほうだい	ではうだい	出放題
てまえ	てまへ	手前
でまえ	でまへ	出前
てまわし	てまはし	手回し
てまわり	てまはり	手回り
てまわりひん	てまはりひん	手回り品
でまわる	でまはる	出回る

てみず	てみづ	手水
でみず	でみづ	出水 夏
てむかう	てむかふ	手向かふ
でむかえ	でむかへ	出迎へ
でよう	でやう	出様
でようじょう	でやうじやう	出養生
てらう	てらふ	衒ふ
てらおとこ		寺男
てらしあわせる	てらしあはせる	照らし合はせる
てらまいり	てらまゐり	寺参り
てりかえし	てりかへし	照り返し
てりもみじ	てりもみぢ	照り紅葉 秋
てりょうり	てれうり	手料理
てるてるぼうず	てるてるばうず	照る照る坊主
てれしょう	てれしやう	照れ性
てれわらい	てれわらひ	照れ笑ひ
てんい	てんゐ	天意・転移
てんい	てんゐ	天為・転位

でんい	でんゐ	電位	
てんいん	てんゐん	店員・転院	
でんえん	でんゑん	田園	
てんか	てんか	天下・添加	
	てんくわ	点火・転化・転訛・	
てんか	てんか	転嫁	
でんか	でんか	伝家・殿下・電荷	
でんか	でんくわ	電化	
てんかい	てんかい	天界・展開	
てんかい	てんくわい	転回	
てんがい	てんがい	天涯・天蓋	
てんがい	てんぐわい	天外	
てんかく	てんくわく	点画	
てんかふん	てんくわふん	天花粉 夏・天瓜粉	
てんかん	てんかん	癲癇	
てんかん	てんくわん	展観・転換	
てんきゅう	てんきう	天球	

でんきゅう	でんきう	電球	
てんぎょう	てんげふ	転業	
でんぎょうえ	でんげうゑ	伝教会 夏	
でんぐりがえし	でんぐりがへし	でんぐり返し	
てんこう	てんかう	天工・天功・天候	
てんこう	てんかう	転向・転校	
でんこう	でんくわう	電工	
でんこう	でんくわう	電光	
てんじく	てんぢく	天竺 ◆	
てんじくあおい	てんぢくあふひ	天竺葵 夏	
てんじくぼたん	てんぢくぼたん	天竺牡丹 夏	
てんじゅう	てんぢゆう	転住	
でんしゅう	でんしふ	伝習	
てんしょう	てんしやう	天象・典章・転生	
てんじょう	てんじやう	添乗・転乗	
てんじょう	てんじやう	殿上	
	てんぜう	天上・天井・天壌・	
		纏繞	

でんい――てんじょ

てんちょう	てんちやう	天頂
てんちょう	てんてう	天朝・転調
てんちょうせつ	てんちやうせつ	天長節 春
てんてこまい	てんてこまひ	天手古舞
てんとう	てんとう	点灯・店頭・点頭
てんとう	てんたう	転倒・顚倒・天道
でんどう	でんだう	伝動・電動
でんどう	でんだう	伝道・伝導・殿堂
てんとうむし	てんたうむし	天道虫 夏・瓢虫 夏・紅娘 夏
てんなんしょう	てんなんしやう	天南星
てんにゅう	てんにふ	転入
てんのう	てんわう	天王・天皇
でんのう	でんなう	電脳
てんのうざん	てんわうざん	天王山 ◆
てんのうたんじょうび	てんわうたんじやうび	天皇誕生日 冬
てんびょう	てんべう	点描
てんぴょう	てんぴやう	伝票
てんぼう	てんばう	展望
でんぽう	でんぽう	電報
でんぽう	でんぽふ	伝法
てんもう	てんまう	天網
てんゆう	てんいう	天祐・天佑
でんりゅう	でんりう	電流
てんりょう	てんりやう	天領
てんろうせい	てんらうせい	天狼星 冬

と

どあい	どあひ	度合
とい	とひ	問ひ・樋
といあわせる	とひあはせる	問ひ合はせる
…という	…といふ	…と言ふ
…といえど	…といへど	…と言へど
といかえす	とひかへす	問ひ返す

といかける	とひかける		問ひ掛ける
といただす	とひただす		問ひ質す
といつめる	とひつめる		問ひ詰める
といや	とひや		問屋
とう	トウ		冬・灯・投・豆・東・
			棟・痘・桶・董・登・
			凍・桐・透・兜・逗・
			等・筒・統・読・樋・
			頭・謄・藤・闘・騰・
			籐
			刀・当・到・宕・
			逃・倒・唐・套・島・
			桃・討・萄・党・黨・
			悼・掉・淘・盗・陶・
	タウ		幀・湯・道・稲・橙・
			糖・蕩・櫂・濤・臺・
	タフ		禱
			沓・納・塔・搭・答・
			榻・踏
			疾う
			問ふ・訪ふ
	とふ		同・洞・胴・動・童・
どう	ドウ		筒・萄・道・導・幢・
			憧・瞳
			堂・萄・道・導・幢・
			働・慟・銅・撞・
とうあく	だうあく		獰悪
とうあん			答案
とうい			東夷
	たうゐ		当為
どうい	たうゐ		等位・糖衣
どうい	どうゐ		同意・胴衣
どうい	どうゐ		同位
どういう			どういふ（連体詞）
とういそくみょう			たういそくめう 当意即妙
とういん	たうゐん		党員

見出し	読み	語例
どういん	とうゐん	登院・頭韻
	どうゐん	動因
どうえい	とうえい	冬営・投影・灯影
とうえい	たうえい	倒影
どうおう	だうあう	堂奥
とうおん	たうおん	唐音
どうか	とうをん	等温・東温◆
とうか	とうか	灯下・投下・等価
	たうくわ	桃花・糖化
とうが	たふか	踏歌
	とうくわ	灯火・透過
	とうが	冬芽・灯蛾 夏
	とうぐわ	冬瓜 秋
	たうぐわ	唐鍬
どうが	たうぐわ	唐画・陶画
どうか	どうか	何うか・如何か
	どうくわ	同化・銅貨
どういん	どうぐわ	動画・童画
とうかい	とうかい	東海
	たうくわい	倒壊・韜晦
	とうがい	凍害
とうがい	たうがい	当該
	とうぐわい	等外
どうがく	どうがく	同学・同額
	だうがく	道学
とうかしたしむ	とうくわしたしむ	灯火親しむ 秋
どうかせん	だうくわせん	導火線
とうかつ	とうかつ	統轄
	とうくわつ	統括
とうがらし	たうがらし	唐辛子 秋・唐芥子 秋・蕃椒 秋
とうかん	とうかん	投函・等閑・統監
	たうかん	盗汗
どうかん	どうかん	同感・動感

見出し	歴史的仮名遣	漢字
とうかん	だうくわん	導管・道管
とうき	とうき	冬季・冬期・投棄・投機・登記・騰貴
	たうき	党紀・党規・当季・当期・陶器
とうぎ	とうぎ	闘技
	だうぎ	道義
どうぎ	どうぎ	同義・動議・胴着
とうぎ	たうぎ	党議・討議
とうきび	たうきび	唐黍 秋
どうきゅう	たうきう	討究
とうきゅう	とうきう	投球
とうきゅう	とうきう	等級
とうぎゅう	とうぎう	闘牛 春
どうきゅう	どうきう	撞球
どうきゅう	どうきふ	同級
とうきょう	とうきやう	東京 ◆
どうきょう	だうけう	道教
どうきょう	どうきやう	同郷
どうぎょう	どうぎやう	同行・童形
どうぎょう	どうげふ	同業
とうきょく	とうきよく	登極
とうきょく	とうきよく	当局
とうぎょう	たうきよく	当限
とうぎり	たうぎり	当限
とうぐみ	たうぐみ	唐茱萸 夏
とうくつ	たうくつ	盗掘・撓屈
どうぐ	だうぐ	道具
とうげ	たうげ	峠
とうけ	たうけ	当家
どうけ	どうけ	同家
どうけ	だうけ	道化
とうげい	たうげい	陶芸
とうげつ	たうげつ	当月
どうける	だうける	道化る
とうけん	とうけん	闘犬
とうけん	たうけん	刀剣

見出し	読み	用例
とうげんきょう	たうげんきやう	桃源郷
とうご	とうご	統語
	たうご	倒語
とうこう	たうこう	刀工・陶工
	とうこう	投降・投稿・登校・登高秋・冬耕冬 ◆
とうごう	とうがう	等号・東郷
	とうがふ	投合・統合
どうこう	どうこう	同工・瞳孔
	どうかう	何う斯う・同好・同行・同校・動向
どうくつ	どうくわう	銅鉱
とうこうせん	とうかうせん	等高線
とうこつ	とうこつ	頭骨
とうごま	たうごま	橈骨
	たうごま	唐胡麻
とうこん	とうこん	闘魂

見出し	読み	用例
とうげん―とうじ		
	たうこん	刀痕・当今
とうさ	とうさ	等差・陶砂
	たふさ	踏査
とうざ	たうざ	当座
とうさい	たうざ	登載・統裁
	たうさい	当歳
	たふさい	搭載
とうさく	たうさく	倒錯・盗作
とうさん	とうさん	父さん
	たうさん	当山・唐桟
どうさん	どうさん	動産
とうさんさい	だうさん	道産
	たうさんさい	唐三彩
とうし	とうし	投資・凍死冬・透視・闘士・闘志・唐詩
	たうし	唐紙・唐詩
とうじ	とうじ	冬至冬・杜氏

見出し	歴史的仮名遣	漢字
	たうじ	当事・当時・悼辞・
どうし	たうじ	蕩児
	たうぢ	湯治
	たふじ	答辞
	とうぢ	統治
	どうし	同士・同志・同氏・
	どうし	同旨・同視・動詞・
	どうし	童詩
	だうし	道士・導師
とうじき	たうじき	陶磁器
とうしつ	とうしつ	等質
とうじつ	たうじつ	糖質
とうじつ	たうじつ	当日
とうじぶね	たうぢぶね	湯治舟 [春]
とうしゃ	とうしゃ	投射・透写・謄写
とうしゃ	とうしゃ	当社
どうしゃ	どうしゃ	同社・同車
どうしゃ	だうしゃ	堂舎

見出し	歴史的仮名遣	漢字
どうじゃく	だうじゃく	瞠若
とうしゅ	とうしゅ	投手・頭首
とうしゅ	たうしゅ	当主・党首
とうしゅう	たふしふ	踏襲
とうじゅう	たうぢゆう	当住
どうしゅう	どうしう	同舟・同臭・銅臭
どうしゅつ	だうしゆつ	導出
どうじゅつ	だうじゆつ	道術
とうしょ	とうしよ	投書・頭書
とうしょ	たうしよ	当所・当処・当初・
		島嶼
とうじょ	たうじよ	倒叙
どうじょ	どうぢよ	童女
とうしょう	たうしやう	刀匠・刀傷
とうしょう	とうしやう	凍傷 [冬]・闘将
とうじょう	たうじやう	党情
	たふじよう	搭乗
	とうじやう	東上・凍上

どうしょう	とうぢゃう	登場	どうしょーー とうぜん		
どうじょう	だうしゃう	道床			
どうじょう	どうじょう	同乗	どうじんぼう	とうじんばう	東尋坊 ◆
			とうすい	とうすい	透水・統帥
どうじょう	だうじゃう	堂上	とうすい	たうすい	陶酔
どうじょう	だうぢゃう	道場	どうすい	だうすい	導水
どうじょう	どうじゃう	同上・同情	とうぜ	たうぜ	党是
どうじょうういむ	どうじゃういむ	同床異夢	とうせい	たうせい	東征・統制・頭声・騰勢
とうじょうか	とうじゃうくゎ	頭状花			
とうしょうぶ	たうしゃうぶ	唐菖蒲 夏			当世・党勢・陶製・濤声
とうしん	とうしん	灯心・投身・東進・等身・等親	どうせい		
			とうせき	たうせき	投石・透析
	たうしん	刀身・盗心	とうせいき	たうせいき	桃青忌 春
	たふしん	答申	とうせき	たうせき	党籍・悼惜
とうじん	たうじん	党人・唐人・蕩尽	とうせつ	たうせつ	当節
どうしん	どうしん	同心・童心	とうせん	とうせん	灯船・登仙
	だうしん	道心	とうせん	たうせん	当選・当籤・当千
どうじん	どうじん	同人	とうぜん	とうぜん	東漸
	だうじん	道人	とうぜん	たうぜん	当然・陶然

どうせん	どうせん だうせん	同船・銅銭・銅線 導線
どうそう	たうさう	刀創・党争
とうそう	たうそう	逃走
とうそう	とうさう	凍瘡・痘瘡・闘争
どうそう	どうさう	同窓
どうぞう	どうざう	銅像
とうそく	たうそく	党則
とうぞく	たうぞく	盗賊
どうぞく	どうぞく	同族・同属
どうそじん	だうそじん	道俗 道祖神
とうた	たうた	淘汰
とうだい	とうだい	灯台
とうだい	たうだい	当代
どうたい	どうたい	同体・胴体・動体・動態・童体
	だうたい	導体

とうたつ	たうたつ	到達
とうち	とうち	統治・等値
とうち	たうち	当地・倒置・島地
とうぢさ	たうぢさ	唐萵苣
とうちゃく	たうちゃく	到着
どうちゃく	だうちゃく	道中
どうちゅうすごろく	だうちゅうすごろく	道中双六 [新年]
とうちょう	たうちゃう	盗聴
とうちょう	とうちゃう	登庁・登頂・頭頂
どうちょう	どうてう	同調
どうちょうとせつ	だうちゃうとせつ	道聴塗説
とうちょく	たうちょく	当直
とうちん	たうちん	陶枕
とうてい	たうてい	到底
どうてい	どうてい	同定・童貞
	だうてい	道程

と

どうせん――どうてい

とうでん	たふでん	答電
とうど	とうど	凍土
とうど	たうど	唐土・陶土・糖度
とうとい	たふとい	尊い・貴い
とうとう	とうとう	等々
	たうたう	滔々・蕩々
とうとう	たうとう	到頭
とうどう	たうだう	当道
	とうだう	東道
どうとう	どうとう	同等
	だうたふ	堂塔
	だうとう	道統
どうどう	どうたう	同党
	どうどう	（副詞）
	だうだう	堂々
どうどう	どうだう	同道
どうどうめぐり	だうだうめぐり	堂々巡り
どうとく	だうとく	道徳

とうとつ	たうとつ	唐突
とうとぶ	たふとぶ	尊ぶ・貴ぶ
とうな	たうな	唐菜
とうなす	たうなす	唐茄子 秋
とうなん	とうなん	東南
	たうなん	盗難
とうにゅう	とうにゆう	豆乳
	とうにふ	投入
どうにゅう	だうにふ	導入
とうにょうびょう	たうねうびやう	糖尿病
とうにん	たうにん	当人
とうねん	たうねん	当年
どうねん	どうねん	同年
	だうねん	道念
との	たうの	当の
どうのこうの	どうのかうの	何うの斯うの
とうのみね	たふのみね	多武峰 ◆

見出し	読み	漢字
とうは	たうは	党派
	たふは	踏破
とうば	たふば	塔婆
どうは	だうは	道破
とうはいごう	とうはいがふ	統廃合
とうはん	たうはん	盗犯
	たうはん	登坂・登攀
とうばく	たうばく	党閥・討伐・盗伐
とうばつ	たうばつ	討閥・討伐・盗伐
とうはん	たうはん	討幕・倒幕
とうばん	たうばん	登板
	たうばん	当番
とうひ	たうひ	等比
	たうひ	当否・逃避・党費・討匪
とうび	たうび	掉尾
とうひょう	とうへう	灯標・投票
とうびょう	とうびやう	闘病
	とうびやう	投錨・痘苗
	とうべう	

見出し	読み	漢字
とうひょう	だうへう	道標
どうびょう	どうびやう	同病
とうひん	たうひん	盗品
とうふう	とうふう	東風
	たうふう	党風・唐風
とうふく	たうふく	当腹・倒伏
どうふく	どうふく	同腹
	だうふく	道服
とうぶつ	たうぶつ	唐物
どうぶつえん	どうぶつゑん	動物園
どうぶるい	どうぶるひ	胴震ひ
とうぶん	たうぶん	等分
	たうぶん	当分・糖分
とうへき	たうへき	盗癖
とうべん	たふべん	答弁
とうへんぼく	たうへんぼく	唐変木
とうほう	たうはう	当方
	たうはう	東方

見出し	読み	表記
とうぼう	たうばう	逃亡
どうほう	どうはう	同胞
どうぼう	どうぼう	同朋
どうぼう	どうばう	同房
とうぼく	たうぼく	倒木・唐木・唐墨
とうほん	とうほん	謄本・籘本
とうま	たうま	唐本
とうまごえ	どうまごゑ	胴間声
どうまわり	どうまはり	胴回り
とうまる	たうまる	唐丸
とうみ	たうみ	唐箕
とうみつ	たうみつ	糖蜜
とうみょう	たうみやう	唐名
とうみょう	たうみやう	灯明
どうみょう	どうめう	同苗
どうみょうじ	だうみやうじ	道明寺
とうむ	たうむ	党務
とうめん	たうめん	当面

見出し	読み	表記
どうもう	どうもう	童蒙
	だうまう	獰猛
どうもく	だうもく	瞠目
どうもり	だうもり	堂守り
とうもろこし	たうもろこし	玉蜀黍 秋
とうや	とうや	頭屋
	たうや	当夜・陶冶
どうゆう	たふや	塔屋
	どういう	同友・同憂
とうよう	とうよう	登用・盗用
	たうよう	当用
	とうよう	東洋
どうよう	どうえう	動揺・童謡
	どうやう	同様
とうようとう	たうえふたう	桃葉湯 夏
とうらい	たうらい	当来・到来
とうらく	とうらく	騰落
	たうらく	当落

見出し	歴史的仮名遣い	漢字表記
どうらく	だうらく	道楽
とうり	たうり	党利・桃李
どうり	だうり	道理
とうりつ	たうりつ	倒立
とうりゃく	たうりゃく	党略
とうりゅう	たうりう	当流
とうりゅう	とうりう	逗留
とうりょう	たうりやう	棟梁・等量・頭領・当量
とうりゅう	どうりう	同流
とうるい	たうるい	盗塁・糖類
とうれい	たふれい	答礼
どうろ	だうろ	道路
とうろう	とうろう	灯籠秋・登楼
とうろう	たうらう	蟷螂秋・螳螂秋
どうろう	だうらう	堂廊
どうろん	たうろん	討論
どうわ	だうわ	童話
どうわ	だうわ	道話
どうわきょういく	どうわけういく	同和教育
とうわく	たうわく	当惑
とえはたえ	とへはたへ	十重二十重
とお	と を	十
とおあさ	とほあさ	遠浅
とおあるき	とほあるき	遠歩き
とおい	とほい	遠い
とおえん	とほえん	遠縁
とおか	とをか	十日
とおかえびす	とをかえびす	十日戎新年・十日恵比須新年
とおがけ	とほがけ	遠駆け
とおがすみ	とほがすみ	遠霞春
とおからず	とほからず	遠からず

とおかわず	とほかはづ	遠蛙 春
とおく	とほく	遠く
とおざける	とほざける	遠ざける
とおさとおの	とほさとをの	遠里小野 ◆
とおし	とほし	通し
とおしがも	とほしがも	通し鴨 夏
とおす	とほす	通す・徹す・透す
とおせんぼう	とほせんばう	通せん坊
とおだ	とほだ	遠田
とおっぱしり	とほっぱしり	遠つ走り
とおで	とほで	遠出
とおとうみ	とほたふみ	遠江 ◆
とおなり	とほなり	遠鳴り
とおね	とほね	遠音
とおの	とほの	遠野 ◆
とおのく	とほのく	遠退く
とおのり	とほのり	遠乗り
とおはなび	とほはなび	遠花火 夏秋
とおび	とほび	遠火
とおぼえ	とほぼえ	遠吠え
とおまき	とほまき	遠巻き
とおまわし	とほまはし	遠回し
とおまわり	とほまはり	遠回り
とおみ	とほみ	遠見
とおみち	とほみち	遠道
とおめ	とほめ	遠目
とおめがね	とほめがね	遠眼鏡
とおや	とほや	遠矢
とおやま	とほやま	遠山
とおやまざと	とほやまざと	遠山里
とおり	とほり	通り
…どおり	…どほり	…通り
とおる	とほる	透る・通る・徹る
とが	とが	咎・科・栂・都雅
とがわ	とぐわ	図画
とかい	とかい	渡海

見出し	歴史的仮名遣い	漢字
とかい	とくわい	都会
どかい	どくわい	土芥
どかい	どくわい	土塊
どがいし	どぐわいし	度外視
とがのお	とがのを	栂尾 ◆
どかん	どくわん	土管
ときあらい	ときあらひ	解き洗ひ
ときおり	ときをり	時折
ときのこえ	ときのこゑ	鬨の声
とぎみず	とぎみづ	磨ぎ水・研ぎ水
どきゅう	どきふ	弩級
どきょう	どきよう	度胸
どきょう	どきやう	読経
ときょうそう	ときやうそう	徒競走
ときわ	ときは	常盤 ◆
ときわぎおちば	ときはぎおちば	常磐木落葉 夏
どくおう	どくわう	独往
とくしゅう	とくしふ	特集
とくしゅう	どくしう	独修
どくしゅう	どくしふ	独習
とくしょう	とくしよう	特称
とくしょう	とくしやう	特賞
とくしょう	とくしよう	読誦
どくしょう	どくしやう	独唱
どくず	どくづ	読図
どくせんじょう	どくせんぢやう	独擅場
とくそう	とくさう	特捜
どくそう	どくさう	独走・独奏
どくそう	どくそう	特装・徳操
とくだわら	とくだはら	毒草
どくだわら	とくだはら	徳俵
どくだんじょう	どくだんぢやう	独壇場
とくちょう	とくちよう	特徴
とくちょう	とくちやう	特長
とくどう	とくだう	得道
とくひょう	とくへう	得票
とくぼう	とくばう	徳望

どくぼう	どくばう	独房	
とくゆう	とくいう	特有	
どくりょう	どくれう	読了	
とけあう	とけあふ	解け合ふ・溶け合ふ	
とこ	とかう	兎角・左右・渡航	
どごう	どがう	土豪・怒号	
とこさかずき	とこさかづき	床杯・床盃	
とこしえ	とこしへ	常しへ・永久・長しへ・永へ	
とことわ	とことは	常とは	
とばらい	とばらひ	床払ひ	
どこんじょう	どこんじやう	ど根性	
どざえもん	どざゑもん	土左衛門	
とさしみず	とさしみづ	土佐清水 ◆	
どさまわり	どさまはり	どさ回り	
ときみずき	ときみづき	土佐水木 [春]	
とじ	とぢ	綴ぢ	

どくぼうーーとしむか			
とじあわせる	とぢあはせる	綴ぢ合はせる	
としうえ	としうへ	年上	
としおしむ	としをしむ	年惜しむ [冬]	
としおとこ	としをとこ	年男 [冬][新年]	
としおんな	としをんな	年女	
としがい	としがひ	年甲斐	
としかっこう	としかくかう	年格好	
としかつかう	としかつかう	年恰好	
としこしもうで	としこしまうで	年越し詣で [冬]	
とじこむ	とぢこむ	綴ぢ込む	
とじこめる	とぢこめる	閉ぢ込める	
とじこもる	とぢこもる	閉ぢ籠もる	
とじしろ	とぢしろ	綴ぢ代	
とじぶた	とぢぶた	綴ぢ蓋	
とじほん	とぢほん	綴ぢ本	
としまわり	としまはり	年回り	
としむかう	としむかふ	年迎ふ [新年]	
としむかえ	としむかへ	年迎へ [冬]	

とじめ	とぢめ	綴ぢ目	
としょう	とせふ	徒渉・渡渉	
とじょう	とじやう	途上・登城	
とじょう	とぢやう	屠場	
どじょう	どじやう	土壌	
どじょう	どぢやう	泥鰌・鰌 夏	
どじょうじる	どぢやうじる	泥鰌汁 夏	
どじょうなべ	どぢやうなべ	泥鰌鍋 夏	
どしょうぼね	どしやうぼね	土性骨	
としょかん	としよくわん	図書館	
とじる	とぢる	閉ぢる・綴ぢる	
とじん	とじん	都人	
とじん	とぢん	都塵	
とそいわう	とそいはふ	屠蘇祝ふ 新年	
とそう	とさう	塗装	
どそう	どさう	土葬	
どぞう	どざう	土蔵	
とちょう	とちやう	徒長・登頂・都庁	

どちょう	どちやう	怒張	
とっか	とくか	特価	
とっか	とくくわ	徳化	
どっか	どくくわ	読過	
どっかい	どくかい	読解	
とっき	とつき	突起	
とっき	とくき	特記	
どっき	どくき	毒気	
とっきゅう	とくきふ	特急・特級	
とっきょ	とくきよ	特許	
どっきょ	どくきよ	独居	
どくきんほう	どくきんはふ	独禁法	
とっくみあい	とつくみあひ	取つ組み合ひ	
とっくん	とくくん	特訓	
とっけい	とくけい	特恵	
とっけん	とくけん	特権	
とっこう	とくかう	特効・特高・徳行・篤行	

とじめ——とっこう

どっこう	どくかう	特攻
どっこうせん	どくかうせん	独行
どっこうせん	どくかうせん	独航船
とつにゅう	とつにふ	突入
とっぴょうし	とつぴやうし	突拍子
どっぽ	どくほ	独歩
ととう	とたう	徒党・渡島
どとう	どたう	怒濤
とどうふけん	とどうふけん	都道府県
とどこおる	とどこほる	滞る
ととのう	ととのふ	整ふ
ととのえる	ととのへる	整へる・調へる
となえる	となへる	称へる・唱へる
となりあう	となりあふ	隣り合ふ
どのう	どなう	土嚢
どのよう	どのやう	何の様
どはずれ	どはづれ	度外れ
とびうお	とびうを	飛び魚 夏

と

どっこう────とめおと

とびかう	とびかふ	飛び交ふ
とびきゅう	とびきふ	飛び級
とびちがう	とびちがふ	飛び違ふ
とびどうぐ	とびだうぐ	飛び道具
とびまわる	とびまはる	飛び回る
どひょう	どへう	土俵
とぶらう	とぶらふ	弔ふ・訪ふ
とほう	とはう	途方
とほうもない	とはうもない	途方もない
とまえ	とまへ	戸前
とまどい	とまどひ	戸惑ひ・途惑ひ
とまどう	とまどふ	戸惑ふ・途惑ふ
とみおか	とみをか	富岡 ◆
とみこうみ	とみかうみ	と見かう見・左見
とむらい	とむらひ	弔ひ
とむらう	とむらふ	弔ふ
とめおとこ	とめをとこ	留め男・止男

ともえ	ともゑ	巴	
ともぐい	ともぐひ	共食ひ	
ともじ	ともぢ	共地	
ともぞえ	ともぞへ	共揃へ	
ともだおれ	ともだふれ	共倒れ	
ともなう	ともなふ	伴なふ	
ともまわり	ともまはり	供回り	
とゆう	といふ	都邑	
とよう	とやう	渡洋	
どよう	どやう	土用	夏
どようえ	どえう	土曜	
どようきゅう	どようきう	土用灸 夏	
どようしばい	どようしばゐ	土用芝居 夏	
どようみまい	どようみまひ	土用見舞ひ 夏	
とよおか	とよをか	豊岡 ◆	
とらえどころ	とらへどころ	捕らへ所・捉へ所	
とらえる	とらへる	捕らへる・捉へる	
どらごえ	どらごゑ	銅鑼声	

と

とらのお	とらのを	虎尾草 夏・虎の尾 夏	
とらわれる	とらはれる	囚はれる・捕らはれる	
とりあう	とりあふ	取り合ふ	
とりあえず	とりあへず	取り敢へず	
とりあつかう	とりあつかふ	取り扱ふ	
とりあわせ	とりあはせ	鶏合はせ 春	
とりあわせる	とりあはせる	取り合はせる	
とりい	とりゐ	鳥居	
とりおい	とりおひ	鳥追ひ	
とりおこなう	とりおこなふ	執り行なふ	
とりおさえる	とりおさへる	取り押さへる	
とりがい	とりがひ	鳥貝	
とりかえし	とりかへし	取り返し	
とりかえす	とりかへす	取り返す	
とりかえる	とりかへる	取り替へる・鳥帰る 春

ともえ――とりかえ

347

とりかじ	とりかぢ	取り舵
とりかわす	とりかはす	取り交はす
とりくずす	とりくづす	取り崩す
とりこしぐろう	とりこしぐらう	取り越し苦労
とりこわす	とりこはす	取り壊す
とりしずめる	とりしづめる	取り静める・取り鎮める
とりそろえる	とりそろへる	取り揃へる
とりそこなう	とりそこなふ	取り損なふ
とりちがえる	とりちがへる	取り違へる
とりつくろう	とりつくろふ	取り繕ふ
とりなおす	とりなほす	取り直す
とりなわ	とりなは	取り縄・捕り縄
とりはからう	とりはからふ	取り計らふ
とりはずす	とりはづす	取り外す
とりはらう	とりはらふ	取り払ふ
とりほうだい	とりはうだい	取り放題
とりまえ	とりまへ	取り前
とりまわす	とりまはす	取り回す
とりもなおさず	とりもなほさず	取りも直さず
とりょう	とれう	塗料
どりょう	どりやう	度量
とろう	とらう	徒労
どろじあい	どろじあひ	泥仕合
どろなわ	どろなは	泥縄
どろぼう	どろばう	泥棒・泥坊
どろみず	どろみづ	泥水
とろろあおい	とろろあふひ	黄蜀葵 [夏]
とわ		永久
とわずがたり	とはずがたり	問はず語り
どんか	どんくわ	鈍化
どんこう	どんかう	鈍行
どんしゅう	どんしう	呑舟
どんじゅう	どんぢゆう	鈍重
どんちょう	どんちやう	緞帳
どんでんがえし	どんでんがへし	どんでん返し

どんとう	どんたう	鈍刀	
とんぼがえり	とんぼがへり	蜻蛉返り	
どんよう	どんえふ	嫩葉	

な

ないあわせる	なひあはせる	綯ひ合はせる
ないいん	ないいん	内因
ないいん	ないゐん	内院
ないえん	ないえん	内縁
ないえん	ないゑん	内苑
ないおう	ないおう	内応
ないおう	ないあう	内奥
ないか	ないくわ	内科
ないがい	ないぐわい	内外
ないかてい	ないくわてい	内火艇
ないかん	ないくわん	内患・内観
ないこう	ないこう	内攻・内訌
ないこう	ないかう	内向・内航・内港・
		内項
ないしきょう	ないしきやう	内視鏡
ないしゅう	ないしう	内周
ないじゅうがい	ないじゆうぐわい	内柔外剛
ないじゅうごう	がう	
ないしょう	ないしよう	内証
ないしゅうげん	ないしうげん	内祝言
ないじょう	ないじやう	内情
ないじん	ないぢん	内陣
ないしんのう	ないしんわう	内親王
ないそう	ないそう	内奏・内層
ないそう	ないさう	内争・内装
ないぞう	ないざう	内蔵・内臓
ないほう	ないほう	内報
ないほう	ないはう	内包
ないまぜ	なひまぜ	綯ひ交ぜ

ないゆう	ないいう	内憂
ないよう	ないやう	内用・内容
なう	なふ	綯ふ
なえ	なへ	苗
なえうり	なへうり	苗売り 夏
なえかご	なへかご	苗籠 夏
なえぎ	なへぎ	苗木
なえぎいち	なへぎいち	苗木市 春
なえた	なへた	苗田 春
なえどこ	なへどこ	苗床 春
なえふだ	なへふだ	苗札 春
なお	なほ	猶・尚
なおえつ	なほえつ	直江津 ◆
なおがき	なほがき	尚書き
なおかつ	なほかつ	尚且つ
なおさら	なほさら	尚更
なおざり	なほざり	等閑

なおし	なほし	直し
なおす	なほす	直す・治す
なおなお	なほなほ	猶々・尚々
なおまた	なほまた	尚又
なおも	なほも	猶も・尚も
なおらい	なほらひ	直会
なおる	なほる	直る・治る
なおれ	なをれ	名折れ
なかい	なかゐ	仲居
ながい	ながい	長い
ながおい	ながおひ	長追ひ
ながおか	ながをか	長岡 ◆
ながおどり	ながをどり	長尾鶏 ◆
なかおれ	なかをれ	中折れ
なかがい	なかがひ	仲買
なかしお	なかしほ	中潮
なかたがい	なかたがひ	仲違ひ

見出し	読み	表記
ながちょうば	ながちやうば	長丁場・長町場
なかつがわ	なかつがは	中津川 ◆
なかなおり	なかなほり	仲直り・中直り
なかにわ	なかには	中庭
なからい	なからひ	仲合
ながらえる	ながらへる	長らへる・永らへる
ながわずらい	ながわづらひ	長患ひ
なかんずく	なかんづく	就中
なきがお	なきがほ	泣き顔
なきくずれる	なきくづれる	泣き崩れる
なきごえ	なきごゑ	泣き声・鳴き声
なきしずむ	なきしづむ	泣き沈む
なきじょうご	なきじやうご	泣き上戸
なぎたおす	なぎたふす	薙ぎ倒す
なぎはらう	なぎはらふ	薙ぎ払ふ
なきわらい	なきわらひ	泣き笑ひ
なげかわしい	なげかはしい	嘆かはしい

見出し	読み	表記
なげたおす	なげたふす	投げ倒す
なげなわ	なげなは	投げ縄
なこうど	なかうど	仲人
なごりおしい	なごりをしい	名残惜しい
なしくずし	なしくづし	済し崩し
なしじ	なしぢ	梨子地
なすしおばら	なすしほばら	那須塩原 ◆
なずな	なづな	薺 新年
なすなえ	なすなへ	茄子苗 夏
なずながゆ	なづながゆ	薺粥 新年
なずむ	なづむ	泥む
なすりあい	なすりあひ	擦り合ひ
なぞえ	なぞへ	準へ・准へ
なぞらう	なぞらふ	準ふ・准ふ・擬ふ
なぞらえる	なぞらへる	準へる・准へる・擬へる
なつうぐいす	なつうぐひす	夏鶯 夏
なつかわ	なつかは	夏川 夏

なつかわら	なつかはら	夏河原 夏
なつぐわ	なつぐは	夏桑 夏
なつごおり	なつごほり	夏氷 夏
なつしお	なつしほ	夏潮 夏
なつしばい	なつしばゐ	夏芝居 夏
なつばらえ	なつばらへ	夏祓 夏
なつゆうべ	なつゆふべ	夏夕 夏
なつりょうり	なつれうり	夏料理 夏
なでまわす	なでまはす	撫で回す
ななえ	ななへ	七重
なにくわぬかお	なにくはぬかほ	何食はぬ顔
なにしおう	なにしおふ	名にし負ふ
なにゆえ	なにゆゑ	何故
なにわ	なには	難波・浪速・浪花・浪華
なにわおどり	なにはをどり	浪速踊り 春
なにわぶし	なにはぶし	浪花節
なぬかしょうがつ	なぬかしやうぐ	七日正月 新年

なべおとめ	なべをとめ	鍋乙女 夏
なまうお	なまうを	生魚
なまえ	なまへ	名前
なまがし	なまぐわし	生菓子
なまかわ	なまかは	生皮
なまず	なまづ	癜・鯰
なまびょうほう	なまびやうはふ	生兵法
なまほうそう	なまはうそう	生放送
なまみず	なまみづ	生水
なまよい	なまよひ	生酔ひ
なみいる	なみゐる	並み居る
なみうちぎわ	なみうちぎは	波打ち際
なみじ	なみぢ	波路
なみはずれる	なみはづれる	並外れる
なめくじ	なめくぢ	蛞蝓 夏
なめしがわ	なめしがは	鞣革
なめずる	なめづる	舐めづる

なやらい	なやらひ	追儺 [冬]
ならい	ならひ	ならひ [冬]・習ひ
ならいしょう	ならひしやう	習性
ならゐ	ならゐ	奈良井 ◆
ならぬけ		
ならう	ならふ	習ふ・倣ふ
ならもみじ	ならもみぢ	楢紅葉 [秋]
ならわし	ならはし	習はし・慣はし
なりわい	なりはひ	生業・業
なれあい	なれあひ	馴れ合ひ
なれあう	なれあふ	馴れ合ふ
なわ	なは	縄
なわしろ	なはしろ	苗代 [春]
なわしろいちご	なはしろいちご	苗代苺 [夏]
なわしろぐみ	なはしろぐみ	苗代茱萸 [春][夏]
なわしろだ	なはしろだ	苗代田 [春]
なわしろどき	なはしろどき	苗代時 [春]
なわしろみず	なはしろみづ	苗代水
なわすだれ	なはすだれ	縄簾

なわつき	なはつき	縄付き
なわて	なはて	畷
なわとび	なはとび	縄跳び
なわぬけ	なはぬけ	縄脱け
なわのび	なはのび	縄延び
なわのれん	なはのれん	縄暖簾
なわばしご	なはばしご	縄梯子
なわばり	なはばり	縄張り
なわめ	なはめ	縄目
なんい	なんい	難易
なんいる	なんゐる	南緯
なんか	なんか	何か・南下
なんか	なんくわ	軟化
なんが	なんぐわ	南画
なんかい	なんかい	南海・難解
なんかい	なんくわい	何回
なんかん	なんくわん	難関
なんきゅう	なんきう	軟球・難球

なんぎょう	なんぎゃう	難行
なんこう	なんかう	軟膏・難航
なんじ	なんじ	難字・難事
	なんぢ	汝・難治
なんじゅう	なんじふ	難渋
なんしょう	なんしやう	難症
なんじょう	なんでう	何条
なんちょう	なんちやう	難聴
	なんてう	軟調
なんという	なんといふ	何と言ふ
なんびょう	なんびやう	難病
なんびょうよう	なんびようやう	南氷洋
なんぽう	なんぱう	南方
なんよう	なんやう	南洋

に

にあう	にあふ	似合ふ
にあつかい	にあつかひ	荷扱ひ
にあわしい	にあはしい	似合はしい
にい…	にひ…	新…
にいがた	にひがた	新潟
にいくさ	にひくさ	新草 春 ◆
にいじま	にひじま	新島 ◆
にいづま	にひづま	新妻
にいなめさい	にひなめさい	新嘗祭 冬
にいぼん	にひぼん	新盆 秋
にいまくら	にひまくら	新枕
にいん	にゐん	二院
にえ	にえ	贄
	にへ	煮え・錵
にえかえる	にえかへる	煮え返る
にえくりかえる	にえくりかへる	煮え繰り返る
にお	にほ	鳰 図・堆 秋・藁塚 秋
におい	にほひ	匂ひ・臭ひ
においたつ	にほひたつ	匂ひ立つ

においぶくろ	にほひぶくろ	匂ひ袋 夏
におう	にほふ	匂ふ・臭ふ
におう	にわう	仁王・二王
におどり	にほどり	鳰鳥 冬
におやか	にほやか	匂やか
におわせる	にほはせる	匂はせる・臭はせる
にか	にくわ	二化
にかえす	にかへす	煮返す
にがお	にがほ	似顔
にがおえ	にがほゑ	似顔絵
にがしお	にがしほ	苦塩・苦潮 夏
にがつ	にぐわつ	二月 春
にがつじん	にぐわつじん	二月尽 春
にがつれいじゃ	にぐわつれいじ ゃ	二月礼者 春
にかよう	にかよふ	似通ふ
にかわ	にかは	膠
にがわらい	にがわらひ	苦笑ひ
にぎわい	にぎはひ	賑はひ
にぎわう	にぎはふ	賑はふ
にぎわしい	にぎはしい	賑はしい
にぎわす	にぎはす	賑はす
にくかい	にくくわい	肉界
にくかい	にくくわい	肉塊
にくぎゅう	にくぎう	肉牛
にくじゅう	にくじふ	肉汁
にくじょう	にくじやう	肉情
にくずく	にくづく	肉豆蔲
にくずれ	にくづれ	荷崩れ・煮崩れ
にくまんじゅう	にくまんぢゅう	肉饅頭
にげかえる	にげかへる	逃げ帰る
にげこうじょう	にげこうじやう	逃げ口上
にげまどう	にげまどふ	逃げ惑ふ
にげまわる	にげまはる	逃げ回る
にげみず	にげみづ	逃げ水 春

にごう	にがう	二号
にごしらえ	にごしらへ	荷拵へ
にしお	にしを	西尾 ◆
にじかい	にじくわい	二次会
にしきぎもみじ	にしきぎもみぢ	錦木紅葉 秋
にしきごい	にしきごひ	錦鯉 夏
にしじんおり	にしぢんおり	西陣織
にじゅう	にじふ	二十・廿
にじゅう	にぢゅう	二重
にじゅうさんや	にじふさんや	二十三夜 秋
にしんほう	にしんはふ	二進法
にだんがまえ	にだんがまへ	二段構へ
にちにちそう	にちにちさう	日々草 夏
にちよう	にちよう	日用
にちよう	にちえう	日曜
にちりんそう	にちりんさう	日輪草 夏
にっか	につくわ	日貨・日課
につかわしい	につかはしい	似付かはしい

にっかんてき	にくかんてき	肉感的
にっきゅう	にっきふ	日給
にっけい	につけい	日系・日計
にっけい	にくけい	肉桂
にっこう	につくわう	日光 ◆
にっしゃびょう	につしゃびやう	日射病 夏
にっしゅう	につしう	日収
にっしょう	につしやう	入声・日商
にっしょう	につせう	日照
にっしょうき	につしやうき	日章旗
にっとう	につとう	日東
にっとう	につたう	入唐・日当
にっぴょう	につぺう	日表
にとうりゅう	にたうりう	二刀流
にないて	にないて	担ひ手
になう	になふ	担ふ
になわ	になは	荷縄
にねんそう	にねんさう	二年草

見出し	歴史的仮名遣い	漢字
にひゃくとおか	にひゃくとをか	二百十日 秋
にほんだいら	にほんだひら	日本平 ◆
にほんとう	にほんたう	日本刀
にまいがい	にまいがひ	二枚貝
にもかかわらず	にもかかはらず	にも拘らず
にやっかい	にやくかい	荷厄介
にゅう	ニユウ	乳
	ニウ	柔
	ニフ	入
にゅういん	にふゐん	入院
にゅういんりょう	にゅういんれう	乳飲料
にゅうえい	にふえい	入営
にゅうえん	にふゑん	入園
にゅうか	にゅうか	乳価
にゅうか	にふか	入荷
にゅうか	にゅうくわ	乳化・乳菓
にゅうかい	にふくわい	入会

見出し	歴史的仮名遣い	漢字
にゅうかく	にふかく	入閣
にゅうがく	にふがく	入学
にゅうがくしき	にふがくしき	入学式 春
にゅうがくしけん	にふがくしけん	入学試験 春
にゅうかん	にふくわん	入棺・入館
にゅうぎゅう	にゅうぎうう	乳牛
にゅうきょ	にふきょ	入居・入渠
にゅうきょう	にふきやう	入京
にゅうぎょう	にゅうげふ	乳業
にゅうきょく	にふきょく	入局
にゅうぎょく	にふぎょく	入玉
にゅうきん	にふきん	入金
にゅうこ	にふこ	入庫
にゅうこう	にふかう	入行・入坑・入港・入稿
にゅうこう	にふこう	入貢・入寇・入構
にゅうこう	にゅうかう	乳香

にゅうこく	にふこく	入国
にゅうごく	にふごく	入獄
にゅうこん	にふこん	入魂
にゅうさつ	にふさつ	入札
にゅうざん	にふざん	入山
にゅうし	にゅうし	乳歯
にゅうし	にふし	入試
にゅうしつ	にゅうしつ	乳質
にゅうしつ	にふしつ	入室
にゅうしゃ	にふしゃ	入社・入射
にゅうじゃく	にうじゃく	柔弱
にゅうしゅ	にふしゅ	入手
にゅうじゅう	にゅうじふ	乳汁
にゅうじゅく	にふじゅく	入塾
にゅうしょ	にふしょ	入所
にゅうしょう	にふしやう	入賞

に

にゅうこ——にゅうと

にゅうじょう	にふじやう	入城
	にふぢやう	入定・入場
にゅうしょく	にゅうじやう	乳状
にゅうしょく	にふしょく	入植
にゅうしん	にふしん	入信・入神
にゅうすい	にふすい	入水
にゅうせき	にふせき	入籍
にゅうせん	にゅうせん	乳腺
	にふせん	入船・入線・入選・入撰
にゅうたい	にふたい	入隊
にゅうだん	にふだん	入団
にゅうちょう	にふてう	入朝・入超
にゅうてい	にふてい	入廷
にゅうでん	にふでん	入電
にゅうとう	にゅうとう	乳頭
	にふとう	入党・入湯
	にゅうたう	乳糖

にゅうどう	にふだう	入道・
にゅうどうぐも	にふだうぐも	入道雲 夏
にゅうねん	にふねん	入念
にゅうばい	にふばい	入梅 夏
にゅうひ	にふひ	入費
にゅうふ	にふふ	入夫・入府
にゅうぶ	にふぶ	入部
にゅうぼう	にふうばう	乳房・乳棒
にゅうまく	にふまく	入幕
にゅうめつ	にふめつ	入滅
にゅうめん	にふめん	入麺・煮麺
にゅうもん	にふもん	入門
にゅうよう	にふよう	入用
にゅうよう	にふよう	入用
にゅうようじ	にゅうえうじ	乳幼児
にゅうよく	にふよく	入浴
にゅうらい	にふらい	入来
にゅうらく	にゅうらく	乳酪
にゅうらく	にふらく	入洛

にゅうりょう	にふれう	入寮
	にゆうりやう	乳量
にゅうりょく	にふりよく	入力
にゅうろう	にふらう	入牢
にゅうわ	にうわ	柔和
によう	ニョウ	女
によう	ネウ	尿・繞
	にやう	二様
にようい	ねうい	尿意
にょういん	にようゐん	女院
にょうかん	ねうくわん	尿管
にょうき	ねうき	尿器
にょうさん	ねうさん	尿酸
にょうしっきん	ねうしつきん	尿失禁
にょうせき	ねうせき	尿石
にょうそ	ねうそ	尿素
にょうどう	ねうだう	尿道
にょうどうさい	ねうだうさい	繞道祭 新年

にょうはち	にょうはち	鐃鉢
にょうぼう	にょうばう	女房
にょかん	によくわん	女官
にょしょう	によしやう	女性
にょほう	によほふ	如法
にらまえる	にらまへる	睨まへる
にらみあう	にらみあふ	睨み合ふ
にりゅう	にりう	二流
にりんそう	にりんさう	二輪草 春
にわ	には	庭
にわいし	にはいし	庭石
にわうめ	にはうめ	庭梅
にわか	にはか	俄
にわき	にはき	庭木
にわきど	にはきど	庭木戸
にわくさ	にはくさ	庭草
にわげた	にはげた	庭下駄
にわさき	にはさき	庭先・庭前
にわし	にはし	庭師
にわしごと	にはしごと	庭仕事
にわたずみ	にはたづみ	潦・行潦
にわたたき	にはたたき	庭叩き 秋
にわつくり	にはつくり	庭作り・庭造り
にわづたい	にはづたひ	庭伝ひ
にわとこ	にはとこ	接骨木
にわとり	にはとり	鶏
にわやなぎ	にはやなぎ	庭柳
にんがい	にんぐわい	人外
にんかん	にんくわん	任官
にんきょう	にんけふ	任俠・仁俠
にんぎょう	にんぎやう	人形
にんじょう	にんじやう	人情・刃傷
にんじょうざた	にんじやうざた	刃傷沙汰
にんそう	にんさう	人相
にんなじ	にんわじ	仁和寺 ◆
にんぽう	にんぱふ	忍法

ぬ

ぬい	ぬひ	縫ひ・繡ひ
ぬいあわせる	ぬひあはせる	縫ひ合はせる
ぬいいと	ぬひいと	縫ひ糸
ぬいかえす	ぬひかへす	縫ひ返す
ぬいかた	ぬひかた	縫ひ方
ぬいぐるみ	ぬひぐるみ	縫ひ包み
ぬいこみ	ぬひこみ	縫ひ込み
ぬいこむ	ぬひこむ	縫ひ込む
ぬいしろ	ぬひしろ	縫ひ代
ぬいぞめ	ぬひぞめ	縫ひ初め [新年]
ぬいだす	ぬひだす	縫ひ出す
ぬいとり	ぬひとり	縫ひ取り
ぬいなおす	ぬひなほす	縫ひ直す
ぬいはく	ぬひはく	縫箔
ぬいはじめ	ぬひはじめ	縫ひ始め [新年]
ぬいばり	ぬひばり	縫ひ針
ぬいめ	ぬひめ	縫ひ目
ぬいもの	ぬひもの	縫ひ物
ぬいもん	ぬひもん	縫ひ紋
ぬう	ぬふ	縫ふ
ぬかずく	ぬかづく	額突く
ぬかばえ	ぬかばへ	糠蠅 [秋]
ぬぐいさる	ぬぐひさる	拭ひ去る
ぬぐう	ぬぐふ	拭ふ
ぬくばい	ぬくばひ	温灰
ぬけかわる	ぬけかはる	抜け代はる・抜け替はる
ぬなわ	ぬなは	蓴縄 [夏]・蓴 [夏]
ぬなわぶね	ぬなはぶね	蓴舟 [夏]
ぬのじ	ぬのぢ	布地
ぬめかわ	ぬめかは	滑革
ぬりえ	ぬりゑ	塗り絵
ぬりかえる	ぬりかへる	塗り替へる・塗り換へる

ぬりなおす	ぬりなほす	塗り直す
ぬるでもみじ	ぬるでもみぢ	白膠木紅葉 秋

ね

ねいもう	ねいまう	獰猛
ねうお	ねうを	根魚
ねおい	ねおひ	根生ひ
ねがう	ねがふ	願ふ
ねがえり	ねがへり	寝返り
ねがお	ねがほ	寝顔
ねがわくは	ねがはくは	願はくは
ねがわしい	ねがはしい	願はしい
ねぎぼうず	ねぎばうず	葱坊主 春
ねぎらう	ねぎらふ	労ふ・犒ふ
ねぎわ	ねぎは	寝際
ねくずれ	ねくづれ	値崩れ

ねこかわいがり	ねこかはいがり	猫可愛がり
ねこなでごえ	ねこなでごゑ	猫撫で声
ねじ	ねぢ	螺子・螺旋・捩子・捻子・螺釘
ねじあな	ねぢあな	螺子穴
ねじあやめ	ねぢあやめ	捩菖蒲 春
ねじきる	ねぢきる	捩ぢ切る
ねじくぎ	ねぢくぎ	螺子釘・捻子釘
ねじくれる	ねぢくれる	拗くれる・捩くれる
ねじける	ねぢける	拗ける
ねじこむ	ねぢこむ	捩ぢ込む
ねしずまる	ねしづまる	寝静まる
ねじたおす	ねぢたふす	捩ぢ倒す
ねじばな	ねぢばな	捩花 夏
ねじまげる	ねぢまげる	捩ぢ曲げる
ねじまわし	ねぢまはし	螺子回し・捻子回し

ねじやま	ねぢやま	螺子山
ねしょうが	ねしやうが	根生姜
ねしょうがつ	ねしやうぐわつ	寝正月 [新年]
ねしょうべん	ねせうべん	寝小便
ねじり	ねぢり	捩り
ねじりはちまき	ねぢりはちまき	捩り鉢巻き
ねじる	ねぢる	捩る・拗る
ねじれる	ねぢれる	捩れる・拗れる・捻れる
ねぞう	ねざう	寝相
ねちがえる	ねちがへる	寝違へる
ねつがん	ねつぐわん	熱願
ねっききゅう	ねつききう	熱気球
ねっきょう	ねつきやう	熱狂
ねっしょう	ねつしやう	熱唱
ねつじょう	ねつじやう	熱情
ねつぞう	ねつざう	捏造
ねつでんどう	ねつでんだう	熱伝導
ねっとう	ねつとう	熱闘
ねっとう	ねつたう	熱湯
ねつぼう	ねつばう	熱望
ねつりょう	ねつりやう	熱量
ねはんえ	ねはんゑ	涅槃会 [春]
ねはんず	ねはんづ	涅槃図 [春]
ねぼう	ねばう	寝坊
ねまわし	ねまはし	根回し
ねめまわす	ねめまはす	睨め回す
ねらい	ねらひ	狙ひ
ねらいうち	ねらひうち	狙ひ打ち・狙ひ撃ち
ねらう	ねらふ	狙ふ
ねりあわせる	ねりあはせる	練り合はせる・煉り合はせる
ねりえ	ねりゑ	練り餌・煉り餌
ねりがし		練り菓子

ねじやま——ねりがし

ねりくよう	ねりくやう	練り供養夏・邌り供養夏・邌り	
ねりこう	ねりかう	練り香・煉り香夏	
ねりなおす	ねりなほす	練り直す	
ねりようかん	ねりやうかん	練り羊羹・煉り羊羹	
ねんがらねんじゅう	ねんがらねんぢゆう	年がら年中	
ねんがっぴ	ねんぐわつぴ	年月日	
ねんかい	ねんくわい	年会	
ねんがじょう	ねんがじやう	年賀状 新年	
ねんがん	ねんぐわん	念願	
ねんきゅう	ねんきう	年給	
ねんきゅう	ねんきふ	年休	
ねんげみしょう	ねんげみせう	拈華微笑	
ねんごう	ねんがう	年号	
ねんしゅう	ねんしう	年収	
ねんじゅう	ねんぢゆう	年中	
ねんしょう	ねんしやう	年商	
ねんしょう	ねんせう	年少・燃焼	
ねんちゅうぎょうじ	ねんちゆうぎやうじ	年中行事	
ねんちょう	ねんちやう	年長	
ねんばらい	ねんばらひ	年払ひ	
ねんまつしょうよ	ねんまつしやうよ	年末賞与 冬	
ねんぴょう	ねんぺう	年表	
ねんりょう	ねんれう	燃料	

の

の

のう	ノウ	能・農・濃・膿
	ナウ	悩・脳・嚢
	ナフ	衲・納
	なう	（感動詞）
のういっけつ	なういつけつ	脳溢血

364

のうえん	のうえん	濃艶
のうえん	なうえん	脳炎
のうゑん	のうゑん	農園
のうか	のうか	農家
のうか	のうくわ	農科・濃化
のうかい	なふくわい	納会
のうかすいたい	なうかすいたい	脳下垂体
のうかん	なうかん	脳幹
のうかん	なふくわん	納棺
のうき	のうき	農期
のうき	なふき	納期
のうきょう	のうきよう	膿胸
のうきょう	なふきやう	納経
のうぎょう	のうげふ	農協
のうぎょう	のうげふ	農業
のうきょうげん	のうきやうげん	能狂言
のうきん	なふきん	納金
のうけっせん	なうけつせん	脳血栓

のうこう	のうこう	農工・濃厚
のうこう	のうかう	農耕
のうこうそく	なうかうそく	脳梗塞
のうこつ	なふこつ	納骨
のうさい	のうさい	能才・濃彩
のうさい	なふさい	納采
のうさぎょう	のうさげふ	農作業
のうさつ	なうさつ	悩殺
のうさつ	なふさつ	納札
のうし	なうし	脳死
のうしつ	なうしつ	脳室
のうじゅ	なふじゆ	納受
のうじゅう	のうじふ	膿汁
のうじゅうけつ	なうじゆうけつ	脳充血
のうしゅっけつ	なうしゆつけつ	脳出血
のうしょう	なうしやう	脳症・脳漿
のうじょう	のうぢやう	農場
のうしんけい	なうしんけい	脳神経

のうしんとう	なうしんたう	脳震盪	
のうずい	なうずい	脳髄	
のうぜい	なふぜい	納税	
のうせいまひ	なうせいまひ	脳性麻痺	
のうぜんかずら	のうぜんかづら	凌霄花 夏	
のうそ	なうそ	嚢祖	
のうそくせん	なうそくせん	脳塞栓	
のうそっちゅう	なうそつちゆう	脳卒中	
のうちゅう	なうちゆう	脳中・嚢中	
のうてい	なうてい	嚢底	
のうてん	なうてん	脳天	
のうてんき	なうてんき	能天気	
のうどう	なうどう	能動	
のうどう	のうだう	農道	
のうない	なうない	脳内	
のうにゅう	なふにふ	納入	
のうは	なうは	脳波	

のうしん——のおがた

のうひん	なふひん	納品	
のうひんけつ	なうひんけつ	脳貧血	
のうふ	のうふ	農夫・農婦	
	なふふ	納付	
のうほう	のうはう	膿疱	
	のうはふ	農法	
のうほん	なふほん	納本	
のうまく	なうまく	脳膜	
のうみそ	なうみそ	脳味噌	
のうよう	なうやう	膿瘍	
のうらん	なうらん	悩乱	
のうり	のうり	能吏	
のうり	なうり	脳裏・脳裡	
のうりつきゅう	のうりつきふ	能率給	
のうりょう	なふりやう	納涼 夏	
のうりょく	のうりよく	能力・濃緑	
のうりょく	なうりよく	脳力	
のおがた	なほがた	直方 ◆	

のがわ	のがは	野川	
のきしょうぶ	のきしやうぶ	軒菖蒲 夏	
のきどい	のきどひ	軒樋	
のこぎりそう	のこぎりさう	鋸草 夏	
のこくず	のこくづ	鋸屑	
のざわな	のざはな	野沢菜	
のじ	のぢ	野路	
のしあわび	のしあはび	熨斗鮑	
のじぎく	のぢぎく	野路菊 秋	
のずえ	のずゑ	野末	
のせぎょう	のせぎやう	野施行 冬	
のたまう	のたまふ	宣ふ・曰ふ	
のたまわく	のたまはく	曰く	
のちぞい	のちぞひ	後添ひ	
のっぺらぼう	のっぺらばう	野篦坊	
のべおか	のべをか	延岡◆	
のべざお	のべざを	延べ竿・延べ棹	
のべじんいん	のべじんゐん	延べ人員	

のべばらい	のべばらひ	延べ払ひ	
のべぼう	のべばう	延べ棒	
のほうず	のはうづ	野放図・野方図	
のまおい	のまおひ	野馬追ひ 夏	
のまおいまつり	のまおひまつり	野馬追ひ祭り 夏	
のみくい	のみくひ	飲み食ひ	
のみこうい	のみかうゐ	呑み行為	
のみたおす	のみたふす	飲み倒す	
のみなおす	のみなほす	飲み直す	
のみみず	のみみづ	飲み水	
のみりょう	のみれう	飲み料	
のりあい	のりあひ	乗り合ひ	
のりあわせる	のりあはせる	乗り合はせる	
のりかえ	のりかへ	乗り換へ	
のりかえる	のりかへる	乗り換へる	
のりくみいん	のりくみゐん	乗組員	
のりそこなう	のりそこなふ	乗り損なふ	
のりまわす	のりまはす	乗り回す	

は

のろい	のろい	鈍い
	のろひ	呪ひ・詛ひ
のろう	のろふ	呪ふ・詛ふ
のろわしい	のろはしい	呪はしい
のんべえ	のんべゑ	飲ん兵衛・呑ん兵衛
	のんべゑ	衛

は

ばあい	ばあひ	場合
はい	ハイ	拝・杯・背・肺・俳・配・排・敗・廃・輩・
	はひ	配・排・敗・廃・輩・
はいあがる	はひあがる	這ひ上がる
はいい	はいい	配意
	はいゐ	廃位
はいいろ	はひいろ	灰色
はいえん	はいえん	肺炎・排煙

	はいゑん	廃園
ばいえん	ばいえん	煤煙
	ばいゑん	梅園 春
はいおく	はいをく	廃屋
はいおとし	はひおとし	灰落とし
はいが	はいが	拝賀・胚芽
	はいぐわ	俳画
ばいか	ばいか	俳画
	ばいくわ	売価・倍加・買価
	ばいぐわ	梅花
はいかい	はいかい	俳諧・誹諧
	はいくわい	徘徊
はいがい	はいぐわい	拝外・排外
ばいかい	ばいかい	媒介
はいがえし	ばいがへし	倍返し
ばいかき	はひかき	灰掻き
はいかき	ばいかひ	売買ひ
	ばいかへし	倍返し
はいかぐら	はひかぐら	灰神楽
ばいかごく	ばいくわごく	梅花御供 春

は

ばいかさい	ばいくわさい	梅花祭 春
はいかっしょく	はひかつしよく	灰褐色
はいかつりょう	はいくわつりやう	肺活量
はいかん	はいかん	肺肝・廃刊・廃艦
	はいくわん	拝観・肺患・配管・廃官
ばいかん	ばいくわん	陪観
はいきゅう	はいきう	配給
ばいきゅう	ばいきう	倍旧
はいぎょう	はいげふ	廃業
はいこう	はいかう	廃坑・廃校
はいごう	はいがう	背光・廃鉱
	はいがふ	配合・廃合
はいざら	はひざら	灰皿

ばいしゅう	ばいしう	買収
はいじょ	はいぢよ	排除・廃除
はいしょう	はいしよう	拝承・拝誦
	はいしやう	敗将・廃娼
ばいしょう	ばいしやう	賠償
はいすいのじん	はいすいのぢん	背水の陣
はいずる	はひずる	這ひずる
はいぞう	はいざう	肺臓
はいだす	はひだす	這ひ出す
はいちょう	はいちやう	拝聴
	はひちやう	蠅帳
ばいちょう	ばいちやう	陪聴
はいつくばう	はひつくばふ	這ひ蹲ふ
はいでる	はひでる	這ひ出る
はいとう	はいたう	佩刀・廃刀・配当・配湯
はいならし	はひならし	灰均し
はいにょう	はいねう	排尿

ばいかさ──はいにょ

は

はいのう	はいなう	背嚢・胚嚢
はいはい	はひはひ	這ひ這ひ
はいふき	はひふき	灰吹き
はいふるい	はひふるひ	灰篩
はいほう	はいほう	敗報
はいぼう	はいばう	敗亡
はいほう	はいはう	肺胞
はいまつ	はひまつ	這松
はいまつわる	はひまつはる	這ひ纏はる
ばいまわし	ばいまはし	貝回し 秋・海贏回し 秋
はいゆう	はいいう	俳友・俳優
はいよう	はいよう	佩用
はいよう	はいえふ	肺葉・胚葉
ばいよう	ばいやう	培養
はいりぐち	はひりぐち	入り口
はいりょう	はいりやう	拝領
ばいりょう	ばいりやう	倍量
はいる	はひる	入る
はいろう	はいらう	肺癆
はう	はふ	這ふ・匐ふ
はうちわ	はうちは	羽団扇
はえ	はえ	南風 夏・映え・栄え・鮠
はえ		蠅 夏
はえいらず	はへいらず	蠅入らず 夏
はえうち	はへうち	蠅打ち 夏
はえうまる	はへうまる	蠅生まる 春
はえかわる	はえかはる	生え替はる
はえぎわ	はえぎは	生え際
はえたたき	はへたたき	蠅叩き 夏
はえちょう	はへちやう	蠅帳 夏
はえとり	はへとり	蠅取り 夏
はえとりがみ	はへとりがみ	蠅取り紙 夏
はえとりき	はへとりき	蠅取り器 夏

はえとりぐさ	はへとりぐさ	蠅取り草 夏
はえとりぐも	はへとりぐも	蠅取り蜘蛛 夏・蠅
はえなわ	はへなは	延縄
はえよけ	はへよけ	蠅除け 夏
はおう	はわう	覇王
はおく	はをく	破屋
はか	はか	計・量・果・捗・墓
はか	はくわ	破瓜
はかあらう	はかあらふ	墓洗ふ 秋
はかい	はかい	破戒
はかい	はくわい	破壊
はがいじめ	はがひじめ	羽交ひ締め
ばかがい	ばかがひ	馬鹿貝 春・馬珂貝
はかまいり	はかまゐり	墓参り 秋
ばかしょうじき	ばかしやうぢき	馬鹿正直
ばかこう	ばかこふ	墓囲ふ 冬
はかまうで		墓詣で
はからい	はからひ	計らひ
はからう	はからふ	計らふ
はぎあわせる	はぎあはせる	接ぎ合はせる
はきおさめ	はきをさめ	掃き納め 冬
はきちがえる	はきちがへる	履き違へる
はきゅう	はきふ	波及
はきょう	はきやう	破鏡
はぎょう	はげふ	覇業
はくげきほう	はくげきはう	迫撃砲
はくしゅう	はくしう	白秋 秋
ばくしゅう	ばくしう	麦秋 夏
はくじょう	はくじやう	白状・薄情
ばくしょう	ばくしやう	爆笑
ばくしょう		爆傷
はくちず	はくちづ	白地図
はくちゅう	はくちゆう	伯仲
はくちゅう	はくちう	白昼

はえとり —— はくちゅ

見出し	歴史的仮名遣い	表記
はくちょう	はくてう	白鳥 冬
はくとう	はくとう	白頭
はくとう	はくたう	白桃 秋・白糖
はくどう	はくどう	拍動・搏動・白銅
はくとうおう	はくとうをう	白頭翁 春秋
はくないしょう	はくないしやう	白内障
はくひょう	はくひよう	薄氷
はくひょう	はくへう	白票
はくびょう	はくべう	白描
はくよう	はくよう	舶用
はくよう	はくやう	白楊
ばくりゅうしゅ	ばくりふしゆ	麦粒腫
ばくりょう	ばくりやう	曝涼 夏
はくれい	ばくれう	幕僚
はくろう	はくらふ	白蠟
ばくろう	ばくらう	博労・馬喰
はこう	はかう	波高・跛行
ばこう	ばかう	馬耕
はごたえ	はごたへ	歯応へ
はこぢょうちん	はこぢやうちん	箱提灯
はこにわ	はこには	箱庭 夏
はごろもそう	はごろもさう	羽衣草 夏
はざかいき	はざかひき	端境期
はざわり	はざはり	歯触り
はじ	はじ	櫨・端
はじ	はぢ	恥・辱・把持
はしい	はしゐ	端居 夏
はじいる	はぢいる	恥ぢ入る
はしぐい	はしぐひ	橋杭・橋杙
はしくよう	はしくやう	橋供養
はじさらし	はぢさらし	恥曝し
はじしらず	はぢしらず	恥知らず
はしぬい	はしぬひ	端縫ひ
はじょう	はじやう	波状
はじょう	はじやう	覇状
ばしょう	ばせう	芭蕉 秋

ばじょう	ばしやうが	馬上	
はしょうが	はしやうが	葉生薑秋・葉生姜	
ばしょうき	ばせうき	芭蕉忌冬	
ばしょうば	ばせうば	芭蕉葉秋	
ばしょうふ	ばせうふ	芭蕉布夏	
ばしょうふう	ばせうふう	芭蕉風	
ばしょうまきば	ばせうまきば	芭蕉巻葉夏	
はじらう	はぢらふ	恥ぢらふ・羞ぢらふ	
はじる	はぢる	恥ぢる・羞ぢる	
はしりまわる	はしりまはる	走り回る	
ばすえ	ばすゑ	場末	
はずえ	はずゑ	葉末	
はずかしい	はづかしい	恥づかしい	
はずかしめる	はづかしめる	辱しめる	
はずす	はづす	外す	
はずべき	はづべき	恥づべき	

はずみ	はづみ	弾み	
はずむ	はづむ	弾む	
はすむかい	はすむかひ	斜向かひ	
はずれ	はづれ	葉擦れ	
はずれる	はづれる	外れる	
はせまわる	はせまはる	馳せ回る	
はせむかう	はせむかふ	馳せ向かふ	
はぜもみじ	はぜもみぢ	櫨紅葉秋	
はだあい	はだあひ	肌合ひ	
はたえ	はたへ	二十重	
はだえ	はだへ	肌・膚	
はだかまいり	はだかまゐり	裸参り冬	
はだかんぼう	はだかんばう	裸ん坊	
はたけちがい	はたけちがひ	畑違ひ	
はたざお	はたざを	旗竿	
はだざわり	はだざはり	肌触り	
はたしあい	はたしあひ	果たし合ひ	

ばじょう――はたしあ

373

見出し	読み	表記
はたしじょう	はたしじやう	果たし状
はたんきょう	はたんきやう	巴旦杏 [夏]
はたあわせ	はたあはせ	鉢合はせ
はちうえ	はちうゑ	鉢植ゑ
はちおうじ	はちわうじ	八王子 ◆
ばちがい	ばちがひ	場違ひ
はちがつ	はちぐわつ	八月 [秋]
はちがつじん	はちぐわつじん	八月尽 [秋]
はちじゅうはちや	はちじふはちや	八十八夜 [春]
はちじゅうはっかしょ	はちじふはつかしょ	八十八箇所
はちじょう	はちぢやう	八丈
はちどう	はちだう	八道
はちょう	はちやう	波長
はちょう	はてう	破調
はつあきない	はつあきなひ	初商ひ [新年]
はつあわせ	はつあはせ	初袷 [夏]

見出し	読み	表記
はつい	はつゐ	初亥 [新年]
はつえびす	はつゑびす	初恵比須 [新年]
はっか	はくか	薄荷
はっか	はつくわ	発火
ばっか	ばくか	幕下
はつかい	はつくわい	発会
はつがい	はつがひ	初買ひ [新年]
はっかく	はつくわく	発覚
ばっかく	ばくかく	麦角
はつかしょうがつ	はつかしやうぐわつ	二十日正月 [新年]
はつがつお	はつがつを	初鰹 [夏]・初松魚 [夏]
はつかわず	はつかはづ	初蛙 [春]
ばっかん	ばくかん	麦稈
はつかんせつ	はつくわんせつ	初冠雪
はつかんのん	はつくわんおん	初観音 [新年]
はっき	はつき	発揮
はっき	はくき	白旗
はづきじお	はづきじほ	葉月潮 [秋]

は		
はっきゅう	はくきう	白球
	はくきふ	薄給
はっきょう	はつきふ	発給
	はつきやう	発狂
はっきん	はつきん	発禁
	はくきん	白金
はっくかい	はつくわい	初句会 新年
はづくろい	はづくろひ	羽繕ひ
はつげしょう	はつげしやう	初化粧 新年
はっけっきゅう	はくけつきう	白血球
はっけん	はつけん	発見・発券
	はくけん	白鍵
はつこい	はつこひ	初恋
はっこう	はくかう	薄幸・薄倖
	はくくわう	白光
	はつかう	発向・発行・発酵・
		醸酵・発効
	はつくわう	八紘・発光

はつこうぼう	はつこうぼふ	初弘法 新年
はつごえ	はつごゑ	初声 新年
はつごおり	はつごほり	初氷 冬
はっこつ	はくこつ	白骨
はつごんぎょう	はつごんぎやう	初勤行 新年
はつしお	はつしほ	初入・初潮 秋・初汐 秋
はつしばい	はつしばゐ	初芝居 新年
はっしょう	はつしやう	発祥
はつじょう	はつじやう	発情
	はつでう	発条
ばっしょう	ばつせふ	跋渉
はっそう	はつそう	発走・発送
はっそうば	はつさうば	八双・発想
はっちょう	はつさうば	初相場 新年
	はつちやう	八丁・八挺
はっちょう	はつてふ	初蝶 春
はつちょうず	はつてうづ	初手水 新年

は

はてまえ	はてまへ	初点前 [新年]
ばっとう	ばつたう	抜刀
はつとうみょう	はつとうみやう	初灯明 [新年]
はつひこう	はつひかう	初飛行 [新年]
はつびょう	はつびやう	発病
はつもみじ	はつもみぢ	初紅葉
はっぴょう	はつぺう	発表
ばつびょう	ばつべう	抜錨
はっぽう	はつぱう	八方・発泡・発疱・発砲
はつまいり	はつまゐり	初参り [新年]
はつみず	はつみづ	初水 [新年]
はつもうで	はつまうで	初詣で [新年]
はつもみじ	はつもみぢ	初紅葉 [秋]
はつよう	はつやう	発揚
ばつよう	ばつえふ	末葉
はつりょう	はつれふ	初猟・初漁 [新年]
はつわらい	はつわらひ	初笑ひ [新年]
はてんこう	はてんくわう	破天荒
はとう	はとう	波頭
	はたう	波濤
はどう	はどう	波動
	はだう	覇道
ばとう	ばたう	罵倒
はとうがらし	はたうがらし	葉唐辛子 [夏]
ばとうかんのん	ばとうくわんおん	馬頭観音
はとづえ	はとづゑ	鳩杖
はなあおい	はなあふひ	花葵 [夏]
はなあわせ	はなあはせ	花合はせ
はなうぐい	はなうぐひ	花鯎 [春]
はなお	はなを	鼻緒
	はなあふち	花樗・花楝 [夏]
はなおうち	はながつを	花鰹
はながつお	はなくづ	花屑 [春]
はなくず	はなくやう	花供養 [春]
はなくよう	はなくわゐ	花慈姑 [夏]
はなくわい	はなくわゐ	花慈姑 [夏]

は		
はなごえ	はなごゑ	鼻声
はなごおり	はなごほり	花氷 夏
はなざんしょう	はなざんせう	花山椒 春夏
はなしあい	はなしあひ	話し合ひ
はなしあう	はなしあふ	話し合ふ
はなしがい	はなしがひ	話し甲斐・放し飼ひ
はなしごえ	はなしごゑ	話し声
はなしずめまつり	はなしづめまつり	鎮花祭 春
はなしょうぶ	はなしやうぶ	花菖蒲 夏
はなずおう	はなずはう	花蘇芳・紫荊 春
はなすじ	はなすぢ	鼻筋
はなだい	はなだい	花代
はなだい	はなだひ	鼻鯛
はなばしょう	はなばせう	花芭蕉 夏
はなびせんこう	はなびせんかう	花火線香 夏秋
はなみず	はなみづ	鼻水 冬・洟 夏冬
はなみずき	はなみづき	花水木 春
はなみだい	はなみだひ	花見鯛 春
はなみどう	はなみだう	花御堂 春
はなみょうが	はなめうが	花茗荷 夏
はねかえす	はねかへす	跳ね返す・撥ね返す
はねかえり	はねかへり	跳ね返り
はねかえる	はねかへる	跳ね返る
はねぼうき	はねばうき	羽帚・羽箒
はねまわる	はねまはる	跳ね回る
ははうえ	ははうへ	母上
ははそもみじ	ははそもみぢ	柞紅葉 秋
はぶたえ	はぶたへ	羽二重
はぼうき	はばうき	羽帚
はぼうき	はばうき	羽帚
はまえんどう	はまゑんどう	浜豌豆 夏
はまひるがお	はまひるがほ	浜昼顔 夏
はまぼうふう	はまばうふう	浜防風 春
はまゆう	はまゆふ	浜木綿 夏

はなごえ——はまゆう

は

はむかう	はむかふ	刃向かふ
はめえ	はめゑ	嵌め絵
はやおけ	はやをけ	早桶
はやがえり	はやがへり	早帰り
はやがわり	はやがはり	早変はり・早替はり・速変はり
はやあわせ	はらあはせ	腹合はせ
はらい	はらひ	払ひ・祓ひ
はらう	はらふ	払ふ・祓ふ
はてまわし	はやてまはし	早手回し
はやじまい	はやじまひ	早仕舞ひ
はやぐい	はやぐひ	早食ひ
はらがまえ	はらがまへ	腹構へ
はらかわ	はらかは	腹皮
はらがわり	はらがはり	腹変はり
はらぐあい	はらぐあひ	腹具合
はらごしらえ	はらごしらへ	腹拵へ
はらすじ	はらすぢ	腹筋
はらちがい	はらちがひ	腹違ひ
はらばい	はらばひ	腹這ひ
はらばう	はらばふ	腹這ふ
はりあい	はりあひ	張り合ひ
はりあう	はりあふ	張り合ふ
はりえんじゅ	はりゑんじゅ	針槐 夏
はりお	はりを	針魚
はりおうぎ	はりあふぎ	張り扇
はりおさめ	はりをさめ	針納め 冬 春
はりかえる	はりかへる	張り替へる・貼り替へる
はりくよう	はりくやう	針供養 冬 春
はりたおす	はりたふす	張り倒す
はりまわす	はりまはす	張り回す
ばりょう	ばりやう	馬糧
ばれう	ばれう	馬料
はるあわせ	はるあはせ	春袷 春
はるしいたけ	はるしひたけ	春椎茸 春

はるじおん	はるじをん	春紫菀
はるしょうじ	はるしやうじ	春障子 春
はるたけなわ	はるたけなは	春蘭 春
はるつげうお	はるつげうを	春告魚
はるひおけ	はるひをけ	春火桶 春
はるりんどう	はるりんだう	春竜胆 春
はれいしょう	はれいしやう	晴れ衣装
はろう	はらう	波浪・破牢
はんい	はんい	犯意・叛意
はんい	はんゐ	範囲
はんえん	はんゑん	半円
はんか	はんか	反歌・半価・半跏・
		頒価
	はんくわ	繁華
	はんぐわ	版画
はんかい	はんかい	半開
はんが	はんぐわ	版画
はんかい	はんくわい	半壊
ばんかい	ばんくわい	挽回

ばんがい	ばんぐわい	番外・盤外
はんがえし	はんがへし	半返し
はんかん	はんかん	反間・反感・繁閑・
		繁簡
はんがん	はんくわん	半官
	はんがん	半眼
	はんぐわん	判官
はんきかん	はんきくわん	半規管
はんきゅう	はんきゆう	半弓
	はんきう	半球・半休
はんきょう	はんきよう	反共
	はんきやう	反響
はんきょうらん	はんきやうらん	半狂乱
ばんくるわせ	ばんくるはせ	番狂はせ
はんげしょう	はんげしやう	半夏生 夏
はんこ	はんこう	半庚
はんこう	はんこう	反攻・藩侯
	はんかう	反抗・犯行・版行・
		板行・藩校

はんごう	はんがふ	飯盒
ばんこう	ばんかう	蛮行
ばんごう	ばんがう	番号
はんごんこう	はんごんかう	反魂香
はんじえ	はんじゑ	判じ絵
はんしゃかい	はんしゃくわい	反社会
はんしゅう	はんしう	半周
ばんしゅう	ばんしう	晩秋 秋
ばんしゅう	ばんしふ	蛮習
はんしょう	はんしょう	反証・反證・半鐘・汎称
	はんしゃう	半商・帆檣
	はんせう	反照・半焼 冬
はんじょう	はんじゃう	繁盛・繁昌
	はんでふ	半畳
ばんしょう	ばんしょう	晩鐘
	ばんしゃう	万象・万障
ばんじょう	ばんじゃう	万乗

はんごう――はんのう

	ばんじゃう	板状・番匠・盤上
	ばんぢゃう	万丈
はんそう	はんそう	帆走・搬送
	はんさう	半双
ばんそう	ばんそう	伴走・伴奏・伴僧
	ばんさう	晩霜 春
ばんそうこう	ばんさうかう	絆創膏
はんちゅう	はんちう	範疇
はんちょう	はんちゃう	班長
ばんちょう	ばんちゃう	番長
はんとう	はんとう	反騰
	はんたう	半島
ばんとう	ばんたう	晩冬・番頭
	ばんたう	晩稲
はんどうたい	はんだうたい	半導体
はんにゃとう	はんにゃたう	般若湯
はんにゅう	はんにふ	搬入
はんのう	はんのう	半農

ひ

はんおう	はんおう	反応
はんのう	はんなふ	半納
はんぼう	はんばう	繁忙・煩忙
ばんぽう	ばんぱう	万方・万邦
はんみょう	はんめう	斑猫・斑蝥 夏
はんもう	はんもう	反毛
はんもう	はんまう	半盲
ばんゆう	ばんゆう	蛮勇
ばんゆう	ばんいう	万有
ばんりょう	ばんりやう	晩涼 夏
はんろう	はんらう	煩労・藩老

ひ

ひあわい	ひあはひ	廂間・庇間
ひいな	ひひな	雛 春
ひいらぎ	ひひらぎ	柊
ひうお	ひうを	氷魚 冬

ひえしょう	ひえしやう	冷え性
ひお	ひを	氷魚 冬
ひおう	ひあう	秘奥
ひおうぎ	ひあふぎ	檜扇 夏・射干 夏
ひおおい	ひおほひ	日覆ひ 夏
ひおけ	ひをけ	火桶 冬
ひおどし	ひをどし	緋縅
びおん	びをん	美音・微音・鼻音
びおん	びをん	微温
ひか	ひか	比価・皮下・悲歌
びか	びくわ	飛花 春
ひかえ	ひかへ	美化・美果
ひがえり	ひがへり	控へ
ひかえる	ひかへる	日帰り
ひがし	ひがし	控へる
ひがし	ひがし	東
びかちょう	びかちやう	干菓子・乾菓子
		鼻下長

見出し	歴史的仮名遣	表記
ひ		
ひがわり	ひがはり	日替はり・日代はり
ひかん	ひかん	避寒
ひかん	ひくわん	被官・悲観
ひがん	ひがん	彼岸
ひがん	ひぐわん	悲願
びかん	びかん	美感
びかん	びくわん	美観
ひがんえ	ひがんゑ	彼岸会 春
ひがんまいり	ひがんまゐり	彼岸参り 春
ひきあい	ひきあひ	引き合ひ
ひきあう	ひきあふ	引き合ふ
ひきあわせる	ひきあはせる	引き合はせる
ひきいる	ひきゐる	率ゐる
ひきかえす	ひきかへす	引き返す
ひきかえる	ひきかへる	引き換へる・引き替へる
ひきがえる	ひきがへる	蟇 夏・蟇蛙 夏・蟾

見出し	歴史的仮名遣	表記
ひきがし	ひきぐわし	引き菓子
ひきぎわ	ひきぎは	引き際・退き際
ひきしお	ひきしほ	引き潮・引き汐
ひきすえる	ひきすゑる	引き据ゑる
ひきずりまわす	ひきずりまはす	引き摺り回す
ひきたおす	ひきたふす	引き倒す
ひきちがい	ひきちがひ	引き違ひ
ひきはらう	ひきはらふ	引き払ふ
ひきまわす	ひきまはす	引き回す
ひきゅう	ひきう	飛球
ひきょう	ひきやう	比況・秘境・悲況・
ひぎょう	ひげふ	罷業
	ひけふ	卑怯
	ひけう	秘教
	ひけう	悲境
ひくいどり	ひくひどり	火食鳥
ひくいな	ひくひな	緋水鶏 夏・緋秧鶏

ひ			

びくしょう	びくせう	微苦笑
ひぐるまそう	ひぐるまさう	日車草 夏
ひけぎわ	ひけぎは	引け際
ひけそうば	ひけさうば	引け相場
ひごい	ひごひ	緋鯉 夏
ひこいし	ひこひし	火恋し 秋
ひこう	ひこう	肥厚
	ひかう	披講・非行・飛行・罷工
ひごう	ひごふ	非業
びこう	びこう	鼻孔
	びかう	尾行・備考・微行・鼻腔
	びくわう	微光・備荒
ひごうほう	ひがふはふ	非合法
ひごうり	ひがふり	非合理
ひさごなえ	ひさごなへ	瓢苗 夏

ひざびょうし	ひざびやうし	膝拍子
ひざまずく	ひざまづく	跪く
ひじ	ひじ	非時・秘事
	ひぢ	肘・肱・臂・泥
ひじあて	ひぢあて	肘当て
ひしお	ひしほ	醬・醢
ひじかけ	ひぢかけ	肘掛け
ひじがね	ひぢがね	肘金
ひじつき	ひぢつき	肘突き
ひじてつ	ひぢてつ	肘鉄
ひじまくら	ひぢまくら	肘枕
ひしめきあう	ひしめきあふ	犇めき合ふ
ひしゅう	ひしう	悲愁
ひじゅう	ひぢゆう	比重
びしゅう	びしう	美醜
びじょ	びぢよ	美女
ひしょう	ひしよう	卑称
	ひしやう	飛翔・悲傷

びくしょー——ひしょう

ひ		
ひせう	ひせう	卑小・費消
ひじょう	ひじやう	非常・非情
びしょう	びしやう	美称
びしょう	びしやう	美粧・微傷
びせう	びせう	微小・微少・微笑
びじょう	びぢやう	媚情
	びぢやう	尾錠
ひじょうきん	ひじやうきん	非常勤
ひじょうしき	ひじやうしき	非常識
びしょうねん	びせうねん	美少年
びじょうふ	びぢやうふ	美丈夫
ひじょすう	ひぢよすう	被除数
ひずなます	ひづなます	氷頭膾 秋
ひずみ	ひづみ	歪み
ひそう	ひさう	皮相・悲壮・悲愴
ひぞう	ひざう	秘蔵・脾臓
びそう	びさう	美装
ひたい	ひたひ	額

ひだい	ひだい	肥大
	ひだひ	干鯛
ひたちおおた	ひたちおほた	常陸太田 ◆
ひちょう	ひてう	飛鳥・悲調
	ひてふ	秘帖
ひちょうきん	ひちやうきん	腓腸菌
びちょうせい	びてうせい	微調整
ひっか	ひつくわ	筆禍
ひっかえ	ひつかへ	引っ替へ
ひっかえす	ひつかへす	引っ返す
ひっかきまわす	ひつかきまはす	引っ掻き回す
ひっかく	ひつかく	引っ掻く
	ひつくわく	筆画
ひっきょう	ひつきやう	畢竟
ひっくりかえす	ひつくりかへす	引っ繰り返す
ひっくりかえる	ひつくりかへる	引っ繰り返る
ひっこう	ひつかう	筆耕
ひつじ	ひつぢ	穭 秋

ひ		
ひつじだ	ひつじだ	穭田 秋
ひっしゅう	ひつしう	必修
ひつじょう	ひつぢやう	必定
ひつじん	ひつぢん	筆陣
ひっとう	ひつとう	筆筒・筆頭
ひつとう	ひつたふ	筆答
ひっとらえる	ひつとらへる	引っ捕へる
ひっぽう	ひつぱふ	筆鋒
ひつよう	ひつよう	筆法
ひつよう	ひつよう	必用
		必要
ひとあじ	ひとあぢ	一味
ひとあしらい	ひとあしらひ	人対応
ひどう	ひだう	非道
ひとえ	ひとへ	一重・単 夏・単衣 夏
ひとえおび	ひとへおび	単帯・単夏・一重帯 夏
ひとえぎく	ひとへぎく	一重菊 秋
ひとえに	ひとへに	偏に

ひとおじ	ひとおぢ	人怖ぢ
ひとおもい	ひとおもひ	一思ひ
ひとかい	ひとかひ	人買ひ
ひとかかえ	ひとかかへ	一抱へ
ひとかまえ	ひとかまへ	一構へ
ひとかわ	ひとかは	一皮
ひとぎらい	ひとぎらひ	人嫌ひ
ひときわ	ひときは	一際
ひとくい	ひとくひ	人食ひ
ひとくろう	ひとくらう	一苦労
ひとこいしい	ひとこひしい	人恋しい
ひとこえ	ひとこゑ	一声
ひとごえ	ひとごゑ	人声
ひとこきゅう	ひとこきふ	一呼吸
ひとさらい	ひとさらひ	人攫ひ
ひとしお	ひとしほ	一入・一塩
ひとしずく	ひとしづく	一滴
ひとすじ	ひとすぢ	一筋

ひつじだ――ひとすじ

385

ひ

ひとすじなわ	ひとすぢなは	一筋縄
ひとそろい	ひとそろひ	一揃ひ
ひとちがい	ひとちがひ	人違ひ
ひとづかい	ひとづかひ	人使ひ
ひとづきあい	ひとづきあひ	人付き合ひ
ひととおり	ひととほり	一通り
ひとどおり	ひとどほり	人通り
ひとばらい	ひとばらひ	人払ひ
ひとまえ	ひとまへ	人前
ひとまじわり	ひとまじはり	人交はり
ひとまず		一先ず
ひとまちがお	ひとまちがほ	人待ち顔
ひとまわり	ひとまはり	一回り
ひともうけ	ひとまうけ	一儲け
ひとりい	ひとりゐ	独り居
ひとりしずか	ひとりしづか	一人静 春
ひとりずもう	ひとりずまふ	独り相撲 春
ひとりまえ	ひとりまへ	一人前
ひとすじ ―― ひぼう		
ひとわらわせ	ひとわらはせ	人笑はせ
ひとわられ	ひとわられ	人笑はれ
ひなおさめ	ひなをさめ	雛納め 春
ひながし	ひなぐわし	雛菓子 春
ひなたみず	ひなたみづ	日向水 夏
ひなにんぎょう	ひなにんぎやう	雛人形 春
ひなわ	ひなは	火縄
びなんかずら	びなんかづら	美男葛 秋・美男蔓
ひにょうき		泌尿器
ひねくりまわす	ひねくりまはす	捻くり回す
ひばらい	ひばらひ	日払ひ
ひひょう	ひひやう	批評
ひほう	ひほう	飛報・秘宝・悲報
	ひはう	秘方
	ひはふ	非法・秘法
	ひほふ	秘法
ひぼう	ひばう	非望・誹謗

見出し	歴史的仮名遣い	漢字
びほう	びはう	弥縫
びぼう	びばう	備忘
びぼう	びばう	美貌・備忘
ひまわり	ひまはり	向日葵 [夏]
ひみず	ひみづ	火水
びみょう	びめう	美妙・微妙
ひめじ	ひめぢ	姫路 ◆
ひめじょおん	ひめぢよをん	姫女菀 [夏]・姫女苑
ひもかわ	ひもかは	紐革
びゃくごう	びやくがう	白毫
ひゃくじゅう	ひやくじう	白獣
ひゃくしょう	ひやくしやう	百姓
ひゃくとおばん	ひやくとをばん	一一〇番
ひゃくにちそう	ひやくにちさう	百日草 [夏]
ひゃくめんそう	ひやくめんさう	百面相
ひゃくようばこ	ひやくえふばこ	百葉箱
ひやしちゅうか	ひやしちゆうくわ	冷やし中華 [夏]

見出し	歴史的仮名遣い	漢字
ひゃっか	ひやくか	百家
	ひやくくわ	百花・百科・百貨
ひゃっかにち	ひやくかにち	百箇日
ひゃっかん	ひやくくわん	百官
ひゃっきやこう	ひやくきやかう	百鬼夜行
ひゃっけい	ひやくけい	百計
びゃっこ	びやくこ	白狐・白虎
ひゃっこう	ひやくかう	百行
ひゃっぱつひゃくちゅう	ひやくぱつひやくちゆう	百発百中
ひゃっぱん	ひやくぱん	百般
ひゃっぽ	ひやくぽ	百歩
ひゃっぽう	ひやくぱう	百方
ひやとい	ひやとひ	日雇ひ
ひやみず	ひやみづ	冷や水
びゅう	ビウ	謬
ひゅうが	ひうが	日向 ◆

びゅうけん	ビュウけん	謬見
ひょう	ヒョウ	氷・憑
ひょう	ヒャウ	平・兵・拍・秤・評
	ヘウ	表・俵・豹・票・剽・漂・標・瓢・飄
びょう	ヒョウ	費用・日傭
びょう	ビャウ	平・屏・病・瓶・鋲
	ベウ	苗・秒・描・猫・廟
びょう	びょう	美容
	びゃう	微恙
ひょういつ	へういつ	飄逸
ひょういもじ	へういもじ	表意文字
びょういん	びゃういん	病院
びょういん	びゃうゐん	病因
びょうえい	べうえい	苗裔
ひょうおん	へうおん	表音
ひょうか	ひゃうか	評価・評家

びゅうけ────ひょうき

	ひゃうくわ	苹果
ひょうくわ	ひょうくわ	氷菓 夏
びょうか	びゃうか	病家
びょうが	びゃうぐわ	病臥
	べうぐわ	描画
ひょうかい	ひょうかい	氷海・氷解
	ひょうくわい	氷塊
びょうがい	びゃうがい	病害
ひょうがい	へうぐわい	表外
ひょうかく	へうかく	飄客・嫖客
びょうがく	べうがく	猫額
ひょうがため	へうがため	票固
ひょうかん	へうかん	剽悍
ひょうき	へうき	表記・標記
ひょうぎ	ひゃうぎ	評議
びょうき	びゃうき	病気
びょうぎ	べうぎ	廟議
ひょうきん	へうきん	剽軽

びょうきん	びやうきん	病菌
ひょうぐ	へうぐ	表具
びょうく	びやうく	病苦・病軀
ひょうけい	へうけい	表敬
ひょうけつ	ひょうけつ	氷結
ひょうけつ	ひやうけつ	評決
ひょうけつ	へうけつ	表決・票決
びょうけつ	びやうけつ	病欠
ひょうげる	へうげる	剽げる
ひょうげん	ひょうげん	氷原
ひょうげん	ひやうげん	評言
ひょうげん	へうげん	表現
びょうげん	びやうげん	病原
ひょうご	ひやうご	評語・兵庫 ◆
ひょうご	へうご	標語
びょうご	びやうご	病後
ひょうこう	ひょうこう	氷厚
ひょうこう	へうかう	標高

びょうこん	びやうこん	病根
ひょうさ	べうさ	錨鎖
ひょうさつ	へうさつ	表札・標札
ひょうし	ひやうし	拍子
ひょうし	へうし	表紙
ひょうじ	へうじ	表示・標示
びょうし	びやうし	病死
びょうじ	びやうじ	病児
ひょうしき	へうしき	標識
ひょうしつ	ひょうしつ	氷室・氷質
ひょうしつ	へうしつ	漂失
びょうしつ	びやうしつ	病室
ひょうしゃ	ひやうしゃ	評者
びょうしゃ	びやうしゃ	病者・病舎
びょうしゃ	べうしゃ	描写
ひょうしゃく	ひやうしゃく	評釈
びょうじゃく	びやうじゃく	病弱
ひょうしゅつ	へうしゆつ	表出

びょうしゅつ	べうしゅつ	描出
ひょうじゅん	へうじゅん	標準
ひょうしょう	ひゃうしゃう	平声
	ひょうしゃう	氷晶
	へうしゃう	表象・表彰・標章
ひょうじょう	ひゃうぢゃう	評定
	ひょうじゃう	氷上
	へうじゃう	表情
びょうしょう	びゃうしゃう	病床・病症
びょうじょう	びゃうじゃう	病状
びょうじょく	びゃうじょく	病蓐・病褥
びょうしん	びゃうしん	病身
	べうしん	秒針
ひょうすう	へうすう	票数
ひょうする	ひやうする	評する
	へうする	表する
びょうせい	びやうせい	病勢
ひょうせき	へうせき	漂石・標石

ひょうせつ	ひょうせつ	氷雪
	ひやうせつ	評説
	へうせつ	剽切
ひょうぜん	へうぜん	飄然
ひょうそう	ひょうそう	氷層
	ひょうそう	氷霜
	へうさう	表装
	へうそう	表層
びょうそう	びゃうさう	病巣
ひょうそく	ひゃうそく	平仄
	べうそく	秒速
ひょうだい	へうだい	表題・標題
びょうたい	びやうたい	病体・病態
びょうたる	べうたる	眇たる
ひょうたん	ひょうたん	氷炭
	へうたん	瓢簞秋
びょうち	べうち	錨地
ひょうちゃく	へうちゃく	漂着

ひ

ひょうちゅう	ひょうちゅう / ひゃうちゅう	氷柱
	ひやうちゅう	評注
ひょうちゅう	へうちゅう	標注・標柱
びょうちゅう	びやうちゅう	病中
ひょうちょう	へうちょう	表徴
ひょうてう	へうてう	漂鳥
ひょうてい	ひやうてい	評定
ひょうてき	へうてき	標的
びょうてき	びやうてき	病的
ひょうてん	へうてん	氷点
ひょうてん	ひやうてん	評点
ひょうでん	ひやうでん	評伝
ひょうでん	へうでん	票田
ひょうど	へうど	表土
びょうとう	びやうとう	病棟
ひょうどう	びやうどう	平等
びょうどう	べうだう	廟堂
びょうどく	びやうどく	病毒

びょうにん	びやうにん	病人
ひょうのう	ひようなう	氷嚢
ひょうはく	へうはく	表白・漂白・漂泊
ひょうばん	ひやうばん	評判
ひょうひ	へうひ	表皮
ひょうひょう	へうへう	飄々
ひょうびょう	へうべう	縹渺
びょうびょう	べうべう	渺々
びょうぶ	びやうぶ	屏風 冬
びょうへい	びやうへい	病兵・病弊
びょうへき	びやうへき	病癖
ひょうへん	ひやうへん	氷片
ひょうへん	へうへん	豹変
びょうへん	びやうへん	病変
びょうほ	べうほ	苗圃
ひょうほう	ひやうはふ	兵法
ひょうぼう	へうばう	標榜
びょうぼう	べうばう	渺茫

びょうぼつ	びやうぼつ	病没・病歿
ひょうほん	へうほん	標本
びょうま	びやうま	病魔
ひょうめい	へうめい	表明
びょうめい	びやうめい	病名
ひょうめん	ひようめん	氷面
ひょうめん	へうめん	表面
ひょうめんせき	へうめんせき	表面積
ひょうもく	へうもく	標目
びょうやなぎ	びやうやなぎ	未央柳 [夏]
ひょうよみ	へうよみ	票読
ひょうり	へうり	表裏
びょうり	びやうり	病理
ひょうりゅう	へうりう	漂流
ひょうりょう	ひやうりやう	秤量
びょうれき	びやうれき	病歴
ひょうろう	ひやうらう	兵糧
ひょうろくだま	へうろくだま	表六玉
ひょうろん	ひやうろん	評論
ひらきなおる	ひらきなほる	開き直る
ひらざむらい	ひらざむらひ	平侍
びりゅうし	びりふし	微粒子
ひりゅうず	ひりゆうづ	飛竜頭
ひりょう	ひれう	肥料
びりょう	びりやう	微量・鼻梁
ひるがえす	ひるがへす	翻す
ひるがえる	ひるがへる	翻る
ひるがお	ひるがほ	昼顔 [夏]
ひるまえ	ひるまへ	昼前
ひろい	ひろい	広い
ひろい	ひろひ	拾い
ひろう	ひろう	披露
ひろう	ひろう	疲労
ひろう	ひろふ	拾ふ
ひろうこんぱい	ひらうこんぱい	疲労困憊
ひろこうじ	ひろこうぢ	広小路

ひろまえ	ひろまへ	広前
ひわ	ひは	秘話・悲話
びわ	びは	鶸 秋
ひわいろ	ひはいろ	枇杷 夏・琵琶
びわいろ		鶸色
びわようとう	びはえふたう	枇杷葉湯 夏
ひんい	ひんゐ	品位
ひんかつ	びんくわつ	敏活
ひんこう	ひんかう	品行
ひんこう	ひんくわう	貧鉱
びんしょう	びんせう	憫笑
	びんせふ	敏捷
びんずる	びんづる	賓頭盧
ひんそう	ひんさう	貧相
ひんぴょう	ひんぴやう	品評
びんぼう	びんばふ	貧乏
びんぼうかづら	びんばふかづら	貧乏葛 秋
びんろうじ	びんらうじ	檳榔子

ふ

ぶあい	ぶあひ	歩合
ぶあいきょう	ぶあいきやう	無愛敬
	ぶあいけう	
ぶあいそう	ぶあいさう	無愛想
		無愛嬌
ぶい	ぶゐ	武威・部位
ふいちょう	ふいちやう	吹聴
ぶいん	ぶゐん	無音
	ぶゐん	部員
ふうあい	ふうあひ	風合ひ
ふうい	ふうい	諷意
		風位
ふういん	ふうゐん	封印
	ふうゐん	風韻
ふうか	ふうか	富家
	ふうか	風化
	ふうくわ	
ふうがわり	ふうがはり	風変はり

ふうきょう	ふうきやう	風狂
ふうこう	ふうかう	風向
ふうしゅう	ふうくわう	風光
	ふうしふ	風習
ふうそう	ふうさう	風葬・風霜・風騒
ふうちそう	ふうちさう	風知草[夏]
ふうちょう		風鳥・風潮
ふうとう	ふうてう	
	ふうとう	封筒
	ふうたう	風濤
ふうとうぼく	ふうたうぼく	風倒木
ふうにゅう	ふうにふ	封入
ふうばいか	ふうばいくわ	風媒花
ふうばぎゅう	ふうばぎう	風馬牛
ふうひょう	ふうひやう	風評
ふうぼう	ふうぼう	風防・風貌
ふうらいぼう	ふうらいばう	風来坊
ふうりゅう	ふうりう	風流
ふうろう	ふうらう	風浪
	ふうらふ	封蠟
	ふゐつ	斧鉞
ぶえんりょ	ぶゑんりよ	無遠慮
ふおん	ふをん	不穏
ふおんとう	ふをんたう	不穏当
ふか	ふか	深・鱶・不可・付加・附加・府下・負荷・富家
	ふくわ	賦課・浮華・孵化
ふかい	ふかい	深い
	ふくわい	付会・附会・不快
ぶかい	ぶくわい	部会
ぶがい	ぶぐわい	部外
ふがいない	ふがひない	不甲斐無い・腑甲斐無い・腑甲
ふかおい	ふかおひ	深追い
ふかくだい	ふくわくだい	不拡大
ふかこうりょく	ふかかうりよく	不可抗力

ふ			
ふかつ	ふくわつ	賦活	
ぶかつ	ぶくわつ	部活	
ぶかっこう	ぶかくかう	不格好	
ふかっこう		不恰好	
ぶかつどう	ぶくわつどう	部活動	
ふかよい	ふかよひ	深酔ひ	
ふかん		俯瞰	
ふかん	ふくわん	不完	
ふかんしへい	ふくわんしへい	不換紙幣	
ふかんぜん	ふくわんぜん	不完全	
ふきい	ふきゐ	吹き井[夏]・噴き井	
ふきいど		吹き井戸 [夏]	
ふきかえ	ふきかへ	吹き替へ・葺き替へ[春]	
ふきかえす	ふきかへす	吹き返す	
ふきそうじ	ふきさうぢ	拭き掃除	
ふきたおす		吹き倒す	
ふきたおす	ふきたふす	吹き倒す	
ふきのとう	ふきのたう	蕗の薹[春]	
ふきはらう	ふきはらふ	吹き払ふ・拭き払ふ	
ふ			
ふきまわし	ふきまはし	吹き回し	
ふきゅう	ふきう	不休・不朽・腐朽	
		不急・普及	
ふきょう	ふきよう	不興	
	ふきやう	不況・富強	
	ふけう	布教	
ぶぎょう	ぶぎやう	奉行	
ふぎょうじょう	ふぎやうじやう	不行儀	
ふぎょうせき	ふぎやうせき	不行跡	
ふきゅう		不急・普及	
ふきょうわおん	ふけふわおん	不協和音	
ふきりょう	ふきりやう	不器量	
ぶきりょう	ぶきりやう	不器量・無器量	
ふきんこう	ふきんかう	不均衡	

ふかつ――ふきんこ

見出し	歴史的仮名遣い	漢字
ふぐあい	ふぐあひ	不具合
ふくい	ふくゐ	腹囲・復位・福井◆
ふくいん	ふくいん	副因・福音
	ふくゐん	幅員・復員
ふくえん	ふくえん	復縁
	ふくゑん	復円
ふくおか	ふくをか	福岡◆
ふくが	ふくぐわ	伏臥
ふくかん	ふくくわん	副官
ふくぎょう	ふくげふ	副業・復業
ふききょうざい	ふくけうざい	副教材
ふくこう	ふくかう	腹腔
ふくごう	ふくがふ	複合
ふくじ	ふくぢ	服地
ふくしゅう	ふくしう	復習
	ふくしふ	復讐・復讎
ふくじゅそう	ふくじゅさう	福寿草 [新年]
ふくしょう	ふくしよう	復誦
	ふくしやう	副将・副章・副賞・副唱
ふくじんまいり	ふくじんまゐり	福神参り [新年]
ふくそう	ふくそう	輻湊・輻輳
	ふくそう	服装・福相
ふくぞう	ふくざう	腹蔵
ふくそうひん	ふくさうひん	副葬品
ふくちょう	ふくちやう	副長
	ふくてう	復調
ふくとう	ふくたう	復党
	ふくたふ	復答
ふくほう	ふくはう	複方・副砲
ふくみず	ふくみづ	福水 [新年]
ふくもうで	ふくまうで	福詣で [新年]
ふくよう	ふくよう	服用・服膺
	ふくえふ	複葉
ふくりゅう	ふくりう	伏流
ふくろい	ふくろゐ	袋井◆

ふくろう	ふくろふ	梟 [冬]
ふくろこうじ	ふくろこうぢ	袋小路
ふくろとじ	ふくろとぢ	袋綴ぢ
ふくろぬい	袋縫ひ	
ふくわらい	ふくわらひ	福笑ひ [新年]
ふけい	ふけゐ	噴井 [夏]
ふけんこう		不健康
ふけんこう	ふけんかう	不孝・不幸
ふこう	ふかう	
ふこう	ふくわう	富鉱
ふごう	ふがう	負号・符号・富豪
ふごう	ふがふ	符合
ふごうかく	ふがふかく	不合格
ふごうり	ふがふり	不合理
ぶさほう	ぶさはふ	無作法・不作法
ふさわしい	ふさはしい	相応しい
ふじ		富士・不二・不時
ふじ	ふぢ	藤 [春]・不治
ふしあわせ	ふしあはせ	不仕合はせ・不幸

ふじいろ	ふぢいろ	藤色
ふじえだ	ふぢえだ	藤枝 ◆
ふじおか	ふぢをか	藤岡 ◆
ふしおがむ	ふしをがむ	伏し拝む
ふじかずら	ふぢかづら	藤葛
ふじぎょうじゃ	ふぢぎやうじや	富士行者 [夏]
ふじこう	ふじかう	富士講 [夏]
ふじごろも	ふぢごろも	藤衣
ふじさわ	ふぢさは	藤沢 ◆
ふししずむ	ふししづむ	伏し沈む
ふじだな	ふぢだな	藤棚 [春]
ふじどうじゃ	ふじだうじや	富士道者 [夏]
ふじなみ	ふぢなみ	藤波 [春]・藤浪 [春]
ふじばかま	ふぢばかま	藤袴 [秋]
ふじまめ	ふぢまめ	藤豆 [秋]
ふしまわし	ふしまはし	節回し
ふじもうで	ふじまうで	富士詣で [夏]

ふしゃくしんみょう	ふしゃくしんみやう	不惜身命
ふしゅう	ふしう	俘囚・腐臭
ふじゆう	ふじいう	不自由
ぶしゅうぎ	ぶしうぎ	不祝儀
ふじゅうぶん	ふじゆうぶん	不充分
	ふじふぶん	不十分
ふじょ	ふじよ	扶助
	ふぢよ	巫女・婦女
ふしょう	ふしやう	不詳・負傷
	ふせう	不肖
ふじょう	ふじやう	不浄・浮上
	ふぢやう	不定
ぶしょう	ぶしやう	無精・無性・不精・武将・部将
ふしょうか	ふせうくわ	不消化
ぶしょうじき	ぶしやうぢき	不正直
ふしょうふずい	ふしやうふずい	夫唱婦随

ふじょうり	ふでうり	不条理
ふじょし	ふぢよし	婦女子
ふじん	ふぢん	不尽・夫人・婦人
	ふぢん	布陣
ふず	ふづ	付図
ふすまえ	ふすまゑ	襖絵
ふすまはずす	ふすまはづす	襖外す 冬
ふそう	ふさう	扶桑
ぶそう	ぶさう	武装
ふそうおう	ふさうおう	不相応
ふそうか	ふさうくわ	扶桑花 夏
ふぞろい	ふぞろひ	不揃ひ
ふたえ		二重
ふだおさめ	ふだをさめ	札納め 春
ふたすじ	ふたすぢ	二筋
ふたりしずか	ふたりしづか	二人静 春
ぶちこわし	ぶちこはし	打ち壊し
ぶちこわす	ぶちこはす	打ち壊す

ふちょう	ふちやう	婦長・府庁・符丁・符帳
ふちょう	ふてう	不調
ふちょう	ふてふ	符牒
ぶちょう	ぶちやう	部長
ぶちょうほう	ぶてうはふ	不調法・無調法
ふちょうわ	ふてうわ	不調和
ぶっか	ぶつか	仏家・物価
ぶつが	ぶつが	物我
ぶつが	ぶつぐわ	仏画
ふつかきゅう	ふつかきう	二日灸 春
ふっかく	ふくかく	伏角
ふっかつ	ふくくわつ	復活
ふっかつさい	ふくくわつさい	復活祭 春
ふつかよい	ふつかよひ	二日酔ひ・宿酔
ふっかん	ふくかん	復刊
ふっかん	ふくくわん	副官
ふっき	ふつき	富貴
ふっき	ふくき	復帰
ふっきゅう	ふくきう	復仇・復旧
ふつぎょう	ふつげう	払暁
ぶっきょう	ぶつきやう	仏経
ぶっきょう	ぶつきやう	仏教
ぶっきらぼう	ぶつきらばう	打切棒
ふっきん	ふくきん	腹筋
ふっけん	ふくけん	復権
ふっこ	ふくこ	復古
ふっこう	ふくかう	復交・復校・復航・腹腔
ふっこう	ふくこう	復興
ふつごう	ふつがふ	不都合
ふっこく	ふくこく	復刻・覆刻
ぶっこわす	ぶつこはす	打つ壊す
ぶっしょう	ぶつしよう	物証
ぶっしょう	ぶつしやう	仏性・物象

ふ

ぶつじょう	ぶつじゃう	物上・物情
ぶっしょうえ	ぶつしやうゑ	仏生会 春
ぶっそう	ぶつさう	仏葬・物騒
ぶつぞう	ぶつざう	仏像
ぶっそうげ	ぶつさうげ	仏桑花 夏
ぶったおす	ぶつたふす	打つ倒す
ぶたおれる	ぶつたふれる	打っ倒れる
ぶっちょうづら	ぶつちやうづら	仏頂面
ぶっとう	ぶつとう	仏頭
ぶっとう	ぶつたふ	仏塔
ぶつどう	ぶつだう	仏堂・仏道
ぶっとおす	ぶつとほす	打っ通す
ぶつのう	ぶつなふ	物納
ぶっぱらう	ぶつぱらふ	打っ払ふ
ぶつぶつこうかん	ぶつぶつかうく	物々交換
ぶつぶつ		
ぶっぽう	ぶつぽふ	仏法
ぶっぽうそう	ぶつぽふそう	仏法僧 夏
ぶつみょう	ぶつみやう	仏名
ふつりあい	ふつりあひ	不釣り合ひ
ぶつりゅう	ぶつりう	物流
ぶつりょう	ぶつりやう	物量
ぶつれう	ぶつれう	物療
ふてきとう	ふてきたう	不適当
ふてぎわ	ふてぎは	不手際
ふでづかい	ふでづかひ	筆遣ひ
ふでぶしょう	ふでぶしやう	筆不精・筆無精
ふでりんどう	ふでりんだう	筆竜胆 春
ふとい		太い
ふとう	ふとゐ	太藺 夏
ふとう	ふとう	不等・埠頭
ふとう		不当
ふたう	ふたう	不当
ふどう	ふどう	不同・不動・浮動
ふだう	ふだう	府道・婦道
ぶとう	ぶたふ	舞踏
ぶどう	ぶだう	武道・葡萄 秋

ぶどうえん	ぶだうゑん	葡萄園 秋
ふとうおう	ふたうをう	不倒翁
ふとうこう	ふたうかう	不登校・不凍港
ふどうたい	ふだうたい	不導体
ぶどうだな	ぶだうだな	葡萄棚 秋
ふどうとく	ふだうとく	不道徳
ふとうふくつ	ふたうふくつ	不撓不屈
ふとくようりょう	ふとくえうりやう	不得要領
ふとざお	ふとざを	太棹
ふなおさ	ふなをさ	船長
ふなくいむし	ふなくひむし	船喰虫
ふなじ	ふなぢ	船路
ふなしばい	ふなしばゐ	舟芝居 夏
ふなよい	ふなよひ	船酔ひ
ふなりょうり	ふなれうり	船料理 夏
ふにあい	ふにあひ	不似合ひ
ふにんじょう	ふにんじやう	不人情
ふのう	ふのう	不能・富農
	ふなふ	不納
ふばらい	ふばらひ	不払ひ
ぶばらい	ぶばらひ	賦払ひ
ふひつよう	ふひつえう	不必要
ふひょう	ふひよう	浮氷
	ふひやう	不評
	ふへう	付表・付票・浮標・譜表
ふびょうどう	ふびやうどう	不平等
ふひょうばん	ふひやうばん	不評判
ふひんこう	ふひんかう	不品行
ぶふうりゅう	ぶふうりう	無風流・不風流
ふべんきょう	ふべんきやう	不勉強
ふほう	ふほう	訃報
	ふはふ	不法
ふまえる	ふまへる	踏まへる
ふみえ	ふみゑ	踏み絵 春

ふみおこなう	ふみおこなふ	踏み行なふ
ふみこたえる	ふみこたへる	踏み堪へる
ふみたおす	ふみたふす	踏み倒す
ふみちがえる	ふみちがへる	踏み違へる
ふみづかい	ふみづかひ	文使ひ
ふみはずす	ふみはづす	踏み外す
ふみまよう	ふみまよふ	踏み迷ふ
ふめいりょう	ふめいれう	不明瞭
ふやじょう	ふやじやう	不夜城
ふゆう	ふゆう	富裕
	ふいう	浮遊・浮游・富有・
		蜉蝣
ふゆかい	ふゆくわい	不愉快
ふゆがこい	ふゆがこひ	冬囲ひ
ふゆがまえ	ふゆがまへ	冬構へ 冬
ふゆかわら	ふゆかはら	冬川原 冬
ふゆしょうぐん	ふゆしやうぐん	冬将軍 冬
ふゆそうび	ふゆさうび	冬薔薇 冬
ふゆどとう	ふゆどたう	冬怒濤 冬
ふゆもみじ	ふゆもみぢ	冬紅葉 冬
ふよう	ふよう	不用・不溶・芙蓉
	ふえう	不要
	ふやう	扶養・浮揚
ふようじょう	ふやうじやう	不養生
ふようど	ふえふど	腐葉土
ふりあう	ふりあふ	振り合ふ
ふりあらい	ふりあらひ	振り洗ひ
ふりかえ	ふりかへ	振り替へ
ぶりかえす	ぶりかへす	振り返す
ふりかえる	ふりかへる	振り返る・振り替
		へる
ふりまわす	ふりまはす	振り回す
ふりはらう	ふりはらふ	振り払ふ
ふりこう	ふりかう	不履行
ふりゅう	ふりう	浮流
ふりゅうもんじ	ふりふもんじ	不立文字

ふ

ふりょう	ふりやう	不良
	ふれふ	不猟・不漁
ふりょう	ぶれう	無聊
ふりょうけん	ふれうけん	不料簡
ふりあわせ	ふるあはせ	古袷 夏
ふるい	ふるい	古い・旧い
	ふるひ	震ひ・篩
ふるいおこす	ふるひおこす	奮ひ起こす
ふるいおとす	ふるひおとす	振るひ落とす・篩ひ落とす
ふるいおののく	ふるひをののく	震ひ戦く
ふるいたつ	ふるひたつ	奮ひ立つ・奮ひ起つ
ふるいつく	ふるひつく	震ひ付く
ふるいど	ふるゐど	古井戸
ふるいわける	ふるひわける	篩ひ分ける
ふるう	ふるふ	振るふ・震ふ・奮ふ・揮ふ・顫ふ・篩ふ
ふるうちわ	ふるうちは	古団扇 夏
ふるえ	ふるへ	震へ
ふるえあがる	ふるへあがる	震へ上がる
ふるえごえ	ふるへごゑ	震へ声
ふるえる	ふるへる	震へる・顫へる
ふるがお	ふるがほ	古顔
ふるかわ	ふるかは	古川 ◆ 古河
ふるつわもの	ふるつはもの	古兵
ふるどうぐ	ふるだうぐ	古道具
ふるまい	ふるまひ	振る舞ひ
ふるまいみず	ふるまひみづ	振る舞ひ水 夏
ふるまう	ふるまふ	振る舞ふ
ふるわせる	ふるはせる	震はせる
ふれあい	ふれあひ	触れ合ひ
ふれあう	ふれあふ	触れ合ふ
ふれじょう	ふれじやう	触れ状
ふれまわる	ふれまはる	触れ回る

ふろう	ふらう	不老・不労・浮浪
ふろてまえ	ふろてまへ	風炉点前 夏
ふわつく	ふはつく	
ふわふわ	ふはふは	(副詞)
ふわり	ふはり	(副詞)
ふんいき	ふんゐき	雰囲気
ふんいん	ふんゐん	分院
ふんか	ふんくわ	噴火
ふんか	ぶんくわ	分化・分科・分課・
ぶんかい		分界・分解
ぶんかい		分会
ぶんがい	ぶんぐわい	分外
ぶんかのひ	ぶんくわのひ	文化の日 秋
ぶんかん	ぶんくわん	分館・文官
ふんきゅう	ふんきう	紛糾・墳丘
ぶんきょう	ぶんけう	文教
ぶんぎょう		分業・文業

ぶんきょうじょ	ぶんけうぢやう	分教場
う		
ふんごう	ふんがふ	吻合
ぶんこう	ぶんかう	分校
	ぶんくわう	分光
ぶんごう	ぶんがう	文豪
	ぶんがふ	分合
ぶんじ		文事・文辞
	ぶんぢ	文治
ぶんしゅう	ぶんしふ	文集
ふんじょう	ふんじやう	粉状
	ふんぜう	紛擾
ぶんしょう	ぶんしやう	分掌・文相・文章
ぶんじょう	ぶんじやう	分乗
	ぶんじやう	分譲
ふんじん	ふんじん	奮迅
	ふんぢん	粉塵
ふんそう	ふんさう	扮装・紛争

ぶんそう	ぶんさう	文藻	
ぶんぞう	ぶんざう	文蔵	
ぶんそうおう	ぶんさうおう	分相応	
ふんぞりかえる	ふんぞりかへる	踏ん反り返る	
ぶんちょう	ぶんてう	文鳥	
ふんにょう		糞尿	
ぶんのう	ぶんなふ	分納	
ふんびょう	ふんべう	分秒	
ぶんぽう	ぶんぱふ	分封	
ぶんぽう	ぶんぱふ	文法	
ぶんぼうぐ	ぶんばうぐ	文房具	
ぶんまわし	ぶんまはし	打ん回し・分廻し	
ぶんゆう	ぶんいう	分有	
ふんりゅう	ふんりう	噴流	
ぶんりゅう	ぶんりう	分流・分留・分溜	
ぶんりょう	ぶんりやう	分量	
ふんわり	ふんはり	（副詞）	

へ

へいいん	へいゐん	兵員・閉院
へいえん	へいゑん	閉園
へいおん	へいをん	平温・平穏
へいか	へいか	平価・兵家・陛下・閉架
	へいくわ	兵戈・兵火・兵科・併科
へいが	へいぐわ	平臥
へいかい	へいくわい	閉会
へいかつ	へいくわつ	平滑
へいかん	へいかん	閉刊
	へいくわん	閉館
へいぎょう	へいげふ	閉業
へいこう	へいこう	閉口
	へいこう	平行・並行・平衡・閉校・閉講

見出し	歴史的仮名遣い	漢字
へいごう	へいがふ	併合
へいこうぼう	へいかうばう	平行棒
へうしゅう	へうしふ	弊習
べいしゅう	べいしう	米収
へいじょう	へいぢやう	平常
	へいぢやう	兵仗・閉場
へいそう	へいそう	並走・併走
へいちょう	へいさう	兵曹
へいほう	へいちやう	兵長
	へいはう	平方
へいゆう	へいいう	併有
へきえん	へきゑん	僻遠
へきが	へきぐわ	壁画
へくそかずら	へくそかづら	屁糞葛夏・屁屎葛
へしあい	へしあひ	圧し合ひ
へしおる	へしをる	圧し折る

見出し	歴史的仮名遣い	漢字
へそのお	へそのを	臍の緒
へちまなえ	へちまなへ	糸瓜苗夏
べついん	べつゐん	別院
べっかん	べつくわん	別館
べつぎょう	べつげふ	別業
べっこう	べつかう	別項
	べつかふ	鼈甲
べつじょう	べつじやう	別状
	べつでう	別条
べっそう	べつそう	別送
	べつさう	別荘
べっちょう	べつちやう	別丁
べっとう	べつたう	別当
べつのう	べつなふ	別納
べっぴょう	べつぺう	別表
べっぽう	べつぱふ	別法
べつよう	べつやう	別様
へつらう	へつらふ	諂ふ

へ

べにしょうが	べにしやうが	紅生姜
べらぼう	べらばう	箆棒
へんい	へんい	変位
へんえんけい	へんゑんけい	扁円形
へんおんどうぶつ	へんをんどうぶつ	変温動物
へんか	つ	つ
へんか	へんくわ	変化
へんがえ	へんがへ	変換へ
へんかん	へんくわん	変換
へんきごう	へんきがう	変記号
へんきょう	へんきやう	辺境・辺疆・偏狂
へんきょう	へんけふ	偏狭・褊狭
へんきょう	へんきやう	勉強
べんけいそう	べんけいさう	弁慶草 [秋]
へんこう	へんかう	変更・偏向
へんこうせい	へんくわうせい	変光星
へんしゅう	へんしう	扁舟・編修
	へんしふ	偏執・編集・編輯
へんじゅう	へんじふ	篇什
へんしょう	へんしやう	編章・篇章
へんしょう	へんせう	返照
へんじょう	へんじやう	返上・変生
へんぜ	へんぜう	遍照
べんしょう	べんしやう	弁証
べんしょう	べんしやう	弁償・辨償
べんしょうほう	べんしようはふ	弁証法
へんずつう	へんづつう	偏頭痛
へんそう	へんそう	変相・変装
へんそう	へんさう	返送・変奏
へんぞう	へんざう	変造
へんちょう	へんちよう	偏重
へんちょう	へんてう	変調
へんとう	へんたふ	返答
べんとう	べんたう	弁当・辨当

へんとうせん	へんたうせん	扁桃腺
へんにゅう	へんにふ	編入
へんのう	へんなふ	返納
へんのうゆ	へんなうゆ	片脳油
へんぼう	へんばう	変貌・偏旁
べんぽう	べんぱふ	便法
べんむかん	べんむくわん	弁務官
へんりょう	へんりやう	変量

ほ

ほい	ほい	布衣・本意
ぼいき	ほゐ	補遺
	ぼぬき	墓域
ほう	ホウ	奉・宝・朋・封・俸・峰・崩・逢・捧・堡・報・蜂・豊・蓬・鳳・褒・鋒・縫・鵬・

ぼう	ハウ	方・包・呆・芳・邦・庖・抱・抛・放・泡・胞・苞・倣・砲・袍・烹・萌・訪・飽・鞄
		法（漢音）
	ホフ	法（呉音）
	ボウ	牟・某・冒・剖・眸・
	ハフ	帽・貿・暴・謀
	バウ	亡・卯・妄・忙・芒・呆・坊・妨・忘・防・房・肪・昴・茅・旁・茫・紡・望・傍・棒・榜・貌・膨・謗
ぼうあげ	バフ	乏
ぼうあげ	ばうあげ	棒上げ
ぼうあつ	ばうあつ	暴圧
ぼうあつ	ばうあつ	防遏
ぼうあみ	ばうあみ	棒編

ほ

ほうあん	ほうあん	奉安
ほうあんき	ばうあんき	棒暗記
ぼうあんき	ばうあんき	棒暗記
ほうい	はうい	布衣
ほうい	はうゐ	方位・包囲
ぼうい	ばうゐ	暴威
ほういがく	はふいがく	法医学
ほういつ	はういつ	放逸
ほういん	ほふいん	法印
ほうえ	ほふえ	法衣
ほうえ	ほふゑ	法会
ほうえい	はうえい	放映
ほうえい	ばうゑい	防衛
ほうえき	はふえき	法益
ぼうえき	ばうえき	貿易
ぼうえき	ばうえき	防疫
ほうえつ	ほふえつ	法悦
ほうえん	はうえん	豊艶
ほうえん	はうえん	砲煙
ほうえん	はうゑん	方円
ぼうえん	ばうゑん	望遠
ぼうえんきょう	ばうゑんきやう	望遠鏡
ほうおう	はうおう	訪欧
ほうおう	はうわう	鳳凰
ほうおう	ほふわう	法王・法皇
ぼうおく	ばうをく	茅屋
ほうおん	ほうおん	報恩
ほうおん	はうおん	芳恩
ほうおんこう	ほうおんかう	報恩講[図]
ほうか	はうか	邦家・放下・放歌・砲架
ほうか	はうくわ	砲火
ほうか	はうくわ	邦貨・放火・放課・砲火
ほうか	はふか	法家
ほうか	はふくわ	法科・法貨

ほうあん — ほうか

ほ		
ほう	ほうくわ	烽火・蜂窩
ほうが	ほうが	奉加・奉賀
ほうが	はうが	萌芽
ぼうが	はうぐわ	邦画
ぼうか	ばうくわ	防火
ぼうが	ばうが	忘我
ほうかい	はうくわい	抱懐
ほうかい	ほうくわい	崩壊・崩潰
ぼうかい	はうくわい	法界
ぼうがい	はふぐわい	法外
ぼうがい	ばうぐわい	妨害・妨碍
ほうがい	ばうぐわい	望外
ほうがく	はうがく	方角・邦楽
ほうがく	はふがく	法学
ほうがちょう	ほうがちやう	奉加帳
ほうかつ	はうくわつ	包括
ほうかん	ほうかん	幇間・宝鑑
ほうかん	はうかん	砲艦

ほうが ── ほうきゅ		
	はふくわん	法官
	ほうくわん	奉還・宝冠
	はうがん	包含
	はうぐわん	判官・砲丸
ぼうかん	ばうかん	暴漢
	ばうかん	坊間・防寒
	ばうくわん	傍観
ぼうかんぼう	ばうかんばう	防寒帽[冬]
ほうき	ほうき	宝器・蜂起
	はうき	帚・箒・芳紀・放棄・抛棄・箒・伯耆 ◆
	はふき	法規
	ほふき	法器
ほうき	はうき	箒木[夏]・帚木[夏]
ほうきぐさ	はうきぐさ	箒草[夏]・帚草[夏]
ほうきゃく	はうきやく	訪客
ぼうきゃく	ばうきやく	忘却
ほうきゅう	ほうきふ	俸給

ぼうぎょ	ばうぎよ	防御・防禦
ほうきょう	ほうきよう	豊凶・豊胸
ほうきょう	ほうけふ	豊頬
ぼうきょう	ばうきやう	望郷
ぼうきょう	ばうきよう	防共
ほうぎん	はうぎん	放吟
ぼうきん	はうきん	防菌
ほうぐ	ばうぐ	砲具
ぼうぐい	ばうぐひ	棒杙・棒杭
ぼうくうごう	ばうくうがう	防空壕
ぼうぐみ	ばうぐみ	棒組み
ぼうくん	ばうくん	某君・暴君
ぼうくん	ばうくん	亡君・傍訓
ほうげ	はうげ	放下
ほうけい	はうけい	方形・包茎
ぼうけい	ばうけい	謀計
ぼうけい	ばうけい	亡兄・傍系
ほうげき	はうげき	砲撃

ほうげん	はうげん	方言・放言
	はふげん	法源・法諺
	ほふげん	法眼
ぼうけん	ばうけん	冒険・剖検
ぼうけん	ばうけん	望見
ぼうげん	ばうげん	暴言
	ばうげん	妄言
ほうご	はうご	反故
	ほうご	邦語
	ほふご	法語
ぼうご	ばうご	防護
ほうこう	ほうこう	奉公
	はうかう	方向・芳香・咆哮・
	はうくわう	放校
	はうくわう	彷徨
	はうこう	砲口
	はうがふ	抱合
	ほうがふ	縫合

ほ		
ぼうこう	ほふがう	法号
	ばうくわう	膀胱
	ばうかう	暴行
ぼうこく	ばうこく	亡国
ぼうこぐさ	はうこぐさ	母子草春・鼠麹草
ぼうざ	ばうざ	砲座
ぼうさ	はうさ	防砂
ぼうさい	ばうさい	亡妻・防災・防塞
ぼうさき	ばうさき	棒先
ぼうさく	ほうさく	豊作
ぼうさく	はうさく	方策
ぼうこん	ばうこん	亡魂
ほうこん	はうこん	方今
ぼうさつ	ばうさつ	謀殺
ぼうさつ	ばうさつ	忙殺
ほうさん	ほうさん	奉賛・宝算
ほうさん	はうさん	放散・硼酸

ぼうこう	ばうさん	坊さん
ぼうさん	ほうさん	
ほうし	ほうし	奉仕・奉伺・奉祀・褒詞
	はうし	芳志・放資・放恣・放肆・胞子
ほうじ	ほふじ	法師・法嗣
	はうじ	邦字
	ほうぢ	捧持
	ほふじ	法事
ぼうし	ぼうし	某氏・眸子・帽子・暴死
	ばうし	亡姉・亡師・防止・紡糸
ぼうじ	ばうじ	亡児・房事
ほうしき	はうしき	方式
ほうしき	はふしき	法式
ほうしぜみ	ほふしぜみ	法師蟬秋
ほうじちゃ	はうじちゃ	焙じ茶

ほ		
ぼうしつ	ばうしつ	亡失・忘失・防湿
ぼうじま	ばうじま	棒縞
ほうしゃ	ほうしゃ	報謝
ほうしゃ	はうしゃ	放射・砲車・硼砂
ぼうじゃくぶじん	ばうじゃくぶじん	傍若無人
ほうしゅ	ほうしゅ	宝珠
ほうしゅ	はうしゅ	砲手
ほうしゅ	ほふしゅ	法主
ぼうしゅ	ばうしゅ	芒種 夏
ぼうじゅ	ばうじゅ	傍受
ほうしゅう	ほうしう	報酬
ほうしゅう	はうしゅう	放縦
ほうしゅう	はうしう	防臭
ぼうしゅく	ばうしゅく	防縮
ほうしゅつ	はうしゅつ	放出
ほうじゅつ	はうじゅつ	方術・砲術
ぼうじゅつ	ばうじゅつ	法術

ぼうじゅつ	ばうじゅつ	棒術
ほうじゅん	ほうじゅん	豊潤
ほうじゅん	はうじゅん	芳醇・芳純
ほうしょ	ほうしょ	奉書
ほうしょ	はうしょ	方処・方所・芳書
ほうじょ	はうじょ	法相
ほうしょう	はうしょう	放縦
ほうしょう	はうしょう	某所・謀書
ぼうしょ	ばうしょ	防暑
ぼうじょ	ばうぢょ	防除
ほうじょう	はうぢゃう	方丈
ほうじょう	はうでふ	法帖
	はふぢゃう	芳情・放生
	はうじゃう	褒章・褒賞
	ほうしゃう	奉唱・報奨・報償・奉称
	ほうぜう	豊饒
	ほうじゃう	豊穣・褒状
	ほふじゃう	法城

ぼうしょう	ばうしょう	傍証
ぼうしょう	ぼうしゃう	帽章
ぼうじょう	ばうじゃう	棒状
ほうじょう	はうじゃう	暴状
ほうじょうえ	はうじやうゑ	放生会 秋
ほうしょく	はうしょく	奉職・宝飾
ほうしょく	はうしょく	飽食
ぼうしょく	ばうしょく	暴食
		紡織・望蜀・防食・防蝕
ほうじる	ほうじる	報じる・奉じる
ほうじる	ほうじる	焙じる
ほうしん	はうしん	方針
		放心・疱疹・芳心・芳信・砲身
ほうじん	はうじん	邦人
ほうじん	はうぢん	方陣
ほうじん	はふじん	法人
ぼうじん	ばうじん	傍人

	ばうぢん	防塵
ほうず	はうづ	方図
ぼうず	ばうず	忘ず・坊主
ほうすい	はうすい	豊水
ほうすい	はうすい	放水
ぼうすい	ばうすい	防水・紡錘
ぼうずる	ばうずる	忘ずる
ほうせい	はうせい	鳳声・縫製
	はふせい	方正・砲声
	はふせい	法制・法政
ほうせき	はうせき	紡績
ぼうせき	ばうせき	包摂
ほうせつ	はうせつ	暴説
ぼうせつ	ばうせつ	妄説・防雪
ほうせん	ほうせん	奉遷
ほうせん	はうせん	砲戦
	はふせん	法線
ぼうせん	ばうせん	防戦・傍線・棒線

ほ		
ぼうぜん	ばうぜん	茫然・呆然
ほうせんか	ほうせんくわ	鳳仙花 秋
ほうそう	ほうそう	奉送
	はうさう	包装・疱瘡・芳草 春
ほうそう	はうそう	放送
	はふさう	法曹
ほうぞう	はうざう	包蔵
	ほうざう	宝蔵
ぼうそう	ばうそう	暴走
ほうそく	はふそく	法則
ほうだ	ばうだ	滂沱
ほうたい	ほうたい	奉戴
	はうたい	包帯・繃帯
ぼうだい	はうだい	放題・砲台
ぼうだい	ばうだい	尨大・厖大・膨大・
ぼうたおし	ばうたふし	棒倒し

ぼうたかとび	ばうたかとび	棒高跳び・棒高飛び
ぼうだち	ばうだち	棒立ち
ぼうだら	ばうだら	棒鱈 春
ほうたん	はうたん	放胆
ほうだん	はうだん	放談・砲弾
ほうだん	はふだん	法談
ぼうだん	ばうだん	防弾
ほうち	ほうち	報知
	はうち	放置
ぼうちぎり	ばうちぎり	棒乳切り
ほうちく	はうちく	放逐
ほうちこく	はふちこく	法治国
ほうちゃくそう	ほうちゃくさう	宝鐸草 夏
ほうちゅう	はうちゅう	庖厨
ぼうちゅう	ばうちゅう	忙中・防虫・傍注・旁註
ほうちょう	はうちやう	包丁・庖丁

ぼうぜん —— ほうちょ

ぼうちょう	はうちょう	放鳥
	ばうちゃう	傍聴・膨張・膨脹
ぼうちょう	ばうてう	防潮
	ばうてふ	防諜
ほうちょうはじめ	はうちゃうはじめ	包丁始め [新年]
ほうてい	はうてい	奉呈・捧呈・鵬程
	ほうてい	法廷・法定
ほうてい	ほふてい	法弟
ほうていしき	はうていしき	方程式
ほうてき	はうてき	放擲
	ほふてき	法的
ほうてき	ほふてき	法敵
ほうてん	ほうてん	奉奠・宝典
	ほふてん	法典
ほうでん	ほうでん	宝殿
	はうでん	放電
ぼうてん	ばうてん	傍点

ほうと	はうと	方途
ほうど	ほうど	封土
	はうど	邦土
ほうとう	はうたう	放蕩
	はうたふ	砲塔
	ほうたう	宝刀・朋党
	ほふたふ	宝塔
	ほうたふ	法灯・法統
	ほうたふ	奉答・宝塔・報答
ほうどう	ほうだう	報道
ぼうどうじん	ほうだうぢん	報道陣
ぼうどく	ばうどく	防毒
ほうなん	ほふなん	法難
ほうにょう	はうねう	放尿
ほうにん	はうにん	放任
ほうねつ	はうねつ	放熱
ほうねん	ほうねん	豊年 [秋]
	はうねん	放念
ぼうねん	ばうねん	忘年

ぼうねんかい	ばうねんくわい	忘年会 图
ほうねんき	ほふねんき	法然忌 春
ほうのう	ほうなふ	奉納
ぼうのつ	ばうのつ	坊津
ほうはい	ほうはい	奉拝
ほうはい	はうはい	胞胚・澎湃
ぼうはく	ばうはく	傍白
ぼうばく	ばうばく	茫漠
ぼうはてい	ばうはてい	防波堤
ぼうはん	ばうはん	防犯
ほうひ	はうひ	包皮・放屁
ぼうび	ばうび	防備
ぼうびき	ばうびき	棒引き
ぼうひょう	ばうひやう	妄評
ぼうひょう	ばうひやう	暴評
ほうふ	ほうふ	豊富
ほうふ	はうふ	抱負・防府
ほうぶ	はうぶ	邦舞

ぼうふ	ばうふ	亡夫・亡父・防腐
ぼうふう	ばうふう	暴風
ぼうふう	ばうふう	防風 春
ほうふく	ほうふく	報復
ほうふく	はうふく	抱腹
ほうふく	ほうふく	法服
ほうふく	はふふく	法服（仏教で）
ほうふつ	はうふつ	彷彿・髣髴
ほうぶつせん	はうぶつせん	放物線・抛物線
ほうぶん	はうぶん	邦文
ほうぶん	はふぶん	法文
ほうへい	ほうへい	奉幣
ほうへい	はうへい	砲兵
ぼうへき	ばうへき	防壁
ほうべん	はうべん	方便
ほうぼ	ばうぼ	亡母
ほうほう	はうほう	蓬々
ほうほう	はうはふ	方法

見出し	歴史的仮名遣い	漢字表記
ほ		
ほうぼう	はふはふ	這ふ這ふ
ほうぼう	はうばう	方々
ぼうぼう	ばうばう	鮟鱇[冬]・竹麦魚[冬]
ほうぼう	はうばう	鋒鋩
ぼうぼう	ばうばう	某々
ぼうぼう	ばうばう	茫々
ほうぼく	はうぼく	芳墨・放牧
ほうまつ	はうまつ	泡沫
ほうまん	はうまん	豊満
ほうまん	はうまん	放漫・飽満
ぼうまん	ばうまん	暴慢
ぼうまん	ばうまん	膨満
ほうみょう	ほふみやう	法名
ほうむる	はうむる	葬る
ほうめい	はうめい	芳名
ほうめい	ばうめい	亡命
ほうめつ	ばうめつ	亡滅
ほうめん	はうめん	方面・放免
ほうもう	はふまう	法網
ほうもう	ばうもう	紡毛
ほうもん	はうもん	砲門・訪問
ほうもん	ほふもん	法文・法門・法問
ぼうや	ばうや	坊や
ほうやく	はうやく	邦訳
ほうゆう	はういう	朋友
ぼうゆう	ばういう	暴勇
ほうゆう	はういう	亡友
ほうよう	はうよう	包容・抱擁
ほうよう	ほふえう	蜂腰
ほうよう	ほふえう	法要
ぼうよう	ばうやう	芒羊・茫洋・芒洋
ぼうよみ	ばうよみ	棒読み
ほうらく	ほうらく	崩落
ほうらく	ほふらく	法楽
ほうらつ	はうらつ	放埒
ほうり	はふり	法理

ほ

ぼうれい	ぼうれい	暴戻
ほうれい	はふれい	法令・法例
ほうれい	ほうれい	豊麗
ほうりょう	ほうれふ	豊漁
ほうりゅう	ばうりう	傍流
ほうりゅう	はうりう	放流
ほうりゃく	はうりやく	方略
ほうりなげる	はふりなげる	放り投げる
ほうりつ	はふりつ	法律
ほうりだす	はふりだす	放り出す・抛り出す
ほうりこむ	はふりこむ	放り込む・抛り込む
ほうりき	ほふりき	法力
ほうる	はふる	放る・抛る
ほうるい	ほうるい	堡塁
ほうりゅう	はうりう	砲塁
ほうりん	ほふりん	法輪

ほうれい	はうれい	亡霊
ほうれつ	はうれつ	芳烈・放列・砲列
ほうれんそう	はうれんさう	菠薐草 春・法蓮草
ほうわ	はうわ	法話
ほうわ	はうわ	飽和
ほうろく	はうろく	焙烙
ほうろう	はうらう	俸禄
ぼうろう	ばうろう	望楼
ほうろう	はうらう	琺瑯
ほうろう	はうらう	放浪
ほゑかご	ほゑかご	宝恵駕籠 新年
ほお	ほほ	朴・頬
ほおあて	ほほあて	頬当て
ほおえみ	ほほゑみ	微笑み
ほおえむ	ほほゑむ	微笑む
ほおおちば	ほほおちば	朴落ち葉 冬
ほおかぶり	ほほかぶり	頬被り 冬・頬冠り

ほうりき——ほおかぶり

ほおげた	ほほげた	頰桁
ほおける	ほほける	蓬ける
ほおじろ	ほほじろ	頰白 春秋
ほおずき	ほほづき	鬼灯 秋・酸漿 秋
ほおずきいち	ほほづきいち	鬼灯市 夏・酸漿市
ほおずり	ほほずり	頰擦り
ほおづえ	ほほづゑ	頰杖
ほおのき	ほほのき	朴の木 夏
ほおば	ほほば	朴歯
ほおばる	ほほばる	頰張る
ほおひげ	ほほひげ	頰髭・頰髯
ほおぶくろ	ほほぶくろ	頰袋
ほおべに	ほほべに	頰紅
ほおぼね	ほほぼね	頰骨
ほおん	ほをん	保温
ほかく	ほかく	保革・補角

ほかく	ほくわく	捕獲
ほかん	ほくわん	保管・補完
ほきゅう	ほきう	捕球
	ほきふ	補給
ほきょう	ほきやう	補強
ほくい	ほくゐ	北緯
ほくえつ	ほくゑつ	北越
ほくが	ほくぐわ	墨画
ほくぎゅう	ほくぎう	牧牛
ぼくじゅう	ぼくじふ	墨汁
ほくじょう	ほくじやう	北上
ぼくじょう	ぼくぢやう	牧場
ぼくそう	ぼくさう	牧草
ほくそえむ	ほくそゑむ	ほくそ笑む
ぼくとう	ぼくたう	木刀
ほくよう	ほくやう	北洋
ぼくよう	ぼくやう	牧羊
ほけきょう	ほけきやう	法華経

ほ			
ほこう	ほかう	歩行・補講
ぼこう	ぼこう	母后
ぼこう	ぼかう	母校・母港
ほごちょう	ほごてう	保護鳥
ほしあい	ほしあひ	星合ひ 秋
ほしい	ほしい	欲しい
ほしいい	ほしいひ	糒 夏
ほしうお	ほしうを	干し魚・乾し魚
ほしうらない	ほしうらなひ	星占ひ
ほしがれい	ほしがれひ	星鰈・干し鰈 春
ほしくず	ほしくづ	星屑
ほししいたけ	ほししひたけ	干し椎茸
ほしぶどう	ほしぶだう	干し葡萄
ほしまわり	ほしまはり	星回り
ほしむかえ	ほしむかへ	星迎へ
ほしゅう	ほしう	補修
ほしゅう	ほしふ	補習
ほしゅう	ぼしう	暮秋
ぼしゅう	ぼしふ	募集
ほしょう	ほしよう	保証
ほしょう	ほしやう	保障・補償
ほしょう	ほせう	歩哨
ぼじょう	ぼぜう	慕情
ぼじょう	ぼじやう	歩調
ほそう	ほさう	舗装・鋪装
ほたてがい	ほたてがひ	帆立貝・海扇
ほだわら	ほだはら	穂俵 新年
ぼたんえん	ぼたんゑん	牡丹園 夏
ほちょう	ほてう	歩調
ほちょうき	ほちやうき	補聴器
ぼっか	ぼくか	牧歌
ほっかいどう	ほくかいだう	北海道 ◆
ぼっかく	ぼくかく	墨客
ほつがん	ほつぐわん	発願
ほっきがい	ほつきがひ	ほつき貝
ぼっきょ	ぼくきよ	卜居

ほっきょう	ほつけう	法橋
ほっきょく	ほくきよく	北極
ぼっけん	ぼくけん	木剣
ぼつこうしょう	ぼつかうせふ	没交渉
ほっこく	ほくこく	北国
ぼっこん	ぼつこん	墨痕
ぼっしゅう	ぼつしう	没収
ぼつじょうしき	ぼつじやうしき	没常識
ぼつにゅう	ぼつにふ	没入
ほっぴょうよう	ほくぴようやう	北氷洋
ほっぽう	ほくぱう	北方
ほていあおい	ほていあふひ	布袋葵 [夏]
ほていそう	ほていさう	布袋草 [春][夏]
ほどあい	ほどあひ	程合ひ
ほどう	ほだう	歩道・舗道・補導・輔導
ぼどう	ぼだう	母堂
ほどうきょう	ほだうけう	歩道橋
ほどとおい	ほどとほい	程遠い
ほととぎすそう	ほととぎすさう	時鳥草 [秋]
ほねおしみ	ほねをしみ	骨惜しみ
ほねおり	ほねをり	骨折り
ほねちがい	ほねちがひ	骨違ひ
ほのお	ほのほ	炎・焰
ぼひょう	ぼへう	墓標・墓表
ほほえましい	ほほゑましい	微笑ましい
ほほえむ	ほほゑむ	微笑む
ほまえせん	ほまへせん	帆前船
ほめたたえる	ほめたたへる	褒め称へる・誉め称へる・誉め
ほゆう	ほいう	保有
ほよう	ほやう	保養
ほらがい	ほらがひ	法螺貝
ほらがとうげ	ほらがたうげ	洞ケ峠
ほりいど	ほりゐど	掘り井戸
ほりかえす	ほりかへす	堀り返す

ほりぬきいど	ほりぬきゐど	掘り抜き井戸
ほりゅう	ほりう	保留・蒲柳
ほろう	ほらう	歩廊
ぼろもうけ	ぼろまうけ	ぼろ儲け
ほろよい	ほろよひ	微酔ひ
ほんい	ほんい	本意・翻意
ほんい	ほんゐ	本位
ほんいん	ほんゐん	本院
ほんいんぼう	ほんいんばう	本因坊
ぼんえ	ぼんゑ	盆会 秋
ほんおく	ほんをく	本屋
ぼんおどり	ぼんをどり	盆踊り 秋
ほんか	ほんか	本歌
ほんかい	ほんくわい	本懐
ほんか	ほんくわ	本科
ほんかいぎ	ほんくわいぎ	本会議
ほんかん	ほんくわん	本官・本管・本館
ほんがん	ほんぐわん	本願

ほんきゅう	ほんきふ	本給
ほんぎょう	ほんぎやう	本行
	ほんげふ	本業
ぼんきょうげん	ぼんきやうげん	盆狂言 秋
ほんこう	ほんかう	本坑・本校
ほんじ	ほんじ	本字・本寺
	ほんぢ	本地
ほんしゅう	ほんしう	本州
ほんしょう	ほんしやう	本性・本省
ほんじょう	ほんじやう	本状・本城・本荘
ぼんしょう	ぼんしょう	◆・本庄・◆
	ぼんせう	梵鐘
ほんじょうたん	ほんじやうたん	凡小
ほんじん	ほんぢん	本生譚
ほんすじ	ほんすぢ	本陣
ほんすじ	ほんすぢ	本筋
ほんそう	ほんそう	奔走
	ほんさう	本葬

ほりぬき——ほんそう

ほんぞう	ほんざう	本草	
ほんだわら	ほんだはら	馬尾藻[新年]・神馬藻
ほんちょう	ほんちゃう	本朝	
ほんちょう	ほんちゃう	本庁	
ほんちょうし	ほんてうし	本調子	
ぼんぢょうちん	ぼんぢゃうちん	盆提灯[秋]	
ほんとう	ほんとう	奔騰	
ほんとう	ほんたう	本当・本島	
ほんどう	ほんだう	本道・本堂	
ほんとじ	ほんとぢ	本綴ぢ	
ほんなおし	ほんなほし	本直し	
ぼんのう	ぼんなう	煩悩	
ほんぽう	ほんぱう	本俸	
ほんぽう	ほんぱう	本邦・奔放	
ほんぽう	ほんぱふ	本法	
ほんまつてんとう	ほんまつてんたう	本末転倒	

ま

ほんみょう	ほんみゃう	本名	
ほんもう	ほんまう	本望	
ほんりゅう	ほんりう	本流・奔流	
ほんりょう	ほんりゃう	本領	
まあい	まあひ	間合ひ	
まあじ	まあぢ	真鯵	
まい	マイ	毎・米・妹・枚・味・	
まい		埋	
まい		舞ひ	
まいあがる	まひあがる	舞ひ上がる	
まいおうぎ	まひあふぎ	舞扇	
まいおさめ	まひをさめ	舞ひ納め	
まいおさめる	まひをさめる	舞ひ納める	
まいこ	まひこ	舞子	
まいご	まひご	迷子	

まいこむ	まひこむ	舞ひ込む
まいそう	まひさう	昧爽・埋葬
まいぞう	まひざう	埋蔵
まいぞめ	まひぞめ	舞初め [新年]
まいたけ	まひたけ	舞茸
まいづる	まひづる	舞鶴 ◆
まいない	まひなひ	賂
まいひめ	まひひめ	舞姫
まいまい	まひまひ	毎々
		舞々 [夏]・鼓虫 [夏]
まいもどる	まひもどる	舞ひ戻る
まいる	まゐる	参る・詣る
まう	まふ	舞ふ・眩ふ
まうえ	まうへ	真上
まえ	まへ	前
まえあし	まへあし	前足
まえいた	まへいた	前板
まえいわい	まへいはひ	前祝ひ

まえうしろ	まへうしろ	前後ろ
まえうり	まへうり	前売り
まえおき	まへおき	前置き
まえかがみ	まへかがみ	前屈み
まえがき	まへがき	前書き
まえかけ	まへかけ	前掛け
まえがし	まへがし	前貸し
まえがしら	まへがしら	前頭
まえかた	まへかた	前方
まえがみ	まへがみ	前髪
まえがり	まへがり	前借り
まえかんじょう	まへかんぢやう	前勘定
まえぎり	まへぎり	前桐
まえきん	まへきん	前金
まえく	まへく	前句
まえくち	まへくち	前口
まえげい	まへげい	前芸
まえげいき	まへげいき	前景気

まいこむ――まえげい

まえこうじょう	まへこうじやう	前口上
まえごみ	まへごみ	前屈み
まえさがり	まへさがり	前下がり
まえさわ	まへさは	前沢
まえずもう	まへずまふ	前相撲
まえせつ	まへせつ	前説
まえだおし	まへだふし	前倒し
まえだれ	まへだれ	前垂れ
まえづけ	まへづけ	前付け
まえどおり	まへどほり	前通り
まえにわ	まへには	前庭
まえば	まへば	前歯
まえばし	まへばし	前橋 ◆
まえはば	まへはば	前幅
まえばらい	まへばらひ	前払ひ
まえび	まへび	前日
まえひょうばん	まへひやうばん	前評判
まえぶれ	まへぶれ	前触れ
まえまえ	まへまへ	前前
まえむき	まへむき	前向き
まえもって	まへもつて	前以て
まえやく	まへやく	前厄
まえわたし	まへわたし	前渡し
まおう	まわう	麻黄・魔王
まおとこ	まをとこ	間男
まがい	まがひ	紛ひ
まがお	まがほ	真顔
まかない	まかなひ	賄ひ
まかなう	まかなふ	賄ふ
まかりとおる	まかりとほる	罷り通る
まかりまちがう	まかりまちがふ	罷り間違ふ
まきえ	まきゑ	蒔絵・撒き餌
まきがい	まきがひ	巻き貝
まきかえし	まきかへし	巻き返し
まきかえす	まきかへす	巻き返す・捲き返す

まきがえり	まきかへり	牧帰り〔秋〕
まきかえる	まきかへる	巻き替へる
まきぞえ	まきぞへ	巻き添へ
まきなおし	まきなほし	蒔直し
まきのお	まきのを	槙尾 ◆
まきゅう	まきう	魔球
まきょう	まきやう	魔境
まぎらわしい	まぎらはしい	紛らはしい
まぎらわす	まぎらはす	紛らはす
まぎわ	まぎは	間際
まくあい	まくあひ	幕間
まぐわ	まぐは	馬鍬
まくわうり	まくはうり	真桑瓜〔夏〕・甜瓜〔夏〕
まけおしみ	まけをしみ	負け惜しみ
まけぎらい	まけぎらひ	負け嫌ひ
まけじだましい	まけじだましひ	負けじ魂
まけずぎらい	まけずぎらひ	負けず嫌ひ
まごい	まごひ	真鯉

まごたろうむし	まごたらうむし	孫太郎虫
まじえる	まじへる	交へる
まじない	まじなひ	呪ひ
まじなう	まじなふ	呪ふ
ましゅうこ	ましうこ	摩周湖 ◆
まじょ	まぢよ	魔女
ましょう	ましやう	魔性・魔障
ましょうめん	ましやうめん	真正面
まじらい	まじらひ	交じらひ
まじわり	まじはり	交はり
まじわる	まじはる	交はる
まず	まづ	先づ
まずい	まづい	不味い・拙い
まずしい	まづしい	貧しい
まずは	まづは	先づは
まずまず	まづまづ	先づ先づ
まずもって	まづもつて	先づ以て
ますらお	ますらを	益荒男・丈夫

まぜあわせる	まぜあはせる	混ぜ合はせる・交ぜ合はせる
まぜかえす	まぜかへす	雑ぜ返す
まだい	まだひ	真鯛
まちあい	まちあひ	待ち合ひ
まちあいしつ	まちあひしつ	待合室
まちあわせる	まちあはせる	待ち合はせる
まちがい	まちがひ	間違ひ
まちがう	まちがふ	間違ふ
まちがえる	まちがへる	間違へる
まちかまえる	まちかまへる	待ち構へる
まちすじ	まちすぢ	町筋
まちどうじょう	まちだうぢやう	町道場
まちどおしい	まちどほしい	待ち遠しい
まちはずれ	まちはづれ	町外れ
まちぶぎょう	まちぶぎやう	町奉行
まちもうける	まちまうける	待ち設ける・待ち儲ける

まついだ		松井田◆
まつおさめ	まつをさめ	松納め 新年
まつかふん	まつくわふん	松花粉 冬 春
まっこう	まつかう	末項・真っ向・抹香・末香
まっこうくじら	まつかうくぢら	抹香鯨
まっさお	まつさを	真青
まっしょう	まつせう	末梢・抹消
まっしょうじき	まつしやうぢき	真っ正直
まっしょうめん	まつしやうめん	真っ正面
まっとう	まつたう	全う・真っ当
まっとうする		全うする・完うする
まつばづえ	まつばづゑ	松葉杖
まっぽう	まつぽふ	末法
まつまえ	まつまへ	松前◆
まつむかえ	まつむかへ	松迎へ 冬
まつむしそう	まつむしさう	松虫草 秋

まつゆきそう	まつゆきさう	待雪草	
まつよい	まつよひ	待宵 秋	
まつよいぐさ	まつよひぐさ	待宵草 秋	
まつよう	まつえふ	末葉	
まつりか	まつりくわ	茉莉花 夏	
まつりゅう	まつりう	末流	
まつりる	まつはる	纏はる	
まてがい	まてがひ	馬蛤貝 春・馬刀貝	
まてばしい	まてばしひ	まてば椎 秋	
まとい	まとひ	纏ひ	
まどい	まどゐ	円居・団居	
まとう	まとふ	纏ふ	
まどう	まだう	魔道	
まとう	まとふ	惑ふ・償ふ	
まどお	まどほ	間遠	
まどぎわ	まどぎは	窓際	

まとはずれ	まとはづれ	的外れ	
まどわす	まどはす	惑はす	
まとわりつく	まとはりつく	纏はり付く	
まながつお	まながつを	真魚鰹	
まにあう	まにあふ	間に合ふ	
まにあわせ	まにあはせ	間に合はせ	
まひわ	まひは	真鶸 秋	
まほう	まはふ	魔法	
まほうじん	まはうぢん	魔方陣	
まみず	まみづ	真水	
まむかい	まむかひ	真向かひ	
まめでっぽう	まめでつぱう	豆鉄砲	
まめでんきゅう	まめでんきう	豆電球	
まよい	まよひ	迷ひ	
まよう	まよふ	迷ふ	
まよわす	まよはす	迷はす	
まるあらい	まるあらひ	丸洗ひ	
まるがお	まるがほ	丸顔	

まつゆき――まるがお

まるがかえ	まるがかへ	丸抱へ
まるてんじょう	まるてんじやう	丸天井・円天井
まるぼうず	まるばうず	丸坊主
まるもうけ	まるまうけ	丸儲け
まろうど	まらうど	客人・賓客
まわし	まはし	回し・廻し
まわす	まはす	回す・廻す
まわり	まはり	回り・廻り・周り・
まわり		周囲
まわりあわせ	まはりあはせ	回り合はせ
まわりどうろう	まはりどうろう	回り灯籠 夏秋
まわる	まはる	回る・廻る
まわれみぎ	まはれみぎ	回れ右
まんいん	まんゐん	満員
まんが	まんぐわ	漫画
まんかい	まんかい	満開
まんがん	まんがん	満貫

まんげきょう	まんげきやう	万華鏡
まんこう	まんかう	満腔
まんごくどおし	まんごくどほし	万石通し・万石篩
まんじゅう	まんぢゅう	饅頭
まんじょう	まんぢやう	満場
まんちょう	まんてう	満潮
まんどう		万灯
まんどう	まんだう	満堂
まんびょう	まんびやう	万病
まんぴょう	まんぴやう	漫評
まんまえ	まんまへ	真ん前
まんゆう	まんいう	漫遊
まんよう	まんえふ	万葉
まんようしゅう	まんえふしふ	万葉集
まんりょう	まんりやう	万両 図
	まんれう	満了

	まんぐわん	万巻・満願

見出し	歴史的仮名遣	漢字表記
みあい	みあひ	見合ひ
みあう	みあふ	見合ふ
みあわせる	みあはせる	見合はせる
みいわい	みいはひ	身祝ひ
みうしなう	みうしなふ	見失ふ
みえ	みへ	三重◆
みえぼう	みえばう	見え坊・見栄坊
みお	みを	澪・水脈
みおさめ	みをさめ	見納め・見収め
みおつくし	みをつくし	澪標
みかえし	みかへし	見返し
みかえす	みかへす	見返す
みかえり	みかへり	見返り
みかえる	みかへる	見変へる・見返る
みかけだおし	みかけだふし	見掛け倒し
みがまえ	みがまへ	身構へ
みがまえる	みがまへる	身構へる
みかわ	みかは	三河◆
みかわす	みかはす	見交はす
みがわり	みがはり	身代はり・身替はり
みかん	みかん	未刊・蜜柑
みかんせい	みくわんせい	未完成
みぎわ	みぎは	水際・汀・渚
みきわめる	みきはめる	見極める
みくず	みくづ	水屑
みごうしゃ	みがうしゃ	見巧者
みごしらえ	みごしらへ	身拵へ
みごたえ	みごたへ	見応へ
みさお	みさを	操・水竿・水棹
みさかい	みさかひ	見境
みじまい	みじまひ	身仕舞ひ
みしゅう	みしう	未収

みしょう	みしふ	未習
みしょう	みしやう	未生・未詳・実生
みじょう	みじやう	身性・身状
みじん	みぢん	微塵
みじんぎり	みぢんぎり	微塵切り
みじんこ	みぢんこ	微塵子・微塵粉
みず	みづ	水
みずあおい	みづあふひ	水葵 夏
みずあか	みづあか	水垢
みずあげ	みづあげ	水揚げ
みずあたり	みづあたり	水中たり 夏
みずあそび	みづあそび	水遊び 夏
みずあし	みづあし	水足
みずあさぎ	みづあさぎ	水浅葱
みずあび	みづあび	水浴び
みずあぶら	みづあぶら	水油
みずあめ	みづあめ	水飴
みずあらい	みづあらひ	水洗ひ
みずあらそい	みづあらそひ	水争ひ 夏
みずいらず	みづいらず	水入らず
みずいり	みづいり	水入り
みずいれ	みづいれ	水入れ
みずいろ	みづいろ	水色
みずうちわ	みづうちは	水団扇 夏
みずうみ	みづうみ	湖
みずえ	みづゑ	水絵
みずえのぐ	みづゑのぐ	水絵の具
みすえる	みすゑる	見据ゑる
みずおけ	みづをけ	水桶
みずおしろい	みづおしろい	水白粉
みずおち	みづおち	鳩尾・水落ち
みずおよぎ	みづおよぎ	水泳ぎ
みずかい	みづかひ	水飼ひ
みずがい	みづがひ	水貝 夏
みずかがみ	みづかがみ	水鏡
みずかき	みづかき	水掻き・蹼

見出し	読み	表記
みずがき	みづがき	瑞垣・水垣・瑞籬
みずかけあい	みづかけあひ	水掛け合ひ
みずかけろん	みづかけろん	水掛け論
みずかげん	みづかげん	水加減 夏
みずかさ	みづかさ	水嵩
みずがし	みづぐわし	水菓子
みずがみ	みづがみ	水髪
みずがめ	みづがめ	水瓶・水甕
みずから	みづから	自ら・躬ら
みずからくり	みづからくり	水機関 夏
みずかる	みづかる	水涸る 冬
みずがれ	みづがれ	水枯れ 冬・水涸れ
みずき	みづき	水木
みずぎ	みづぎ	水着 夏
みずききん	みづききん	水飢饉
みずきょうげん	みづきやうげん	水狂言 夏
みずきり	みづきり	水切り
みずぎれ	みづぎれ	水切れ
みずぎわ	みづぎは	水際
みずぐき	みづぐき	水茎
みずくさ	みづくさ	水草
みずくさい	みづくさい	水臭い
みずくさもみじ	みづくさもみぢ	水草紅葉 秋
みずぐすり	みづぐすり	水薬
みずぐち	みづぐち	水口
みずくみ	みづくみ	水汲み
みずぐるま	みづぐるま	水車
みずけ	みづけ	水気
みずげい	みづげい	水芸
みずけむり	みづけむり	水煙
みずげんか	みづげんくわ	水喧嘩 夏
みずこ	みづこ	水子
みずごえ	みづごえ	水肥
みずごころ	みづごころ	水心
みずこぼし	みづこぼし	水翻し

みずごり	みづごり	水垢離
みずさいばい	みづさいばい	水栽培
みずさかずき	みづさかづき	水杯・水盃
みずさき	みづさき	水先
みずさし	みづさし	水差し・水指・水注
みずし	みづし	水仕
みずしごと	みづしごと	水仕事
みずしも	みづしも	水霜 秋
みずしょう	みづしやう	水性
みずしょうばい	みづしやうばい	水商売
みずすまし	みづすまし	水澄まし 夏
みずせっけん	みづせつけん	水石鹸
みずせったい	みづせつたい	水接待
みずぜめ	みづぜめ	水攻め
みずた	みづた	水田
みずたき	みづたき	水炊き
みずたま	みづたま	水玉
みずたまり	みづたまり	水溜まり
みずち	みづち	蛟
みずぢゃや	みづぢやや	水茶屋
みずづけ	みづづけ	水漬け 夏
みずっぱな	みづつぱな	水っ洟
みずっぽい	みづつぽい	水っぽい
みずでっぽう	みづでつぽう	水鉄砲 夏
みずどけい	みづどけい	水時計
みずとり	みづとり	水鳥 冬・水取り 春
みずな	みづな	水菜 春
みずなみ	みづなみ	瑞浪 ◆
みずに	みづに	水煮
みずのあわ	みづのあわ	水の泡・水の沫
みずのえ	みづのえ	壬
みずのと	みづのと	癸
みずのみ	みづのみ	水飲み・水呑み
みずはけ	みづはけ	水捌け
みずばしょう	みづばせう	水芭蕉 春
みずばしら	みづばしら	水柱

見出し	歴史的かな	表記
みずばな	みづばな	水洟 冬
みずはも	みづはも	水鱧 夏
みずばら	みづばら	水腹
みずばり	みづばり	水張り
みずばん	みづばん	水番 夏
みずばんごや	みづばんごや	水番小屋 夏
みずひき	みづひき	水引
みずびたし	みづびたし	水浸し
みずぶくれ	みづぶくれ	水膨れ・水脹れ
みずぶとり	みづぶとり	水太り
みずぶね	みづぶね	水船・水槽
みずべ	みづべ	水辺
みずほ	みづほ	瑞穂
みずぼうそう	みづばうさう	水疱瘡
みずまき	みづまき	水撒き 夏
みずまくら	みづまくら	水枕
みずまし	みづまし	水増し
みずまわり	みづまはり	水回り・水廻り
みずみずしい	みづみづしい	瑞々しい
みずすみそう	みすみさう	三角草 春
みずみまい	みづみまひ	水見舞ひ 夏
みずむし	みづむし	水虫 夏
みずめがね	みづめがね	水眼鏡 夏
みずめし	みづめし	水飯 夏
みずもち	みづもち	水餅 冬
みずもの	みづもの	水物
みずもり	みづもり	水盛り
みずや	みづや	水屋
みずようかん	みづやうかん	水羊羹 夏
みずら	みづら	鬟・巻
みずろう	みづらう	水牢
みずわり	みづわり	水割り
みせがまえ	みせがまへ	店構へ
みせじまい	みせじまひ	店仕舞ひ
みそあえ	みそあへ	味噌和へ
みそこなう	みそこなふ	見損なふ

みずばな――みそこな

みぞさらえ	みぞさらへ	溝浚へ 夏
みそじ	みそぢ	三十路・三十
みだりがわしい	みだりがはしい	濫りがはしい・猥りがはしい
みちおしえ	みちをしへ	道教へ 夏
みちがえる	みちがへる	見違へる
みちしお	みちしほ	満ち潮
みちすじ	みちすぢ	道筋
みつが	みつぐわ	密画
みっかい	みつくわい	密会
みっかぼうず	みつかばうず	三日坊主
みっきょう	みつけう	密教
みづくろい	みづくろひ	身繕ひ
みつくろう	みつくろふ	見繕ふ
みっこう	みつかう	密行・密航
みっしゅう	みつしゆう	密集
みっしゅう	みつしふ	密宗
みっそう	みつそう	密送
みっそう	みつさう	密葬
みつぞう	みつざう	密造・密蔵
みつぞろい	みつぞろひ	三つ揃ひ
みつどもえ	みつどもゑ	三つ巴
みつにゅうこく	みつにふこく	密入国
みつゆにゅう	みつゆにふ	密輸入
みつりょう	みつれふ	密猟・密漁
みつろう	みつらふ	蜜蠟
みとう	みたう	未到・味到
	みたふ	未踏
みどう	みだう	御堂
みどおし	みとほし	見通し
みとおす	みとほす	見通す
みとりず	みとりづ	見取り図
みどりのしゅうかん	みどりのしうかん	みどりの週間 春
みどりのしゅうかん		みどりの週間
みなおし	みなほし	見直し
みなおす	みなほす	見直す

みなぎわ	みなぎは	水際
みなづきばらえ	みなづきばらへ	水無月祓 夏
みならい	みならひ	見習ひ
みならう	みならふ	見習ふ・見倣ふ
みなれざお	みなれざを	水馴れ竿・水馴れ
みのう	みなふ	未納
みのうえ	みのうへ	身の上
みのまわり	みのまはり	身の回り
みはず	みはづす	見外す
みはっぴょう	みはっぺう	未発表
みはらい	みはらひ	未払ひ
みぶおどり	みぶをどり	壬生踊り 春
みぶきょうげん	みぶきやうげん	壬生狂言 春
みぶるい	みぶるひ	身震ひ
みぶんか	みぶんくわ	未分化
みぼうじん	みばうじん	未亡人
みまい	みまひ	見舞ひ
みまいじょう	みまひじやう	見舞ひ状
みまう	みまふ	見舞ふ
みまがう	みまがふ	見紛ふ
みまわす	みまはす	見回す
みまわり	みまはり	見回り
みまわる	みまはる	見回る
みみざわり	みみざはり	耳障り・耳触り
みみずく	みみづく	木菟 冬・鴟鵂 冬・角鴟 冬
みみどおい	みみどほい	耳遠い
みめうるわしい	みめうるはしい	見目麗しい
みやこおどり	みやこをどり	都踊り 春
みやこじ	みやこぢ	都路
みやしばい	みやしばゐ	宮芝居
みやずもう	みやずまふ	宮相撲 秋
みやづかえ	みやづかへ	宮仕へ
みゃっかん	みやくくわん	脈管
みやまいり	みやまゐり	宮参り

みやもうで	みやまうで	宮詣で
みょう	ミヤウ	名・命・明・冥
みょう	メウ	妙・苗
みよう	みやう	見様
みょうあさ	みやうあさ	明朝
みょうあん	めうあん	妙案
みょうおう	みやうわう	冥応
		明王
みょうおん	めうおん	妙音
みょうが	みやうが	冥加
みょうが	めうが	茗荷
みょうがたけ	めうがたけ	茗荷竹 春
みょうぎ	めうぎ	妙技
みょうけい	めうけい	妙計
みょうこ	みやうご	明後・冥護
みょうこう	めうこう	妙工
		妙高 ◆
みょうごう	みやうがう	名号
みょうごにち	みやうごにち	明後日
みょうさく	めうさく	妙策
みょうじ	みやうじ	名字
		苗字
みょうしゅ	めうじ	明示
みょうしゅ	めうしゅ	妙手・妙趣
みょうじゅう	みやうじゅう	命終
みょうしゅん	みやうしゅん	明春
みょうしょ	めうしょ	妙所
みょうじょ	みやうじょ	冥助
みょうじょう	みやうじやう	明星
みょうじん	みやうじん	明神
みょうせき	みやうせき	名跡
みょうせんじし やう	みやうせんじしやう	名詮自性
みょうだい	みやうだい	名代
みょうちきりん	めうちきりん	妙ちきりん
みょうちょう	みやうてう	明朝
みょうてい	めうてい	妙諦

みょうと	めうと	夫婦
みょうにち	みやうにち	明日
みょうねん	みやうねん	明年
みょうばつ	みやうばつ	冥罰
みょうばん	みやうばん	明晩・明礬
みょうほう	めうほふ	妙法
みょうみ	めうみ	妙味
みょうもく	みやうもく	名目
みょうもん	みやうもん	名聞
みょうや	みやうや	明夜
みょうやく	めうやく	妙薬
みょうよう	めうよう	妙用
みょうり	みやうり	名利・冥利
みょうれい	めうれい	妙齢
みりょう	みれう	未了・魅了
みるがい	みるがひ	海松貝
みんぎょう	みんげふ	民業
みんじょう	みんじやう	民情
みんちょう	みんてう	明朝
みんぼう	みんばう	民望
みんぽう	みんぱう	民報
みんぽう	みんぱう	民法
みんゆう	みんいう	民有
みんよう	みんえう	民謡

む

むい	むゐ	無意・無医
むい	むゐ	無位・無為
むいん	むゐん	無韻
むえん	むえん	無煙・無鉛・無縁
むかい	むかひ	無援
むかい	むかひ	向かひ・迎ひ
むかいあう	むかひあふ	向かひ合ふ
むかう	むかふ	向かふ

むかえ	むかへ	迎へ
むかえいれる	むかへいれる	迎へ入れる
むかえうつ	むかへうつ	迎へ撃つ・邀へ撃つ
むかえがね	むかへがね	迎へ鐘 秋
むかえざけ	むかへざけ	迎へ酒
むかえび	むかへび	迎へ火 秋
むかえみず	むかへみづ	迎へ水
むかえる	むかへる	迎へる・邀へる
むかしつ	むかしつ	無過失
むかん	むくわん	無官・無冠
むかんけい	むくわんけい	無関係
むかんしん	むくわんしん	無関心
むきあう	むきあふ	向き合ふ
むぎうずら	むぎうづら	麦鶉
むぎこうせん	むぎかうせん	麦香煎 夏
むきどう	むきだう	無軌道
むきなおる	むきなほる	向き直る
むきゅう	むきゆう	無窮
	むきう	無休
	むきふ	無給
むくう	むくふ	報ふ・酬ふ
むくわれる	むくはれる	報はれる
むけいかく		無計画
むこう	むかう	無効
	むかふ	向かふ
	むかふ(う)	向かふ(う)
むこうがわ	むかふ(う)がは	向かふ(う)側
むこうじょうめん	むかふ(う)じやうめん	向かふ(う)正面
	うめん	
むこようし	むこやうし	婿養子
むさくい	むさくゐ	無作為
むさぼりくう	むさぼりくふ	貪り食ふ
むじ	むぢ	無地
むしあわせ	むしあはせ	虫合はせ
むしおさえ	むしおさへ	虫押さへ 秋
むしかえす	むしかへす	蒸し返す

むしがし	むしぐわし	蒸し菓子
むしがれい	むしがれひ	虫鰈・蒸し鰈 春
むしくい	むしくひ	虫食ひ・虫喰ひ 春
むしず	むしず	虫酸
	むしづ	虫唾
むしはらい	むしはらひ	虫払ひ 夏
むしゃしゅぎょう	むしゃしゅぎやう	武者修行
むしゃにんぎょう	むしゃにんぎやう	武者人形 夏
むしゃぶるい	むしゃぶるひ	武者震ひ
むしゅう	むしう	無臭
むじゅうりょう	むぢゆうりやう	無重量
むじゅうりょく	むぢゆうりよく	無重力
むしょう	むしやう	無性・無償
むせう	むせう	霧消
むじょう	むじやう	無上・無情・無常
むしようかん	むしやうかん	蒸し羊羹
むじょうけん	むでうけん	無条件
むじんぞう	むじんざう	無尽蔵
むずかしい	むづかしい	難しい
むづかる	むづかる	憤る
むすびあわせる	むすびあはせる	結び合はせる
むせかえる	むせかへる	噎せ返る
むそう	むさう	無双・無相・無想・夢想
むぞうさ	むざうさ	無造作
むそじ	むそぢ	無雑作
	むそふさ	六十路・六十
むだづかい	むだづかひ	無駄遣ひ
むつごろう	むつごらう	鯥五郎 春
むていこう	むていかう	無抵抗
むてかつりゅう	むてかつりう	無手勝流
むてっぽう	むてつぱう	無鉄砲
	むてつぱふ	無手法
むとう	むとう	無灯

むとう	むたう	無党・無糖
むどう	むだう	無道
むとうは	むたうは	無党派
むとうひょう	むとうへう	無投票
むとんじゃく	むとんぢゃく	無頓着
むなつきはっちょう	むなつきはつちやう	胸突き八丁
むびょう	むびやう	無病
むひょうじょう	むへうじやう	無表情
むほう	むはふ	無法
むほうしゅう	むほうしう	無報酬
むぼうび	むばうび	無防備
むみょう	むみやう	無明
むらおさ	むらをさ	村長
むらしばい	むらしばゐ	村芝居
むらはずれ	むらはづれ	村外れ
むらもみじ	むらもみぢ	むら紅葉 秋
むりじい	むりじひ	無理強ひ
むりょう	むりやう	無量
	むれう	無料・無聊
むろあじ	むろあぢ	室鰺 夏
むろどう	むろだう	室堂 ◆

め

めい	メイ	名・命・明・迷・冥・盟・銘・鳴・瞑
	めひ	姪
めいえん	めいえん	名演
	めいゑん	名園・名苑
めいおうせい	めいわうせい	冥王星
めいか	めいか	名家・名歌
	めいか	名花・名菓・銘菓
めいが	めいぐわ	名画
めいかい	めいかい	明解・冥界
	めいくわい	明快

め

めいきゅう	めいきゆう	迷宮
めいきょうしすい	めいきやうしすい	明鏡止水
めいご	めひご	姪御
	めいご	
めいこう	めいこう	名工
めいこう	めいかう	名香
めいしょう	めいしよう	名称・名勝・明証
めいじょう	めいじやう	名状・名相・名将
	めいぢやう	
めいじょう	めいぢやう	名城
めいじょう	めいじやう	名状・名城
めいそう	めいさう	銘醸
めいそう	めいさう	名僧・迷走
めいそう	めいさう	明窓・瞑想
めいちょう	めいちよう	明徴・明澄
めいちょう	めいちやう	明暢
めいちょう	めいちやう	迷鳥
めいとう	めいてう	名刀・銘刀
	めいたう	
	めいたふ	名答・明答

めいほう	めいほう	名宝
めいほう	めいはう	盟邦
めいぼう	めいぼう	明眸
めいぼう	めいばう	名望
めいもう	めいまう	迷妄
めいゆう	めいいう	名優・盟友
めいりゅう	めいりう	名流
めいりょう	めいれう	明瞭
めいろう	めいらう	明朗
めうえ	めうへ	目上
めおと	めをと	夫婦・妻夫
めおとぼし	めをとぼし	夫婦星[秋]
めがお	めがほ	目顔
めぐりあう	めぐりあふ	巡り会ふ・回り逢ふ
めぐりあわせ	めぐりあはせ	巡り合はせ
めくわせ	めくはせ	眴せ
めざわり	めざはり	目障り

めいきゅう――めざわり

めじ	めぢ	目地・目路
めしかかえる	めしかかへる	召し抱へる
めしつかい	めしつかひ	召し使ひ
めしつかう	めしつかふ	召し使ふ
めしゅうど	めしうど	召人・囚人
めしょう	めしやう	目性
めしょうがつ	めしやうぐわつ	女正月 [新年]
めしりょう	めしれう	召し料
めずらか	めづらか	珍か
めずらしい	めづらしい	珍しい
めだい	めだひ	女鯛
めちがい	めちがひ	目違ひ
めちょう	めてふ	雌蝶
めづかい	めづかひ	目遣ひ
めっそう	めつさう	滅相
めつぼう	めつばう	滅亡
めっぽう	めつぽふ	滅法
めどおし	めどほし	目通し

め

めどおり	めどほり	目通り
めねじ	めねぢ	雌螺子
めのう	めなう	瑪瑙
めぶんりょう	めぶんりやう	目分量
めまい	めまひ	目眩ひ・眩暈
めまとい	めまとひ	目纏ひ [夏]
めろう	めらう	女郎
めんか	めんくわ	綿花・棉花
めんかい	めんくわい	面会
めんかやく	めんくわやく	綿火薬
めんかん	めんくわん	免官
めんくい	めんくひ	面食ひ
めんくらう	めんくらふ	面食ふ・面喰ふ
めんしゅう	めんしう	免囚
めんじょ	めんぢよ	免除
めんじょう	めんじやう	免状・面上
めんそう	めんさう	面相
めんちょう	めんちやう	面疔

めんどう	めんだう	面倒
めんどおし	めんどほし	面通し
めんぼう	めんばう	面貌・綿棒・麺棒
めんぽお	めんぽほ	面頬
めんよう	めんよう	面容
	めんえう	面妖
	めんやう	綿羊・緬羊

も

もう	モウ	モウ
	マウ	毛・耗・蒙・朦・亡・妄・孟・盲・望・猛・網
もうあ	まうあ	盲啞
もうあい	まうあい	盲愛
もうあく	まうあく	猛悪
もうい	まうゐ	猛威
もうう	まうう	猛雨
もうお	もうを	藻魚
もうか	まうか	孟夏[夏]
	まうくわ	猛火
	まうがくかう	盲学校
もうがっこう	まうかる	儲かる
もうかる	もうくわん	毛管
もうかん	まうき	盲亀
もうき	まうきん	猛禽
もうきん	まうげ	猛撃
もうげき	まうけ	設け・儲け
もうけ	まうける	設ける・儲ける
もうける	まうけん	猛犬
もうけん	まうげん	妄言
もうげん	まうこ	猛虎
もうこ	まうご	妄語
もうご	まうこう	猛攻
もうこう	もうさいくわん	毛細管
もうさいかん	もうさいけつくわん	毛細血管
もうさいけっか		

ん	わん	
もうし	まうし	申し
もうしあい	まうしあひ	申し合ひ
もうしあげる	まうしあげる	申し上げる
もうしあわせ	まうしあはせ	申し合はせ
もうしいで	まうしいで	申し出で
もうしいれる	まうしいれる	申し入れる
もうしうける	まうしうける	申し受ける
もうしおくり	まうしおくり	申し送り
もうしかねる	まうしかねる	申し兼ねる
もうしきかせる	まうしきかせる	申し聞かせる
もうしご	まうしご	申し子
もうしこし	まうしこし	申し越し
もうしこみ	まうしこみ	申し込み
もうしこむ	まうしこむ	申し込む
もうしそえる	まうしそへる	申し添へる
もうしたてる	まうしたてる	申し立てる
もうしつぎ	まうしつぎ	申し継ぎ
もうしつける	まうしつける	申し付ける
もうしつたえる	まうしつたへる	申し伝へる
もうしでる	まうしでる	申し出る
もうしひらき	まうしひらき	申し開き
もうしぶみ	まうしぶみ	申し文
もうしぶん	まうしぶん	申し分
もうしゃ	まうしゃ	盲者・猛射
もうじゃ	まうじゃ	亡者
もうしゅう	まうしう	
もうしゅう	まうしふ	妄執・猛襲
もうじゅう	まうじゅう	猛獣
もうじゅう	まうじう	盲従
もうしゅん	まうしゅん	孟春 春
もうしょ	まうしょ	猛暑
もうしょう	まうしやう	猛将
もうじょう	まうじやう	網状
もうしわけ	まうしわけ	申し訳
もうしわたす	まうしわたす	申し渡す

もうしん	まうしん	妄信・盲信・盲進・猛進
もうじん	まうじん	盲人
もうす	まうす	申す
もうせい	まうせい	蒙塵
もうせつ	まうせつ	妄説
もうぜん	まうぜん	猛省
もうそう	まうさう	猛然
もうそう	まうそう	妄想
もうそうちく	まうそうちく	孟宗
もうだ	まうだ	孟宗竹 [冬]
もうたん	まうたん	猛打
もうだん	まうだん	妄誕
もうちょう	まうちやう	妄断
もうちょう	まうちやう	盲腸
…もうで	…まうで	猛鳥
もうでる	まうでる	…詣で
		詣でる

もうてん	まうてん	盲点
もうとう	まうとう	毛頭
もうとう	まうとう	孟冬
もうどう	まうどう	妄動
もうどうけん	まうだうけん	盲導犬
もうどく	まうどく	猛毒
もうねん	まうねん	妄念
もうばく	まうばく	盲爆・猛爆
もうひょう	まうひやう	妄評
もうふぶき	まうふぶき	猛吹雪
もうぼ	まうぼ	孟母
もうまく	まうまく	網膜
もうもく	まうもく	盲目
もうゆう	まうゆう	猛勇
もうら	まうら	網羅
もうりょう	まうりやう	魍魎
もうれつ	まうれつ	猛烈
もかりざお	もかりざを	藻刈棹 [夏]

もぎどう	もぎだう	没義道
もくしょう	もくせふ	目睫
もくず	もくづ	藻屑
もくそう	もくそう	目送
もくそう	もくそう	黙想
もくぞう	もくざう	木造・木像
もくちょう	もくてう	木彫
もくとう	もくたう	黙禱
もくねじ	もくねぢ	木螺子・木捻子
もくひょう	もくへう	目標
もくよう	もくえう	木曜
もくろう	もくらふ	木蠟
もくろみ		
もしお	もしほ	藻塩・藻潮・藻汐
もしきず	もしきづ	模式図
もじずり	もぢずり	捩摺夏・文字摺夏
もじずりそう	もぢずりさう	捩摺草夏・文字摺草夏
もじづかい	もじづかひ	文字遣ひ

もじどおり	もじどほり	文字通り
もじもじ	もぢもぢ	(副詞)
もしょう	もしやう	喪章
もじり	もぢり	捩り
もじる	もぢる	捩る
もずく	もづく	水雲春・海雲春・海蘊春
もぞう	もざう	模造・摸造
もたれあう	もたれあふ	凭れ合ふ
もたあい	もたあひ	持ち合ひ
もちあじ	もちあぢ	持ち味
もちあつかう	もちあつかふ	持ち扱ふ
もちあわせ	もちあはせ	持ち合はせ
もちあわせる	もちあはせる	持ち合はせる
もちい	もちひ	餅
もちいえ	もちいへ	持ち家
もちいる	もちゐる	用ゐる
もちかえる	もちかへる	持ち帰る・持ち替

もちがし	もちぐわし	餅菓子
もちくずす	もちくづす	持ち崩す
もちこたえる	もちこたへる	持ち堪へる
もちざお	もちざを	糯竿
もちなおす	もちなほす	持ち直す
もちまえ	もちまへ	持ち前
もちまわり	もちまはり	持ち回り
もっか	もくか	目下
	もくくわ	黙過
もっかい	もくくわい	木灰
もっかん	もくかん	木簡
	もくくわん	木管
もっきょ	もくきよ	黙許
もっきん	もくきん	木琴・木筋
もっけい	もくけい	黙契
	もくけい	黙考
もっこう	もくかう	木工・沐猴
	もくこう	

もっこく	もくこく	木斛
もっこつ	もくこつ	木骨
もっこん	もくこん	目今
もっそう	もつさう	物相
もってまわった	もつてまはつた	持つて回つた
もつれあう	もつれあふ	縺れ合ふ
もてあつかう	もてあつかふ	持て扱ふ
もとい	もとい	元い
	もとゐ	基
もとちょう	もとちやう	元帳
もとどおり	もとどほり	元通り
もとばらい	もとばらひ	元払ひ
もとゆい	もとゆひ	元結ひ
もどりがつお	もどりがつを	戻り鰹
ものあわれ	ものあはれ	物哀れ
ものいい	ものいひ	物言ひ
ものおじ	ものおぢ	物怖ぢ
ものおしみ	ものをしみ	物惜しみ

もちがし――ものおし

ものおもい	ものおもひ	物思ひ
ものぐるい	ものぐるひ	物狂ひ
ものぐるおしい	ものぐるほしい	物狂ほしい
ものぐるわしい	ものぐるはしい	物狂はしい
ものごい	ものごひ	物乞ひ
ものしずか	ものしづか	物静か
ものほしざお	ものほしざを	物干し竿
ものめずらしい	ものめづらしい	物珍しい
ものもうす	ものまうす	物申す
ものもうで	ものまうで	物詣で
ものもらい	ものもらひ	物貰ひ
ものやわらか	ものやはらか	物柔らか
ものわらい	ものわらひ	物笑ひ
もほう	もはう	模倣・摸倣
もみあう	もみあふ	揉み合ふ
もみじ	もみぢ	紅葉・黄葉 秋
もみじ	もみぢ	紅葉葵 夏
もみじあおい	もみぢあふひ	紅葉葵 夏
もみじがり	もみぢがり	紅葉狩り 秋
もみじがわ	もみぢがは	紅葉川 秋
もみじぶな	もみぢぶな	紅葉鮒 秋
もみじやま	もみぢやま	紅葉山 秋
もみりょうじ	もみれうぢ	揉み療治
ももえ	ももへ	百重
ももたろう	ももたらう	桃太郎
もやい	もやひ	催合ひ・舫ひ
もやいぶね	もやひぶね	舫ひ船
もやう	もやふ	舫ふ
もよい	もよひ	催ひ
もよう	もやう	模様
もようがえ	もやうがへ	模様替へ
もよおし	もよほし	催し
もよおす	もよほす	催す
もらい	もらひ	貰ひ
もらう	もらふ	貰ふ
もりあわせ	もりあはせ	盛り合はせ
もりおか	もりをか	盛岡 ◆

もりかえす	もりかへす	盛り返す
もりがし	もりぐわし	盛り菓子
もりじお	もりじほ	盛り塩
もろごえ	もろごゑ	諸声
もんえい	もんゑい	門衛
もんがい	もんぐわい	門外
もんがまえ	もんがまへ	門構へ
もんきちょう	もんきてふ	紋黄蝶 [春]
もんしょう	もんしやう	紋章
もんしろちょう	もんしろてふ	紋白蝶 [春]
もんぜんばらい	もんぜんばらひ	門前払ひ
もんだいがい	もんだいぐわい	問題外
もんちょう	もんちやう	紋帳
もんどう	もんだふ	問答
もんぴょう	もんぺう	門標
もんもう	もんまう	文盲
もんよう	もんえふ	門葉
	もんやう	文様・紋様
もんりゅう	もんりう	門流

や

やあわせ	やあはせ	矢合はせ
やえ	やへ	八重
やえぎく	やへぎく	八重菊 [秋]
やえざき	やへざき	八重咲き
やえざくら	やへざくら	八重桜 [春]
やえつばき	やへつばき	八重椿 [春]
やえなり	やへなり	八重生り
やえば	やへば	八重歯
やえん	やゑん	夜宴
	やゑん	野猿
やお	やほ	八百
やおちょう	やほちやう	八百長
やおや	やほや	八百屋
やおよろず	やほよろづ	八百万

見出し	歴史的仮名遣	漢字表記
やおら	やをら	(副詞)
やかい	やくわい	夜会
やがい	やぐわい	野外
やかん	やかん	夜間
やきえ	やくわん	薬缶・薬罐
やきえ	やきゑ	焼き絵
やきがし	やきぐわし	焼き菓子
やきしお	やきしほ	焼き塩
やきなおし	やきなほし	焼き直し
やきはらう	やきはらふ	焼き払ふ
やきゅう	やきう	野球
やぎゅう	やぎう	野牛
やぎょう	やぎやう	夜行
やげふ	夜業 秋
やくいん	やくいん	役印
やくいん	やくゐん	役員
やくえん	やくゑん	薬園
やくがえ	やくがへ	役替へ
やくぎょう	やくげふ	訳業
やくじょう	やくぢやう	約定
やくそう	やくそう	役僧
やくそう	やくさう	薬草
やくそうとり	やくさうとり	薬草採り 秋
やくとう	やくたう	薬湯
やくはらい	やくはらひ	厄払ひ 冬
やくびょう	やくびやう	疫病
やくほう	やくはう	薬方
やくほうし	やくはうし	薬包紙
やくまえ	やくまへ	厄前
やくまわり	やくまはり	役回り
やくもそう	やくもさう	益母草 秋
やくりょう	やくりやう	薬量
やくれい	やくれう	訳了
やぐるまそう	やぐるまさう	矢車草 夏
やけぼっくい	やけぼつくひ	焼け木杙・焼け棒杙

やこう	やかう	夜行
やごう	やくわう	夜光
	やがう	屋号・家号
やごうがい	やがふ	野合
やこうちゅう	やくわうがひ	夜光貝
やこうとりょう	やくわうちゅう	夜光虫 夏
やさおとこ	やくわうとれう	夜光塗料
やさおんな	やさをとこ	優男
やしおじ	やさをんな	優女
やしない	やしほぢ	八潮路
やしなう	やしなひ	養ひ
やしゅう	やしなふ	養ふ
やじゅう	やしふ	夜襲
やじろべえ	やじう	野獣
やすうけあい	やじろべゑ	弥次郎兵衛
やすらいまつり	やすうけあひ	安請け合ひ
	やすらひまつり	やすらひ祭 春・安良居祭 春

やすらう	やすらふ	休らふ
やせおとろえる	やせおとろへる	痩せ衰へる
やせさらばえる	やせさらばへる	痩せさらばへる
やそう	やさう	野草
やぞう	やざう	弥蔵
やそうきょく	やさうきょく	夜想曲
やそじ	やそぢ	八十路・八十
やちょう	やてう	夜鳥・野鳥
やっか	やくか	薬価
やっかい	やくくわ	薬科・薬禍
やっかん	やくくわい	厄介・訳解
やっき	やくくわん	約款
やっきょう	やくき	躍起
やっきょく	やくきゃう	薬莢
やっきょくほう	やくきょく	薬局
やっこう	やくきょくはう	薬局方
やとい	やくかう	薬効
	やとひ	雇ひ・傭ひ

やとう	やたう	夜盗・野党	
やどがえ	やとふ	雇ふ・傭ふ	
やどちょう	やどがへ	宿替へ	
やながわ	やどちやう	宿帳	
やながわなべ	やながは	柳川 ◆	
やなぐい	やながはなべ	柳川鍋 夏	
やにわに	やなぐひ	胡簶・胡籙	
やねがえ	やにはに	矢庭に・矢場に	
やぶこうじ	やねがへ	屋根替へ 春	
やほう	やぶかうじ	藪柑子 冬	
やぼう	やはう	野砲	
やまあい	やばう	野望	
やまい	やまあひ	山間	
やまおとこ	やまひ	病	
やまおり	やまをとこ	山男	
やまかい	やまをり	山折り	
やまかじ	やまかひ	山峡	
	やまくわじ	山火事	

やまかわ	やまかは	山川	
やまがわ	やまがは	山川	
やまぎわ	やまぎは	山際	
やまくじら	やまくぢら	山鯨 冬	
やまくずれ	やまくづれ	山崩れ	
やまごぼう	やまごぼう	山牛蒡	
やまじ	やまぢ	山路	
やましみず	やましみづ	山清水 夏	
やまたのおろち	やまたのをろち	八岐大蛇	
やまづたい	やまづたひ	山伝ひ	
やまとえ	やまとゑ	大和絵	
やまとこおりやま	やまとこほりやま	大和郡山 ◆	
やまとだましい	やまとだましひ	大和魂	
やまぶきそう	やまぶきさう	山吹草 春	
やまふじ	やまふぢ	山藤 春	
やまぶどう	やまぶだう	山葡萄 秋	
やまほうし	やまほふし	山法師	

やまぼうし	やまぼふし	山法師 夏
やまみず	やまみづ	山水
やまよい	やまよひ	山酔ひ
やまじ	やまぢ	闇路
やみしょうぐん	やみしやうぐん	闇将軍
やみそうば	やみさうば	闇相場
やよい	やよひ	弥生 春
やよいじん	やよひじん	弥生尽 春
やらい	やらひ	夜来・矢来
やりあう	やりあふ	遣り合ふ
やりかえす	やりかへす	遣り返す
やりそこなう	やりそこなふ	遣り損なふ
やりたいほうだい	やりたいはうだい	遣りたい放題
い	い	
やりなおす	やりなほす	遣り直す
やりみず	やりみづ	遣り水
やりょう	やりやう	夜涼 夏
やればしょう	やればせう	破れ芭蕉 秋
やろう	やらう	野郎
やろうじだい	やらうじだい	夜郎自大
やわ	やわ	夜話
	やは	
やわい	やはい	柔い
やわたまつり	やはたまつり	八幡祭 秋
やわね	やはね	柔根
やわはだ	やははだ	柔肌
やわら	やはら	柔ら
やわらか	やはらか	柔らか・軟らか
やわらかい	やはらかい	柔らかい・軟らかい
	い	
やわらげる	やはらげる	和らげる
やんばるくいな	やんばるくひな	山原水鶏
やんわり	やんはり	(副詞)

ゆ

ゆい	ユイ	由・唯・遺
	ゆひ	結
ゆいあげる	ゆひあげる	結ひ上げる
ゆいぞめ	ゆひぞめ	結ひ初め [新年]
ゆいのう	ゆひなふ	結納
ゆいわた	ゆひわた	結綿
ゆう	ユウ	勇・雄・湧・裕・熊・融・鮪
		友・尤・右・由・有・佑・酉・侑・宥・幽・柚・祐・悠・郵・游・猶・遊・釉・楢・誘・憂・優
	イウ	邑
	いふ	言ふ
ゆふ		結ふ・夕・木綿
ゆい	いうい	有意
ゆうあい	いうあい	友愛
ゆうあかり	ゆふあかり	夕明かり
ゆうあく	いうあく	優渥
ゆうあん	いうあん	幽暗・幽闇
ゆうあんやき	いうあんやき	幽庵焼き・柚庵焼き
ゆうい	いうい	有意
	ゆうゐ	有為・優位
ゆういぎ	いういぎ	有意義
ゆういん	いういん	雄偉
		誘引・誘因
ゆううつ	いううつ	憂鬱
ゆうえい	いうえい	遊泳 [夏]
ゆうえき	いうえき	有益・誘掖
ゆうえつ	いうゑつ	優越
ゆうえん	いうえん	幽艶・優艶
		幽遠・幽婉・悠遠・遊園・優婉

456

ゆうおう	いうわう	勇往
ゆうか	いうか	有価
ゆうが	いうが	優雅
ゆうかい	ゆうかい	融解
ゆうかい	いうかい	幽界・誘拐
ゆうがい	いうがい	有害・有蓋
ゆうがお	ゆふがほ	夕顔 夏
ゆうかく	いうかく	遊客
ゆうかく	いうくわく	遊郭・遊廓
ゆうがく	いうがく	有額・遊学
ゆうかげ	ゆふかげ	夕影
ゆうがすみ	ゆふがすみ	夕霞 春
ゆうがぜ	ゆふかぜ	夕風
ゆうがた	ゆふがた	夕方
ゆうがとう	いうがとう	誘蛾灯 夏
ゆうがん	いうがん	勇敢
ゆうかん	いうかん	有閑・有感

ゆうかん	いうくわん	憂患
ゆうかん	ゆふかん	夕刊
ゆうき	ゆうき	勇気
ゆうき	いうき	有期・有機・幽鬼
ゆうき	ゆふき	結城 ◆
ゆうぎ	いうぎ	友誼・遊技・遊戯
ゆうきゃく	いうきゃく	遊客・誘客
ゆうきゅう	いうきう	悠久・遊休
ゆうきょう	いうけふ	有給
ゆうきょう	いうきやう	幽境
ゆうきょう	いうきよう	遊興
ゆうきょう	いうきやう	遊侠
ゆうぎり	ゆふぎり	夕霧 秋
ゆうきん	いうきん	遊金
ゆうぎん	いうぎん	遊吟
ゆうく	いうく	憂苦
ゆうぐ	いうぐ	遊具
ゆうぐう	いうぐう	優遇

ゆうぐれ	ゆふぐれ	夕暮れ
ゆうくん	いうくん	遊君
ゆうぐん	いうぐん	友軍・遊軍
ゆうげ	ゆふげ	夕餉
ゆうけい	ゆうけい	雄勁
ゆうけい	いうけい	有形
ゆうけい	ゆふけい	夕景
ゆうげい	いうげい	遊芸
ゆうげき	いうげき	遊撃
ゆうげしき	ゆふげしき	夕景色
ゆうけむり	ゆふけむり	夕煙
ゆうけん	ゆうけん	勇健
ゆうけん	いうけん	有権・郵券
ゆうげん	いうげん	有限・幽玄
ゆうげんじっこう	いうげんじっかう	有言実行
ゆうけんしゃ	いうけんしゃ	有権者
ゆうこう	いうかう	友好・友交・有効・

ゆうぐれ——ゆうじ

ゆうこう	いうこう	遊行
		有功
ゆうごう	いうがふ	融合
ゆうこく	いうこく	幽谷・憂国
		夕刻
ゆうごち	ゆふごち	夕東風[春]
ゆうごはん	ゆふごはん	夕御飯
ゆうこん	いうこん	雄渾
		幽魂
ゆうざい	いうざい	有罪
ゆうさんかいきゅう	いうさんかいきふ	有産階級
ゆうし	ゆうし	勇士・勇姿・雄志・
		雄姿・雄視・融資
	いうし	有史・有司・有志・
		有刺・猶子・遊子
		遊糸[春]・遊資・憂思・
		有事
ゆうじ	いうじ	有事

ゆうしお	ゆふしほ	夕潮・夕汐
ゆうしき	いうしき	有識
ゆうしぐれ	ゆふしぐれ	夕時雨 図
ゆうじめり	ゆふじめり	夕湿り
ゆうじゃく	いうじゃく	幽寂
ゆうしゅ	いうしゅ	幽趣
ゆうしゅう	いうしう	幽囚・幽愁・憂愁・優秀
ゆうじゅうふだん	いうじうふだん	優柔不断
ゆうじゅん	いうしゅん	優駿
ゆうじょ	いうぢよ	遊女
ゆうじょ	いうじよ	佑助・宥恕
ゆうしょう	いうしやう	有償・優賞
ゆうしょう	いうしよう	優勝
ゆうしょう	いうしやう	勇将
ゆうじょう	いうじやう	友情

ゆうしょく	いうぢやう	優諚
ゆうしょく	いうしよく	有色・有職・憂色
ゆうしょく	ゆふしよく	夕食
ゆうじん	いうじん	友人・有人
ゆうすい	いうすい	湧水・涌水
ゆうすい	いうすい	幽邃
ゆうすいち	いうすいち	遊水池
ゆうすう	いうすう	有数
ゆうずう	いうづう	融通
ゆうすげ	ゆふすげ	夕菅 夏
ゆうすずみ	ゆふすずみ	夕涼み 夏
ゆうずつ	ゆふづつ	夕星
ゆうする	いうする	有する・幽する
ゆうず	ゆふずず	
ゆうせい	いうせい	雄性
ゆうせい	いうせい	有声・有性・幽棲・幽栖・郵政・遊星・憂世・優生・有性

ゆうぜい	いうぜい	優勢
ゆうぜい	いうぜい	有税・郵税・遊説
ゆうせん	いうせん	勇戦
ゆうせん	いうせん	有線・郵船・優先・遊船 夏
ゆうぜん	いうぜん	融然
ゆうぜん	いうぜん	友禅・油然・悠然
ゆうぜんぞめ	いうぜんぞめ	友禅染め
ゆうそう	いうそう	郵送
ゆうそう	いうさう	勇壮
ゆうそく	いうそく	有職
ゆうぞら	ゆふぞら	夕空
ゆうだ	いうだ	遊惰
ゆうたい	いうたい	勇退
ゆうたい	いうたい	郵袋・優待・優退
ゆうたいぶつ	いうたいぶつ	有体物
ゆうだち	ゆふだち	夕立 夏・白雨 夏
ゆうだちかぜ	ゆふだちかぜ	夕立風 夏
ゆうだちぐも	ゆふだちぐも	夕立雲 夏
ゆうだちばれ	ゆふだちばれ	夕立晴れ 夏
ゆうだん	いうだん	勇断
ゆうだん	いうだん	有段
ゆうち	いうち	誘致
ゆうちく	いうちく	有畜
ゆうちどり	ゆふちどり	夕千鳥 冬
ゆうちょう	いうちやう	悠長・優長
ゆうづき	ゆふづき	夕月 秋
ゆうづきよ	ゆふづきよ	夕月夜 秋
ゆうとう	いうたう	夕月夜 秋
ゆうとう	いうたう	友党・遊蕩
ゆうとう	いうとう	優等
ゆうどう	いうどう	誘導
ゆうどう	いうどう	遊動
ゆうとく	いうとく	有徳・有得
ゆうどく	いうどく	有毒
ゆうなぎ	ゆふなぎ	夕凪 夏

ゆうに	いうに	優に
ゆうにじ	ゆふにじ	夕虹 夏
ゆうのう	いうのう	有能
ゆうはい	いうはい	有配
ゆうばえ	ゆふばえ	夕映え
ゆうばく	いうばく	誘爆
ゆうはつ	いうはつ	誘発
ゆうばらえ	ゆふばらへ	夕祓 夏
ゆうばれ	ゆふばれ	夕晴れ
ゆうはん	いうはん	雄藩
ゆうはん	ゆふはん	夕飯
ゆうはん	いうはん	有半
ゆうひ	ゆふひ	夕日
ゆうひ	ゆうひ	雄飛
ゆうび	いうび	優美
ゆうびえ	ゆふびえ	夕冷え
ゆうひつ	いうひつ	右筆・祐筆
ゆうひばり	ゆふひばり	夕雲雀 春

ゆうびん	いうびん	郵便
ゆうぶつ	いうぶつ	尤物
ゆうふん	いうふん	憂憤
ゆうぶん	いうぶん	右文
ゆうべ	ゆふべ	夕べ・昨夜・昨夕
ゆうへい	いうへい	幽閉
ゆうほ	いうほ	遊歩
ゆうほう	いうほう	友邦
ゆうぼう	いうばう	有望
ゆうぼく	いうぼく	遊牧
ゆうまぐれ	ゆふまぐれ	夕間暮
ゆうみん	いうみん	遊民
ゆうめい	いうめい	勇名
ゆうめい	いうめい	有名・幽明・幽冥
ゆうめし	ゆふめし	夕飯
ゆうめん	いうめん	宥免
ゆうもう	いうまう	勇猛
ゆうもみじ	ゆふもみぢ	夕紅葉 秋

ゆうもや	ゆふもや	夕靄
ゆうもん	いうもん	幽門・憂悶
ゆうやく	いうやく	勇躍
ゆうやく	いうやく	釉薬
ゆうやけ	ゆふやけ	夕焼け 夏
ゆうやみ	ゆふやみ	夕闇
ゆうやろう	いうやらう	遊冶郎
ゆうゆう	いういう	悠々
ゆうよ	いうよ	有余・猶予
ゆうよう	いうやう	悠揚
ゆうよう	いうよう	有用
ゆうよく	いうよく	遊弋・游弋
ゆうらく	いうらく	遊楽
ゆうらん	いうらん	遊覧
ゆうり	いうり	有利・有理・遊里・遊離
ゆうりすう	いうりすう	有理数
ゆうりょ	いうりよ	憂慮

ゆうりょう	いうりやう	優良
	いうれう	有料
	いうれふ	遊猟 冬
ゆうりょく	いうりよく	有力
ゆうれい	いうれい	幽霊・優麗
ゆうれき	いうれき	遊歴
ゆうれつ	いうれつ	優劣
ゆうわ	いうわ	融和
		宥和
ゆうわく	いうわく	誘惑
ゆえ	ゆゑ	故
ゆえない	ゆゑない	故無い
ゆえに	ゆゑに	故に
ゆえよし	ゆゑよし	故由
ゆえん	ゆえん	油煙
	ゆゑん	所以
ゆおけ	ゆをけ	湯桶
ゆおびか	ゆおびか	寛か

ゆかい	ゆくわい	愉快
ゆかうえ	ゆかうへ	床上
ゆがわら	ゆがはら	湯河原 ◆
ゆかん	ゆくわん	湯灌
ゆきあう	ゆきあふ	行き会ふ・行き逢ふ
ゆきおとこ	ゆきをとこ	雪男 冬
ゆきおれ	ゆきをれ	雪折れ 冬
ゆきおんな	ゆきをんな	雪女 冬
ゆきかう	ゆきかふ	行き交ふ
ゆきかえり	ゆきかへり	行き帰り
ゆきがこい	ゆきがこひ	雪囲ひ 冬
ゆきがまえ	ゆきがまへ	雪構へ 冬
ゆきげしずく	ゆきげしづく	雪解雫 春
ゆきげしょう	ゆきげしやう	雪化粧
ゆきげみず	ゆきげみづ	雪解水 春
ゆきじょろう	ゆきぢよらう	雪女郎 冬
ゆきだおれ	ゆきだふれ	行き倒れ
ゆきちがい	ゆきちがひ	行き違ひ
ゆきちがう	ゆきちがふ	行き違ふ
ゆきもよい	ゆきもよひ	雪催ひ 冬
ゆきもよう	ゆきもやう	雪模様 冬
ゆぎょう	ゆぎやう	遊行
ゆきわりそう	ゆきわりさう	雪割草 春
ゆくえ	ゆくへ	行方
ゆくすえ	ゆくすゑ	行く末
ゆごう	ゆがふ	癒合
ゆざわ	ゆざは	湯沢 ◆
ゆじょう	ゆじやう	油状
ゆずり	ゆづり	譲り
ゆずりあい	ゆづりあひ	譲り合ひ
ゆずりあう	ゆづりあふ	譲り合ふ
ゆずりうける	ゆづりうける	譲り受ける
ゆずりじょう	ゆづりじやう	譲り状
ゆずりは	ゆづりは	譲り葉 新年・楪 新年
ゆずる	ゆづる	譲る

ゆそう	ゆそう	油送・油層・輸送
ゆそう	ゆさう	油槽
ゆであずき	ゆであづき	茹で小豆 夏
ゆてんそう	ゆてんさう	油点草 秋
ゆどうぐ	ゆだうぐ	湯道具
ゆどおし	ゆどほし	湯通し
ゆにゅう	ゆにふ	輸入
ゆにょうかん	ゆねうくわん	輸尿管
ゆびおり	ゆびをり	指折り
ゆびずもう	ゆびずまふ	指相撲
ゆびづかい	ゆびづかひ	指使ひ
ゆびにんぎょう	ゆびにんぎゃう	指人形
ゆみず	ゆみづ	湯水
ゆめあわせ	ゆめあはせ	夢合はせ
ゆめじ	ゆめぢ	夢路
ゆめちがえ	ゆめちがへ	夢違へ
ゆらんかん	ゆらんくわん	輪卵管
ゆりかえし	ゆりかへし	揺り返し
ゆりほんじょう	ゆりほんじゃう	由利本荘 ◆
ゆりょう	ゆりやう	湯量
ゆわいつける	ゆはひつける	結はひ付ける
ゆわえる	ゆはへる	結はへる
ゆわく	ゆはく	結はく
ゆんづえ	ゆんづゑ	弓杖

よ

よい	よひ	良い・善い・好い
よい	よひ	宵・酔ひ
よえびす	よゑびす	宵戎 新年
よいごこち	よひごこち	酔ひ心地
よいごし	よひごし	宵越し
よいざまし	よひざまし	酔ひ醒まし
よいざめ	よひざめ	酔ひ醒め
よいしれる	よひしれる	酔ひ痴れる
よいすずみ	よひすずみ	宵涼み 夏

よいづき	よひづき	宵月 秋
よいっぱり	よひっぱり	宵っ張り
よいつぶれる	よひつぶれる	酔ひ潰れる
よいどめ	よひどめ	酔ひ止め
よいどれ	よひどれ	酔ひどれ
よいね	よひね	宵寝
よいのくち	よひのくち	宵の口
よいのみょうじ やう	よひのみやうじ	宵の明星
よう		
よいまちぐさ	よひまちぐさ	宵待ち草
よいまつり	よひまつり	宵祭り 夏
よいみや	よひみや	宵宮 夏
よいやま	よひやま	宵山 夏
よいやみ	よひやみ	宵闇 秋
よいん	よゐん	余韻
よう	ヨウ	用・容・庸・湧・傭・ 蓉・溶・熔・踊・擁・ 膺・鷹・癰

よいづき——ようおん

	エウ	幼・妖・拗・杳・要・ 揺・遥・瑶・腰・窯・ 謡・曜・燿・耀
	ヤウ	頁・葉
		羊・洋・痒・揚・陽・ 楊・様・瘍・養
よう	よう	(助動詞)・(感動詞)
		酔ふ
よいく	やういく	養育
よいん	えういん	要因
		要員
ようん	えうゐん	妖雲
ようえい	えうえい	揺曳
ようえん	えうえん	妖艶
	えうゑん	妖婉・遥遠
	やうえん	陽炎
ようおん	えうおん	拗音

ようか	えうくわ	妖花・沃化
	やうか	八日・養家
	やうくわ	洋花・洋貨
ようが	ようくわ	溶化・熔化
	やうぐわ	洋画・陽画
ようかい	ようかい	容喙・溶解・熔解
	えうくわい	妖怪
ようがい	えうがい	要害
ようがく	やうがく	洋学・洋楽
ようがさ	やうがさ	洋傘
ようがし	やうぐわし	洋菓子
ようかてん	やうくわてん	養花天 春
ようかん	やうかん	羊羹
	やうくわん	洋館
ようき	ようき	用器・容器
	えうき	妖気・妖姫
	やうき	揚棄・陽気
ようぎ	ようぎ	容疑・容儀

	えうぎ	要義
ようきゅう	えうきう	要求
	やうきゅう	洋弓・楊弓
	えうぎょ	幼魚
ようぎょ	やうぎょ	養魚
	ようぎょう	容共
ようきょう	やうきやう	容共
ようぎょう	えうぎふ	窯業
ようきょく	えうきよく	謡曲
	やうきよく	陽極
ようきん	ようきん	用金
	やうきん	洋琴
ようぎん	やうぎん	洋銀
ようぐ	ようぐ	用具・庸愚
ようくん	えうくん	幼君
ようけい	やうけい	養鶏
ようげき	えうげき	要撃・邀撃

よみ	歴史的かな	漢字
ようけつ	えうけつ	要訣
ようけん	ようけん	用件
	えうけん	要件
ようけん	やうけん	洋犬
ようげん	えうげん	用言
ようげん	えうげん	妖言
	やうげん	揚言
ようご	ようご	用語・擁護
	えうご	要語
	やうご	洋語・養護
ようこう	えうかう	要港・要項・要綱
	えうくわう	妖光
	やうかう	洋行
	やうくわう	陽光
	やうこう	洋紅
ようこうろ	ようくわうろ	溶鉱炉・熔鉱炉
ようこく	やうこく	陽刻
ようさい	ようさい	庸才

よみ	歴史的かな	漢字
	えうさい	要塞
	やうさい	洋才・洋菜・洋裁
ようさいるい	えふさいるい	葉菜類
	えふさん	葉酸
ようさん	やうさん	養蚕[春]
ようし	ようし	用紙・容止・容姿
	えうし	要旨
ようじ	やうし	洋紙・陽子・養子
	ようじ	用字・用事
	えうじ	幼児・幼時・要事
	やうじ	洋字・楊枝・楊子
ようしき	やうしき	洋式・様式
ようしし	やうしし	養嗣子
ようしつ	ようしつ	溶質
	やうしつ	洋室
ようじゃく	えうじゃく	幼弱
ようしゅ	ようしゆ	庸主
	えうしゆ	幼主

見出し	歴史的仮名遣	漢字
ようしゅ	やうしゆ	洋酒・洋種
ようしゅん	やうしゆん	陽春 [春]
ようしょ	えうしょ	要所
ようしょ	やうしよ	洋書
ようじょ	えうぢよ	幼女・妖女
	やうぢよ	養女
ようしょう	えうしよう	要衝
	えうせう	幼少
ようじょう	やうじやう	葉状
	やうじやう	洋上・養生
ようしょく	ようじよく	容色
	えうしよく	要職
	やうしよく	洋食・養殖
ようしん	えふしん	葉身
	やうしん	痒疹・養親
ようじん	ようじん	用心
	えうじん	要人・要心
ようじんぼう	ようじんばう	用心棒

見出し	歴史的仮名遣	漢字
ようす	ようす	容子
	やうす	様子
ようず	えうづ	要図
ようすい	ようすい	用水
	やうすい	羊水・揚水
ようする	ようする	擁する
	えうする	要する
ようするに	えうするに	要するに
ようせい	えうせい	夭逝・幼生・妖星・妖精
	やうせい	養成・陽性
ようせつ	ようせつ	溶接・熔接
	えうせつ	夭折・要説
ようぜん	えうぜん	杳然
ようそ	えうそ	要素・沃素
ようそう	やうさう	洋装・様相
ようだ	やうだ	様だ
ようたい	やうたい	様態

ようだん	ようだん	用談	
ようち	えうだん	要談	
	ようち	夜討ち・用地	
ようち	えうち	幼稚・要地	
	やうち	揚地	
ようちく	ようちく	用畜	
	やうちく	養畜	
ようちょう	えうてう	膺懲	
	やうちゃう	羊腸	
ようちゅう	えうちゅう	幼虫	
ようちゅうい	えうちゅうい	要注意	
ようつい	えうつい	腰椎	
ようつう	えうつう	腰痛	
ようてい	えうてい	要諦	
ようてん	やうてん	陽転	
	えうてん	要点	
ようとう	やうたう	洋刀・洋陶	

	やうとう	羊頭	
ようどう	えうどう	幼童	
	やうどう	陽動	
ようとじ	やうとぢ	洋綴ぢ	
ようとん	やうとん	養豚	
ようなし	やうなし	洋梨 秋	
ようにく	やうにく	羊肉	
ようねん	えうねん	幼年	
ようは	えうは	要は	
ようはい	えうはい	遥拝	
ようび	やうはつ	洋髪	
	えうび	妖美・曜日	
ようひし	やうひし	羊皮紙	
ようひん	やうひん	用品	
	やうひん	洋品	
ようふ	ようふ	用布	
	えうふ	妖婦	
	やうふ	養父	

ようだん──ようふ

よ

ようぶ	やうぶ	洋舞	
ようふう	やうふう	洋風	
ようふく	やうふく	洋服	
ようぶん	やうぶん	養分	
ようへい	ようへい	用兵・傭兵	
ようへい	えふへい	葉柄	
ようへん	えうへん	窯変	
ようぼ	やうぼ	養母	
ようほう	やうほう	陽報・養蜂	
ようほう	やうはふ	用法	
ようぼう	えうばう	要望	
ようぼう	ようばう	容貌	
ようほん	やうほん	洋本	
ようま	えうま	妖魔	
ようま	やうま	洋間	
ようまく	やうまく	羊膜	
ようみゃく	えふみゃく	葉脈	
ようみょう	えうみやう	幼名	
ようむ	えうむ	要務	
ようめい	ようめい	用命・溶明	
ようめい	えうめい	幼名	
ようめいがく	やうめいがく	陽明学	
ようもう	やうもう	羊毛・養毛	
ようやく	えうやく	要約	
ようやく	やうやく	漸く	
ようよう	えうよう	要用	
ようよう	やうやう	漸う・洋々・揚々	
ようらく	やうらく	瓔珞	
ようらん	えうらん	要覧・揺籃	
ようり	えうり	要理	
ようり	やうり	養鯉	
ようりく	やうりく	揚陸	
ようりゃく	えうりゃく	要略	
ようりゅう	やうりう	楊柳 春	
ようりょう	えうりやう	要領	

見出し	読み	表記
ようりょく	ようりやう	用量・容量
ようりょく	やうりよく	揚力
ようりょくそ	えふりよくそ	葉緑素
ようれき	やうれき	陽暦
ようろ	ようろ	溶炉・熔炉
ようろ	えうろ	要路
ようろう	やうらう	養老
ようろういん	やうらうゐん	養老院
よおう	やあう	余殃
よか	よか	予価・余暇
	よくわ	予科・余花 夏
よきょう	よきよう	余興
	よきやう	余響
よくしゅう	よくしう	翌週
よくじょう	よくじやう	欲情・翼状
	よくぜう	沃饒
	よくぢやう	浴場
よくそう	よくさう	浴槽
よくちょう		翌朝
よくぼう	よくばう	欲望
よくよう	よくよう	浴用
	よくやう	抑揚
よくりゅう	よくりう	抑留
よこあい	よこあひ	横合ひ
よこう	よかう	予行・余香
	よくわう	余光
よこがお	よこがほ	横顔
よこう	よこかう	横坑
よこじく	よこぢく	横軸
よこすじ	よこすぢ	横筋
よこたえる	よこたへる	横たへる
よこたおし	よこたふし	横倒し
よこたわる	よこたはる	横たはる
よこちょう	よこちやう	横町・横丁
よことじ	よことぢ	横綴ぢ
よこばい	よこばひ	横這ひ 秋

よこぼう	よこばう	横棒	
よしかわ	よしかは	吉川 ◆	
よししょうじ	よししやうじ	葭障子 夏	
よしのしずか	よしのしづか	吉野静子 夏	
よしのぼる	よぢのぼる	攀ぢ登る 春	
よしびょうぶ	よしびやうぶ	葭屏風 夏	
よしゅう	よしう	余臭	
	よしふ	予習	
よじゅう	よぢゆう	夜中	
よじょう	よじよう	余剰	
	よじやう	余情	
よじる	よぢる	捩る・捩ぢる	
よじれる	よぢれる	捩れる	
よしわら	よしはら	吉原 ◆	
よしわらすずめ	よしはらすずめ	葦原雀 夏	
よせうえ	よせうゑ	寄せ植ゑ	
よそう	よさう	予想	
	よそふ	装ふ	

よそえる	よそへる	比へる・寄へる	
よそおい	よそほひ	装ひ	
よそおう	よそほふ	装ふ	
よそじ	よそぢ	四十路・四十	
よたろう	よたらう	与太郎	
よちょう	よてう	予兆	
よつおり	よつをり	四つ折り	
よっか	よつか	四日	
	よくか	翼下	
よっかい	よくくわい	欲界	
よっきゅう	よくきう	欲求	
よっきゃく	よくきやく	浴客	
よつかく	よくかく	浴客	
よつずもう	よつずまふ	四つ相撲	
よっぱらい	よつぱらひ	酔つ払ひ	
よっぱらう	よつぱらふ	酔つ払ふ	
よつんばい	よつんばひ	四つん這ひ	

よとう	よたう	与党
よとうむし	よたうむし	夜盗虫 夏
よどおし	よどほし	夜通し
よなおし	よなほし	世直し
よねざわ	よねざは	米沢 ◆
よのう	よなふ	予納
よのならい	よのならひ	世の習ひ
よばい	よばひ	夜這ひ
よばいぼし	よばひぼし	婚ひ星 秋・夜這ひ星 秋
よばわり	よばはり	呼ばはり
よびかえす	よびかへす	呼び返す
よびかわす	よびかはす	呼び交はす
よびごえ	よびごゑ	呼び声
よびじお	よびじほ	呼び塩
よびみず	よびみづ	呼び水
よびょう	よびやう	余病
よぼう	よばう	予防・輿望

よまいごと	よまひごと	世迷言
よまわり	よままはり	夜回り 冬・夜廻り 冬
よみあわせ	よみあはせ	読み合はせ
よみあわせる	よみあはせる	読み合はせる
よみかえす	よみかへす	読み返す
よみかえる	よみかへる	読み替へる
よみがえる	よみがへる	蘇る・甦る
よみごたえ	よみごたへ	読み応へ
よみじ	よみぢ	黄泉路
よみすじ	よみすぢ	読み筋
よみずばん	よみづばん	夜水番 夏
よみちがい	よみちがひ	読み違ひ
よみちがえる	よみちがへる	読み違へる
よもぎう	よもぎふ	蓬生 春
よりあい	よりあひ	寄り合ひ
よりあう	よりあふ	寄り合ふ
よりい	よりゐ	寄居 ◆

よりそう	よりそふ	寄り添ふ
よりたおす	よりたふす	寄り倒す
よりゅうど	よりうど	寄人
よるがお	よるがほ	夜顔 秋
よろい	よろひ	鎧・甲
よろず	よろづ	万
よろぼう	よろぼふ	蹌踉ふ
よわ	よは	余話
よわい	よはい	夜・夜半
よわい	よわい	齢
よわい	よわい	弱い
よんびょうし	よんびやうし	四拍子

ら

らいおう	らいわう	来往
らいえん	らいゑん	来援
らいえん	らいえん	来演
らいか	らいくわ	雷火 夏
らいかい	らいくわい	来会
らいかん	らいくわん	来館・来簡・来観・
		雷管
らいこう	らいこう	来貢・来寇・雷公
	らいかう	来校・来航
	らいくわう	来光・雷光
	らいがう	来迎
らいごうえ	らいがうゑ	来迎会 夏
らいしゅう	らいしう	来秋・来週
	らいしふ	来集・来襲
らいじゅう	らいじう	雷獣
らいじょう	らいぢゅう	来住
	らいじやう	来状
	らいぢやう	来場
らいちょう	らいちやう	来聴
	らいてう	来朝・雷鳥 夏
らいとう	らいとう	来冬

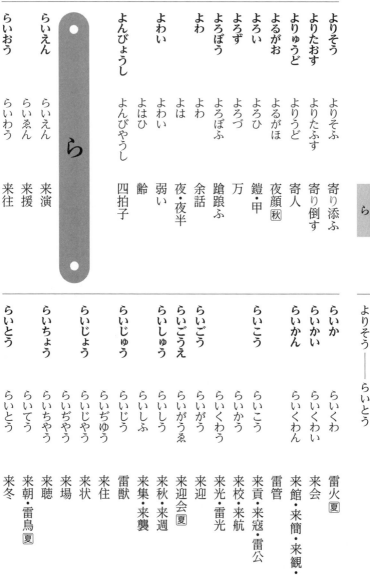

	らいたう	来島
らいほう	らいほう	来報
	らいはう	来訪
らいゆう	らいいう	来遊
らぎょう	らぎやう	裸形
らくえん	らくゑん	楽園
らくがい	らくぐわい	洛外
らくしょう	らくしよう	楽勝
	らくしやう	落掌
	らくせう	落照
らくじょう	らくじやう	落城
らくちょう	らくちやう	落丁
	らくてう	落潮
らくよう	らくやう	洛陽・落陽
	らくえふ	落葉[冬]
らぞう	らざう	裸像
らちがい	らちぐわい	埒外
らっか	らくか	落下
	らくくわ	落花[春]・落果
らっかせい	らくくわせい	落花生[秋]
らっかん	らくくわん	落款・楽観
らっきゅう	らくきう	落球
らっきょう	らつきやう	辣韮[夏]・薤[夏]・辣韮[夏]
らっけい	らくけい	落慶
らりこっぱい	らりこつぱひ	乱離骨灰・羅利粉灰
らんおう	らんあう	乱鶯[夏]
	らんわう	卵黄
らんかい	らんくわい	卵塊
らんがい	らんぐわい	欄外
らんかく	らんくわく	濫獲・乱獲
らんぎょう	らんぎやう	乱行
らんきりゅう	らんきりう	乱気流
らんぐい	らんぐひ	乱杭・乱杙
らんこう	らんかう	乱交・濫行・乱行

らんしょう	らんしやう	濫觴
らんすうひょう	らんすうへう	乱数表
らんそう	らんさう	卵巣・蘭草 秋
らんぞう	らんざう	濫造・乱造
らんちゅう	らんちう	蘭鋳 夏
	らんちゅう	蘭虫 夏
らんちょう	らんちやう	乱丁
	らんてう	乱調
らんとう	らんとう	乱闘
	らんたふ	卵塔・蘭塔
らんにゅう	らんにふ	乱入
らんのう	らんなう	卵嚢
らんほう	らんはう	卵胞
らんぼう	らんばう	乱暴
	らんばう	乱妨・濫妨
らんぽう	らんぱう	蘭方
らんりゅう	らんりう	乱流

り

りいん	りゐん	吏員
りえん	りえん	離縁
	りゑん	梨園
りか	りか	李下
	りくわ	梨花・理科
りかい	りかい	理解
	りぐわい	理外
りがい	りがい	利害
りきそう	りきそう	力走
	りきさう	力漕
りきみかえる	りきみかへる	力み返る
りきゅう	りきう	離宮
りきゅういろ	りきういろ	利休色
りきゅうき	りきうき	利休忌 春
りきゅうねずみ	りきうねずみ	利休鼠

りきょう	りきやう	離京・離郷
りきりょう	りきりやう	力量
りぐい	りぐひ	利食ひ
りくごう	りくごふ	六合
りくじょう	りくじやう	陸上
りくじょうきょうぎ	りくじやうきやうぎ	陸上競技
りこう	りこう	陸島・陸稲 秋
りくとう	りくたう	陸島・陸稲 秋
りこう	りこう	利口・悧巧・悧口
りかう		利巧・悧巧・履行
りごう	りがふ	離合
りしゅう	りしう	履修・離愁
りしょう	りしやう	離床・離生
りそう	りせう	離礁
りっか	りさう	理想
りつがん	りつか	立夏
	りつくわ	立花
	りつぐわん	立願

りっきょう	りくけう	陸橋
りっこう	りつこう	立后
	りきかう	力行
	りくかう	陸行
りっしゅう	りつしゅう	律宗
	りつしう	立秋 秋
りつぞう	りつざう	立像
りっとう	りつとう	立冬
	りつたう	立党
りっぽう	りつぱふ	立方
	りつぱふ	立法・律法
りつりょう	りつりやう	律令
りとう	りたう	利刀・離党・離島
りどう	りだう	吏道・里道
りにょう	りねう	利尿
りばらい	りばらひ	利払ひ
りびょう	りびやう	罹病
りまわり	りまはり	利回り

りゃくが	りゃくぐわ	略画
りゃくごう	りゃくがう	略号
りゃくしょう	りゃくしやう	略称
	りゃくしやう	略章
りゃくず	りゃくづ	略図
りゃくそう	りゃくさう	略装
りゃくひょう	りゃくへう	略表
りゃっかい	りゃくかい	略解
りゃっき	りゃくき	略記
りゅう	リユウ	竜・隆
	リウ	柳・流・留・瘤・溜・瑠・硫・旒・琉・劉・立・笠・粒
りゆう	りいう	理由
りゅうあん	りうあん	硫安
りゅうあんかめい	りうあんくわめい	柳暗花明
	い	い
りゅうい	りうい	留意

りゅうい		
りゅういき	りうゐき	流域
	りうぬき	流抜
りゅういん	りういん	溜飲
りゅうえい	りうえい	柳営
りゅうおう	りゅうわう	竜王
りゅうか	りうか	流下
	りうくわ	硫化
りゅうかい	りうくわい	流会
りゅうがく	りうがく	留学
りゅうかん	りうかん	流汗・流感 冬
りゅうぎ	りうぎ	流儀
りゅうきゅう	りうきう	琉球 ◆
りゅうきゅうい も	りうきういも	琉球芋 秋
りゅうきゅうが すり	りうきうがすり	琉球絣
りゅうきん	りうきん	琉金 夏
りゅうぐう	りゅうぐう	竜宮
りゅうぐう	りうぐう	流寓

りゅうけい	りうけい	流刑
りゅうけつ	りうけつ	流血
りゅうげん	りうげん	流言
りゅうこう	りうかう	流行
りゅうさん	りうさん	硫酸
りゅうざん	りうざん	流産
りゅうし	りうし	粒子
りゅうしつ	りうしつ	流失
りゅうしゃ	りうしゃ	流砂・流沙
りゅうしゃく	りうしゃく	流錫
りゅうしゅつ	りうしゅつ	流出・溜出
りゅうじょ	りうじょ	柳絮 春
りゅうしょう	りうしゃう	流觴 春
りゅうじょうこ	りうじゃうこ	隆昌
		竜攘虎搏
はく	はく	
りゅうしょく	りふしょく	粒食
りゅうず	りゅうづ	竜頭

りゅうすい	りうすい	流水
りゅうせい	りゅうせい	隆盛
	りうせい	流星 秋
りゅうせつ	りうせつ	流説
りゅうせんけい	りうせんけい	流線形・流線型
りゅうぜんこう	りうぜんかう	竜涎香
りゅうそく	りうそく	流速
りゅうぞく	りうぞく	流俗
りゅうたい	りうたい	流体
りゅうたく	りうたく	流謫
りゅうだん	りうだん	流弾・榴弾
りゅうち	りうち	留置
りゅうちじょう	りうちぢゃう	留置場
りゅうちょう	りうちゃう	流暢
りゅうつう	りうてう	留鳥
	りうつう	流通
りゅうつぼ	りふつぼ	立坪
りゅうてい	りうてい	流涕

りゅうでん	りうでん	流伝
りゅうとう	りうとう	流灯 秋
りゅうどう	りうどう	流動
りゅうにち	りうにち	留日
りゅうにゅう	りうにふ	流入
りゅうにん	りうにん	留任
りゅうねん	りうねん	留年
りゅうのう	りうなう	竜脳
りゅうは	りうは	流派
りゅうび	りうび	柳眉
りゅうひょう	りうひょう	流氷 春
りゅうへい	りうへい	流弊
りゅうべい	りうべい	立米
りゅうべつ	りうべつ	留別
りゅうほ	りうほ	留保
りゅうぼく	りうぼく	流木 春
りゅうみん	りうみん	流民
りゅうよう	りうえう	柳腰

りゅうよう	りうよう	流用・留用
りゅうり	りうり	流離
りゅうりゅう	りゅうりゅう	隆々
	りうりう	流々
りふりふしんく		粒々辛苦
りゅうりゅうし んく		
りゅうりょう	りうりやう	流量・嚠喨・瀏亮
りゅうれい	りうれい	流麗
りゅうれん	りうれん	流連
りゅうろ	りうろ	流露
りょう	リヨウ	凌・崚・菱・陵・竜・
		稜・綾
	リヤウ	令・両・良・亮・梁・
		涼 夏・椋・量・領・
		諒・輛・霊・糧
	レウ	了・料・聊・僚・寥・
		寮・遼・燎・療・瞭
	レフ	猟 图・漁

りよう	りよう	りよう	利用・理容
	りえう	りえう	里謡・俚謡
りょうあん	りやうあん	りやうあん	良案・諒闇
りょうあらた	りやうあらた	りやうあらた	涼新た 秋
りょうい	りやうい	りやうい	良医
りょういき	りやうゐき	りやうゐき	領域
りょういく	れういく	れういく	療育
りょういん	りやうゐん	りやうゐん	両院
りょうう	りやうう	りやうう	涼雨 夏
りょうえん	りやうえん	りやうえん	良縁
りょうで	りやうで	りやうで	遼遠
	れうゑん	れうゑん	良腕
りょうか	りやうか	りやうか	良家
	れうか	れうか	良貨
	りやうか	りやうか	寮歌
りょうかい	れうかい	れうかい	領海・諒解
	りやうかい	りやうかい	領会
	れうかい	れうかい	了解

りょうがえ	りやうがへ	りやうがへ	両替
りょうがわ	りやうがは	りやうがは	両側
りょうかん	りやうかん	りやうかん	涼感・量感
	れうかん	れうかん	僚艦
	れふくわん	れふくわん	猟官
りょうがん	りやうがん	りやうがん	両岸・両眼
りょうき	りやうき	りやうき	涼気 夏
	れうき	れうき	僚機
			猟奇・猟期 冬・漁期
りょうきおわる	れふきをはる	れふきをはる	猟期終はる 春
りょうきゃく	りやうきやく	りやうきやく	両脚
りょうきょく	りやうきよく	りやうきよく	両極
りょうぎり	りやうぎり	りやうぎり	両切り
りょうきん	れうきん	れうきん	料金
りょうぐ	れふぐ	れふぐ	猟具
りょうくう	りやうくう	りやうくう	領空
りょうくん	りやうくん	りやうくん	両君
りょうぐん	りやうぐん	りやうぐん	両軍

りょうけ	りやうけ	両家・良家
りょうけい	りやうけい	良計・量刑
りょうけん	れうけん	了見・了簡・料簡
りょうけんちがい	れうけんちがひ	料簡違ひ・了簡違ひ・了見違ひ
りょうげん	れうげん	燎原
りょうけん	れふけん	猟犬 図
りょうこ	りやうこ	竜虎
	りょうこ	両虎
りょうこう	りやうかう	良港・良好
りょうごく	りやうごく	両国
りょうこく	りやうこく	領国
りょうさい	りやうさい	良妻
りょうざい	りやうざい	良材・良剤
りょうさく	りやうさく	良策
りょうさつ	りやうさつ	諒察
	れうさつ	了察

りょうさん	りやうさん	両三・量産
りょうざんぱく	りやうざんぱく	梁山泊
りょうし	りやうし	両氏・良師・量子
	れうし	料紙
	れふし	漁師・猟師
りょうじ	りやうじ	令旨・両次・領事
	れうじ	聊爾
	れうぢ	療治
りょうしき	りやうしき	良識
りょうしつ	りやうしつ	良質
りょうしゃ	りやうしゃ	両者
	れうしゃ	寮舎
りょうしゅ	りやうしゅ	良種・領主
りょうしゅう	りやうしう	涼秋・領収・領袖
りょうじゅう	れふじゅう	猟銃 図
りょうしょ	りやうしょ	両所・良書
りょうじょ	りやうじょ	諒恕
りょうしょう	りやうしゃう	良相・良将・領掌

りょうしょく	りょうしょう れうしょう れうせう	諒承・領承 了承
りょうしょく	りやうしょく	糧食
りょうしん	りやうしん	両親・良心
りょうじん	りやうじん れふじん	良人 猟人 冬
りょうすい	りやうすい	量水・領水
りょうする	りやうする れうする	領する・諒する 了する
りょうせい	れふする りやうせい	猟する・漁する 両生・両棲・両性・
りょうせいばい りょうぜつ りょうせん	れうせい りやうせいばい りやうぜつ りようせん れうせん	寮生 両成敗 両舌 稜線 僚船

りょうぜん	りやうぜん れうぜん	両全 瞭然
りょうぞく	りやうぞく	良俗
りょうそで	りやうそで	両袖
りょうたん	りやうたん	両端
りょうだん	りやうだん	両断
りょうち	りやうち	良知・領地
りょうちょう	れうち りやうてう れうちゃう	了知・料地 両朝 寮長
りょうて	れふてう りやうて	猟鳥 両手
りょうてい	りやうてい れうてい	量定 料亭・僚艇
りょうてき りょうてんびん りょうと りょうとう	れうてき りやうてんびん りやうど りやうたう	量的 両天秤 両度・領土 両刀

りょうし——りょうと

見出し	読み	表記
りょうとう	りやうとう	両統・両頭
りょうどうたい	りやうだうたい	両道・糧道
りょうどうたい	りやうだうたい	良導体
りょうとうづかい	りやうたうづかひ	両刀使ひ・両刀遣ひ
りょうとく	りやうとく	両得
	れうとく	了得
りょうどなり	りやうどなり	両隣
りょうながれ	りやうながれ	両流れ
りょうなごり	れふなごり	猟名残 [春]
りょうにん	りやうにん	両人
りょうのう	りやうのう	良能
りょうば	りやうば	両刃
	れふば	猟場・漁場
りょうはし	りやうはし	両端
りょうはじめ	れふはじめ	漁始め 量販[新年]
りょうはん	りやうはん	量販
りょうひ	りやうひ	良否

見出し	読み	表記
	れうひ	寮費
りょうびょう	れうびやう	療病
りょうびらき	りやうびらき	両開き
りょうひん	りやうひん	良品
りょうふ	りやうふ	両夫
	りやうぶ	両部
りょうふう	りやうふう	良風・涼風 [夏]
りょうぶた	りやうぶた	両蓋
りょうぶん	りやうぶん	両分・領分
りょうへん	りやうへん	両辺
りょうぼ	りようぼ	陵墓
	れうぼ	寮母
りょうほう	りやうはう	両方
	れうはう	療法
りょうぼく	りやうぼく	良木・梁木
りょうまい	りやうまい	糧米
りょうまえ	りやうまへ	両前
りょうまつ	りやうまつ	糧秣

りょうみ	りやうみ	涼味 夏
りょうみん	りやうみん	良民
りょうめ	りやうめ	両目・量目
りょうめん	りやうめん	両面
りょうや	りやうや	良夜 秋・涼夜
りょうやく	りやうやく	良薬
りょうゆう	りやういう	良友・領有
	りやうゆう	両雄
りょうよう	りやうよう	僚友・療友
	りやうやう	両様
	りやうよう	両用
	れうよう	療養
りょうよく	りやうよく	両翼
りょうらきんし	りようらきんし	綾羅錦繍
りょうらん	れうらん	繚乱・撩乱
りょうり	りやうり	良吏
	れうり	料理
りゅう	う	

りょうりつ	りやうりつ	両立
りょうりょう	りようりやう	稜々
	りやうりやう	両々・喨々
	れうれう	寥々
りょうりん	りやうりん	両輪
りょうる	れうる	料る
りょうわき	りやうわき	両脇
りょがい	りよぐわい	慮外
りょかん	りよくわん	旅館
りょくおうしょ くやさい	りよくわうしょ くやさい	緑黄色野菜
りょくないしょ う	りよくないしや う	緑内障
りょくそう	りよくさう	緑草・緑藻
りょこう	りよかう	旅行
りょしゅう	りよしう	旅愁・虜囚
りょじょう	りよじやう	旅情
りょそう	りよさう	旅装

見出し	歴史的仮名遣	表記
りょっか	りよくくわ	緑化
りんか	りんか	隣家
りんか	りんくわ	輪禍・燐火
りんが	りんぐわ	臨画
りんかく	りんくわく	輪郭・輪廓
りんかん	りんかん	林間・輪姦
りんかん	りんくわん	輪換・輪換
りんかんがっこう	りんかんがくかう	林間学校 夏
りんきゅう	りんきう	臨休
りんぎょう	りんげふ	林業
りんこう	りんかう	輪講・隣好・臨幸・臨港
りんしょう	りんしやう	輪唱・臨床
りんじょう	りんぢやう	臨場
りんそう	りんさう	林相
りんどう	りんだう	林道・竜胆 秋
りんね	りんゑ	輪廻・輪回
りんぽう	りんぱう	隣邦

れ

見出し	歴史的仮名遣	表記
るいか	るいか	累加・類歌
	るいくわ	類火
るいしょう	るいせう	類焼 冬
るいじんえん	るいじんゑん	類人猿
るこうそう	るこうさう	縷紅草 夏・留紅草
るすい	るすゐ	留守居
るりちょう	るりてう	瑠璃鳥 夏
ろろう	るらう	流浪

れ

見出し	歴史的仮名遣	表記
れいあんぽう	れいあんぱふ	冷罨法

見出し	歴史的仮名遣い	漢字表記
れいい	れいい	霊異
	れいゐ	霊位・霊威
れいいき	れいゐき	霊域
れいえん	れいゑん	霊園
れいおん	れいをん	冷温
れいか	れいか	冷夏・零下・霊歌・
	れいか	隷下
れいかい	れいくわ	冷菓・霊化
	れいかい	霊界
	れいくわい	冷灰・例会
れいがい	れいがい	冷害
	れいぐわい	例外
れいきょう	れいきう	霊柩
	れいきやう	霊境
れいこう	れいかう	励行
	れいくわう	霊光
れいじゅう	れいじゆう	隷従
	れいじう	霊獣
れいしょう	れいしょう	例証
	れいしやう	冷床
	れいせう	冷笑
れいじょう	れいじやう	令状・礼状・礼譲
	れいぢやう	令嬢・霊場
れいそう	れいそう	礼奏
	れいさう	礼装・霊草
れいぞう	れいざう	冷蔵・霊像
れいぞうこ	れいざうこ	冷蔵庫 夏
れいだんぼう	れいだんばう	冷暖房
れいちょう	れいちやう	霊長・礼帳 新年
	れいてう	霊鳥
れいどう	れいだう	霊堂
れいにゅう	れいにふ	戻入
れいひょう	れいひやう	冷評
れいびょう	れいべう	霊廟
れいほう	れいほう	霊宝・霊峰
	れいはう	礼砲

見出し	歴史的仮名遣	漢字
れいぼう	れいはふ	礼法
れいぼう	れいぼう	礼帽
れいぼう	れいばう	冷房 夏
れいまいり	れいまゐり	礼参り
れいまわり	れいまはり	礼回り
れいみょう	れいめう	霊妙
れいよう	れいやう	羚羊
れいりょう	れいりやう	冷涼
れきしょう	れきしやう	暦象
れきちょう	れきてう	歴朝
れきほう	れきはふ	歴訪
れきほう	れきはふ	暦法
れきゆう	れきいう	歴遊
れつい	れつゐ	劣位
れっか	れつくわ	劣化・烈火
れっきょう	れつきやう	列強
れつじょ	れつぢよ	烈女
れっしょう	れつしやう	裂傷
れつじょう	れつじやう	劣情
れっとう	れつとう	劣等
れっとう	れつたう	列島
れんが	れんが	煉瓦
れんが	れんぐわ	連歌
れんかん	れんくわん	連関・聯関・連環
れんきゅう	れんきう	連丘・連休
れんぎょう	れんげう	連翹 春
れんげそう	れんげさう	蓮華草 春・紫雲英
れんこう	れんかう	連行・連衡
れんごう	れんがふ	連合・聯合
れんしゅう	れんしふ	練習
れんじゅう	れんぢゆう	連中
れんじょう	れんじやう	連乗
れんじょう	れんじやう	恋情・連声
れんそう	れんそう	連奏・聯奏
れんそう	れんさう	連想・聯想・連装

れんぽう	れんぽう	連邦・聯邦	

ろ

ろ	ロウ	弄・陋・楼・漏・露・籠・聾・朧	
		老・労・廊・牢・郎・朗・浪・狼・廊・癆・糧	
		臘・蠟・鑞	
ろうえい	ラフ	漏洩	
	ろうえい	朗詠	
ろうえき	らうえき	労役	
ろうおう	らうあう	老媼・老鶯 夏	
ろうおう	らうをう	老翁	
ろうおく	らうをく	陋屋	
ろうか	らうか	廊下	
ろうか	らうくわ	老化・狼火	
ろうか	らうくわ	弄火・弄花	
ろうかい	らうくわい	老獪	
ろうがい	らうがい	老害・労咳・癆痎	
ろうかん	らうかん	老幹・老漢・琅玕	
ろうかん	らふくわん	蠟管	
ろうかん	ろうくわん	瘻管	
ろうがん	らうがん	老眼	
ろうき	らうき	牢記	
ろうぎ	らうぎ	老妓	
ろうきほう	らうきはふ	労基法	
ろうきゅう	らうきう	老朽	
ろうきゅう	らうきう	籠球	
ろうきょう	らうきやう	老境	
ろうきょく	らうきよく	浪曲	
ろうぎん	らうぎん	労銀	
ろうぎん	らうぎん	老軀・朗吟	
ろうく	らうく	老軀・労苦	
ろうくみ	らうくみ	労組	
ろうけつ	らふけつ	蠟纈	

ろうげつ	らふげつ	臘月図
ろうこ	らうこ	牢乎・牢固
ろうご	らうご	老後
ろうこう	らうかう	老巧
	らうこう	老公
	らうかう	陋巷
ろうごく	らうごく	牢獄
ろうこつ	らうこつ	鏤骨
ろうさい	らうさい	老妻・労災
	らうこつ	老骨
ろうざん	らうざん	老残
ろうさく	らうさく	労作
ろうざいく	らふざいく	蠟細工
ろうし	らうし	牢死・老師・老視・労死・労使・労資・浪士
		娘子軍
ろうじぐん	らうしぐん	
ろうじつ	らうじつ	老実

ろうしゃ	らうしゃ	聾者
	らうしゃ	老者・牢舎
ろうじゃく	らうじゃく	老若・老弱
ろうしゅ	らうしゅ	楼主
	らうしゅ	老手
ろうじゅ	らうじゅ	老儒・老樹
ろうしゅう	らうしう	老醜
	らうしふ	陋習
ろうじゅう	らうぢゅう	老中
ろうじゅく	らうじゅく	老熟
ろうじょ	らうぢょ	老女
ろうしょう	らうしゃう	老将・労相・朗相・朗唱
ろうじょう	らうしょう	老松・朗誦
	らうせう	老少・朗笑
	らうぢゃう	老嬢
	ろうじゃう	楼上・籠城
ろうしょく	らうしょく	朗色
ろうしん	らうしん	老臣・老身・老親

ろうげつ——ろうしん

490

ろうじん	らうじん	老人
ろうすい	らうすい	漏水
ろうする	らうする	弄する・聾する
ろうせい	らうせい	老生・老成
ろうせき	らうせき	蠟石
ろうぜき	らうぜき	狼藉
ろうそ	らうそ	労組
ろうそう	らうさう	狼瘡
ろうそう	らうそう	老僧
ろうそく	らうそく	蠟燭
ろうぞめ	らふぞめ	蠟染め
ろうたい	らうたい	陋態
ろうだい	らうだい	楼台
ろうだい	らうだい	老台
ろうたいか	らうたいか	老大家
ろうたいこく	らうたいこく	老大国
ろうたく	らうたく	陋宅・浪宅
ろうたける	らうたける	﨟たける
ろうちん	らうちん	労賃
ろうづけ	らうづけ	鑞付け
ろうとう	らうたう	郎党
ろうどう	らうだう	郎党
ろうどう	らうどう	労働・郎等
ろうどうさい	らうどうさい	労働祭 春
ろうどく	らうどく	朗読
ろうなぬし	らうなぬし	牢名主
ろうに	らうに	老尼
ろうにゃく	らうにやく	老若
ろうにん	らうにん	浪人
ろうにんぎょう	らふにんぎやう	蠟人形
ろうぬけ	らうぬけ	牢脱け
ろうねん	らうねん	老年

ろうじん ── ろうねん

ろうのう	らうのう	老農・労農
ろうば	らうば	老馬・老婆
ろうはい	らうはい	老廃・老輩
ろうばい	らうばい	老梅・狼狽
ろうはちえ	らうはちゑ	臘八会 冬
ろうばん	らうばん	牢番
ろうひ	らうひ	老婢・浪費
ろうふ	らうふ	老夫・老父・老婦
ろうへい	らうへい	老兵
ろうほ	らうほ	老舗
ろうぼ	らうぼ	老母
ろうほう	らうほう	朗報
ろうぼく	らうぼく	老木・老僕
ろうむ	らうむ	労務
ろうもう	らうまう	老耄
ろうや	らうや	老爺・牢屋
ろうゆう	らういう	老友・老優

ろうよう	らうえう	老幼
ろうらい	らうらい	老来
ろうりょく	らうりょく	労力
ろうるい	らうるい	老涙
		蠟涙
ろうれい	らうれい	老齢
ろうれん	らうれん	老練
ろうろう	らうらう	朗々・浪々
		朗話
ろか	らうわ	濾過
ろかい	ろかい	櫓櫂
ろかく	ろくわい	鹵獲
ろかじ	ろくわく	櫓舵
ろかく	ろかぢ	蘆薈
ろぐい	ろくわく	櫓櫂
ろくがつ	ろぐひ	櫓杭
	ろぐわ	録画
	ろくぐわつ	六月 夏

老雄
老幼
老来
労力
老涙
蠟涙
老齢
老練
朗々・浪々
朗話
濾過
櫓櫂
鹵獲
櫓舵
蘆薈
櫓櫂
櫓杭
録画
六月 夏

ろくじぞう　ろくぢざう　六地蔵	ろっこんしょう　ろくこんしゃう　六根清浄	
ろくじっしんほう　ろくじふしんはふ　六十進法	ろっこんしょうじょう　ろくこんしやうじやう	
ろくじゅう　ろくじふ　六十	ろっぱく　ろくはく　六白	
ろくしょう　ろくしやう　緑青	ろっぷ　ろくふ　六腑	
ろくどう　ろくだう　六道	ろっぽう　ろくはう　六方	
ろくよう　ろくえう　六曜	ろっぽうたい　ろくはうたい　六方体	
ろこう　ろくわう　露光	ろなわ　ろなは　櫓縄	
ろじ　路次	ろひょう　ろへう　路標	
ろじ　ろぢ　路地・露地	ろびょうし　ろびやうし　櫓拍子	
ろじさいばい　ろぢさいばい　露地栽培	ろぼう　ろばう　路傍	
ろしょう　ろしやう　路床	ろんがい　ろんぐわい　論外	
ろじょう　ろじやう　路上	ろんきゅう　ろんきう　論究	
ろじょう　ろぢやう　露場	ろんきゅう　ろんきふ　論及	
ろっかく　ろくかく　六角	ろんこう　ろんこう　論功	
ろっかん　ろくかん　肋間	ろんこう　ろんかう　論考・論攷	
ろっこつ　ろくこつ　肋骨	ろんしゅう　ろんしふ　論集	
ろっこん　ろくこん　六根	ろんじん　ろんぢん　論陣	

ろんそう	ろんさう	論叢
ろんそう	ろんさう	論争
ろんちょう	ろんてう	論調
ろんぴょう	ろんぴやう	論評
ろんぽう	ろんぱふ	論法

わ

わ	ワ	和・倭・話
は	ハ	把
	わ	輪
わいしょう	わいせう	矮小
わかい	わかぬ	若井 [新年]
わかかえで	わかかへで	若楓 [夏]
わかがえる	わかがへる	若返る
わがし	わぐわし	和菓子
わかごぼう	わかごばう	若牛蒡 [夏]
わかしお	わかしほ	若潮 [新年]
わかぞう	わかぞう	若僧
わかちあう	わかちあふ	分かち合ふ
わかとう	わかたう	若党
わがほう	わがはう	我が方・我邦
わかみず	わかみづ	若水 [新年]
わかれぎわ	わかれぎは	別れ際
わかれじ	わかれぢ	別れ路
わきかえる	わきかへる	沸き返る・湧き返る
わきまえる	わきまへる	弁へる・辨へる
わきみず	わきみづ	湧き水・涌き水
わぎゅう	わぎう	和牛
わきょう	わけふ	和協
わくがい	わくぐわい	枠外
わけあい	わけあひ	訳合ひ
わけあう	わけあふ	分け合ふ

見出し	読み	表記
わけまえ	わけまへ	分け前
わこう	わくわう	和光 ◆
わごう	わがふ	和合
わごう	わがふ	和合
わこうど	わかうど	若人
わこうどうじん	わくわうどうぢ	和光同塵
わざわい	わざはひ	災ひ・禍・殃
わしゅう	わしう	和臭
わしふ	わしふ	和習
わずか	わづか	僅か・纔か
わずらい	わづらひ	患ひ・煩ひ
わずらう	わづらふ	患ふ・煩ふ
わずらわしい	わづらはしい	煩はしい
わずらわす	わづらはす	煩はす
わすれおうぎ	わすれあふぎ	忘れ扇 秋
わそう	わさう	和装
わたがし	わたぐわし	綿菓子
わたりあう	わたりあふ	渡り合ふ

見出し	読み	表記
わたりろうか	わたりらうか	渡り廊下
わちょう	わてう	話調・和朝
わとう	わとう	話頭
	わたう	和陶
わとじ	わとぢ	和綴ぢ
わにがわ	わにがは	鰐皮・鰐革
わびじょう	わびじやう	詫び状
わびずまい	わびずまひ	侘び住まひ
わほう	わはふ	話法
わみょう	わみやう	和名・倭名
わめきごえ	わめきごゑ	喚き声
わよう	わやう	和洋・和様
わらい	わらひ	笑ひ
わらいえ	わらひゑ	笑ひ絵
わらいがお	わらひがほ	笑ひ顔
わらいごえ	わらひごゑ	笑ひ声
わらいじょうご	わらひじやうご	笑ひ上戸
わらいぞめ	わらひぞめ	笑ひ初め 新年

わらいとばす	わらひとばす	笑ひ飛ばす
わらう	わらふ	笑ふ・嗤ふ・咲ふ
わらえる	わらへる	笑へる
わらごうし	わらがふし	藁盒子 [新年]
わらじ	わらぢ	草鞋
わらにんぎょう	わらにんぎやう	藁人形
わらばい	わらばひ	藁灰
わらわ	わらは	妾・童
わらわやみ	わらはやみ	瘧
わりあい	わりあひ	割合
わりごえ	わりごゑ	割り声
わりまえ	わりまへ	割り前
わるぢえ	わるぢゑ	悪知恵・悪智慧
わるよい	わるよひ	悪酔ひ
われかえる	われかへる	割れ返る
われもこう	われもこう	吾亦紅 [秋]
	われもかう	吾木香 [秋] ・我毛香

わんしょう	わんしやう	腕章
わんにゅう	わんにふ	湾入・彎入
わんりゅう	わんりう	湾流

…んぼう …んばう …ん坊

付録

歴史的仮名遣い概説……498
現代仮名遣い……508
字音一覧……520
県名・旧国名……537

歴史的仮名遣い概説

一 仮名の成立

文字を持たない言語はあるが、音声を持たない言語はないと言われる。日本語は有史以前に固有の文字の存在が確認できない言語である。平安初期、斎部広成は『古語拾遺』を撰して「上古之世、未有文字云々」と記している。

一方、紀元前一世紀ごろからその伝来の確認ができる漢字を借用して、六世紀ごろになると漢文で記録できるようになる。そして、漢字を利用ないし応用して、日本語を記録する様々な工夫がなされてきたのであった。漢字は、中国語（漢語）の音声のみならず意味をも伝える文字で、表語文字と言われる。意味を伝えるだけならば漢文をつづればことたりたわけであるが、日本語そのものを記録したいという欲求が高まったからである。とりもなおさずそれは、日本語の音声を文字化して記すことでなければならなかった。そこで、漢字の音のみを借用して日本語の音声を写すという、いわゆる「万葉仮名」と呼ばれる用字法が、人名や地名の記録にはじまり、音声こそその命とも言うべき韻文言語（歌謡・和歌など）を表記するために盛んに用いられるようになった。

日本語では、「山」という漢字を「サン」とも「やま」とも読んで用いる。このように、漢字を音読みして用いるだけでなく、訓読みしても用いるようになった点で、隣国の韓国・朝鮮語と大きく異なる漢字利用法となった。

「万葉仮名」は、日本語の音声を写すために用いられた漢字であった。それには、単に漢字の音を借りた「音仮名」だけでなく、訓読みしたときの、その音のみを借りる「訓仮名」もあった。写す単位となった音声は、アルファベットやハングルのように「単音」（母音と子音）ではなく、「音節」であったところに、日本語の特色がある。それは、日本語の音韻構造上の特質が「音節」を単位とする表音文字を可能にしたのであった。

こうして、日本語（の音声）をすべて表音文字「万葉仮名」だけで表記することが可能となった。とは言っ

ても実体は音読み、訓読み合わせて漢字を表意(表語)文字として用いながら、同時に音仮名、訓仮名合わせて表音文字としても用いるという、二種類の文字を併用する「仮名・漢字」の混じった表記が一般的となってきたのである。

奈良時代末期以降になると、「万葉仮名」として用いられた漢字群を基にして、平仮名と片仮名が成立してきた。平仮名は、漢字の草書体を基にしてさらにそれが簡略化されて生まれたもの、片仮名は、主に漢字の部分を抽出して文字化したもので、いずれも漢字の字体の域を脱した、日本語独自の文字と言ってよい表音文字が完成したのである。

二 音韻変化と仮名表記

仮名は、成立当時の日本語の音声(音韻)を写す文字であった。ところが、音声(音韻)は、時代とともに、その音価などが変化してしまうことがある。その結果、音価(音韻)と仮名との対応関係に「ずれ」が生じてくることになった。それが表記の面に影響し、仮名の表記に混乱が生じてくるようになって、仮名

の使い方の整理をする必要が意識されるようになり、「仮名遣い」問題をもたらしたのである。

もっとも、音韻の変化のすべてが、仮名遣いに影響を与えたわけではなかった。例えば、「は」行音の子音の音価は、有史以前には [p] 音であったと推定されており、文献に記録されるようになった頃にはすでに [F] 音に変わっており、それが現代語では [h] (ただし、「ふ」のみは [Fu] で変化していない) となっている。つまり、仮名文字が成立してからも、[F]から[h]へと子音が変化しているが、「は」行の音節を示す仮名文字遣いに混乱をもたらしてはいない。[Fa] と発音した時代と [ha] と発音する時代とがあることになるが、同じ「は」と書いているのである。ただし、このことは、語頭に位置した「は」行音節についてのみ言えることで、後述するように、別の音韻変化の影響を受けているから注意しなければならない。

三 仮名遣い研究の歴史

音韻とそれを写す仮名との間に生じた「ずれ」が

歴史的仮名遣い概説

もたらした、仮名の表記上の混乱を最初に整理したのは、藤原定家(一一六二—一二四一)であった。その整理を「定家仮名遣い」と言う。その後、仮名遣いの研究は、この「定家仮名遣い」を受け継ぎ修正していく方向で進められたが、江戸時代になって、「定家仮名遣い」を批判する国学者の僧契沖(一六四〇—一七〇一)によって、文献に証拠を求める科学的な仮名遣いの研究が進められ、それが現在「歴史的仮名遣い」と称されているものの礎となっている。そして、明治以降、公文書や教科書をはじめ、文章は一般に「歴史的仮名遣い」による表記がなされてきたのである。しかし、第二次世界大戦の終結、日本の敗戦とともに、昭和二十一年十一月内閣訓令で「現代かなづかい」が公布されて、書きことばにおける表記が一変したのである。(なお、その後見直しがなされて昭和六十一年七月には、内閣告示で「現代仮名遣い」が公布されて、現在、仮名遣いの規範はこれによっている。)

現代仮名遣いは、歴史的仮名遣いとの関係を保持している。しかし、基本は、音韻とそれを写す仮名との「ずれ」をできる限り修正しようとする方向、つまり現代日本語の音韻をできる限り仮名と対応させようとする音声主義に基づいている。その結果、現代仮名遣いを仮名で表記するとき、例えば「近江」を、同じ語を仮名で表記するのに対して、歴史的仮名遣いでは「あふみ」と書くという違いが随所に生じてしまったのである。こうした「違い」は、これまで述べてきたように、日本語の口頭言語における「音韻変化」がもたらしたものである。音韻変化のすべてが「仮名遣い」の問題と関わっているわけではないが、少なくとも「歴史的仮名遣い」から「現代仮名遣い」へ、それは日本語における音韻史の一端を物語っているのである。なかには、個別的な変化現象とみるべき仮名遣いの問題もあるが、この二つの「仮名遣い」の間にみられる違いには一定の関係性(法則性)が指摘できるのである。

以下に、主な音韻変化とそれに伴って生じた、二つの「仮名遣い」上の違いとの関係を整理して示してみることにする。

四 音韻史上の主な変化

① 上代特殊仮名遣いの存在

「万葉仮名」を受け継ぎ平安初期に成立してきた仮名(平仮名・片仮名)においてはすでに失われていた音節の区別が、奈良時代及びそれ以前には存在していたという事実がある。例えば、『万葉集』などにおいて「かみ(上)」の「み」と「かみ(神)」の「み」とを示す万葉仮名が異なる漢字であったなど。この二つの「み」は音節として異なっていたのであり、その違いを、前者を甲類「み」、後者を乙類「み」と呼んで区別する。これを上代特殊仮名遣いと言う。ところが平安時代になって成立した仮名には、この区別が存在しない。その間に甲類乙類という音節としての区別がなくなったのである。こうした区別が上代には、平安時代の十三の音節について存在していた。平安時代になって成立した仮名には反映していない区別であるから、「歴史的仮名遣い」とは直接の関係は存在しない。

② ア行ヤ行ワ行音の変化

「いろは歌」は、四十七文字からなる。当時の日本語には、濁音を除いて、異なる音節と認められていたものが四十七であったこ

とを意味する。ところが「あめつちの歌」「たゐにの歌」と言われるものが存在し、平安初期の異なり音節を示していると思われ、それらは四十八文字からなっている。これらの文献ではすでに仮名文字上の区別がないが、ア行の「え」とヤ行の「え」とが異なる音節であった証拠となっている。つまり、[e]と[je]という違いがあったと推定されるのだが、それ以後は[je]に統一され、仮名の上ではともに「え」と書き、区別はない。したがって、これも「歴史的仮名遣い」には関わりがないのである。

ア行の「い」[i]とワ行の「ゐ」[wi]の音に融合、ア行の「え」[je]とワ行の「ゑ」[we]は[je]の音に融合、ア行の「お」[o]とワ行の「を」[wo]は、[wo]の音に融合したが、院政期の頃にはそれが一般的になったと言われる。その結果、母音音節としては、[a][i][u][e][o]その他の音節を構成する母音には[a][i][u][e][o]の五つが存在したことには変化はなかった。このため、[i][je][wo]と発音する音節を、歴史的仮名遣いとして、どちらの仮名で表記するのが

歴史的仮名遣い概説

正しいかという問題が生じた。さらに、江戸時代になると [je] は [e] に、[wo] は [o] に変化するが、生じた仮名遣い上の問題は依然として残っている。

③ハ行転呼音 すでに奈良時代にも例が散見されるが、平安中期に一般化したと言われるハ行転呼音と呼ばれる音韻変化が生じた。これは、語中語尾のハ行の音節がワ行音化するという現象である。語頭のハ行音節には、この変化がなかったから、ハ行そのものがワ行と一体化したわけではない。

いは（岩）→いわ
こひ（恋）→こい
おもふ（思）→おもう
ゆくへ（行方）→ゆくえ
かほ（顔）→かお

これらは、一定の音連続という環境においてみられた音韻変化で、こうした場合、厳密に言うと、「単語」単位で生じた変化というよりも「文節」単位（「文節」は、実際発話するときこれ以上切れないという最小の単位）で生じたとみるべきである。とすれば、助詞の「は」「へ」も例外ではなく、[wa] [je]（後に [e]）

と発音することになった。

しかし、すべての語中語尾のハ行の音節がワ行音化したわけではなかった。

あひる（家鴨）→あひる

また、次の例のように、二語の結合による複合語では、ハ行転呼音とはならなかった。

はつはな（初花）　つなひき（綱引き）
あめふり（雨降り）　しまへび（縞蛇）
にほん（二本）

「ほとほと」「はなはだ」など、副詞（オノマトペを含む）にもその例は多い。

また、「はは（母）」「ほほ（頬）」「けはひ（気配）」などは、一度はハ行転呼音によって「ハワ」「ホヲ」「ケワイ」と書き、例外の例になっている。現代では「はは」「ほほ」「けはい」と発音されたが、例外の例になっている。

ところで、ここで触れておくべき、古い日本語が有していた、大きな特色がある。次に示すような例外もわずかながらあるが、古代日本語では、語中語尾にア行音節の存在することを避けたのである。

かい（櫂）、さいはひ（幸）、ふえ（笛）

複合した結果、語中語尾にア行音節が生じる可能性がある場合にも、その母音音節をなんらかの方法で消去した。

あらいそ（荒磯）→ありそ
わがいもこ（我妹子）→わぎもこ
はるあめ（春雨）→はるさめ

この日本語の特質を前提にして、ハ行転呼音がもたらした、歴史的仮名遣い上の問題を整理すると次のようになる。

現代語で語中語尾に「ワ」「イ」「ウ」「エ」「オ」があるとき、歴史的仮名遣いでは、「は」であったか「わ」であったか、さらには「ひ」か「ゐ」か、「へ」か「ゑ」か、「ほ」か「を」か、という仮名の書き分けをしなければならなくなったのである。もっとも、「ウ」の場合は、和語に関する限り、まずは「ふ」であったとみてよい。特に、現代語のワ行の五段活用動詞は、古典語ではすべてハ行四段活用動詞であった。

かふ（買）→かう・
まふ（舞）→まう・
はらふ（払）→はらう・

ところで、ワ行音節が語中語尾に出現することは実際には、少なかった。「わ」であった主なものというと、

あわ（泡）ことわり（理）
あわてる（周章）かわく（乾）
さわぐ（騒）など

以下、「ゐ」「ゑ」「を」を用いた語を列挙しておく。

○ゐ

くれなゐ（紅）あぢさゐ（紫陽花）
○いしずゑ（礎）こゑ（声）
する（末）つゑ（杖）ゆゑ（故）
○を
あを（青）うを（魚）さを（棹）
しをり（栞）とを（十）みさを（操）

④**音便現象** 活用語の連用形（または連体形）が音環境に応じて、撥音便、促音便、イ音便、ウ音便といった四つの音韻変化を起こしたことを音便という。当初は臨時的な現象であったが、後になると、音便形の方が通常の形式となり、もとの形はむしろ古風な古語的な言いまわしと意識されるようになった。これらの現象で生じた形は、もとの形に対して別の形と

して生まれたものであるから、直接「仮名遣い」の問題とはかかわらないが、しかし、なかでもイ音便、ウ音便が間接的ながら影響を与えることになった。

先にも述べたが、古い日本語では、母音音節は語頭にのみ現れ、語中語尾に現れることを避けた。ところが、イ音便ウ音便現象は、そうした日本語の音韻的性格をうちくずすもので、語中語尾に母音音節が現れることを許すようになった。

言い換えると、二つの母音が連続すること（二重母音）を許容するようになったのである。この許容の引き金となった背景には、漢字音への習熟ということが考えられる。例えば、「アイ（愛）」「カイ（海）」「カウ（校）」「サウ（草）」などのように、漢字音には、ふんだんにみられる音韻的現象であったのである。

この音便現象によって、仮名遣い上の問題として、語中語尾の「イ」音「ウ」音が、ハ行転呼音によって生じた「イ」「ウ」なのか、音便現象によって生じた「イ」「ウ」なのか区別することに自覚的にならなければならなくなった。しかし、歴史的仮名遣いを誤ってしまった表記が古典の写本類にはみられ

るのである。（例「思ひて」がウ音便化して「思うて」となったものを「思ふて」と表記するなど）

⑤母音連続の長音化 先に見たように、漢字音やイ音便ウ音便現象、さらにはハ行音節のワ行音便化などによって、母音が連続する（二重母音）という現象が生じたが、さらに、その一部が長音化して、歴史的仮名遣いの区別に複雑な影響を与えることになった。

まず、[au] という母音連続の例をみてみよう。

〔A〕あふひ（葵）　〔B〕あふみ（近江）
　　あふぐ（扇）　　　あふぎ（扇）
　　あふむく（仰向）　あふち（樗）
　　あふる（煽）　　　あふせ（逢瀬）

〔A〕〔B〕とも「あふ」がまずハ行転呼音で「アウ」となったと思われるが、それが〔A〕の場合にはさらに「アヲ」と変化した。「たふる（す）」（倒）が「たをる（す）」になった例もある。それに対して〔B〕は「アウ」が長音化して「ヲー（オー）」となったものと思われる。「アヲ（アオ）」の方は長音化しなかった。他に、

　ヲ（申）→もうす
　まうす（申）→もうす

はやう(早)→はよう

などもこの[au]のオ段長音化の例である。オ段長音化した母音連続には、この[au]の他に[ou][eu]があった。

[ou]—おもふ(思)→おもう
[ou]—よう(良)→よう
[eu]—けふ(今日)→きょう
    せう(為)→しょう

ここまででもっぱら和語(固有の日本語)を中心にみてきたが、長音化現象は、特に漢字音について多くみられる現象であることに注意したい。

次に漢字音のオ段長音化の例を示してみよう。

[au]—さうたう(相当)→そうとう
[ou]—ほうこう(奉公)→ほうこう
[eu]—めう(妙)→みょう
    てう(朝)→ちょう

このうち、[ou]の場合は、仮名遣いの上で問題が生じていない。また[eu]の場合は、拗長音化していることになる。

ウ段の長音では、[ou]の場合は問題がないが、[iu]の場合には注意が必要である。

[iu]—いふ(言)→いう
    あきうど(商人)→あきゅうど
    たいふ(太夫)→たゆう
    りう(流)→りゅう
    いうが(優雅)→ゆうが

⑥四つ仮名の融合現象

ザ行の「じ」「ず」とダ行の「ぢ」「づ」の四音節を「四つ仮名」と言い、本来は四つとも異なる音価を持ち、当然表記する仮名を異にしていた。ところが、室町時代末期から江戸時代にかけて、「じ」と「ぢ」、「ず」と「づ」の音価がそれぞれ一つになったため、仮名遣いが問題となってきた。前者は「じ」[ji]、後者は「ず」[zu]に融合したのである。江戸時代には『蜆縮凉鼓集』(一六九五—元禄八年)といった仮名遣い指南の本が出ている。つまり「しじみ」「ちぢみ」「すずみ」「つづみ」を代表例にしている書名である。

○「じ」の語例   ○「ぢ」の語例
ふじ(富士)   ふぢ(藤)
うじ(蛆)   うぢ(氏)

歴史的仮名遣い概説

現代仮名遣いは、音声主義に立つが、それでも「三日」と「月」が結合して連濁した「みかづき」の「づ」音は「ズ」[zu]であるにもかかわらず、「みかずき」と書かずに「みかづき」と書くのを規範とする。語源がはっきりしていて、「つ」の濁ったものと判明する場合は、音価がたとえ[zu]であっても「づ」を用いることになっている。また、「つづける」などのように清音で同じ音が連続して後の方が濁音の場合も同じである。もっとも、「ひとつずつ」の場合は「ずつ」で「づつ」は誤りであるが、最近誤記が目立つようだ。

「土地・地下・地質・地球」などの「地」は「ち」である。ところで、「地震・地の者・下地・生地」などの「地」は現代仮名遣いでは「じ」と書き、歴史的仮名遣いでは「ぢ」と書く。これは「ち（地）」

みじめ（惨）　　もみぢ（紅葉）
○「ず」の語例　　○「づ」の語例
くず（葛）　　　くづ（屑）
はずみ（弾）　　いづみ（泉）
きず（傷）　　　きづな（絆）

を濁音化して用いているのではなく、漢字を採り入れた日本語で、呉音読みしたのが「ぢ」、漢音読みしたのが「ち」という区別があったのであり、その呉音「ぢ」が発音上「ジ」となったのだから、現代仮名遣いでは「じ」と表記するのである。

五　字音語の仮名遣い

仮名遣いは、表音文字である仮名（音節文字）で表記するときに必要になる書き分けである。だから、仮名表記にせず漢字表記にすると、仮名遣いの問題は背後に隠れてしまう。いわゆる漢語は字音語であるから漢字で書くのが通常で、それだけ日頃字音語の歴史的仮名遣いを気にすることは少ないと思われる。

漢字音は言うまでもなく、中国語（漢語）音である。音節レベルで考えても、中国語音には日本語にない音韻が存在した。漢字で書けば苦労はないが、それを日本語の、音節文字である仮名で表記することに、いろんな困難があったのである。いわゆる拗音といわれるものもその一つである。

特にカ行にのみ見られる合拗音は、漢字音の表記にのみ見られたものである。古くは「クヮ」「クィ」「クェ」で表記すべき字音もあったようだが、早くに「か」「き」「け」の直音で表記されるようになり、唯一「か」「くわ」の区別のみが歴史的仮名遣いとして残った。それは一時的に日本語に合拗音「くゎ」が存在したことを意味し、今でも一部の方言に「火事」「正月」などが残ってはいるが、現代語の共通語では「か」に統一されている。同じく現代語では「こう」と直音の長音となっているなど現代語の拗長音の「くゎう（光）」なども現代語では「こう」と直音の長音となっている。

現代語で「チョウ」と発音し、歴史的仮名遣いとなると、「ちよう（庁）」など）、歴史的仮名遣いをしたのである。「蝶々」は、「てふてふ」と多様な仮名遣いをしてふ（帖）」など）「ちやう（庁）」「てう（鳥）など）「てふ（帖）」など」と多様な仮名遣いをしたのである。「蝶々」は、「てふてふ」がハ行転呼により「テウテウ」となり、それが拗長音化して「チョウチョウ」となった語である。契沖『和字正濫鈔』では、「せうしよう しやう せふ是等はよつながら同じく聞ゆるなり」と述べている。

歴史的仮名遣いを学ぶことは、かくのごとく日本語の音韻史を学ぶことになるのである。仮名遣いの整理は、いかに音韻と文字との対応関係を合理的に整理するかに係っていると言えよう。そこに様々な法則性を見出すことも学ぶことの楽しみである。

なお、外来語の表記も、一種の仮名遣いの問題と言える。外来語（特に、その原音）には日本語にはない音韻があるが、それを表記するか、日本語のための表音文字（仮名）を用いてどう表記するか、そこにも法則性を分析しつつ工夫する楽しみもまたあると言えるだろう。

川柳に言う、

ギヨウテとは俺のことかとゲーテ言ひ

《参考文献》

築島裕『歴史的仮名遣い―その成立と特徴』（一九八六、中公新書　二〇一四年に吉川弘文館から再刊）

（巻末の付録に「歴史的仮名遣いの要点」がある）

（京都教育大学・龍谷大学名誉教授　糸井通浩）

歴史的仮名遣い概説

現代仮名遣い

*昭和六一年七月一日内閣告示第一号。
平成二二年一一月三〇日一部改正。

前書き

1 この仮名遣いは、語を現代語の音韻に従って書き表すことを原則とし、一方、表記の慣習を尊重して一定の特例を設けるものである。

2 この仮名遣いは、法令、公用文書、新聞、雑誌、放送など、一般の社会生活において、現代の国語を書き表すための仮名遣いのよりどころを示すものである。

3 この仮名遣いは、科学、技術、芸術その他の各種専門分野や個々人の表記にまで及ぼそうとするものではない。

4 この仮名遣いは、主として現代文のうち口語体のものに適用する。原文の仮名遣いによる必要のあるもの、固有名詞などでこれによりがたいものは除く。

5 この仮名遣いは、擬声・擬態的描写や嘆声、特殊な方言音、外来語・外来音などの書き表し方を対象とするものではない。

6 この仮名遣いは「ホオ・ホホ（頰）」「テキカク・テッカク（的確）」のような発音にゆれのある語について、その発音をどちらかに決めようとするものではない。

7 この仮名遣いは、点字、ローマ字などを用いて国語を書き表す場合のきまりとは必ずしも対応するものではない。

8 歴史的仮名遣いは、明治以降、「現代かなづかい」（昭和二一年内閣告示第三三号）の行われる以前には、社会一般の基準として行われていたものであり、今日においても、歴史的仮名遣いで書かれた文献などを読む機会は多い。歴史的仮名遣いが、我が国の歴史や文化に深いかかわりをもつものとして、尊重されるべきことは言うまでもない。また、この仮名遣いにも歴史的仮名遣いの理解を受け継いでいるところがあり、この仮名遣いの理解を深める上で、歴史的仮名遣いを知ることは有用である。付表において、この仮名遣いと歴史的仮名遣いとの対照を示すのはそのためである。

本文

凡例

1. 原則に基づくきまりを第1に示し、表記の慣習による特例を第2に示した。
2. 例は、おおむね平仮名書きとし、適宜、括弧内に漢字及び音訓を示した。常用漢字表に掲げられていない漢字及び音訓には、それぞれ*印及び△印をつけた。

第1

語を書き表すのに、現代語の音韻に従って、次の仮名を用いる。

ただし、傍線(原文は下線)を施した仮名は、第2に示す場合にだけ用いるものである。

1 直音

あ	い	う	え	お	
か	き	く	け	こ	が ぎ ぐ げ ご
さ	し	す	せ	そ	ざ じ ず ぜ ぞ
た	ち	つ	て	と	だ ぢ づ で ど
な	に	ぬ	ね	の	
は	ひ	ふ	へ	ほ	ば び ぶ べ ぼ
					ぱ ぴ ぷ ぺ ぽ
ま	み	む	め	も	
や		ゆ		よ	
ら	り	る	れ	ろ	
わ				を	

例 あさひ(朝日) きく(菊) さくら(桜) つゆ やす(費) にわ(庭) ふで(筆) もみじ(紅葉) ゆずる(譲) れきし(歴史) わかば(若葉) えきか(液化) せいがくか(声楽家) さんぽ(散歩)

2 拗音

きゃ	きゅ	きょ
しゃ	しゅ	しょ
ちゃ	ちゅ	ちょ
にゃ	にゅ	にょ
ひゃ	ひゅ	ひょ
みゃ	みゅ	みょ
りゃ	りゅ	りょ
ぎゃ	ぎゅ	ぎょ
じゃ	じゅ	じょ
ぢゃ	ぢゅ	ぢょ
びゃ	びゅ	びょ
ぴゃ	ぴゅ	ぴょ

例 しゃかい(社会) しゅくじ(祝辞) かいじょ(解除) りゃくが(略画)

〔注意〕拗音に用いる「や、ゆ、よ」は、なるべく小書きにする。

現代仮名遣い

現代仮名遣い

例 おとうさん とうだい(灯台)
かあさん(母) こうど(若人) おうむ
(買) あそぼう(遊) おはよう
おうぎ(扇) ほうる(放) とう(塔)
よいでしょう はっぴょう(発表)
きょう(今日) ちょうちょう(*蝶々)

第2 特定の語については、表記の慣習を尊重して、次のように書く。

1 助詞の「を」は、「を」と書く。
例 本を読む 岩をも通す 失礼をいたしました
やむをえない いわんや…をや よせばよいものを
てにをは

2 助詞の「は」は、「は」と書く。
例 今日は日曜です 山では雪が降りました
あるいは または もしくは
いずれは さては ついては ではさような
ら とはいえ

3 撥音 ん
例 まなんで(学) みなさん しんねん(新年)
しゅんぶん(春分)

4 促音 っ
例 はしって(走) かっき(活気) がっこう(学校)
せっけん(石*鹼)
〔注意〕促音に用いる「つ」は、なるべく小書きにする。

5 長音
(1) ア列の長音 ア列の仮名に「あ」を添える。
例 おかあさん おばあさん
(2) イ列の長音 イ列の仮名に「い」を添える。
例 にいさん おじいさん
(3) ウ列の長音 ウ列の仮名に「う」を添える。
例 おさむうございます(寒) くうき(空気)
ふうふ(夫婦)
(4) エ列の長音 エ列の仮名に「え」を添える。
例 ねえさん ええ(応答の語)
じゅう(墨汁) ちゅうもん(注文) きゅうり ぼく
うれしゅう存じます
(5) オ列の長音 オ列の仮名に「う」を添える。

惜しむらくは　恐らくは　願わくは
これはこれは　こんにちは　こんばんは
悪天候ものかは

〔注意〕次のようなものは、この例にあたらないものとする。

いまわの際　すわ一大事
雨も降るわ風も吹くわ　来るわ来るわ　きれいだわ

3 助詞の「へ」は、「へ」と書く。
例 故郷へ帰る　…さんへ　母への便り　駅へは数分

4 動詞の「いう(言)」は、「いう」と書く。
例 ものをいう(言)　いうまでもない　昔々あったという
どういうふうに　人というもの　こういうわけ

5 次のような語は、「ぢ」「づ」を用いて書く。
(1) 同音の連呼によって生じた「ぢ」「づ」
例 ちぢみ(縮)　ちぢむ　ちぢれる　ちぢこまる
つづみ(鼓)　つづら　つづく(続)　つづめる(△約)
つづる(*綴)

〔注意〕「いちじく」「いちじるしい」は、この例にあたらない。

(2) 二語の連合によって生じた「ぢ」「づ」
例 はなぢ(鼻血)　そえぢ(添乳)　もらいぢち
そこぢから(底力)　ひぢりめん
いれぢえ(入知恵)　ちゃのみぢゃわん
まぢか(間近)　こぢんまり
ちかぢか(近々)　ちりぢり
みかづき(三日月)　たけづつ(竹筒)　たづな(手綱)　ともづな　にいづま(新妻)　けづめ
ひづめ　ひげづら
おこづかい(小遣)　あいそづかし　わしづかみ　こころづくし(心尽)　てづくり(手作)　こづつみ(小包)　ことづて　はこづめ(箱詰)　はたらきづめ　みちづれ(道連)
かたづく　こづく(小突)　どくづく　もとづく　うらづける　ゆきづまる　ねばりづよい
つねづね(常々)　つくづく　つれづれ

なお、次のような語については、現代語の意識では一般に二語に分解しにくいもの等として、それぞれ「じ」「ず」を用いて書くことを本則とし、「せかい

ぢゅう」「いなづま」のように「ぢ」「づ」を用いて書くこともできるものとする。

例 せかいじゅう(世界中)
いなずま(稲妻) かたず(固唾) きずな(*絆) さかずき(杯) ときわず ほおずき みみずく うなずく おとずれる(訪) かしずく つまずく ぬかずく ひざまずく あせみずく くんずほぐれつ さしずめ でずっぱり なかんずく くろずくめ ひとりずつ うでずく
ゆうずう(融通)

[注意]次のような語の中の「じ」「ず」は、漢字の音読みでもともと濁っているものであって、上記(1)、(2)のいずれにもあたらず、「じ」「ず」を用いて書く。

例 じめん(地面) ぬのじ(布地)
ずが(図画) りゃくず(略図)

6 次のような語は、オ列の仮名に「お」を添えて書く。

例 おおかみ おおせ(仰) おおやけ(公) こおり(氷・△郡) こおろぎ ほお(頰・△朴) ほおずき ほのお(炎) とお(十)

いきどおる(憤) おおう(覆) こおる(凍) しおおせる とおる(通) とどこおる(滞) もよおす(催)
いとおしい おおい(多) おおきい(大) とおい(遠)
おおむね おおよそ

これらは、歴史的仮名遣いでオ列の仮名に「ほ」又は「を」が続くものであって、オ・オ・コ・オのようにオ列の長音として発音されるか、オ・オ・コ・オのように発音されるかにかかわらず、オ列の仮名に「お」を添えて書くものである。

付 記

次のような語は、エ列の長音として発音されるか、エイ、ケイなどのように発音されるかにかかわらず、エ列の仮名に「い」を添えて書く。

例 かれい せい(背)
かせいで(稼) まねいて(招) 春めいて
へい(塀) めい(銘) れい(例)
えいが(映画) とけい(時計) ていねい(丁寧)

付表

凡例

1　現代語の音韻を目印として、この仮名遣いと歴史的仮名遣いとの主要な仮名の使い方を対照させ、例を示した。

2　音韻を表すのには、片仮名及び長音符号「ー」を用いた。

3　例は、おおむね漢字書きとし、仮名の部分は歴史的仮名遣いによった。常用漢字表に掲げられていない漢字及び音訓には、それぞれ＊印及び△印をつけ、括弧内に仮名を示した。

4　ジの音韻の項には、便宜、拗音の例を併せ挙げた。

現代語の音韻	この仮名遣いで用いる仮名	歴史的仮名遣いで用いる仮名	例
イ	い	い	石 報いる 赤い 意図 愛
		ひ	井戸 居る 参る 胃 権威 思ひ出 恋しさ
		ゐ	貝 合図 費やす
ウ	う	う	歌 馬 浮かぶ 雷雨 機運
		ふ	買ふ 吸ふ 争ふ 危ふい
エ	え	え	枝 心得 見える 栄誉
		ゑ	植ゑる 絵 円 知恵
	へ	へ	声
		へ	家 前 考へる 帰る 救へ
オ	お	お	奥 大人 起きる お話 雑音
		を	男 十日 踊る 青い 悪寒
	へ	へ	西へ進む

現代仮名遣い

	カ		ガ		ジ		ズ		ワ		ユー		オー	
を	か		が		じ	ぢ	ず	づ	わ	は	ゆう	いう	おう	いう	
を	か	くわ	が	ぐわ	じ	ぢ	ず	づ	わ	は	ゆう	いう	おう	いう	
ふ ほ											ゆふ	いふ	あう	いふ	
顔 氷 滞る 直す 大きい 仰ぐ 倒れる 花を見る	蚊 紙 静か 家庭 休暇 火事 歓迎 結果 生活 愉快	石垣 学問 岩石 生涯 発芽 画家 外国 丸薬 正月 念願	初め こじあける 字 自慢 術語	味 恥ぢる 地面 女性 正直 縮む 鼻血 底力 近々 入れ知恵	鈴 物好き 知らずに 人数 洪水 水 珍しい 一つづつ 図画 大豆	鼓 続く 三日月 塩漬け 常々	輪 泡 声色 弱い 和紙	我は海の子 又は 川 回る 思はず 柔らか *琵*琶（びは）	勇気 英雄 金融 夕方 遊戯 郵便 勧誘 所有	言ふ 都*邑（といふ）	負うて 応答 欧米 桜花 奥義 中央

―― 現代仮名遣い

514

コー	こう	あふ 扇 押収 凹凸
		わう 弱う 王子
		はう 買はう 舞はう 往来 卵黄 怖うございます
		こう 功績 拘束 公平 気候 振興
		こふ *劫(こふ)
		かう 咲かう 赤う かうして 講義 健康
		かふ 甲乙 太*閤(たいかふ)
		くわう 光線 広大 恐慌 破天荒
		ぐわう 皇后
ゴー	ごう	ごう 業 永*劫(えいごふ) *轟音(ぐわうおん)
		ごふ
		がう 急がう 長う 強引 豪傑 番号
		がふ 合同
ソー	そう	そう 僧 総員 競走 吹奏 放送
		さう 話さう 浅う さうして 草案 体操
		さふ 挿話
ゾー	ぞう	ぞう 増加 憎悪 贈与
		ざう 象 蔵書 製造 仏像
		ざふ 雑煮
トー	とう	とう 弟 統一 冬至 暴投 北東
		たう 峠 勝たう 痛う 刀剣 砂糖
		たふ 塔 答弁 出納
ドー	どう	どう どうして 銅 童話 運動 空洞

― 現代仮名遣い

			現代仮名遣い
ノー	のう	だう だふ	堂　道路　*葡*萄（ぶだう） 問答
		のう のふ なう なふ	能　農家　濃紺 昨日 死なう　危なうございます　脳　苦悩 納入
ホー	ほう	ほう ほふ はう はふ	奉祝　俸給　豊年　霊峰 法会 葬る　包囲　芳香　解放 はふり投げる　はふはふの体　法律
ボー	ぼう	ぼう ぼふ ばう ばふ	某　貿易　解剖　無謀 正法 遊ばう　飛ばう　紡績　希望　堤防 貧乏
ポー	ぽう	ぽう ぽふ ぱう ぱふ	本俸　連峰 説法 鉄砲　奔放　立方 立法
モー	もう	もう まう まふ	もう一つ　啓*蒙*（けいもう） 申す　休まう　甘う　猛獣　本望 舞ふ
ヨー	よう	よう やう えう	見よう　ようございます　用　容易　中庸 八日　早う　様子　洋々　太陽 幼年　要領　童謡　日曜

516

ロー	ろう	えふ	紅葉
		ろう	楼　漏電　披露
		ろふ	かげろふ　ふくろふ
		らう	祈らう
		らふ	候文　*蠟*燭（らふそく）
キュー	きゅう	きう	暗う　廊下　労働
		きゆう	弓術　宮殿　貧窮
		きう	休養　丘陵　永久　要求
		きふ	及第　急務　給与　階級
ギュー	ぎゅう	ぎう	牛乳
シュー	しゅう	しゅう	宗教　衆知　終了
		しう	よろしう　周囲　収入　晩秋
		しふ	執着　習得　襲名　全集
ジュー	じゅう	じゅう	充実　従順　臨終　猟銃
		じう	柔軟　野獣
		じふ	十月　渋滞　墨汁
		ぢゅう	住居　重役　世界中
チュー	ちゅう	ちゅう	中学　衷心　注文　昆虫
		ちう	抽出　鋳造　宇宙　白昼
ニュー	にゅう	にゅう	乳酸
		にう	柔和
		にふ	*埴△生（はにふ）
ヒュー	ひゅう	ひう	△日△向（ひうが）　入学
ビュー	びゅう	びう	誤*謬（ごびう）

現代仮名遣い

517

		例
リュー りゅう	りゅう りう りふ	竜 隆盛 留意 流行 川柳 粒子 建立
キョー きょう	きょう りう りゃう きゃう けう けふ	共通 恐怖 興味 吉凶 兄弟 鏡台 経文 故郷 教育 矯正 絶叫 今日 脅威 協会 海峡
ギョー ぎょう	ぎょう げう げふ ぎゃう	業務 今暁 仰天 修行 人形 凝集
ショー しょう	しょう しゃう せう せふ	昇格 承諾 勝利 詳細 正直 商売 自称 訴訟 見ませう 小説 消息 少年 微笑 交渉
ジョー じょう	じょう じゃう ぜう ぢゃう でう でふ ぢゃう	冗談 乗馬 過剰 成就 上手 状態 感情 古城 *饒舌（ぜうぜつ） 定石 丈夫 市場 令嬢 箇条 一*帖（いちでふ） 六畳 盆△提△灯（ぼんぢゃうちん）

チョー	ちょう	でう	一本調子
		ちょう	徴収　清澄　尊重
		ちやう	腸　町会　聴取　長短　手帳
		てう	調子　朝食　弔電　前兆　野鳥
		てふ	*蝶（てふ）
ニョー	にょう	ねう	尿
		にょう	女房
ヒョー	ひょう	へう	氷山
		ひやう	拍子　評判　兵糧
		ひょう	表裏　土俵　投票
ビョー	びょう	べう	病気　描写
		びやう	秒読み
ピョー	ぴょう	ぺう	結氷　信*憑性（しんぴょうせい）
		ぴやう	論評
		ぴょう	一票　本表
ミョー	みょう	めう	妙技
		みやう	名代　明日　寿命
リョー	りょう	れう	丘陵
		りやう	領土　両方　善良　納涼　分量
		りょう	寮　料理　官僚　終了
		れふ	漁猟

現代仮名遣い

字音一覧

* よく使われる漢字について、この辞典での字音を示した。
* とくに諸説あるものには■をつけた。

▼ア　ア　　亜・阿・娃・
アイ　アイ　哀・娃・埃・挨・愛・隘・曖・藹
アク　アク　悪・握・渥
アツ　アツ　圧・斡
アン　アン　安・行・杏・按・晏・案・庵・暗
　　　　　　鞍・闇
イ　イ　　已・以・伊・夷・衣・医・矣・依
　　　　　怡・易・異・移・意・縊
　　　　　位・囲・委・威・為・畏・胃・韋・
　　　　　唯・惟・尉・惟・萎・偉・彙・葦・違・
イキ　ヰキ　域・閾
　　　　　　維・慰・遺・緯

字音一覧

イク　イク　育・郁・粥
イチ　イチ　一・壱
イツ　イツ　一・逸・溢
イン　イン　允・引・印・因・咽・姻・胤・音・
　　　　　　員・院・陰・淫・陰・湮・飲・蔭・隠
ウ　ウ　　右・宇・有・羽・迂・雨・胡・烏
ウツ　ウツ　鬱
ウン　ウン　云・運・雲
エ　ヱ　　会・回・廻・恵・淮・絵・慧・衛
エイ　ヱイ　衣・依
　　　　　　穢
　　　　　　永・曳・泳・英・映・栄・洩・盈・
　　　　　　営・瑛・詠・裔・影・瑩・鋭・叡・
　　　　　　穎・嬰・翳・纓
エキ　エキ　亦・役・易・疫・益・液・駅
エツ　エツ　咽・悦・謁・閲
エン　エン　奄・延・沿・炎・咽・衍・宴・捐・
　　　　　　越

オ	エン	烟・掩・焉・堰・■淵・焔・塩・橡・煙・艷・鉛・厭・演・鳶・縁・燕・閻・宛・筵・筵・腌・園・苑・垣・怨・冤・婉・媛・援・遠・鴛	
オウ	ヲ	於・汚・和・悪	
	アウ	応・圧・押・鴨・鴬・鸚	
	ワウ	王・往・旺・枉・皇・凰・黄・横	
オク	ヲク	億・憶・臆	
	ヲク	■翁	
オツ	オツ	乙	
オン	オン	音・恩・陰・飲・厭・隠	
	ヲン	苑・怨・温・遠・穏	
▼カ			
カ	カ	下・加・可・仮・伽・価・佳・河・	

―字音一覧―

		苛・茄・架・珂・珈・迦・夏・家・荷・駕・暇・嘉・榎・歌・箇・稼・	
	クワ	化・火・禾・瓜・花・卦・果・科・華・菓・訛・貨・渦・過・嘩・禍・鍋・蝦・夥・寡・訛・樺・窩・蝸・課・鍋	
ガ	ガ	牙・顆・蛾	
		雅・画・餓・駕・臥・我・芽・俄・峨・賀・蛾	
カイ	カイ	瓦・伽	
		介・戒・改・芥・拐・海・界・皆・	
		偕・械・堺・蟹・開・階・楷・解・	
		誡・溂・諧・鎧・街・廻・悔・	
		会・回・灰・絵・快・乖・怪・悔・	
	クワイ	恢・晦・傀・壊・塊・隗・槐・誨・	
		魁・潰・咳・害・崖・涯・凱・街・	
ガイ	ガイ	亥・劾・咳・懐・獪・廻・悔・	
		慨・碍・蓋・該・概・溉・駭・骸	
	グワイ	外	
		鎧・礙	

521

カク		ガク	カツ	ガツ	カン		ガン	
カク	クワク	ガク カク	クワツ カツ	クワツ	カン クワン	クワン	ガン	

各・角・恪・革・格・核・殻・喀・嚇・塙・客・擱・攪・較・隔・膈・赫・閣・拡・画・郭・劃・廓・摑・獲・馘・学・岳・楽・額・顎・恰・喝・渇・割・葛・褐・轄・蠍・刮・括・活・滑・猾・闊・月・干・刊・甘・奸・汗・坎・旱・悍・肝・疳・陥・乾・柑・看・竿・寒・栞・侃・函・姦・勘・堪・緘・憾・間・閑・幹・感・漢・勧・諫・瞰・艱・韓・烱・翰・鹹・艦・鑑・羹・缶・完・官・冠・巻・桓・浣・莞・患・菅・貫・喚・換・棺・款・萱・寛・慣・管・関・歓・緩・還・館・環・観・灌・鑵・含・岩・岸・眼・嵌・雁・癌・顔・贋・巌・龕・丸・元・玩・頑・翫・願・

キ		ギ	キク	キチ	キツ	キャ	キャク	ギャク	キュウ	
キ	グワン	ギ	キク	キチ	キツ	キャ	キャク ギャク	ギャク	キュウ	キウ

己・企・伎・危・机・気・岐・希・忌・杞・汽・其・奇・季・祁・祈・軌・帰・既・記・起・飢・祇・紀・軌・帰・既・記・起・飢・祇・基・寄・規・亀・喜・幾・揮・鬼・棋・稀・葵・貴・暉・棄・揮・揆・旗・箕・綺・器・嬉・槻・毀・幾・輝・機・窺・徽・磯・熙・麒・騎・儀・戯・技・宜・祇・掬・菊・鞠・麴・吉・迄・桔・喫・詰・橘・脚・却・客・脚・虐・逆・弓・穹・宮・窮・九・久・仇・丘・旧・休・朽・臼・

読み	字音	漢字
キフ		求・灸・玖・究・柩・糾・赳・救
キュウ	ギウ	毬・球・嗅・鳩・厩・舊
	キフ	給・及・吸・扱・汲・泣・急・級・笈
キョ		牛
キョ		巨・去・居・拒・拠・挙・虚・許
ギョ	キョウ	魚・御・漁
	ギョ	距・裾・噓・鋸
キョウ	キャウ	凶・共・供・拱・恐・恭・胸・興
	キョウ	兄・匡・杏・狂・京・享・況・香
	キャウ	強・竟・経・郷・卿・敬・境・疆
	キャウ	鏡・競・響・饗・驚
	ケフ	叫・教・喬・嬌・蕎・橋・矯・驕
	ケフ	叶・劫・夾・協・怯・侠・峡・挟
		脅・脇・頬
ギョウ	ギョウ	凝
	ギャウ	仰・行・形
	ゲウ	尭・暁・曉
キョク	キョク	旭・曲・局・極
	ゲフ	業
ギョク	ギョク	玉
キン	キン	巾・今・斤・均・芹・近・欣・金
		菌・菫・勤・欽・琴・筋・僅
		禁・禽・緊・錦・謹・襟
ギン	ギン	吟・銀
ク	ク	九・久・口・工・公・句
		玖・供・狗・苦・紅・俱・宮・庫
		矩・貢・駆・駒
		具・俱・惧・愚・虞
クウ	クウ	空・腔
		宮・偶・寓・遇・隅
クツ	クツ	屈・堀・窟
クン	クン	君・訓・勲・薫
グン	グン	軍・郡・群
ケ	ケ	化・仮・気・芥・卦・怪・家・華
ゲ	ゲ	袈・稀・懸
		下・牙・外・夏・碍・解
ケイ	ケイ	兄・刑・圭・形・系・京・径・桂
		啓・掲・渓・経・蛍・頃・卿・敬
		係・勁・型・契・奎・計・恵・茎

字音一覧

ゲイ	ゲキ	ゲツ	ケン		ゲン		コ
ゲイ	ゲキ	ゲツ	ケン		ゲン		コ

景・軽・傾・携・継・詣・境・慶・
慧・憬・憩・稽・鮭・繋・警・鶏・
競・馨・迎・鯨・
芸・迎・鯨・
逆・戟・隙・劇・撃・激・
欠・穴・血・決・頁・訣・結・傑・
潔・蕨・
月・件・見・券・肩・建・県・研・
倹・倦・兼・剣・拳・軒・乾・健・
絢・萱・間・喧・嫌・献・絹・遣・権・硯・
憲・賢・謙・鍵・繭・顕・験・懸・
幻・玄・言・弦・彦・限・原・現・諺・
眼・絃・舷・這・減・嫌・源・
厳・験・厳・
己・戸・乎・去・古・冴・呼・固・
拠・股・虎・孤・弧・故・枯・狐・
胡・個・庫・虚・袴・湖・琥・雇・

ゴ		コウ		カウ		カフ	クワウ
ゴ		コウ		カウ		カフ	クワウ

瑚・誇・跨・鼓・糊・鋼・顧・
五・互・午・伍・冴・呉・吾・後・
胡・娯・悟・御・期・瑚・語・
醐・檎・護・
誤・
口・工・公・勾・孔・功・叩・弘・
亘・后・恒・恆・攻・洪・拘・狗・肯・侯・厚・
控・恒・恆・洪・紅・虹・候・厚・
喉・溝・構・興・甍・購・
後・
寇・
鴻・
巧・交・仰・向・好・江・考・行・
亨・坑・孝・抗・更・杭・肛・効・岡・
幸・庚・昂・昊・肴・巷・狡・郊・
香・倖・格・昂・桁・校・浩・皓・
航・降・高・崗・康・
硬・絞・腔・鋼・藁・綱・膏・酵・
稿・膠・衡・鋼・藁・講・鮫・
広・恰・閤・
甲・恰・閤・
鉱・廣・曠・
砿・凰・黄・慌・惶・幌・滉・煌・

音	読み	漢字
ゴウ	コフ	劫
ゴウ	ガウ	号・拷・剛・強・毫・郷・傲・號
	ガフ	合・盒
	グワウ	豪・壕・濠
コク	ゴフ	劫・業
コク	コク	石・克・告・谷・刻・国・黒・穀
ゴク	ゴク	極・獄
コツ	コツ	酷
コン	コツ	忽・骨・惚・滑
コン	コン	今・艮・困・坤・昆・紺・昏・金・建
ゴン	ゴン	恨・根・混・痕・紺・献・魂・墾
▼サ		懇
サ	サ	艮・言・欣・勤・権・厳
ザ	ザ	叉・左・再・些・佐・作・沙・査
		砂・茶・唆・差・紗・詐・嵯・蓑
		裟・瑳・鎖
		坐・座・挫

音	読み	漢字
サイ	サイ	才・切・再・西・災・妻・采・哉
		柴・砕・宰・晒・栽・殺・砦・財
		偲・彩・採・済・祭・細・菜・斎
		最・犀・裁・債・催・塞・歳・載
		際・傺・剤・財・罪
ザイ	ザイ	在・材・剤・財・罪
サク	サク	冊・作・削・柵
		策・酢・搾・昨・朔・索
		冊・札・刷・刹・拶・殺・察・颯
		撮・擦・薩
サツ	サツ	雑
ザツ	ザツ	三・山・杉・参・珊・桟・蚕・惨
サン	サン	産・傘・喰・散・算・酸・撒
		餐・燦・纂・霰・讃
ザン	ザン	残・惨・斬・暫
		之・士・子・巳・支・氏・仕
		仔・司・史・只・四・市・矢・示
シ	シ	弛・旨・次・此・死・止・自・至
		芝・伺・孜・志・私・使・刺・姉
		始・枝・祉・肢・姿・屍・思・指

音	慣用音	例
ジ	ジ	施・柿・師・恣・紙・脂・偲・梓・視・斯・紫・詞・歯・嗣・獅・蒔・詩・試・資・飼・誌・雌・摯・賜・諮
シキ	シキ	식・色・織・識
ジキ	ジキ ヂキ	食
ジク	ヂク	竺・軸
シチ	シチ	七・質
シツ	シツ	叱・失・室・疾・執・悉・湿・嫉
ジツ	ジツ ヂツ	日・実
シャ	シャ	叉・写・沙・社・車・舎・者・柘
ジャ	ジャ	砂・射・紗・捨・斜・赦・煮・遮
		謝
		邪・蛇

音	慣用音	例
シャク	シャク	勺・尺・石・灼・赤・昔・借・酌
ジャク	ジャク ヂャク	釈・錫・爵
		若・弱・寂・雀・惹
		着
シュ	シュ	手・主・守・朱・取・狩・首・修
		殊・珠・酒・衆・腫・種・諏・趣
ジュ	ジュ	鐘
		入・寿・受・呪・従・授・就・竪
		需・儒・樹・濡
シュウ	シュウ シウ	主・宗・柊・終・衆・聚
		収・囚・州・舟・秀・周・洲・祝
		秋・臭・修・袖・羞・脩・週・就
		萩・蒐・酬・皺・醜・鍬・繡
		蹴・讐・讎・葺・鷲・驟
ジュウ	ジュウ ジウ	充・執・銃・縦
		柔・従・銃
		拾・十・什・廿・汁・拾・渋
	ジフ	中・住・重
	ヂュウ	
シュク	シュク シュク	叔・祝・宿・淑・粛・粥・縮

字音一覧

音	漢音など	例
ジュク	ジュク	塾・熟
シュツ	シュツ	出・述・術
シュツ	ジュツ	
ジュツ	シュツ	
ジュツ	ジュツ	
シュン	シュン	戌・述
シュン	シュン	旬・俊・春・峻・竣・舜・馴・駿
ジュン	ジュン	瞬
ジュン	ジュン	巡・旬・洵・盾・准・殉・純・隼
		惇・淳・諄・循・閏・順・楯・準・詢
ショ	ショ	処・初・所・杵・書・庶・渚・暑
		署・緒・諸・曙
ジョ	ジョ	如・汝・助・序・叙・徐・恕
ジョ	ヂョ	女
		舒
ショウ	ショウ	升・承・昇・松・従・称・秤・陞
		訟・勝・証・頌・誦・衝・蹤・鐘
		上・尚・正・昌・将・庄・声・床
		省・相・性・生・牲・青・政・星
		姓・井・尚・昌・林・庄・青・政・星
		娼・清・章・笙・菖・掌・晶・湘
	シャウ	粧・翔・装・象・傷・奨・詳・鉦
	セウ	嘗・彰・精・蔣・裳・障・廠・樟
		漿・請・賞・蔣・樯・觴・醬
		焦・篠・簫
		哨・宵・悄・消・笑・梢・紹・焼・鞘
		小・少・召・抄・肖・招・沼・昭
		礁・捷・渉
		妾
セフ		
ジョウ	ジョウ	冗・丞・乗・茸・剩・尉・蒸・盛
	ジャウ	上・成・状・城・浄・常・情・縄
		壤・穰・攘・譲
		静・饒
	ゼウ	擾
	ヂャウ	丈・杖・定・娘・■嬢・錠・■醸
	デウ	条・條・絛・嫋
	デフ	帖・畳
ショク	ショク	色・拭・食・埴・植・殖・触・飾
		嘱・蝕・燭・織・職
ジョク	ジョク	辱・蓐
	ヂョク	
		濁
シン	シン	心・申・伸・臣・芯・身・辛・辰
ジン	ジン	信・侵・津・神・唇・娠・振・晋

ジン	ジン	浸・疹・真・秦・針・晨・深・清 紳・進・森・診・審・寝・慎・新・榛 槙・審・請・震・薪・親 賑 人・刃・仁・壬・尽・迅・臣・甚 訊・尋・靭 神・陣・塵 沈	
ス	ス	子・主・守・州・素・須・数・諏 事	
ズ	ズ		
スイ	スイ	水・出・吹・垂・炊・帥・粋・衰 杜・豆・徒・途・逗・厨・頭 推・酔・椎・遂・隋・睡・翠 図 彗	
ズイ	ズイ	穂・隋・瑞・髄・錐・錘	
スウ	スウ	枢・崇・嵩・数・趨・雛	
スン	スン	寸	
セ	セ	世・施	
ゼ	ゼ	是	
セイ セイ		井・世・正・生・成・西・声・制 姓・征・性・青・斉・政・星・牲 省・凄・晟・栖・逝・情・清・盛	

		婿・惺・晴・棲・犀・貫・勢・歳 聖・誠・靖・精・誓・静・請 整・醒・錆・鯖	
ゼイ	ゼイ	税・説	
セキ	セキ	夕・斥・石・汐・赤・昔・析・席 脊・隻・寂・惜・戚・責・跡・碩 積・績・蹟・籍	
セチ	セチ	節	
セツ	セツ	切・折・刹・拙 設・雪・摂・節・説・窃・屑・殺・接 舌・絶	
セン	セン	千・川・仙・占・先・尖・宣 染・泉・浅・洗・穿・扇・栓・閃 旋・船・釧・揃・戦・煎・羨・腺・線 詮・箋・銭・銑・撰・潜 選・遷・薦・繊・鮮	
ゼン	ゼン	全・前・善・然・禅・漸・膳・繕	
ソ	ソ	狙・阻・祖・租・素・措・曽・粗 組・疎・疏・訴 遡・噌・礎・蘇	

字音一覧

ゾ	ソウ		
ゾ	ソウ	サウ	
曽	宋・走・宗・奏・送・叟・捜・曽・痩・僧・贈・層・総・	双・爪・掃・壮・早・相・草・荘・綜・聡・踪・簇・叢・嗾・嗽・	
			惣・湊・

ゾウ	ソク	ゾク	ソン
ゾウ ザウ サフ	ソク	ゾク ゾツ	ソン
躁 匝・挿・ 艘・燥・糟・遭・槽・瘡・諍・噪・操・ 漕・葬・遭・槽・想・愴・搔・蒼・槍・創・ 喪・桑・	即・束・足・促・則・息・捉・速・ 側・測・塞・燭・ 俗・族・属・粟・続・賊・	雑 造・象・像・蔵・臓・ 増・憎・贈・	存・村・孫・尊・巽・損・遜・樽・ 卒・率・ 鱒

▼タ	タ	ダ	タイ	ダイ	タク	ダク	タツ	タン
	タ	ダ	タイ	ダイ	タク	ダク	タツ ダツ	タン
	太・他・多・汰・陀・詑・駄 打・妥・陀・唾・梛・舵・蛇・雫 堕・惰・楕・駄		大・太・代・台・対・苔・待・ 怠・殆・耐・胎・退・帯・泰・堆・ 袋・戴・替・貸・隊・滞・碓・態・ 黛・戴・	乃・大・内・代・台・弟・第・醍・ 題・	宅・托・択・沢・卓・拓・度・啄・ 託・琢・濯・ 諾・濁・		脱・奪 達・	丹・反・旦・坦・担・単・炭・胆・ 耽・探・淡・蛋・堪・湛・短・嘆・ 端・綻・歎・誕・壇・檀・鍛・簞・

ゾン ゾン 存

字音一覧

見出し	読み	漢字
ダン	ダン	灘
	ダン	旦・団・男・段・断・弾・暖・談・
チ	チ	壇・檀
	チ	地・池・到・治・知・値・恥・智・
チク	チク	竹・竺・畜・逐・筑・蓄・築
チツ	チツ	秩・窒
チャ	チャ	茶
チャク	チャク	着・嫡
チュウ	チュウ	中・仲・虫・沖・忠・注・柱・衷・
		厨・註・誅・駐・
		丑・肘・宙・胄・昼・紐・酎・
		紬・稠・鋳・嬬・籌・
チョ	チョ	猪・著・貯・緒・儲
チョウ	チョウ	重・徴・澄・懲・寵・
	チャウ	丁・庁・打・町・疔・長・挺・
	チヤウ	張・梃・頂・脹・腸・暢・鄭・聴・帳・
	チョウ	鳥・兆・吊・挑・凋・彫・眺・釣・
	テウ	潮・調・鯛・超・跳・肇・蔦・銚・嘲・
	テフ	帖・喋・貼・牒・蝶・諜
チョク	チョク	直・勅・捗・
チン	チン	沈・枕・珍・朕・砧・陳・椿・賃・
	チン	鎮
ツ	ツ	通・都
ツイ	ツイ	対・追・椎・槌・墜・鎚
ツウ	ツウ	通・痛
ツツ	ツツ	弟
テイ	テイ	丁・汀・体・低・呈・廷・弟・定・
		底・抵・邸・亭・帝・訂・貞・庭・
		悌・挺・逓・釘・停・偵・梯・逞・
		堤・提・程・禎・艇・鼎・綴・締・
		鄭・薙・諦・蹄・鵜
デイ	デイ	泥・禰
テキ	テキ	的・迪・荻・笛・摘・滴・適・敵
デキ	デキ	溺
テツ	テツ	迭・哲・鉄・徹・撤・轍
テン	テン	転・貼・填・殿・顛・纏・
	テン	天・辿・典・店・点・展・添・淀

音	音	漢字
デン	デン	田・伝・佃・淀・殿・電・鮎
ト	ト	土・斗・吐・兎・図・杜・妬・度
		徒・途・都・堵・渡・登・塗・賭
ド	ド	
トウ	トウ	冬・灯・投・豆・東・凍・桐・透
		兜・桶・逗・棟・痘・登・等・筒
		統・董・読・棟・燈・頭・謄・藤
		騰・籐
		闘・籐
	タウ	刀・当・到・宕・逃・倒・党・唐
		套・島・桃・討・悼・掉・淘・盗
		萄・陶・幀・湯・道・当・稲・蕩
		糖・濤・薹・櫂・禱・黨
		橙・納・塔・搭・答・榻・踏・
ドウ	ドウ	杳・納
		同・洞・胴・動・童・筒・働・慟
	タフ	沓
	ダウ	堂・萄・道・導・幢
トク	トク	匿・特・得・督・徳・読・篤
	ドク	毒・独・読
トッ	トッ	凸・突

音	音	漢字
トン	トン	屯・団・沌・惇・豚・敦・遁・頓
ドン	ドン	呑・貪・鈍・曇
▼ナ		
ナ	ナ	那・奈・納
ナイ	ナイ	乃・内
ナッ	ナッ	捺
ナン	ナン	男・南・納・軟・楠・難
ニ	ニ	二・仁・尼・弐・児・爾
ニチ	ニチ	日
ニャク	ニャク	若
ニュウ	ニウ	乳
	ニフ	入
	ニュウ	柔
ニョ	ニョ	女・如
ニョウ	ニョウ	女
ニン	ニン	尿・繞
ヌ	ヌ	怒
ニン	ニン	人・刃・壬・任・妊・忍・認
ネウ	ネウ	
ネイ	ネイ	寧・禰

字音一覧

ネン	ネン	年・念・捻・粘・然・稔・燃	
	ノウ	能・農・濃・膿	
	ナウ	悩・脳	
	ナフ	衲・納・嚢	
▼ハ	ハ	巴・把・杷・波・派・破・琶	
バ	バ	芭・播・覇・馬・婆・罵	
ハイ	ハイ	拝・杯・背・肺・俳・配・排・敗	
バイ	バイ	売・倍・唄・梅・培・陪・媒・賠	
ハク	ハク	白・伯・拍・泊・迫・柏・珀・剝	
バク	バク	麦・莫・博・幕・漠・暴・縛・曝	
ハチ	ハチ	八・鉢	
バチ	バチ	罰・鉢・髪	
ハツ	ハツ	発・鉢	
バツ	バツ	末・伐・抜・沫・茉・罰・閥	

ハン	ハン	凡・反・半・氾・犯・帆・汎・伴・判・坂・阪・板・版・班・畔・般・伴・販・範・飯・搬・煩・頒・幡・播・磐・盤・磐・蕃・挽・晩・番	
バン	バン	万・伴・判・坂・挽・晩・番・蛮・播・盤・磐・蕃	
ヒ	ヒ	比・皮・妃・否・庇・批・披・彼・泌・肥・非・卑・飛・疲・秘・被・悲・扉・斐・費・碑・緋・誹・避・微・鼻	
ビ	ビ	尾・弥・枇・昆・眉・美・梶・備・琵・尾・微・鼻	
ヒツ	ヒツ	匹・必・泌・畢・筆	
ヒョウ	ヒョウ	謬・憑	
ビュウ	ビウ		
ヒョウ	ヒャウ	氷・兵・拍・秤・評・剽・漂・標・瓢	
	ヘウ	表・俵・豹・票	
ビョウ	ベウ	苗・秒・描・猫・廟	
	ビャウ	平・病・屏・瓶・鋲	
		飄	

音	音	例
ヒン	ヒン	牝・品・浜・彬・貧・稟・賓・頻・瀕
ビン	ビン	敏・秤・瓶・貧
フ	フ	怖・夫・父・付・布・扶・芙・府・斧・歩・阜・附・訃・負・赴・浮・釜・婦・符・富・普・蒲・腐・撫・敷・膚・賦・譜・不・分・侮・奉・武・歩・部・無
ブ	ブ	不・分・侮・奉・武・歩・部・無
フウ	フウ	夫・封・風・富・楓
フク	フク	伏・服・副・幅・復・福・腹・複
ブツ	ブツ	仏・弗・沸
フツ	フツ	仏・払・沸
フン	フン	分・吻・粉・紛・焚・雰・噴・墳
ブン	ブン	憤・奮・糞
ベン	ベン	分・文・聞
ヘイ	ヘイ	辺・部
		丙・平・兵・並・併・柄・病・陛・閉・塀・幣・弊・蔽・餅
ベイ	ベイ	米・袂
ヘキ	ヘキ	碧・壁・璧・癖
ベツ	ベツ	別・蔑・瞥
ヘン	ヘン	片・辺・返・変・偏・遍・篇・編
ベン	ベン	弁・便・勉・娩・鞭
ホ	ホ	甫・歩・保・哺・圃・捕・浦・補・蒲・舗
ボ	ボ	戊・母・牡・莫・菩・募・墓・慕・暮・模・簿
ホウ	ホウ	奉・宝・朋・封・俸・蜂・豊・蓬・鳳・褒
	ハウ	方・包・呆・抛・芳・邦・庖・抱・泡・苞・胞・倣・砲・袍・烹・鋒・縫・鵬・逢・堡・報・蜂・封・峰・崩・捧・萌・訪・飽・鞄・放・泡・苞・胞・倣・砲・袍・烹
	ハフ	法(漢音)
	ホフ	法(呉音)
	ボウ	牟・某・冒・剖・眸・帽・貿・暴
	バウ	亡・卯・妄・忙・芒・呆・坊・妨・謀

音	音	漢字
ミャク	ミャク	脈
ミツ	ミツ	密・蜜
ミ	ミ	未・味・弥・眉・魅
マン	マン	万・満・慢・漫・蔓・鰻
マツ	マツ	末・抹・沫・茉
マク	マク	幕・膜
マイ	マイ	毎・米・妹・枚・味・埋
▼マ	マ	麻・摩・磨・魔
ボン	ボン	凡・盆・煩
ホン	ホン	反・本・奔・翻
ボツ	ボツ	没・勃
ホツ	ホツ	発
ボク	ボク	撲
ホク	ホク	北
■乏	バフ／ホク	乏
ボク	ボク	卜・木・目・朴・牧・睦・僕・墨
ホウ	ホウ	忘・防・房・肪・茅・昴・茫・旁・紡・望・傍・棒・榜・貌・膨・謗

音	音	漢字
ユ	ユ	由・油・喩・愉・遊・諭・輸・癒
ヤク	ヤク	厄・役・疫・約・益・訳・薬・躍
▼ヤ	ヤ	也・冶・夜・耶・野・揶・爺
モン	モン	文・門・紋・問・悶・聞
モツ	モツ	物・勿
モチ	モチ	勿
モク	モク	木・目・黙
モウ	マウ／モウ	亡・妄・孟・盲・望・猛・網・毛・耗・蒙・朦・茂・莫・模・免・面・綿・麺・滅・瞑
メン	メン	免・面・綿・麺
メツ	メツ	滅
メイ	メイ	名・命・明・迷・冥・盟・銘・鳴
ム	ム	矛・牟・武・務・無・夢・謀・霧
ミン	ミン	民・明・眠
ミョウ	ミャウ／メウ／ミン	名・命・明・冥・妙・苗

字音一覧

534

音	読み	漢字
ユイ	ユイ	唯・遺
ユウ	ユウ	由
	イウ	勇・湧・裕・雄・熊・融・鮪
		尤・右・由・有・佑・酉・侑
		宥・幽・柚・悠・郵・游・猶
		釉・楢・誘・憂・優
ヨ	ヨ	与・予・余・誉・預・興
	イフ	邑
ヨウ	ヨウ	用・容・庸・湧・備・溶・蓉・熔・
	エフ	踊・擁・膺・癰
		幼・拗・杳・要・揺・遥・瑶・
	エウ	腰・謡・窯・曜・燿
		頁・葉
	ヤウ	羊・洋・痒・揚・陽・楊・様・瘍・
		養・沃・浴・欲・翌・翼
ヨク	ヨク	抑
▼ラ		
ラ	ラ	拉・裸・螺・羅
ライ	ライ	礼・来・徠・萊・雷・蕾・頼
ラク	ラク	洛・絡・落・楽・酪

音	読み	漢字
ラツ	ラツ	辣
ラン	ラン	乱・卵・嵐・覧・濫・藍・蘭・欄
リ	リ	莉・梨・利・李・里・俐・哩・浬・狸・
		吏・理・痢・裡・裏・履・璃・
		黎・鯉・離
リキ	リキ	力
リク	リク	六・陸
リチ	リチ	律
リツ	リツ	立・律・栗・率・慄
リャク	リャク	掠・略
リュウ	リュウ	竜・流・留・琉・硫・旒・溜・瑠
	リウ	柳・隆・龍
		劉・瘤
リョ	リョ	立・笠・粒
		呂・侶・旅・虜・慮
リョウ	リョウ	令・両・良・亮・梁・涼・椋・量・
	リャウ	凌・竜・崚・菱・陵・稜・綾・龍
	リョウ	領・諒・輛・霊・糧
	リフ	了・料・聊・僚・寥・寮・遼・燎・
	レウ	療・瞭

音		漢字
リョク	リョク	力・緑
リン	リン	林・厘・倫・淋・琳・禀・鈴・綸・
ル	ル	流・留・琉・瑠・
ルイ	ルイ	涙・累・塁・類・鱗・麟
レイ	レイ	令・礼・伶・冷・励・戻・例・怜・玲・羚・鈴・零・霊・黎・澪・隷・
レキ	レキ	暦・歴
		嶺・齢・麗
レツ	レツ	列・劣・烈・裂
レン	レン	恋・連・廉・煉・蓮・漣・練・憐・
		鎌・簾
ロ	ロ	呂・芦・炉・賂・路・魯・蕗・櫓・
		錬
ロウ	ラウ	弄・陋・楼・漏・朧・露・籠・聾
	ロウ	老・労・牢・郎・朗・浪・狼・廊・
	ラフ	臘・蠟・鑞
		癆・糧
		露・鷺
ロク	ロク	六・肋・鹿・禄・緑・録・麓
	ラフ	猟・漁
ロン	ロン	論

▼ワ

音		漢字
ワ	ワ	和・倭・話
	ハ	把
ワイ	ワイ	隈・賄
ワク	ワク	或・惑
ワン	ワン	椀・湾・腕・碗

字音一覧

県名・旧国名

県名

あいち	あいち	愛知
あおもり	あをもり	青森
あきた	あきた	秋田
いしかわ	いしかは	石川
いばらき	いばらき	茨城
いわて	いはて	岩手
えひめ	えひめ	愛媛
おおいた	おほいた	大分
おおさか	おほさか	大阪
おかやま	をかやま	岡山
おきなわ	おきなは	沖縄
かがわ	かがは	香川
かごしま	かごしま	鹿児島
かながわ	かながは	神奈川
ぎふ	ぎふ	岐阜
きょうと	きやうと	京都

県名・旧国名

くまもと		熊本
ぐんま		群馬
こうち	かうち	高知
さいたま		埼玉
さが		佐賀
しが		滋賀
しずおか	しづをか	静岡
しまね		島根
ちば		千葉
とうきょう	とうきやう	東京
とくしま		徳島
とちぎ		栃木
とっとり		鳥取
とやま		富山
ながさき		長崎
ながの		長野
なら		奈良
にいがた	にひがた	新潟
ひょうご	ひやうご	兵庫
ひろしま		広島
ふくい	ふくゐ	福井
ふくおか	ふくをか	福岡

県名・旧国名

ふくしま		福島
ほっかいどう	ほくかいだう	北海道
みえ	みへ	三重
みやぎ		宮城
みやざき		宮崎
やまがた		山形
やまぐち		山口
やまなし		山梨
わかやま		和歌山

旧国名

あき		安芸
あわ	あは	安房
あわ	あは	阿波
あわじ	あはぢ	淡路
いが		伊賀
いき		壱岐
いず	いづ	伊豆
いずみ	いづみ	和泉
いずも	いづも	出雲
いせ		伊勢
いなば		因幡
いよ		伊予
いわき	いはき	磐城
いわしろ	いはしろ	岩代
いわみ	いはみ	石見
うご		羽後
うぜん		羽前
えちご	ゑちご	越後
えちぜん	ゑちぜん	越前
えっちゅう	ゑつちゅう	越中
おうみ	あふみ	近江
おおすみ	おほすみ	大隅
おき		隠岐
おわり	おはり	尾張
かい	かひ	甲斐
かが		加賀
かずさ	かづさ	上総
かわち	かはち	河内
きい		紀伊
こうずけ	かうづけ	上野
さがみ		相模
さつま		薩摩

県名・旧国名

さど　　　　　　　　　佐渡
さぬき　　　　　　　　讃岐
しなの　　　　　　　　信濃
しま　　　　　　　　　志摩
しもうさ　　しもふさ　下総
しもつけ　　　　　　　下野
すおう　　　すはう　　周防
するが　　　　　　　　駿河
せっつ　　　　　　　　摂津
たじま　　　　　　　　但馬
たんご　　　　　　　　丹後
たんば　　　　　　　　丹波
ちくご　　　　　　　　筑後
ちくぜん　　　　　　　筑前
つしま　　　　　　　　対馬
とおとうみ　とほたふみ　遠江
とさ　　　　　　　　　土佐
ながと　　　　　　　　長門
のと　　　　　　　　　能登
はりま　　　　　　　　播磨
ひご　　　　　　　　　肥後
ひぜん　　　　　　　　肥前

びぜん　　　　　　　　備前
ひだ　　　　　　　　　飛騨
ひたち　　　　　　　　常陸
びっちゅう　　　　　　備中
ひゅうが　　ひうが　　日向
びんご　　　　　　　　備後
ぶぜん　　　　　　　　豊前
ぶんご　　　　　　　　豊後
ほうき　　　はうき　　伯耆
みかわ　　　みかは　　三河
みの　　　　　　　　　美濃
みまさか　　　　　　　美作
むさし　　　　　　　　武蔵
むつ　　　　　　　　　陸奥
やましろ　　　　　　　山城
やまと　　　　　　　　大和
りくぜん　　　　　　　陸前
りくちゅう　　　　　　陸中
りゅうきゅう　りうきう　琉球
わかさ　　　　　　　　若狭

2017年7月31日　初版発行

三省堂　新旧かなづかい辞典

二〇一七年七月三一日　第一刷発行

編者　三省堂編修所
発行者　株式会社 三省堂　代表者 北口克彦
印刷者　三省堂印刷株式会社
発行所　株式会社 三省堂
　　　　〒101-8371
　　　　東京都千代田区三崎町二丁目二十二番十四号
　　　　電話　編集 (03) 三三〇-九四一一
　　　　　　　営業 (03) 三三〇-九四二三
　　　　http://www.sanseido.co.jp/

落丁本・乱丁本はお取り替えいたします。

ISBN978-4-385-13985-2

〈新旧かなづかい辞典・544 pp.〉

本書を無断で複写複製することは、著作権法上の例外を除き、禁じられています。また、本書を請負業者等の第三者に依頼してスキャン等によってデジタル化することは、たとえ個人や家庭内での利用であっても一切認められておりません。

あ・は行
歴史的仮名遣い概説

か・ま行
現代仮名遣い

さ・や行
字音一覧

た・ら行
県名・旧国名

な・わ行